全国高等院校旅游专业规划教材

旅 游 美 学（第4版）

王柯平　主编

北京·旅游教育出版社

责任编辑：郭珍宏

图书在版编目(CIP)数据

旅游美学/王柯平主编.—北京：旅游教育出版社，1999.8(2024.1)
ISBN 978 – 7 – 5637 – 0861 – 1

Ⅰ.旅…　Ⅱ.王…　Ⅲ.旅游—美学　Ⅳ.F590

中国版本图书馆 CIP 数据核字(1999)第 76686 号

全国高等院校旅游专业规划教材

旅游美学

(第4版)

王柯平　主编

出版单位	旅游教育出版社
地　　址	北京市朝阳区定福庄南里1号
邮　　编	100024
发行电话	(010)65778403 65728372 65767462(传真)
本社网址	www.tepcb.com
E – mail	tepfx@163.com
排版单位	北京旅教文化传播有限公司
印刷单位	北京柏力行彩印有限公司
经销单位	新华书店
开　　本	787 毫米×960 毫米　1/16
印　　张	21.75
字　　数	332 千字
版　　次	2015 年 2 月第 4 版
印　　次	2024 年 1 月第 7 次印刷
定　　价	35.00 元

(图书如有装订差错请与发行部联系)

出版说明

为适应旅游业的发展要求，满足旅游高等教育的需要，我们根据高等院校旅游专业的课程设置、教学目标，在国家旅游局人事劳动教育司的主持下，集合国内旅游高等院校的众多专家学者，自20世纪90年代起开始规划出版系列旅游高等院校教材。该套教材出版以来，得到了广大院校师生和业界的普遍好评，至今仍是众多院校的首选教材，一版再版。迄今为止，该套教材不仅为众多院校广泛使用，而且是规模最大、品种最多的一套高等院校旅游专业教材。

但是我们深知，教材出版本身是一个不断完善的动态过程，需要产业的推动、研究的深化、时间的积淀，更需要广大师生的参与。本着这一目的，根据21世纪旅游业的发展要求与广大师生的殷切希望，我们根据教育部与国家旅游局对旅游学科的规划与行业要求，对本套教材进行了必要的增补与修订，以确保该系列教材的科学性、权威性。

与原教材相比，本版教材注意了课程设置与教材编写的科学性、针对性、规范性，使整套教材更适合学科教学和行业发展要求。在此基础上，本版教材强调了教材的研究含量，旨在倡导教材编写的严肃性、高等教育的研究性，避免教材编写中存在的简单雷同现象，体现了国家骨干教材应有的规范性与原创性。可以说，本版教材更加贴近了我国高等院校旅游专业教学实际，严格按照课程设置和教学目标设计安排教材内容，使高等教育教材的先进性与研究性得到充分保证。

在此次增补与修订中，我们始终强调教材编写应有的学术规范，从框架的确定、内容的取舍，乃至思考复习题的设计、注释引文的处理，每一个细节都力求体现教材编写应有的学术规范。为了实现这样的目标，我们先后在全国广泛遴选作者，聘请在学科研究与教学领域有所建树的专家学者担任教材的编写工作。不少作者都有相关领域的专著成果作为教材写作的支撑，为本套教材的研究含量提供了必要保障。

作为国内唯一一家旅游教育专业出版社，我们始终得到广大旅游院校师生的关心与帮助，在新世纪，我们更期待着大家一如既往的呵护。我们希望将我们的教材建设成为一个开放式的园地，能始终站在学科研究与行业发展的前沿，随时反映旅游教育最新发展的动态。我们期待着教材使用者的意见和建议，更期待着潜在作者的新思路、新理念、新观点、新教学方式——我们定会"从善如流"，不断调整、完善现有教材，不断吸纳新的作者、新的观点。

旅游教育出版社

修订版说明

《旅游美学》原名《旅游美学新编》，初版于2000年，迄今已修订再版多次，受到学界的积极肯定。上一版本书主编根据相关教学单位的反馈与出版社的要求，在不变动原有框架的前提下，对部分内容做了适度的补充与删减，同时对行文与引文做了必要的调整与更正。这一版谨对少许表述予以适当校正，力求畅达确切而已。

本书由18个部分组成，其中绪论和第一、二、三、四、五、六、七、八、九、十、十一、十五、十七章由王柯平撰写，第十二和十六章由张文祥撰写，第十三章由章建刚撰写，第十四章由李复波撰写，最后由王柯平统稿定稿。

本书为全国高校旅游专业教材，授课时间一般为一学期(18周)。为了方便师生之间交流和探讨相关的内容，本书每章后面备有10个左右的思考与练习题。为了激活教与学的互动作用并取得预期的教学效果，本书特别提倡师生双方平等对话、学生分组讨论、轮流讲演相关专题等方式。另外，在当今这个广泛运用多媒体的读图时代，教师可结合教材内容，借助现代科技手段，采用文图并茂的方式进行教学活动，以期取得更佳的教学效果。

不足之处，诚请大家不吝赐教。谨望本书在使用过程中不断充实、日臻完善。

王柯平
2015年于北京

目 录

绪 论 ·· (1)

第一编 旅游美学与传统审美趣味

第一章 旅游美学的生成与研究 ································ (6)
- 第一节 旅游活动的审美特性 ································ (6)
- 第二节 旅游审美需求与动机 ································ (8)
- 第三节 旅游观光的多重效应 ································ (12)
- 第四节 旅游美学的研究范围及其方法 ···················· (19)
- 思考与练习 ·· (21)

第二章 西方美学理论与旅游 ······································ (22)
- 第一节 西方美学的由来与要义 ······························ (22)
- 第二节 美学的基本概念与范畴 ······························ (25)
- 第三节 旅游审美对象的一般形态 ···························· (33)
- 第四节 心理学美学要点与旅游观赏 ························ (36)
- 思考与练习 ·· (42)

第三章 中国传统审美趣味与旅游 ······························ (43)
- 第一节 古代审美意识的形成与特点 ························ (43)
- 第二节 中和为美的儒家美学思想 ···························· (47)
- 第三节 自然为美的道家美学思想 ···························· (51)
- 第四节 空灵为美的禅宗美学思想 ···························· (56)
- 第五节 天人合一的美学精神与旅游 ························ (61)
- 思考与练习 ·· (63)

第二编 旅游审美对象分析

第四章 旅游景观的发展历程与类型 ····························· (66)
- 第一节 旅游景观的历史沿革 ································ (66)

第二节　旅游景观的类型 …………………………………… (70)
　　第三节　旅游景观的宏观分布 ……………………………… (73)
　　第四节　"南秀北雄"的审美风格 …………………………… (74)
　　思考与练习 …………………………………………………… (76)
第五章　自然景观的审美特性 …………………………………… (77)
　　第一节　自然景观的形式美 ………………………………… (78)
　　第二节　自然景观的动态美 ………………………………… (84)
　　第三节　自然景观的象征美 ………………………………… (86)
　　思考与练习 …………………………………………………… (88)
第六章　人文景观的审美特性 …………………………………… (89)
　　第一节　人文景观的工艺美 ………………………………… (89)
　　第二节　历史意味与民俗风情 ……………………………… (94)
　　第三节　人文景观的意境美 ………………………………… (96)
　　思考与练习 …………………………………………………… (99)

第三编　审美心理与旅游观赏原理

第七章　审美心理要素 …………………………………………… (102)
　　第一节　审美知觉 …………………………………………… (102)
　　第二节　审美想象 …………………………………………… (104)
　　第三节　审美理解 …………………………………………… (106)
　　第四节　审美情感 …………………………………………… (108)
　　第五节　跨文化交际与审美 ………………………………… (110)
　　思考与练习 …………………………………………………… (111)
第八章　审美体验分析 …………………………………………… (112)
　　第一节　审美个性与类型 …………………………………… (112)
　　第二节　审美意识系统 ……………………………………… (115)
　　第三节　审美体验的层次 …………………………………… (119)
　　思考与练习 …………………………………………………… (124)
第九章　旅游观赏的方法原理 …………………………………… (125)
　　第一节　动态与静态 ………………………………………… (125)
　　第二节　移情与距离 ………………………………………… (128)
　　第三节　时机与位置 ………………………………………… (132)
　　第四节　节奏与重点 ………………………………………… (134)
　　思考与练习 …………………………………………………… (136)

第四编　旅游接待艺术与旅游工作者的审美修养

第十章　审美期待与旅游接待艺术 ……………………………… (138)
  第一节　旅游者的审美期待 …………………………………… (138)
  第二节　旅游接待人员的形象塑造 …………………………… (143)
  第三节　旅游服务艺术的要诀 ………………………………… (147)
  第四节　旅游审美信息的传递艺术 …………………………… (151)
  第五节　旅游审美行为的协调方法 …………………………… (157)
  思考与练习 ……………………………………………………… (162)

第十一章　旅游工作者的审美修养 ……………………………… (163)
  第一节　审美修养的基本内涵 ………………………………… (163)
  第二节　提高审美修养的主要途径 …………………………… (174)
  第三节　拓宽国际审美文化视野 ……………………………… (178)
  思考与练习 ……………………………………………………… (189)

第五编　中国旅游审美文化

第十二章　传统造型艺术与旅游 ………………………………… (192)
  第一节　中西古典造型艺术比较 ……………………………… (192)
  第二节　国画艺术欣赏 ………………………………………… (198)
  第三节　书法艺术欣赏 ………………………………………… (207)
  第四节　古代雕塑艺术欣赏 …………………………………… (215)
  思考与练习 ……………………………………………………… (220)

第十三章　传统建筑艺术与旅游 ………………………………… (222)
  第一节　中西古典建筑艺术 …………………………………… (222)
  第二节　宫廷建筑与宗教建筑观赏 …………………………… (227)
  第三节　民间建筑与公共建筑观赏 …………………………… (236)
  第四节　中国古典园林观赏 …………………………………… (240)
  思考与练习 ……………………………………………………… (247)

第十四章　传统表演艺术与旅游 ………………………………… (248)
  第一节　中国传统表演艺术的民族特色 ……………………… (248)
  第二节　京剧与地方戏 ………………………………………… (254)
  第三节　其他传统表演艺术 …………………………………… (269)
  思考与练习 ……………………………………………………… (277)

第十五章　山水旅游文学与旅游…………………………………(278)
第一节　山水诗歌与旅游审美…………………………………(279)
第二节　山水游记与旅游审美…………………………………(287)
第三节　名胜楹联与旅游审美…………………………………(289)
第四节　风物传说与旅游审美…………………………………(291)
思考与练习…………………………………………………………(296)

第十六章　文物与旅游工艺品……………………………………(297)
第一节　中国文物的品类与鉴赏………………………………(297)
第二节　中国旅游工艺品欣赏…………………………………(302)
第三节　旅游工艺品的开发与创新……………………………(306)
思考与练习…………………………………………………………(310)

第十七章　旅游过程中的审美消费………………………………(312)
第一节　旅游审美消费的形式…………………………………(312)
第二节　旅游审美消费的导向…………………………………(315)
第三节　饮食宴乐中的审美因素………………………………(316)
第四节　旅游购物中的审美因素………………………………(326)
思考与练习…………………………………………………………(331)

主要参考文献…………………………………………………………(332)

绪 论

在我国台湾与东南亚等地,"旅游"亦称"观光",其中寄寓着语义嬗变的内容。具体说来,"观光"一词可上溯至《易经》"观卦",源于"观国之光,利用宾于王"一说,原意是讲"观察或瞻仰一个国家的风俗民情、文治武功,就能知道君王的德行如何,这样有利于成为君王的宾客和辅佐"。这里的"宾"即"仕",指古代有知识、有德行的人。时至今日,"观光"之义广为拓展,除了含有"观察或瞻仰一个国家(或地区)的风俗民情、文治武功"之义外,主要泛指游览观赏一个国家或地区的自然风光与城乡风光等,其含义基本上同英语中的"sightseeing"一词相接互通。

相形之下,"旅游"一词出现较晚,最早见于南朝文学家沈约(441—513)《悲哉行》中的两句:"旅游媚年春,年春媚游人。"若追究起来,用于旅行意义上的"旅",其卦象见于《易经》,即"离上艮下",释为:"旅,小亨……止而丽乎明……旅贞吉也。旅之时义大亦哉!"意思是说:"旅行,小有亨通利顺……静止又能附丽于光明……旅行能坚守正道就会吉祥。旅行的实践意义可就太大了!"显然,"旅"在此可以引述为在外旅行。再从"离上艮下"的卦象看,上卦"离"是火,下卦"艮"是山。山上烧火,火势蔓延,不停地往前燃烧,象征在外旅行的人急着赶路,辛劳流离,时有危险。因此,旅行必须遵守正道,才会吉祥。这一语境中的"旅",其意可通英文里的"travel"一词。而"travel"源自旧词"travail",包含着辛劳、艰苦、努力以及冒险等意思。另外,《尚书·尧典》中所谓的帝王"巡守",虽被译为"巡视",但有"旅"或"游"的内涵。在远古的自然崇拜或"万物有灵"的泛神论时期,这种"巡守"活动的主要内容是"望于山川,遍于群神",其根本目的诚如司马迁所言,在于"巡祭天地诸神名山大川而封禅焉"(《史记·封禅书》)。在先秦的典籍中,真正表示旅行、游玩或游览之义的"游"字,较早地出现在《诗经·国风》篇里,世人常道的有"以敖以游","驾言出游,以写我忧"和"游于北园,四马既闲",等等。其后,"游"字在《论语》、《庄子》和《楚辞》等典籍中也常出现,著名的说法有"游必有方"(孔子),"逍遥游"和"乘云气,骑日月,而游乎四海之外"(庄子)以及"悲时俗之通厄兮,愿轻举而远游"(屈原)等。魏晋之后,随着人性的解放与自然崇拜意识的淡化,山水逐渐成为人们观赏、吟咏、寄情、言志与畅神的对象,同时由于"名士优游"之风的倡兴,"游"作为一个流行的概念频繁地出现在描述名山胜水的诗赋骈文游记之中。其中,将"游"诗化的代表说法有嵇康的"目送归鸿,手挥五弦。俯仰自得,游心太玄"与李白的"五岳寻仙不辞远,一生好入名山游",等等。值得一提的是,继"好山水,爱远游"的晋人宗炳因叹"老病俱至,名山恐难遍睹",故此提出"惟当澄怀观道,卧以游之"的"卧游"方法后,清人郑日奎综合旅游活动的具体特征和相关经验,在巧立"以为游,则亦游矣"之命题的同时,提出了"目游"、"鼻游"、"舌游"、"神游"与"梦游"(《游钓台记》)等一系列方法,为统觉式和全方位的旅游观赏奠定了相互补偿的理论基础。基于先贤的旅游观赏经验和理论学说,后来的魏源创立了中国文化中特有的"游山学",这在一定意义上可以说是开近代"旅游美学"研究之先河。

随着现代交通工具的发展、人民生活水平的提高和闲暇时间的增多,特别是自20世纪60~70年代以来,旅游或观光已成产业,飞速发展,遍布全球,在社会经济与文化生活中占有重要的地位。据报道,现如今的旅游业(tourism industry),是全球仅次于石油工业的第二大产业,将成为21世纪的支柱产业。实际上,中国在2013年已成为世界第四大旅游目的地,仅次于美国、法国与西班牙。① 按照旅游发展的基本规律以及现代生活方式的发展趋向,人们一般在吃饭与住房这两大需要解决之后,旅游便成为其第三大需要。可见,旅游业不仅是促进社会经济发展的重要产业部门,也是现代人类生活方式的重要组成部分。

实际上,旅游活动内容丰富,具有多重功能,诸如经济、社会、文化、教育与环保功能等等。从构成要素看,旅游是集"行、游、住、食、购、娱"等内容为一体的综合性社会实践活动。该活动以个人消费为基础,以直接体验为特征,追求的是物质文明与精神文明的双重享受。比较而言,"行、住、食"更富有物质文明色彩,可以满足生活质量模式中的物质层面需求。这一点既适用于高消费的豪华型旅游者,也适用于普通消费的小康型旅游者,因为绝大多数的旅游活动是在解决个人温饱之后,于个人享有闲暇时间与可支配收入的基础上进行的。相形之下,"游、购、娱"等三项内容更富有精神文明的色彩。畅游山水名胜,选购古董字画,观赏歌舞表演等,显然是有益于身心健康的精神愉悦活动或审美活动。

从本质意义上看,旅游观光是一项综合性的审美实践活动。它集自然美、艺术美与社会生活美之大成,熔文物、古迹、建筑、园林、绘画、书法、雕塑、篆刻、音乐、歌舞、服饰、陈设、烹饪、民情、风俗……于一炉,涉及审美的一切领域和一切形态。因此,在丰富人类物质文明与精神文明、调节其情感与生存状态、提高其生活质量与审美智慧、促进全社会审美化与人的全面发展等方面,旅游观光具有积极而特殊的价值,并且日益泛化为当今时代新潮中盛行不衰的双重生活方式之一。② 对此,古往今来的美学家们从不同的价值观念和文化背景出发,都有过林林总总的体验与

---

① 中国入境旅游发展年度报告2014。见中国旅游研究院官方网站。
② 王柯平. 旅游美学纲要. 北京:旅游教育出版社,1997:20.

论述。从孔子的"乐山""乐水"与庄子的"逍遥游"到魏源的"游道",从柏拉图的"观海凝思"与立普斯的观物"移情"到爱默森的"赏景"学说,均给人以常读常新的启迪。德国美学家康德也十分推崇更换环境转向自然,认为一个人如果"愿意离开那间布满虚浮的、为了社交消遣所安排的漂亮房间而转向大自然的美,以便在这里,在永远发展不尽的络绎中,见到精神的极大欢快,我们会以高度的尊敬态度来看待他的这一选择,并且肯定他的内心具有一颗优美的灵魂……"。[①]

鉴于旅游的上述功能,尤其是旅游的审美与审美文化教育功能,深入开展旅游美学的研究和不断完善这一应用学科,可以说是客观现实的需要,是现代生活的需要,同时也是旅游行业发展的需要。诚如李泽厚所言:"把美学仅仅规定为艺术理论,似乎就太局限了。人们要游历,要观赏自然美,要游玩到大自然中,人们要美化生活,从外表到内心,都希望符合美的要求,美学能不管吗?"[②]其实,广义的美学应当研究人类有效劳动的一切形态。相应地,这种研究应当有利于提高人类的生活质量和促进人的全面发展,应当有利于美化主客观世界或者有利于实现人与自然、人际、文明以及自我身心的动态和谐。旅游美学的研究,也应当遵循这一宗旨。

考虑到篇章的结构与内容的连贯性,本部教材共分五编。第一编作为导论部分,旨在阐明旅游美学的生成契机与研究范围,同时联系旅游审美活动的特点和针对课堂教学的实际需要,概略性地介绍一些西方美学的理论学说与中国传统的审美思想,以便为后面的论述提供理论的支撑点。第二编重在分析旅游审美对象或旅游景观的历史沿革、审美价值、审美风格与人文内涵,等等。第三编旨在运用心理美学的有关学说,来描述旅游者的审美心理过程,揭示旅游审美体验的层次,总结旅游观赏艺术的基本原理。第四编联系旅游产业发展的特点和旅游接待工作的要求,进而探讨旅游者的审美期望、旅游接待艺术与旅游工作者的审美修养等问题。第五编将通过比较、分析、描述和评价等方法,重在展现中国旅游审美文化的个性特色与观赏价值,以期达到提高旅游审美鉴赏能力与合理开发利用旅游文化资源等主要目的。

顺便提及,旅游美学是一门理论性和实践性并重的应用学科。迄今,经过数年的探索,该学科持续发展,其研究不断深化,其领域逐步拓宽,其作用日益凸显。"百尺竿头,更进一步"。本书编者将以此共勉,笃志于学,努力求索,争取迈出新的一步。

---

① 康德.判断力批判.宗白华,译.北京:商务印书馆,1987:第42节.
② 李泽厚.艺术杂谈.见:李泽厚.走我自己的路.北京:三联书店,1986:305.

第一编
旅游美学与传统审美趣味

　　围绕构成现代旅游业的六大要素(行、游、住、食、购、娱),旅游美学旨在系统和切合实际地研究旅游审美活动、旅游审美心理、旅游审美对象、旅游接待艺术与中国旅游审美文化的主要特征等。鉴于应用美学的一般性质与学科建设的基本规范,本编作为旅游美学导论,在阐述旅游美学的生成契机与研究现状的同时,将针对旅游审美活动的特殊需要,有选择地、提纲挈领地介绍一些西方美学的理论要点和中国传统的审美趣味,同时揭示这些相关学说对现代旅游观赏的参照作用。

第一章

旅游美学的生成与研究

宏观而论,旅游是一种以空间移动、物质消费和文化娱乐为主要外显形式的社会经济文化现象。但从具体内容和本质意义上看,旅游则是一项集自然美、艺术美和社会生活美之大成的综合性审美实践活动,这项活动在美学、心理学、社会学和教育学意义上具有独特价值与多重效应。

第一节 旅游活动的审美特性

旅游活动的目的地或审美对象主要是风景名胜,也就是在一定时空背景中由自然景观(landscape)与人文景观(culturescape)构成的旅游吸引物(tourism attractions)。

自然景观一般包括山水草木、风花雪月、云霞鸟兽,等等。在中国人的审美意识中,自然既是生活的场所,又是审美的对象,而且还是人的安身立命之处。其结果,"山川之美,古来共谈"(陶弘景)的习惯和追求"天人合一"的美学风范,均已在悠久的历史长河中演变和积淀为我们审美文化或精神文化的重要组成部分。中国的山水诗歌、山水文学以及山水美学之所以兴盛如斯,其根本原因就在于此。

不消说,西方人也谙熟"风花雪月"或自然山水的妙用。这大自然,如爱默生所言:"除了供给人类衣食之需之外,亦满足了一种更高贵的要求——那就是满足了人类的爱美之心。"面对奇妙的自然万象,人类独具慧眼,能够构图绘影。因此,天空、山岳、树木、鸟兽等,看了都叫人觉得可喜。于是,"自然界用些许简单的风云变幻,竟然就使我们顿生超凡入圣之感!赋予我以健康与一天的光阴,足可使帝王的赫赫威严黯然失色。朝霞灿烂如锦,那就是我的亚述帝国(Assyria);夕阳西落,明月从东山顶上升起,那就是我的百福赐(Paphos)和不可思议的仙子之乡;昊昊阳午,那就是我的英国——常识和理智的故乡;神秘的黑夜,那就是我的德国——神秘哲学和梦想的国土。"[①]

[①] Cf. R. Emerson. "Beauty", in *Nature*(1836), see *The Collected Works of Ralph Waldo Emerson* (London: Oxford University Press, 1971).

旅游活动中常见的人文景观，一般包括文物古迹、历史名城、园林建筑、民俗风情、社会生活以及各种形式的文化、艺术和娱乐活动，等等。在中国，半坡村的仰韶文化遗址、绵延万里的长城、北京的故宫、承德的避暑山庄、苏州的园林、北京琉璃厂的传统字画和工艺品、各地的音乐歌舞民俗、青藏高原的文化风情和丝绸之路沿途的历史古迹等，都是吸引中外游客的著名人文景观。这些积淀着丰厚的历史内涵和人文精神的景观，同埃及的金字塔、印度的泰姬陵、希腊的雅典卫城与古代雕塑、罗马和佛罗伦萨的教堂、伦敦的博物馆、巴黎的凡尔赛宫花园和罗浮宫的藏画以及歌剧院的表演、美国的印第安人部落遗址、非洲的图腾木刻等，都是文明历史的见证和人类智慧的结晶，不仅具有丰富的审美价值，而且为文化艺术研究和科学考察提供了可观可证的实物和场所。即便就旅游所涉及的"吃喝玩乐"这种日常生活(everyday life)而言，除了其实(食)用功能之外，也同样具有一定的审美因素。众所周知，中国的饮食文化历史悠久，不仅讲究美食美酒美器，而且注重"色、香、味、形、意(趣)"，同时还要求乐舞配置与诗意气氛，等等。所有这些具有形式美感的饮食器皿和菜肴造型，以及洋溢着欢快与优雅气氛的饮食环境，都有助于促进人们思想感情的交流、身心的健康和和睦的人际关系。这便说明"吃喝"不只是为了满足人的生理需要，而且也是为了满足人的情感或精神需求。因此，如果从狭义上来看待"美是生活"这一美学命题的话，属于正当消费范围的"吃喝"(并非滥用公款或损公肥私的大吃大喝)或饮食文化，应当是生活美的不可或缺的组成部分。

再则，旅游中的"观光"活动本身，还有一层更深的社会文化学含义，那就是《易经》"观卦"中所说的"观国之光，利用宾于王"。按(魏)王弼的解释："居观之时，最近至尊，观国之光者；居近得位，明习国仪者也，故曰：利用宾于王。"现代旅游观光，更多的是了解旅游所在国(或所在地)的风俗民情、名胜古迹、劳动成果与社会制度等，在开阔自己眼界和满足文化心理需求的同时，从"异质文化"(heterogenous culture)中汲取具有借鉴价值的东西，以补充本民族文化系统的不足或匡正本社会组织管理的缺陷等，最终用以促进各国人民之间的相互理解和友好交往，发展和保卫世界和平，改善和维护人类赖以生存的环境与秩序，等等。

总之，旅游观光的内容异常丰富、无所不包。它除了引导游人观赏风光绮丽的自然景观、体察形式多样的风俗民情、品尝不同风味的美食佳肴和参与各种有趣的文化娱乐活动之外，还会引导游人搜奇览胜，遍访文物古迹与建筑园林等人文景观，欣赏绘画雕塑、书法篆刻与音乐舞蹈等艺术作品。可见，作为一项综合性的审美实践活动，旅游"集自然美、艺术美、社会生活美之大成，熔文物、古迹、建筑、绘画、雕塑、书法、篆刻、音乐、舞蹈、园林、庙宇、服饰、烹饪、民情、风尚……为一炉，涉及阴柔、阳刚、秀美、崇高、绮丽、疏野、沉郁、飘逸、繁缛、明快、悲壮、轻松等一切审美形态,有益于满足人们从生理到精神等不同层次的各种审美欲求"。① 诚如国内不少美学家所言:"看来人们的旅游目的不是有力无处使,有钱无处花,而是为了丰富自己的精神生活。"②"旅游,从本质上说,就是一种审美活动。离开了审美,还谈什么旅游? ……旅游活动就是审美活动。"③

第二节 旅游审美需求与动机

旅游审美活动的综合性与丰富性使旅游基本上成为一种社会时尚,成为融贯现代物质文明与精神文明的双重生活方式的重要组成部分,因此吸引着越来越多的人。据世界旅游组织(WTO)判断:当人均国民收入达到 300～400 美元时,居民就想外出在国内旅游;达到 800～1 000 美元时,就想去邻国旅游;达到 3 000 美元时,就想去远方的国家旅游。随着我国经济与交通的发展、人均收入和闲暇时间的逐渐增多,旅游在我国城镇居民中已经具有了广泛的社会需求。譬如 2013 年,国内旅游就达 33 亿人次,同比增长 11.6%,旅游收入约 2.6 万亿人民币,同比增长 14%。全年接待入境游客约 1.3 亿人次,实现外汇收入约 517 亿美元,同 1978 年的 181 万入境旅游人次、2.6 亿美元旅游外汇收入相比,分别增加了 71.3 倍与 198.7 倍。另外,全年中国公民出境旅游为 9819 万人次,同比增长 18%;旅游消费约 1287 亿美元,同比增长 20% 之多。④

爱美之心,人皆有之。在人类长期的社会生活实践中,这种"爱美之心"在其形成、发展和不断深化的过程中,已经在很大程度上"积淀和凝冻"(李泽厚语)在人的"集体无意识"(荣格语)里,或者说已经演化为人类生存的本能性因素。在此本能的有机内核内,蕴含着丰富多样的审美意向的生长基因。人们所从事的各种艺术实践或审美活动,都无疑发端于这一心理特质。就旅游审美活动而言,它在表面上似乎是旅游观赏行为在一定时空中的直接表现,而实际上是旅游审美需求与动机所诱发促成的结果。

一、旅游审美需求

在现代大众传媒网络的频繁刺激和交叉影响下,不同形式的旅游信息和促销手段随处可见,从而使旅游审美需求具有了更为广泛的社会性。要而言之,旅游审美需求是促使人们从事旅游观赏活动的内驱力(inner drives)。

---

① 王柯平.旅游审美活动论.北京:旅游教育出版社,1990:5.
② 王朝闻.不"跑"风景.旅行家,1985(6).
③ 叶朗.旅游离不开美学.中国旅游报,1988-01-20.
④ 2013 年旅游经济运行与 2014 年发展预测.中国入境旅游发展年度报告 2014.中国出境旅游发展年度报告 2014.见中国旅游研究官方网站.

人,作为一种复杂的社会存在(social being),在生理条件、社会环境与文化氛围的制约和影响下,往往会产生各种各样的需求。其中有的偏于物质,有的趋向精神;有的属人类生存的基本保障,有的是提高生活质量的可能途径……按照社会心理学家马斯洛(A. Maslow)的"需求层次理论",人的各种需求被概括为以下七大层面(见下图):①

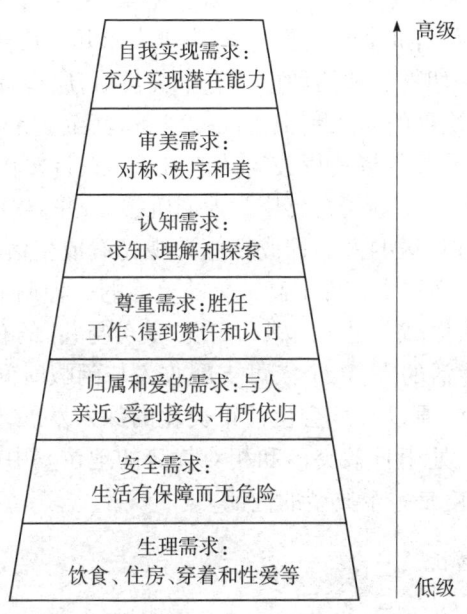

据马斯洛所述,最下两层一般被视为低级需求,上面五层为高级需求。高级需求通常比低级需求具有更大的价值。但只有当前者得到一定的满足后,后者才有可能出现。那些(尤其在早年)使自己高低不同层次需求得到满足的人,容易形成健全的品格和完美的人性,能为得到高级需求的满足而忍受低级需求的剥夺,能舍弃世俗的妄念和占有的欲望,而竭力追求自我的完善,甚至成为利他者或殉道者。当然,我们不难发现,需求层次论作为一套理论体系,不应局限于强调人的需求由低而高的逻辑发展过程。因为,在现代生活中,人的审美需求经常贯穿在所有不同层次的需求之中,就连饮食、住房、穿着甚至性爱也不能例外。

需要指出的是,审美需求作为人的一种统摄性和精神性需求,是改善人的生活质量的重要杠杆之一。诚如马斯洛所言:"美的理解和创造以及美的高峰体验,是人类生活以及心理学和教育的核心部分,而不是边缘部分。"②所谓"高峰体验"

---

① 马斯洛.动机与人格(中译本).北京:华夏出版社,1987:40-65.
② 马斯洛.存在心理学探索(中译本).昆明:云南人民出版社,1987:190.

(peak experiences),是指"最高快乐实现的时刻",比如审美的直觉、创造的瞬间、智力的顿悟和情欲的高潮,等等。该体验是向健康前进,是对生活的确认,使生活富有价值。我们之所以面临各种艰难困境而不全都以绝望或自杀了结,很大程度上是由于这种体验价值普遍存在的缘故。其实,无论从人类文明的历史沿革来看,还是从现实生活的具体内容来看,审美需求由于审美判断本身的自由愉悦性和鉴赏性而成为其他各种需求的内在动因。至于那些乘坐"空中客车"、下榻宾馆饭店、睡席梦思和喝香槟酒等游山逛水的旅游者,其审美需求几乎泛化为其他需求的"指令性原则"。他们要求一切物品和活动应具有审美价值,应符合"美的规律",从房间的色彩、餐桌的摆台、饮食的器皿到卫生间的设备,甚至一条领带或一枚纽扣……都应符合他们的审美需求和与其相关的其他需求。在许多国家和地区(如邻国日本),"美、感、游、创"的生活新概念已广为人们所接受,并被奉为追求生活质量的重要依据。[①] 这些国家和地区的人们抑或把旅游观光看成生活的组成部分和精神的润滑剂,抑或将其视为高技术条件下高情感缺乏症的一种调节手段或能量补充,抑或将其当作开阔眼界、提高文化认同感和实现"美美与共"的有效途径。

总之,随着物质生活的丰富、个人可支配收入与闲暇时间的增多、旅游商品信息的多渠道高效率的流通以及社会生活审美化的深入发展,大众旅游审美需求的强度自然会不断增大,处于日益突出和相对优势的地位。中国目前所出现的外出旅游热和出国旅游热就是一个典型的佐证。

二、旅游审美动机

简单说来,旅游审美动机(aesthetic motive)泛指一种激发旅游审美行为的心理趋向,或者说是旅游审美需求(aesthetic need)过渡到旅游审美行为(aesthetic act)的心理中介。对前者(需求)来讲,旅游审美动机是外界因素(旅游信息流程和旅游地的审美价值等)和内在因素(个人的趣味爱好和情思意向等)交替作用下而生的结果。它具有一定的指向性,即对旅游目的地有着相对明确的偏爱与选择。但对后者(行为)而言,旅游审美动机还只是一种心理刺激或促发动力。因为,旅游审美行为能否最后实现,通常涉及主客观方面的一些条件或变量(variables),比如主观方面的身体、经济和时间等条件,客观方面的交通、住宿和接待等条件。若从系统论的观点考察,旅游审美的需求、动机与行为三者之间的互动关系如下图所示:[②]

[①] 按照一般的理解,"美、感、游、创"作为一种新的生活观,分别表示热爱美的事物,注重感受体验,喜欢外出旅游,追求创意人生。

[②] 王柯平.旅游审美活动论.北京:旅游教育出版社,1990:27-28.

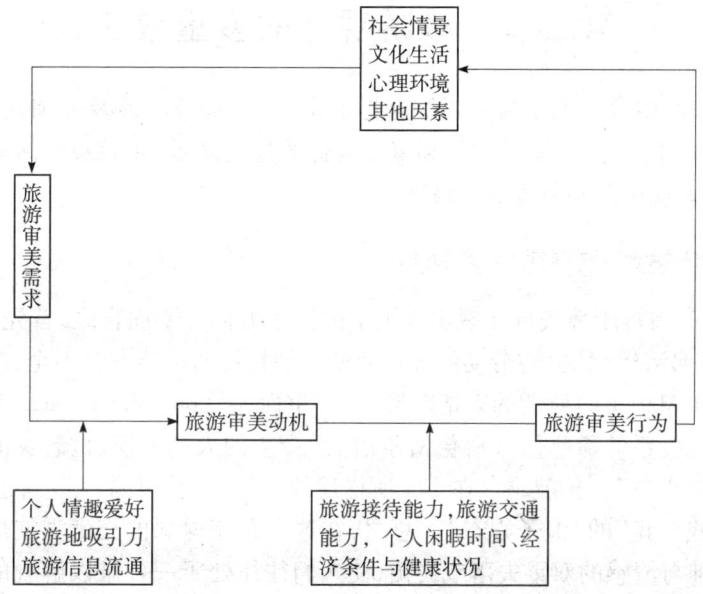

旅游动机是多种多样的。概括起来,有观光、社交、文化、商务、享乐、保健、宗教、蜜月和探险等九大旅游动机。① 通常,到风景名胜和文化名城去观光的游客占绝大多数。近年来形成的诸如"回归自然,追求野趣"、"绿色田野"、"生态环境"和"域外风情"等旅游时尚,确使观光旅游动机一直保持着优势地位。

一般来讲,旅游审美动机具有多重特征。从广义上看,它是笼统的,是指向所有旅游观赏对象的。但在狭义上,它似乎又因人而异,各有侧重。从游客的偏爱和选择角度分析,我们认为旅游审美动机可分为以寻访景观名胜为导向的景观审美型、以鉴赏各种艺术表现形式为导向的艺术审美型、以审视社会劳动创造和风俗民情为导'向的社会审美型与以品尝美食佳肴为导向的饮食审美型。毋庸讳言,任何类型的划分均有一定的牵强性。上述四种旅游审美动机尽管各有侧重,但对绝大多数游客来讲并不相互排斥,而是兼容并包。也就是说,凡出外观光的游客,其动机是多重的,既要欣赏旅游目的地的自然风光美和文化艺术美,也要体验当地的社会风尚美和物质生活美。因此,旅游接待人员理应充分考虑游客的多重需求,在旅游活动安排上力求细致周到、丰富多样,以期最大限度地满足游客的不同需求,达到创造最佳旅游市场机制的目的。

---

① 王柯平.要研究旅游者的旅游动机.见:旅游工作指南.中国青年出版社,1986:63-70.

第三节 旅游观光的多重效应

前文说过,旅游观光作为一项综合性的审美实践活动,涉及范围甚广,具有多重效应。若从审美心理、审美文化和审美教育的角度来看,旅游观光活动至少在以下五个方面表现出不同程度的积极效应。

一、净化情感和调节心理环境

现代人的精神困境表现在现实人生中的许多方面。要而言之,首先是由于"文明的缺憾"(弗洛伊德语)与劳动的异化而使人的精神与情感发育不全,结果导致了马尔库塞(H. Marcuse)所谓的人格畸形——"单面人"(one-dimensional man)。其次是由于"人际关系的稀薄化"(海德格尔语)而产生的人情冷漠、世态炎凉现象和不正常的"邻居心态"。再就是存在主义所描述的那种"寻找家园"与人本主义所揭示的那种"寻找自我"的"浪子心态"。总之,在这个花花绿绿的充满霓虹灯色的商品社会里,精神与情感的双重失落或失衡,使人们往往处于一种难以解脱的躁动或不安的心理环境之中。此外,在分工细致、操作重复、生活单调、环境嘈杂和污染严重的现代工业社会或后工业社会,不同形式的焦虑、受挫、苦闷、忧郁、失望甚至厌世等心态和情绪,均不可避免地淡化与殃及人生的乐趣。于是,人们鄙视现实、崇尚自然的心理因素在不断增长;并且,出于自我调节或暂时逃避的心理趋势,人们纷纷出外旅行,改换生活环境,渴望在寻访名山大川、文物古迹等一系列旅游观赏活动中达到洗涤胸襟、陶冶性情的目的。

事实上,当人们搁下处世的心机,走出烦扰的市街,抬头看看蓝天白云、红花绿草,一种轻松愉悦、放浪神驰之感就会油然而生,就会体验到一种"久在樊笼里,复得返自然"的不可名状的乐趣,疲惫的身心也会相应得到解脱。旅游观光所引致的这种特殊的时空审美感受与情感慰藉,能在很大程度上使人摆脱世俗的羁绊,获得心灵的自由,忘却往日的忧愁,净化心理的环境,等等。难怪不少中外社会学家和心理学家皆把旅游观光视为现代社会或"文明机器"的组成部分,当作调节情思意趣的有效手段和解决社会文化心理问题的重要途径。并且认为:倘若没有旅游业,那么,各种医疗机构及疗养院就得花费更大的气力,来治愈人们因日常工作所带来的精神无力或精神缺乏症。从这个意义上讲,旅游观光是一项普遍的"社会疗法"(social therapy),有助于调节个体的心理环境和维系社会的正常秩序以及人际的和谐关系,等等。

历史地看,无论是提倡"逍遥游"的庄子、"性本爱丘山"的陶潜、"空知返旧林"的王维、视山水为"盛世补偿"的郭熙、重自然而轻人为的袁小修,还是于"苦闷时期"以求释怀而荡桨秦淮河的朱自清和俞平伯,都直接或间接地肯定了游山逛水的畅神作用,用现代时髦的话说,就是净化情感和调节心理环境的医疗妙用。诚如爱默生所言:"人假如朝夕营营,为俗务所累,或者惯于与俗人交往,会觉得身心受到束缚。一旦回到自然界去,自然就可以发挥医疗的妙用,使人恢复自己的本来真知。"① 也正如恩格斯所体验的那样:"望一望远方碧绿的海面,波涛汹涌翻腾,永不停息。阳光从无数闪烁的镜子中反射到你的眼里,碧绿的海水同蔚蓝的镜子般的天空和金色的太阳熔化成美妙的色彩,——于是你的一切忧思,一切关于人世间的敌人及其阴谋诡计的回忆就会烟消云散,你就会溶化在自由的无限的精神的骄傲意识中。"② 显然,上述"本来真知"与"骄傲意识",是凭借审美智慧进入审美自由境界和深刻体悟的结果。

二、造就具有优美灵魂的人

古往今来的许多思想家和教育家普遍认为,人类通过社会实践(其基本方式是生产劳动)与外部世界结成多种关系,其中主要有以求真为导向的认识关系、以趋善为导向的伦理关系与以爱美为导向的审美关系。而推进这一审美关系的历史发展的基本动力,一方面来自着眼于创作的艺术实践,另一方面来自着眼于鉴赏的审美教育(aesthetic education)。我们知道,审美教育是人类审美经验的积累和传承过程。通过审美教育,人才能够摆脱像席勒所说的那种被动的"感性"存在状态而获得理性和意志的自由、精神的解放和实现"人性的完满"(human fulfillment),或者摆脱像马尔库塞所说的那种"单面性"存在状态,获得"新感性"(new sensibility)和健全的人格。另外,现代文化产业(cultural industry)的勃兴尽管极大地刺激了大众审美文化的发展,但由于存在消费市场的钳制和极尽迎合商业需求之能事的媚俗倾向,有时反倒导致大众审美趣味的滑坡。因此,国内外当前越来越重视全社会的艺术或审美教育工作。

审美教育的形式是多种多样的。人们发现旅游观光作为一项全球性的社会文化现象或综合性的审美实践活动,实际上也是一项寓教于乐的普及性审美教育活动。事实证明,旅游观光不仅为游人提供了广泛的审美实践机会,而且通过其潜移默化的特殊作用,十分有益于陶冶人们的情操,升华人们的精神,促进人们的身心健康,满足人们的求知欲望和审美需要,激发人们的民族自豪感和爱国心,以及培养和提高人们对现实世界(包括自然和社会)与文化艺术的审美鉴赏能力。

康德曾说:一个人如果能够离开浮华的居室而欣赏大自然的美,他的内心肯定"具有一颗优美的灵魂",而且值得"令人尊敬"。③ 在我们看来,这种"优美的灵魂"

---

① Cf. R. Emerson. "Beauty", in *Nature*(1836), see *The Collected Works of Ralph Waldo Emerson* (London: Oxford University Press, 1971).
② 曹葆华,孟复生译.恩格斯谈风景//马克思恩格斯全集.俄文本,第一版,第二卷:55-61.
③ 康德.判断力批判.北京:商务印书馆,1987:42.

至少包含"爱美、知美和创美"这三个不同层次的心理素质或(潜在)能力。简单地说,"爱美"得自天赋,属于本能。但就人的发展来讲,"不能只限于喜爱美的事物,还要善于理解美的事物"(车尔尼雪夫斯基语)。这就要求人们不断扩充自己的知识结构,培养自己的审美悟性,通过大量的审美实践(如旅游观光或艺术创作等)活动,"把人得自天赋的美感(sense of beauty)提高到由学习和修养而形成的审美鉴赏力的水平"(别林斯基语),以便养成"爱其所应爱,恶其所应恶"(柏拉图语)的良好习惯,进而能够正确而深刻地理解美的事物,分辨丑的东西,培养善于评价和判断艺术美、生活美和人格美等方面的能力,由此使"人的心灵能在不知不觉中接受各种美,并且最后接受同美的观念相联系的道德观念"(卢梭语)。

比较而言,"爱美"与"知美"还不是人生的终极目的,只有"创美"才是人生的终极目的,因为这是人生意义的最高体现。所谓"创美",概括说来,就是按照"美的规律"(the law of beauty)来创建美的事物、美的风尚、美的道德、美的人格、美的服务、美的语言、美的行为、美的环境、美的服饰……一句话,创造符合审美要求的"使人想到应该如此"的"美的生活"。故此,我们不妨把"爱美、知美、创美"这三者之间的价值关系归结为下述程式:爱之者不如知之者,知之者不如创之者。

三、推动社会审美化的进程

如果说"社会的进步是人类对美的追求的结晶"(马克思语),那么,我们也可以说:人类对美的追求也会转化为强大的实践力量和创造热情,从而推动社会的进步。

在当今社会的物质与精神生活中,人们对美的追求明显地呈现出一种多元趋向。你只要留意一下周围的现代艺术、城建风格、环境美化、汽车造型、商品包装、居室装潢、服饰款式、饮食器皿、玩具形式、工业设计、五彩纷呈的广告、娱乐消遣的种类和韵律操式的健身运动等,几乎无一不折射出"艺术品实用化,实用品艺术化"的发展态势。

其实,在现代条件下,具有广泛社会基础和多种文化需求的旅游业不仅有利于加快审美文化的建设和发展,而且有利于推动全社会审美化的进程。这主要是因为旅游业在构成上是一种多边缘综合性的特殊产业,几乎涉及社会有效劳动的一切领域,如建筑、装潢、交通、饮食、服饰、环境、工艺、服务、陶瓷、文化、艺术、教育,等等。而所有这些劳动领域的最终产品在造型、款式、风格、色调、品位、情趣、氛围、设计和功能等方面不仅要具有可靠的实用价值,而且要具有丰富的审美价值,以便满足旅游者不同层次的、包括审美需求在内的各种需求。譬如,旅游接待业中所推崇的"宾客至上"原则,一方面具体地落实在热情、友好与周到的招待服务过程中,另一方面则具体地落实在全社会一切有效劳动形态的美化上。

旅游观光作为促进社会审美化的动因,还表现在旅游者与旅游目的地居民的相互影响和相互交往等方面。比如就现实生活中的服饰而言,中外旅游者所到之处,其服饰款式和穿戴艺术作为外显形式,会对当地居民产生一种参考作用。同样,当地居民富有特色的服饰与穿戴风格,也会对旅游者产生相应的影响。这种潜在的交流与模仿,均有助于提高各自穿着艺术的品位,完善自我的仪表形象和丰富自我的审美意识。当然,在一定的社区和场合,时常会出现违背基本美学法则(如和谐美、整体美与个性美等)或东施效颦的现象。这在我们看来,是文化素养不高与审美趣味低下等原因所致。故此需要因势利导,在肯定这种爱美和求美意识的同时,积极开展有针对性的审美教育工作,以期提高人们的社会交往意识和审美鉴赏能力。需要指出的是,除了物质生活的审美化之外,旅游观光对精神生活的审美化也有一定的推动作用。比如在伦理道德方面,旅游者在与东道主的广泛交往中,以助人为乐、尊老爱幼、拾金不昧和真诚相待等为具体内容的社会风尚美和道德情操美,往往对人产生一种潜移默化的作用,是双方十分敏感和审视评价的对象。这样,在观照反思中,会触发人的良知,陶冶人的情操,提高人的精神境界,改善人际关系,创造和睦相处的气氛,等等。在这方面,旅游确能起到"观国之光,利于社会审美化"的积极作用。

四、提高人类的生活质量

无论是展望未来,还是回顾过去,我们都无法回避人类所面临的一系列现实问题,诸如生存、能源、环境、人权、民主、局部战争、恐怖威胁、社会秩序、道德伦理、人际关系,等等。相比之下,人类的生活质量(quality of life)问题尽管在一定范围内、一定程度上有所改善,但依然居于所有问题之首,依然是全世界和全社会关注的焦点。

在一般人看来,随着科学技术的跃进和物质文明的发展,人类的生活质量也会不断提高。譬如,丰富多彩与日新月异的食品供应、衣着款式、家用电器、汽车楼房、通信设备、公共交通和电脑技术等,都是有目共睹的事实。然而,这种认识是相当片面和模糊的。其一,它只注重生活的物质层面,而忽视了其文化、心理与精神等层面;其二,它把生活水平(living standard)简单地等同于生活质量,忽略了两者的本质差别。众所周知,生活水平的高低主要基于物质的拥有量与自由的支配程度,通常可依据个人收入、食物开支比例、住房条件和日常消费水平等参数予以直接估算。与此相比,生活质量的内涵则要丰富复杂得多,"其小到对儿童玩具安全标准的关切,大到对政府补贴艺术事业的要求"。[①] 简言之,依据美国社会学家的研究报告,"生活质量"意指居民在以下八个方面享受良好的福利待遇:(1)经济方面——就业机会与工资收入有保障;(2)保健方面——就医方便,保健设备齐全;

---

① Robert H. Lauer. *Social Problems and the Quality of Life*(Iowa:WCB Publishers, 1986), p. 30.

(3)教育方面——机会均等,条件良好;(4)文化娱乐方面——享有参与文化娱乐活动的设施与机会;(5)住宅方面——各种族可以按照自身的偏好如意选择;(6)安全方面——生活与工作的地区犯罪率被控制到最低限度;(7)自尊方面——个人尊严受到法律保护,个体及其人格受到应有的尊重,具有自我价值感;(8)心理方面——生活无忧无虑。①

根据现有的研究成果,参照马斯洛的"需求层次理论",综合日常的观察、自省与分析,我们认为生活质量的内涵还要远远超过上述内容,既有形下的因素,亦有形上的因素,其基本模式可归纳为物质、社会、文化、生态、心理、审美与精神等七大层面(见下图):

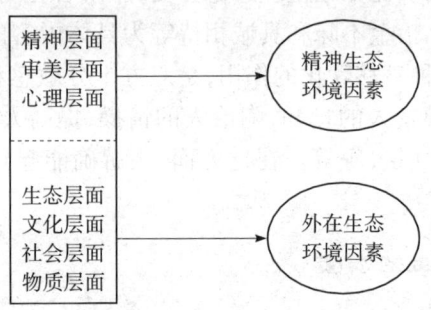

这里,物质层面(material dimension)是指衣、食、住、行等人类的基本需求。显而易见,物质层面近似于我们常说的生活水平,是生活质量的基础。抛开物质层面而奢谈其他,无疑是画饼充饥。但要看到,物质层面并不等于生活质量本身,它只是后者的基本生成条件或重要组成部分。社会层面(social dimension)包括社会环境与秩序、人身安全系数、医疗保健条件和人际关系等因素。文化层面(cultural dimension)泛指教育机会、公共文化设施与个人文化修养等内容。生态层面(ecological dimension)主要是指生态平衡、环境污染与环境保护的现状。这些均属于后现代意识中最为关切的问题。关于心理层面(psychical dimension),一般涉及自尊心、价值感、心理卫生或心理健康等因素。所谓审美层面(aesthetic dimenision),一般涉及休闲娱乐、旅游观光、艺术欣赏与艺术创造等活动。与此密切关联的精神层面(spiritual dimension),则涉及包括宗教信仰在内的情感寄托、理想追求、修身养性、自我完善与精神超越等一系列具有形上意义的实践活动。概而言之,生活质量属于系统工程,其内涵层面相互联系、彼此影响、不可或缺。依据各自的属性与特点,我们可将物质、社会、文化与生态等四个层面划归为外在生态环境范畴,而将心理、审美与精神等三个层面划归为内在生态环境或精神生态环境范畴,这样便于把上

---

① Robert H. Lauer. *Social Problems and the Quality of Life*(Iowa:WCB Publishers, 1986), Ibid. p. 31.

列多层面模式简约为一种"双因素模式"(double-factor model),以便于说明提升生活质量的基本前提与可能途径。

我们知道,旅游活动具有多重功能,融贯着物质文明与精神文明两大领域的方方面面,可以利用其社会化的市场与普遍性的方式来满足人们的各种需求。譬如,旅游过程中品尝美味佳肴与享用住宿交通购物活动,可以满足人的物质需求;旅行过程中的社会交往活动,可以补充人际关系上的缺憾;认知异质文化与了解风俗民情等活动,可以丰富人的文化知识和满足人的求知欲望;离家外出、更换生活环境、寻访清静幽雅之地,可以使人获得不同已往的新感受并在相对理想的环境中解除疲劳、恢复健康;潇洒自由、浪迹山水的旅游活动,会使人在一定时空中摆脱烦恼与焦虑,淡化竞争意识和受挫感,获得心理上的平衡与和谐;悦山乐水、艺术欣赏与相关的娱乐活动,会使人得到审美享受,品味自由自在的情趣;旅游过程中的宗教朝圣、天人(神)对话等活动,不仅有助于净化人的心灵和满足人的精神需要,而且还有助于体悟人生真谛和提升人生境界……正是在这种意义上,我们把旅游活动视为提高人类生活质量意识及其水平的有效途径之一。

五、促进人的全面发展

人的全面发展是一个历久弥新的重要话题。孔子与柏拉图所推崇的理想人格——圣王(sage-ruler)和哲王(philosopher-king),可以说是人的全面发展的古典范本。其后,在人类认识和思想的发展长河中,无论是东方的诸子百家,还是西方的先哲圣贤,都对人的全面发展作过不同的诠释,提出过不同的忠告。时至今日,尽管"人在自身的人格中具有达到神性的天赋"[1]和"按照美的规律来建造"[2]的能力,但是在社会"劳动异化"和个人"自我异化"(马克思语)的大环境下,面对"文明的缺憾"(弗洛伊德语),现代人大多还处于"单面人"(马尔库塞语)的生存困境,距离那种以"全面的方式作为一个完整的人,占有自己的全面的本质"的人,也就是那种"具有丰富的、全面而深刻的感觉的人",[3]尚有相当遥远的路程。不过,这一切使我们认识到这样一个真理:人的全面发展,"不是自然的产物,而是历史的产物"。[4] 在此"历史"中,我们看到的是一个不断追求的动态过程,而这一过程也如同追求的目的本身。

现如今,人的全面发展问题显得更加突出,引起了整个社会乃至整个世界的关注。早在1989年,在联合国教科文组织(UNESCO)召开的"面向21世纪教育国际研讨会"上,与会专家一致认为21世纪最成功的劳动者将是全面发展的人。他们

---

[1] 席勒.美育书简.北京:中国文联出版公司,1984:73.
[2] 马克思.1844年经济学哲学手稿.北京:人民出版社,1985:54.
[3] 同上书,页80-83。
[4] 马克思.经济学手稿(1857—1858)//马克思恩格斯全集:46卷上册.北京:人民出版社,1979:104.

不仅要有广阔的胸怀,要知天下大事,要有较高的道德水准,而且应在德、智、体、美、劳等方面要有较高的素质。[①] 按照一般的理解,人的全面发展首先是人的素质的全面发展。这种素质具有一种综合性,包括较高的道德、文化、业务、身体、心理素质和健康的审美趣味在内,具体地体现在德、智、体、美、劳等五大方面。另外,人的全面发展还意味着人的个性或人格的全面发展,不仅表现出精神的自由或"自由的个性"(马克思语),而且表现出独立的人格或"人性的完满"(席勒语)。这样,人既非单纯的感性存在,也非单纯的理性存在;既非单纯的工具本体,也非单纯的道德本体;而应当是感性理性相对和谐与平衡的审美存在(aesthetic being),或者说是富有人性情感和历史文化积淀的"心理本体"(李泽厚语)。再则,人的全面发展还意味着人际关系与天人关系的和谐发展:前者以"仁民"为导向,与人和睦相处,拥有"仁者"的胸怀;后者以"爱物"为导向,保护生态环境,追求"天地境界"(冯友兰语)。所有这些可谓维系人的内外宇宙互动和谐的基础,也是实现"可持续发展"的前提。

促进人的全面发展的途径颇多,主要有道德教育、文化教育、体能教育、艺术教育、法制教育、环保教育和劳动实践,等等。除此之外,我们认为旅游也不失为一种有效的途径。这是因为旅游不仅具有广泛的社会性和普及性,而且具有内容的综合性和功能的多样性。譬如,旅游可以开阔人的眼界,增加人的阅历,丰富人的文化历史知识,培养人的"新感性"(new sensibility)。荀子曾言:"不登高山,不知天之高也;不临深谷,不知地之厚也。"的确,类似这种悦山乐水的旅行游览,必然会在感受和体验方面给人以新的刺激,促使人们在新的环境中跳出思维的陈规旧套,从新的角度和新的切入点去观察和审视各种新事物、新现象。这对于发展人的敏感性和洞察力、丰富人的想象力和激发人的灵感等,均有不可忽视的作用。所以,经常外出旅游的人与固守一隅的人,在文化知识、思维广度以及世界观和价值观等方面往往表现出较大的差异。

在中国,古往今来就有"游学"的传统。这种传统不仅是基于"行万里路,读万卷书,方知天下事"(董其昌语)的认识,而且也是基于"游山如读史"的事实。因为,绝大多数旅游景观均具有"历史舞台的效果"(今道友信语),积淀着丰富而深厚的人文内涵与历史沧桑。与此同时,旅游作为一项集自然美、艺术美与社会生活美之大成的综合性审美实践活动,不仅能够满足人的各种审美需求,而且有助于提高人的审美鉴赏能力。在搜奇览胜、悦山乐水的旅游活动中,在阳光充足、空气清新、环境幽静的景致里,在"登山则情满于山,观海则意溢于海"的物我交流中,在人与自然、人与心灵的对话中,以及在人与人的友好来往中,不仅人的身体素质、心理素质、环保意识、艺术修养与审美趣味会得到不同程度的提升,而且天人关系与人际

---

① 翟博.高教:呼唤综合素质教育.中国教育报,1998-1-12.

关系也会得到相应的改善。另外,旅游者置身于钟灵毓秀的景观中或地灵人杰的环境中,观览历史人物的遗迹故居或聆听富含道德伦理意味的神话传奇,均会在寓教于乐的过程中使自己的情操气质得到陶冶,精神境界得以升华,在对人生的意义获得新的体悟和重新发现自我本真的同时,确定或历练有利于实现"自由个性"(马克思语)的品格风范,从而更加自觉地追求人格的自我完善与人的全面发展。总之,在正规的教育途径难以企及的地方,旅游可以发挥一种独特的补充作用,可以在许多方面促进人的全面发展。

第四节 旅游美学的研究范围及其方法

我们一贯认为,美学不仅应当研究人类有效劳动的一切形态与领域,而且应当研究人类有益生活方式的所有组成部分。鉴于旅游融贯着丰富而多样的物质文明和精神文明因素,是现代生活方式的重要组成部分,同时又是一项集自然美、艺术美与社会生活美之大成的综合性审美实践活动,因此旅游必然成为美学或应用美学研究的对象之一。这便是旅游美学生成的客观需求和理论支点。

像所有其他新兴的应用美学门类一样,旅游美学的研究和发展也应当具备最起码的学科建设规范。第一,就学科性质而言,旅游美学是一门交叉性或边缘学科,不仅与地理学、景观学、山水美学、山水文学、审美心理学、社会心理学、园林建筑学和人类文化学等学科有关,而且与绘画、书法、雕塑、音乐、戏剧等其他各门类艺术和艺术哲学有关,但这并不能构成任何理由把旅游美学笼统地当作与其相关的所有学科的集装箱或简单的堆砌物。实际上,旅游美学应围绕旅游观光活动的审美特性本身,多层面多角度地开展有机综合研究。

第二,就理论系统而言,旅游美学务必借鉴古今中外哲学美学、科学美学和应用美学的现有研究成果,使自身在理论框架上既有传承的一面,亦有依托的一面,同时还有发展的一面,能够从哲学的角度予以提升和归纳,以免结构过于松散或出现见木不见林的现象,致使应用美学的研究总是停留在一般经验的层面上,上升不到应有的理论高度,结果永远不可能成熟。

第三,就研究范围而论,旅游美学应当紧扣旅游者"行、游、住、食、购、娱"这条基本活动线索,系统地研究这一系列活动中所蕴含的审美因素与规律性的东西。通常,我们把旅游审美活动视为一个系统的过程。在此基础上,进而将其划分为旅游审美对象分析、旅游审美心理过程、旅游接待艺术与形象塑造、旅游审美文化研究等四个主要组成部分(见下图):

旅游美学	旅游审美对象分析
	旅游审美心理过程
	旅游接待艺术与形象塑造
	旅游审美文化研究

第一部分主要探讨旅游景观的类别、分布、价值形态和美学风格等。第二部分侧重研究旅游者的审美心理、旅游审美的动态过程与旅游观赏艺术的原理等。第三部分主要从实践的角度出发,重点分析旅游审美期待与相应的接待艺术、旅游企业与员工形象塑造以及旅游工作者的审美修养等方面的问题。第四部分主要从欣赏、应用和推广的立场出发,在表述旅游审美文化的构成、特征与基本功能的同时,尽力归纳出符合规律性与目的性的法则或原理,以便运用于旅游景点或区域景观的开发与旅游纪念品的造型设计,促进旅游企业审美文化的建设和提高旅游者与旅游工作者的鉴赏水平等。

第四,就研究方法而论,旅游美学主要采取描述、调查、分析和比较的方法,从认识论、价值论和信息论等不同视界出发,密切联系旅游者"行、游、住、食、购、娱"等一系列综合性实践活动与其相应的审美需求,对上述研究对象与范围进行深入细致的考察、论证与阐明。我们之所以有意识地淡化本体论或形而上的研究,一是因为我们始终把审美看作一个动态的过程,形形色色的"美的事物"(the beautiful)或"审美对象"(aesthetic object)不再是与人隔绝的静态存在,其本身的价值与意义只能体现在这一过程之中;二是因为旅游美学本是一门应用学科,其基本宗旨要求研究工作尽可能地切入旅游生活之中,有助于解决旅游业中所存在的某些实际问题。但这并非是说,研究者完全可以无视或免于探讨"美"与"丑"、"真"与"善"、"优美"与"崇高"或"阴柔"与"阳刚"、"滑稽"与"幽默"等美学基本概念或一般形态。实际上,当我们从价值论和认识论角度来审视评价具有这些审美特性的旅游景观对象时,往往会在不同程度上涉及它们的本质问题。所以,研究者必须具备哲学美学的基本理论素养,以便透过繁杂纷扰的现象,洞察到事物的本质特征,深化认识和判断能力,从而推动旅游美学这一新学科的建设和发展。

最后,就其目的而论,旅游美学研究最终在于提高人的生活质量和促进人的全面发展。就其现实意义而言,研究旅游审美活动的主观范畴与客观范畴,探讨旅游主客观之间的审美关系和旅游审美文化的开发与设计等,就是想要从中总结归纳出合规律性与合目的性的东西,以期:(1)满足旅游者的审美需求和提高旅游者的审美鉴赏能力;(2)培养旅游接待人员的审美修养和提高他们的服务艺术;(3)改善旅游活动过程中的审美环境,协调旅游主客之间的审美关系;(4)合理开发与保护利用旅游景观资源与设施,增强旅游产品的吸引力与旅游市场的活力。需要强调指出的是,所有这些目的又都服从于一个总体的实用目标,即:在微观上促进旅游审美活动的良性循环,争取更多的"回头客";在宏观上推动旅游市场持续而健康地发展,造福于当代与后世。

思考与练习

1. 你如何从审美的角度来看待旅游活动的本质?
2. 举例分析旅游审美需求与动机。
3. 旅游审美活动的多重效应是什么?你有何不同见解?
4. 为什么说旅游可以造就人的优美灵魂?
5. 生活质量模式的基本内涵是什么?
6. 为什么说旅游有助于提高人类的生活质量?试举例说明。
7. 人的全面发展一般表现在哪些方面?
8. 旅游美学的研究范围主要有哪些?其基本对象或内容是什么?
9. 旅游美学的理论基础应当是什么?
10. 研究旅游美学的终极目的与现实意义是什么?你如何看待?

第二章

西方美学理论与旅游

从发生学上看,西方美学可上溯到古希腊时期(Hellenism)。原本属于哲学的"美学",自1750年作为一门相对独立的学科宣告诞生以来,绵延不绝,历尽沉浮,创生了林林总总的思想体系与理论学说。迄今,对作为一种社会时尚的旅游审美活动而言,这些体系与学说仍然不乏其启迪作用,特别是其中一些走向科学的或自下而上的心理学美学理论。

第一节 西方美学的由来与要义

每论及西学或西方人文科学,"言必称古希腊"似已成为定式。就美学而言,也必然要追溯到古希腊。事实上,西方语言中的"美学"一词如拉丁语 aesthetica、英语 aesthetics、德语 Aesthetik 以及法语 esthétique 等,均源自希腊语 aisthetikos。该词原本的意思关涉人的感觉与感性知觉(feeling and perception)。其日后之所以能够发展成为一门相对独立的学科,首先得益于古希腊先哲们(通常以柏拉图和亚里士多德为代表)从本体论和认识论角度对客观事物之"美"、"丑"、"悲剧"与"喜剧"等特性所进行的理论思索与探讨。

汉语"美学"一词是中国学者于20世纪初假道邻邦日本引进的。据日本美学家今道友信考证,"美学"一词是在输入西洋文化之际作为新的翻译语汇而创造的。最初,日本启蒙思想家西周(1829—1897)曾以意译的方式,试用过"善美学"和"美妙学"概念来取代 Aesthetik 的音译"埃斯特惕克"。从明治15年(1882)开始,森鸥外与高山樗牛等学者在东京大学以"审美学"的名称讲授 Aesthetik。明治16—17(1883—1884)年,中江兆民(1847—1901)翻译出版了法国美学家维隆(E. Véron)于1878年在巴黎发行的 *L'Esthétique* 一书,定名为《维氏美学》,从此才开始使用"美学"一词。今天,中国与朝鲜都用此词。[①]

[①] 参阅今道友信. 东方的美学(中译本). 北京:三联书店,1991:1. 今道友信原以为中江兆民是在明治初年(1868)翻译《维氏美学》。此据1982年日本出版的《文艺用语基础知识词典》予以补正,即:中江兆民翻译《维氏美学》是在明治16—17年(1883—1884)期间。

那么,来自西方的"美学"又是何时产生的呢?从历史发展过程看,应是1750年。具体地说,应以德国哲学家鲍姆加通(A. G. Baumgarten,1714—1762)于当年发表的《美学》(Aesthetica)一书为标志。鲍氏把考察美和艺术的学问纳入感性认识论领域,以希腊语"感性"或"感知"(aisthetikos)一词为词根,赋予了意为"感性学"或"感知学"(aesthetica)这一拉丁语称谓。

从历史与理论背景上看,《美学》诞生的时代正是大陆理性主义盛行的时代。当时,以莱布尼兹(Leibniz)和沃尔夫(Wolf)为首的理性主义者居于德国文坛的权威地位。他们从认识论角度把认识分为"低级认识"(即感性认识)和"高级认识"(即理性认识),断言前者不属于真正的认识,后者才是真正的认识,前者只是通向后者的一个阶段,一个必须经过而又必须克服的认识阶段。在他们眼里,文学艺术被视为一门科学,一种高尚的精神活动,仅受理性的支配,与感性毫无关系,因此务必排除感性对文学艺术的影响。否则,就会使其成为感性的东西,而感性的东西必然是低下的东西,必然与高尚的精神活动背道而驰。这显然把理性神化了,把理性作用绝对化了。有感于此,鲍姆加通提出批评,并为感性认识正名。他认为文学艺术是感性认识的对象与结果,这种认识的获得主要通过感觉与想象等感性范畴活动,而非理性活动。这些突破性的创见均融会于他那部集十余年功力的著作《美学》之中。在该书"导论"里,鲍氏开宗明义,认为"美学作为自由艺术的理论、低级的认识论、美的思维的艺术与理性类似的思维的艺术,是感性认识的科学(a science of sensitive knowledge or a science of perception)"。[①] 这是对"美学"的总体性界说。所谓"自由艺术",相当于我们现在所言的鉴赏性"艺术"(如诗歌、绘画、雕刻等),有别于人类生活急需的"自然艺术"(即技艺,如农耕、手工、作坊等)。美学作为自由艺术的理论,必然要研究艺术的本质、艺术美的特征、艺术创造与欣赏的规律,等等。所谓"低级的认识论",主要是针对理性主义的绝对化和武断性提出的。鲍姆加通认为低级认识与高级认识在价值上并无高低优劣之分,两者均是价值相等的不同认识而已。这样一来,就不存在从认识论的价值方面来贬低艺术的问题,并且在一定程度上使对艺术的认识有了不为其他认识所支配或代替的独立性。自然而然地,美学作为研究艺术的低级认识论,其独立的作用与地位也随之应运而生。美学作为"美的思维的艺术",是就美学研究的基本对象而言的。艺术是一种认识,而认识是思维的结果。"美的思维"有别于"逻辑思维",侧重于"现象的完善"而非"概念的完善",强调的是"审美的真"(aesthetic truth)而非"逻辑的真"(logical truth),凭借的是"感性形象中介"而非"理性抽象中介"。相应地,这种"思维的艺术"通常是在思考或分析"美是什么?"的过程中展现出来的。美学作为"与理性类

---

① 鲍姆加通.美学(中译本).北京:文化艺术出版社,1987:13.(注:该译本将作者名译为"鲍姆嘉滕"。此处为了与文中常见译名保持统一,故改。)

似的思维的艺术",委实道出了审美思维的基本特征。这种"与理性类似的思维"也就是沃尔夫所说的"类似理性",它对事物的洞悉或认识既有清楚的一面(像是理性),可依据逻辑语言予以阐明;又有模糊的一面(又不是理性),有赖于情感知觉的体验。在艺术鉴赏或审美经验的直观过程中,感性认识的获得往往通过这种所谓的"类似理性"。

需要指出的是,同时用"艺术"和"科学"两个概念来界定美学是鲍姆加通的一大创举。在他看来,美学是一门科学,但仍然是一种艺术。因为,艺术是"处在一定关系之中的规则的总和",①是"使某物更加完善的各种规则的总和",②而科学也是各种规则的总和,其基本宗旨都在于指导实践。只不过艺术所提供的规则理由不充分,通常具有随意性和模糊性;而科学所提供的规则理由充分,一般具有确定性和清晰性。美学所提供的规则是建立在"类似理性"或感性认识的基础之上,因此二者兼而有之——既具有艺术的随意性和模糊性,也具有科学的确定性和清晰性,所以它既是艺术又是科学。

在《美学》一书中,鲍姆加通认为美学的目的是"感性认识本身的完善(完善感性认识)。而这完善也就是美。据此,感性认识的不完善就是丑,这是应当避免的"。这感性认识不是别的,而是"表象的总和"。其普遍美在于"事物和思想的美""次序和安排的美"以及"表现的美"。③ 与此同时,鲍姆加通还着意强调了审美训练的意义。如他所言:

> 对于审美训练,我并不只是要求仅让精神达到一定程度的和谐。相反,审美训练既要求精神达到和谐,又要求情感达到和谐。精神受到乏味无力的训练还能有所作为。然而,如果情感遭到忽视,或者完全遭到损毁,完全坠入激情控制一切的境地,坠入一无所顾地追求伪善、争赛、乱爱、阿谀逢迎、放荡不羁、花天酒地、无所事事、懒惰或追求经济活动或干脆追求金钱的境地,那么,到处就会充斥着情感的匮乏,这种匮乏会败坏一切可能被认为是美的东西。④

鲍姆加通如此强调审美训练,与其重视审美教养密不可分。通过审美训练而提高的审美教养,一方面能够激发人的审美情绪、天赋才能及其鉴赏能力,使人观照审美对象时能够"超过在未经训练状态下可能达到的审视程度";另一方面则能使人适度地把握自己(克己或自律),提高自身的道德水准和丰富自身的精神生活,进而指导实践活动。毋庸讳言,鲍姆加通的《美学》出版后受到相当的冷遇。有的学者认为书中陈述的是"一些空洞的默想"(温克尔曼语);有的学者视其为"一些

---

① 鲍姆加通.美学(中译本).北京:文化艺术出版社,1987:36.
② 同上书,页9-10。
③ 同上书,页18-20。
④ 同上书,页29。

串通在一起的关于美学的奇谈怪论"(莱辛语);也有的学者(如赫尔德)对美学是"美的思维的艺术"这一界说提出异议,认为美学只能是关于趣味(taste)或鉴赏力的美学,而不能是有关趣味的技艺;甚至连著有三卷《美学》大作的黑格尔本人,对"美学"(Áesthetik)这一称谓也颇有微词……但这些异议并不能抹杀鲍氏《美学》一书的历史价值。其价值不仅在于宣告美学"脱离"哲学而诞生,而且在于承上启下的重要作用。

第二节 美学的基本概念与范畴

美的含义与本质何在呢?美的反面——丑,又是怎样界定的呢?两者之间的关系如何呢?优美与崇高作为两大审美范畴,各自具有什么样的价值特征呢?其审美效应又是怎样的呢?形式美作为大众化的审美对象,是如何构成的呢?其基本法则都包括哪些呢?考察这些概念与问题,实际上是美学研究不可回避的课题与任务。

一、美与丑

美的和丑的事物或现象是客观存在的。在美学领域中,美与丑是两个对立的概念。在两者的关系中,既有彼此生成的一面,也有相互反衬的一面,同时还有在一定条件下相互转化的一面。

(一)关于美

美是美学的基本概念之一。美的内涵是对所有审美对象之共同本质属性的抽象概括。"美"字的含义与"美"的本质都具有很大的歧义性(ambiguity)。

从语义学上看,希腊语 kallos、德语 Schönheit、俄语 krasota、源自拉丁语 bellus 的意大利语和西班牙语 bello 以及法语 beauté 和英语 beauty 等,均含有"美好"(fine)、"善良"(good)和"愉快"(pleasing)等意思。汉语中的"美"字通常被注解为"甘也。从羊,从大,羊在六畜,主给膳也。美与善同意"(《说文解字》)。由此,便引出"羊人为美"、"羊大为美"与"美善同一"等说法。看来,"美"与原始舞人的外观、人类饮食的感性需要和社会功利伦理有关,是就装饰、美味和善行而言的。今天,"美"在日常用语中一般与外观漂亮、感官愉悦、伦理赞赏和审美判断相联系。

在美学范围内,有的西方学者认为"美"至少有五种不同含义:从形而上学角度看,美等同于世界的秩序性(world's orderliness);从认识论角度看,美适合于感性思维(adequacy to the mind in perception);从人类学角度看,美是指感性魅力(sensual attractiveness);在鉴赏家看来,美便成了一种审美特性(aesthetic quality);在艺术批评家看来,美则意味着审美卓越(aesthetic excellence)。① 有的中国学者认为"美"这个词至少有三层含义:"第一层含义是审美对象;第二层含义是审美性质(素质);第三层含义则是美的本质、美的根源。"②美作为审美对象,一般是指人以审美的态度来观照和判断的各种现实的和艺术的对象,如自然风景、古代建筑、歌剧表演、绘画、雕刻、诗歌小说,等等。美作为审美性质,一般是指审美对象本身构成和表现出的客观审美属性,或者说是客观事物形象中可以激发或唤起人的美感的属性,譬如质料、色彩、光泽与比例、对称、秩序、参差、平衡、和谐、多样统一等形式。美之为美的本质或根源关系到审美对象与审美性质的深层内涵和共同属性,是"决定事物的形式规律具有审美性质、并最终成为审美对象的根本原因"。③ 这是本体论美学所探讨的主要问题。

通常,我们提出"美是什么?"(What is beauty?)这个问题时,就是在问"美的本质是什么?(What is the nature of beauty?)"事实上,这个问题诚如科林伍德(R. G. Collingwood)所说,并非是要搞清美这个术语的用意何在,而是要用其来表示我们想要表示的东西。因此,在美学史上,对美所下的定义很多。譬如,美是善的理念的体现;美是形式的和谐;美是神性或神光的流溢;美是完善;美是关系;美是道德的象征;美是理念的感性显现;美是生活;美等于纯粹的快感;美在于成功的表现……④目前,从研究美的方法途径来看,美的本质论大致有以下几种:

1. 客观论

这种理论最初把美当作事物的一种客观属性,侧重研究美的自然属性及其外观的形式法则,从而发现了美与和谐、均衡、对称、色彩、比例、黄金分割和多样统一等客观形式因素的联系。近代以来,这种理论开始注意美的社会性,进而考察事物的美的自然属性在社会关系中的地位与作用,强调社会生活与美的内在联系和两者在审美关系中的辩证统一。另外,这种理论还认为审美判断的普遍有效性(无论正确、一致与否)正是美的客观性的一种明证。⑤

2. 主观论

这种理论偏重于从审美意识、审美心理和审美情感等方面考察美的本质,通常认为美不在于物而在于心,是人的审美意识和情感活动的产物或外射(projection),是把自我的情思意趣感入到(feel oneself into)审美对象的结果,所以美也被界定为

---

① Cf. P. E. Sparshott. *The Structure of Aesthetics* (Toronto: University of Toronto Press, 1963), p. 59.
② 李泽厚. 哲学美学文选. 长沙:湖南人民出版社,1985:462.
③ 杨恩寰,等. 美学教程. 北京:中国社会科学出版社,1987:93.
④ 朱光潜. 西方美学史. 北京:人民文学出版社,1979;李斯托威尔. 近代美学史评述(中译本). 上海:上海译文出版社,1980;吉尔伯特、库恩. 美学史(中译本). 上海:上海译文出版社,1989;鲍桑葵. 美学史(中译本). 北京:商务印书馆,1985;北京大学哲学系美学教研室编. 西方美学家论美与美感. 北京:商务印书馆,1980;伍蠡甫主编. 西方文论选.(上、下卷). 上海:上海译文出版社,1979.
⑤ 朱狄. 当代西方美学. 北京:人民出版社,1984:171-191.

一种具有感性形态的想象的价值。另外,这种理论还认为美是一种审美判断力,具有相对性和易变性,因为这种判断有赖于鉴赏者的愉快经验和个人素质,不仅随着后者的变化而变化,而且随着时代审美趣味的变化而变化。再者,美学上的怀疑论作为主观论的一种形式,对美的定义的普遍有效性表示怀疑,认为美不可能为定义所掌握。① 这便应和了"美是难的"这一古希腊谚语之所指。

3. 关系论

这种理论主要从审美主体和审美客体的相互关系角度来研究美的本质,通常认为美不在客观对象,也不在主观意识,而在于两者的结合或统一关系之中。但是,一般的关系论往往有偏于客观或主观一方的倾向。因此,有的关系论者(如 C. I. Lewis)提出了客观事物作为美的"潜能"(potentiality)的说法,认为美的价值是客观事物固有的特性,但了解这种特性只能通过认识途径,这样美便成了刺激内心价值经验的一种"潜能",审美价值便成了一种关系的价值,是客体作为一种美的潜能而与主体相结合的产物。另外,基于主客观的关系理论,艺术作品的美也在于审美特质与审美知觉的结合。②

4. 实践论

这种理论主要从人类物质生产实践角度探讨美的本质,认为美的本质是人的本质的对象化,是自然的人化(外在自然成为人类的,内在自然成为人性的),是合规律性(真)与合目的性(善)的统一。因为,物质生产过程中的造型规律是"美的规律"(the laws of beauty),这种规律表现为主体尺度与自然形式的统一,或者说是表现为(人的)目的与(客观)规律的统一,合于这种目的和规律的形式便是美。所以,美可以说是自由的形式。美作为自由的形式,一方面存在于主体实践合规律性与合目的性的统一活动中,另一方面存在于主体实践的产品中(特别是艺术作品之类)。③

(二) 关于丑

在美学范围内,丑是与美相比较而存在的一个重要概念,具有与美相反的质性内涵或客观属性。一般来讲,丑(ugliness)是美的反面。

根据美学史上的说法,如果事物形式和谐、合乎比例、多样统一是美,那么不和谐、不合比例、呆板僵化就是丑;对象分享到神性或理性的光辉是美,否则就是丑;外形完善并合目的性是美,而不完善且不合目的性便是丑;对象给人以快感或令人愉悦的是美,而给人以痛感或令人不快的就是丑;使人想起和认为应该如此的生活是美,而使人背离生活或使人认为不该如此的生活便是丑;成功的表现是美,不成

---

① 朱狄. 当代西方美学. 北京:人民出版社,1984:191-214.
② 同上书,页 215-234.
③ 杨恩寰,等. 美学教程. 北京:中国社会科学出版社,1987:93-99.

功的表现便是丑……总之,丑"这个范畴是在审美的外观上肯定会使高级感官感到不快的东西"(谷鲁斯语),是"反审美的东西(the antiaesthetic),是完全缺乏审美价值的东西"(伏尔盖特语),"这种丑的对象,经常表现出奇特、怪异、缺陷和任性,这些都是个性的明确无讹的标志;经常表现出生理上的畸形、道德上的败坏、精神上的怪癖,这些都是使得一个人判然不同于另一个人的地方。丑所表现的不是理想的种类典型,而是特征"。① 譬如,文学作品中所刻画的反面人物,像《白毛女》里的黄世仁、《智取威虎山》里的座山雕、卡夫卡笔下的变形人,等等;在现实生活中,则如那些利欲熏心的贪官污吏、敲诈勒索的不法之徒、寡廉鲜耻的害群之马,等等;在旅游产品中,则如那些污染严重的景区环境、缺乏观赏价值的人造景点、不合要求的服务、蛮横无理的态度和粗制滥造的用具或商品;等等。

可见,社会生活中的丑,总是与贪婪、腐败、卑鄙、虚伪、欺诈,甚至与恶联系在一起,对生活与人的本质具有否定意义。感性形式的丑,一般表现出畸形、毁损、病态、杂乱、不协调等特征。诚如罗丹所言:"所谓'丑',是毁形的,不健康的,令人想起疾病、衰弱和痛苦的,是与正常、健康和力量的象征与条件相反的——驼背是'丑'的,跛脚是'丑'的,褴褛的贫困是'丑'的。"② 这里,需要指出的是,长相丑的人虽然在某种程度上都是畸形的人,其外形所表现的不是"应该如此的生活","而是发育不良、境遇不顺"(车尔尼雪夫斯基语),譬如《巴黎圣母院》中的驼背打钟人。但外形丑并不影响他的内在美或心灵美。我们周围那些外丑内秀、人残志不残的杰出人物,与那些"金玉其外,败絮其中"的道貌岸然者相比,更加凸显出美与丑之间的反差与变化。

另外,对于艺术丑,更要具体地分析和辩证地评判。③ 一般来讲,艺术作品中所反映和表现的丑的对象(人或物)不等于艺术丑。事实上,如果反映得真实、表现得成功、刻画得绝妙,反而会成为富有审美价值的艺术典型,譬如上面所说的黄世仁与驼背打钟人。美学意义上的艺术丑,是指艺术作品的内容庸俗、低级、虚假、腐朽,形式陈旧、做作、臃肿或矫饰,技巧低劣、没有创意,等等。就像罗丹所说的那样:"在艺术中所谓丑的,就是那些虚假的、做作的东西,不重表现,但求浮华、纤柔的矫饰,无故的笑脸,装模作样,傲慢自负——一切没有灵魂、没有道理、只是为了炫耀说谎的东西。"④另外,在有些实用艺术中,所谓的"丑"反而为美。譬如,在中国园林艺术中,山石"以丑为美,丑到极处,便是美到极处"(刘熙载语)。这种"丑"石,以其不规则的变化打破了一般意义上的形式美法则(如整齐一律、对称平衡、光滑细腻等),更表现出一种自然而然的、富于想象性和动态性的怪诞奇特的形象外

---

① 李斯托威尔. 近代美学史评述. 上海:上海译文出版社,1980:232-233.
② 罗丹述,葛赛尔著. 罗丹论艺术. 北京:美术出版社,1981:23.
③ 杨辛,甘霖. 美学原理. 北京:北京大学出版社,1996:82-87.
④ 同上书,页26.

观。诚如李渔所述:"言山石之美者,俱在透、漏、瘦三字。此通于彼,彼通于此,若有道路可行,所谓透也;石上有眼,四面玲珑,所谓漏也;壁立当空,孤峙无倚,所谓瘦也。"①故此,人们在造园选石时,往往是以透、漏、瘦和皱(表面凹凸不平)为基本参照标准的。

(三)美与丑的关系

美与丑的关系主要表现在两者之间的相对性、反衬性和转化性等三个方面。首先,所谓美与丑的相对性,一方面是指它们彼此都客观地存在着,表现出一种同步共生的特性。正像歌德所言:美与丑,犹如一对孪生姊妹,彼此携着手儿在芳草地上逍遥。雨果也曾认为:丑就在美的旁边,畸形靠近着优美。另一方面是指美与丑的相互生成性,就像善与恶一样,彼此是在对立中相比较而存在的。诚如老子所说:"天下皆知美之为美,斯恶已。天下皆知善之为善,斯不善已。"②其次,关于美与丑的反衬性是一个动态性的概念,涉及美与丑在对照和衬托中所产生的不同审美效应。在艺术创作中,经常采取美丑并置、对比反衬的方式,或着重彰显美,或集中揭示丑,借此收到使美者更美、丑者更丑的对比效果。的确像达·芬奇所说:美和丑因互相对照而显著。譬如左拉的短篇小说《陪衬人》就是一个典型的例子。其实,在现实生活中,也存在类似的现象。本来不美的人和物,在丑的一方的衬托下,显得美了;反之亦然。这便告诉我们:丑可以作为一种背景,用来增强美的光彩。当然,美也可以作为一种背景,用来突出丑的特征。最后,关于美与丑的转化性,这里主要是从社会伦理和物质生产实践的角度来看的。一方面是指由丑向美转化,譬如弃恶从善、浪子回头、荒滩变良田、污水变清流等等;另一方面是指由美向丑转化,譬如劳模堕落、功臣腐败、风景区遭到污染、生态环境遭到破坏等等。

需要说明的是,美与丑共生,是不可回避的客观现实;美与丑的反衬,是两者对比而产生的动态效果,与人的感官经验和心理认同有密切联系;美与丑的转化,则是在一定的社会环境和主观欲望等条件下发生的。因此,只有矢志求美向善的人才会创造美的事物和塑造美的自我,而不会扮演丑的角色或堕入恶的污淖。

二、优美与崇高

狄尔泰与狄索瓦的圆环图示法表明,一般的审美范畴(ästhetische Kategorien)除了美(schön)与丑(häβlich)之外,还包括其他四种,即:优美(niedlich)、崇高(erhaben)、滑稽或喜剧性(komisch)、悲壮或悲剧性(tragisch)。鉴于旅游美学研究的范围,这里仅谈论优美和崇高两大审美范畴的主要审美属性与特征。

在旅游中,人们或游桂林山水或观钱塘大潮;在音乐会上,人们或听《春江花月

---

① 北京大学哲学系美学教研室.中国美学史资料选编(下册).北京:中华书局,1981:242.
② 老子·道德经.南京:江苏古籍出版社,2001:第2章.

夜》或听《十面埋伏》;在罗浮宫里,人们或看绘画《蒙娜丽莎》或看雕塑《摩西》;在参观书法展览时,或欣赏隽秀妩媚的柳体或欣赏刚劲挺拔的颜体;等等。这些形态与风格不同的审美对象所带给人的视觉感受和心理体验是有一定差异的,或赏心悦目、气和神闲,或激奋不已、心惊神驰……为了便于阐明这些审美对象各自的属性与特征,一些美学家将其分为优美与崇高。

在西方美学思想发展史上,一般认为是朗吉弩斯(D. C. Longinus,213—273)最先论及"崇高"这一范畴的。他当时所谈的是文体,认为"崇高的风格"犹如利剑出鞘、长空闪电,是"伟大的心灵的回声",具有"更大的感动力"。但他同时也指出,"优美"与崇高或伟大的对象是并存的,都"巍然高耸"在大自然或宇宙的壮观景象里。① 比较起来,真正从美学角度对优美和崇高作出深入分析和解释的是后来的博克和康德。

基于英国经验主义的哲学思想,博克(Edmund Burke, 1729—1797)就崇高(the sublime)与优美(the beautiful)的基本属性与特征作了如下区分:"崇高的对象在它们的体积方面是伟大(greatness),而美的对象则是纤小(littleness);美必须是平滑光亮的,而伟大的东西则是凹凸不平和奔放不羁的;美必须避开直线条,然而又必须缓慢地偏离直线,而伟大的东西则在许多情况下喜欢直线条,而当它偏离直线时,也往往作强烈的偏离;美必须不是朦胧模糊的,而伟大的东西则必须是阴暗朦胧的;美必须是轻巧而娇柔的,而伟大的东西则必须是坚实的,甚至是笨重的。"从审美角度看,博克认为主体在凝神观照崇高与优美的审美对象时,所引发的情感体验是有差异的。如观悬崖、峭壁、黑夜、烈马、瀚漠、大海、苍穹等崇高型审美对象,往往会导致带有"自我保全"情感(self-defensive passions)色彩的崇高感。这种情感体验与危险(danger)、恐惧(fear)和痛感(pain)相关,始初不能产生积极的快感(positive pleasure),但随着危险与恐惧(有些是处于自我保全而由自我想象出来的负面感觉)的消失,真正意识到自己与危险而恐惧的对象隔着一定距离,自己处于不受对方加害或威胁的安全地带,原来的痛感会转化为一种喜悦感或愉悦感(delight),而且较之于原先的痛感而成为一种更为强烈的快感。这种感受的根源来自崇高对象内含的那种力量,那种人所不能征服驾驭的、自由不拘或奔放不羁的、使人望而生畏但又对人无害的力量。相形之下,潜心凝照优美的对象,通常会诱发一种具有"相互交往"情感(mutual communicative passions)色彩的优美感。这种感受主要与爱联系在一起,使人在观赏以和谐的形式或形象为特征的优美对象时,譬如花草、小宠物、锦缎、溪流、朝霞、少女人体等,容易产生积极的快感,使人感到喜悦和欣快,感到"松弛舒畅"。②

---

① 朱光潜.西方美学史.(上卷).北京:人民文学出版社,1979:108-115.
② 博克.崇高与美.上海:上海三联书店,1990.

继博克之后，康德受英国经验主义哲学与大陆理性主义的影响，在折中与贯通这两家学说的基础上，从质、量、关系和方式等四个方面系统地分析和论述了美与崇高及其审美判断的基本特性。关于美，他作了如下的界定和概括：(1)在质的方面，美有别于愉快和善。审美趣味是一种不凭任何利害计较而单凭快感或不快感来对一个对象或一种形象显现方式进行判断的能力。这样一种快感的对象就是美的。这实际上确认了一种超功利的审美态度及其在审美经验中的作用。(2)在量的方面，审美判断与概念无涉，美是不涉及概念而普遍地使人愉快的。审美判断的无概念性要求审美主体专注于审美对象的自身形态，在此所欣赏的美具有普遍性。因此，张三李四、中国外国，在不旁牵他涉的前提下，均可介入。(3)在关系方面，也就是在审美对象与其目的之间的关系方面，美是一个对象的符合目的性的形式，但感觉到这形式美时并不凭对于某一目的的表现，即审美主体意识不到一个明确的目的。在此，他把美分为"纯粹美"(pure beauty)和"依存美"(adherent beauty)。前者是一种我们不能明确地认识其目的或利益的美，如古代装饰性的图案花纹、音乐中的幻想曲和自然美等，即一种没有失去纯洁性的自由美。后者是一种与某种实用目的交织在一起的美，如宫殿与教堂之美。这种美虽失去了纯洁性，但却获得了丰富性。依存美的最高形式是理想美，是"审美的快感与理智的快感二者结合"的一种美。(4)在方式方面，凡是不凭概念而被认为必然产生快感的对象是美的。这种必然性是建立在共通感或共同感觉力(common sense)之上的。

关于崇高，康德在整合与发挥博克的崇高学说的基础上，将其分为数量的崇高(the mathematic sublime)与力量的崇高(the dynamic sublime)。前者的主要特点在于对象体积的无限大(the greatest objects of infinite)，如浩瀚大海和崇山峻岭等；后者的基本特点在于对象既引起恐惧(terror)又引起惊羡(astonishment,)和崇敬(admiration)的那种巨大的威力或气魄，如雷电和风暴等。比较而言，康德认为美涉及对象的形式，其特点是有限制；而崇高则涉及对象的"无形式"，其特点在于"无限制"或"无限大"。因此，美更多地涉及质，而崇高更多地涉及量。从审美心理上看，美感始终是单纯的快感，而崇高感则由压抑转化为振奋，由痛感转化为快感，所以使观赏者的心灵处在动荡不已的状态，有助于提高或升华人的道德精神。如他所说："在我们的审美判断中，自然之所以被判定为崇高的，并非由于它可怕，而是由于它唤醒我们的力量(这不是属于自然的)，来把我们平常关心的东西(如财产、健康与生命)看得渺小，因而把自然的威力看作不能对我们和我们的人格施加粗暴的支配力……在这些情况下，心灵认识到自己使命的崇高性，甚至超过自然。"[①]在这个意义上，或者说在追求主体性精神自由与自我超越的意义上，人们才能够更为全面地理解康德提出的"美是道德的象征"这一结论。

---

① 朱光潜. 西方美学史. 页380；另参阅康德. 判断力批判(上卷). 商务印书馆,1987.

需要指出的是,优美与崇高在特征上虽有一定差别,但在本质上是相互联系的,都是美的,都是"自然的人化"结果,都是体现着人的本质力量特别是人的积极情感的生动形象。因此,据柯勒律治(S. T. Coleridge)记载,有一批旅游者在观望气势磅礴的巨大瀑布时,称赞其"不仅崇高,而且优美和绝对漂亮(It is not only sublime, but beautiful and absolutely pretty)"。尽管如此,我们应当承认崇高(数量与力量两种)对象的某些特殊性,应当承认欣赏这类对象是需要具备以下条件的:(1)认识条件。通过理性认识功能对感性认识功能的弥补,以便能够把握对象无限大的整体。(2)道德条件。观赏者要具有较高文化修养与道德观念,具有勇敢的精神与自我的尊严,因为,"如果没有道德观念的发展,对于有修养准备的人是崇高的东西,对于无教养的人却是可怕的东西"。[①] (3)心理条件。首先要能够意识到自身的安全,也就是解决实际的安全意识与想象中的危险意识之间的冲突。其次是能够淡化或者忘却平常那种对自身财产、健康与生命的关切心理,随之以审美的态度来"无为而无不为地凝神观照"(即抛开实用的功利心而以非功利的态度来评品)客观的对象。最后是要培养一种超越的意识,超越对象的"巨大"和由此唤起的那种"无限的观念"(idea of infinity)。总之,崇高是美的一种特殊表现形式,与人类的社会实践和道德观念有着直接或间接的联系,对鼓舞人心和提高人的精神境界有着巨大的潜力。诚如鲁迅所说:"养肥了狮虎鹰隼,它们在天空、岩角、沙漠、丛莽里是伟美的壮观,捕来放在动物园里,打死制成标本,也令人看了神旺,消去鄙吝的心。"[②]

值得补充的是,优美与崇高两种审美范畴类似于中国一些文论家所谓的"阴柔"和"阳刚"。前者在风格上表现为柔和、淡雅、飘逸、恬静,在语言上表现为徐婉、淳朴或清丽,在感情上表现为含蓄、绵密或闲适。后者则相对而出,在风格上表现为刚健、雄浑、豪放、壮丽,在语言上表现为雄伟、劲直或激越,在情感上表现为热烈、高昂或奔放。自刘勰提倡"刚柔以立体"、沈约宣扬"刚柔迭用"等论说后,姚鼐和刘熙载等人联系文章书法作了进一步的阐述。譬如,在《复鲁絜非书》中,姚鼐写道:"鼐闻天地之道,阴阳刚柔而已。文之,天地之精英,而阴阳刚柔之发也。"属于阳刚之美者,"其文如霆,如雷,如长风出谷,如崇山峻崖,如决大川,如奔骐骥……";属于阴柔之美者,"其文如升初日,如清风,如云,如霞,如烟,如幽林曲涧,如沦,如漾,如珠玉之辉,如鸿鹄之鸣而入寥廓"。在《书概》中,刘熙载认为:具有阳刚之美的书法,通常表现为"奇拔豪达";而具有阴柔之美的作品,则显得"沉着屈郁"。特别有意义的是,中国文论家们大多认识到阳刚与阴柔两者相反相成的对立统一关系,因此一贯标举协调为用、刚柔并济的美学原则。所谓"阴阳刚柔并行而

[①] 康德.判断力批判.北京:人民出版社,2002:第29节.
[②] 鲁迅.鲁迅全集(第6卷).北京:人民文学出版社,1981:482.

不容偏废"(姚鼐语)或"阴阳刚柔不可偏颇"(刘熙载语)等说法,均表达了上述意思。

第三节 旅游审美对象的一般形态

如前所述,旅游观光是一项集自然美、艺术美与社会生活美之大成的综合性审美实践活动。特别是自然美,不仅是促发旅游动机的主要动因,而且是旅游审美活动的主要对象。

一、自然美

"山川之美,古来共谈。"(陶弘景语)这"山川",在汉语中几乎成了大自然的代名词。实际上,今日所言的"自然",可分为"原态的自然"与"人化的自然"。前者表示自然界原来的、未经人化的或者未经人类直接加工改造过的形态或景物,如天然生成的日月云霞、山水溶洞、花草鸟兽、原始森林,等等。后者泛指人类在物质生产劳动或社会实践过程中经过改造和利用的部分,譬如人文景观(寺庙建筑与摩崖题刻等)与自然景观(山水云雾等)相互融合而成的景物等,它们一般具有历史的沧桑感或"时间的立体性"(今道友信语)。

无论是从人类社会劳动实践的历史或文明发展的历史来看,还是从人类审美意识的生成及其发展的历史来看,自然美或人类对自然美的欣赏均是一定社会实践的结果,是人类社会生活的产物。在远古时期,自然界尽管是原始先民的生活场所,但由于人类生产能力与认识水平的低下,许多自然现象(如雷鸣电闪、火山地震等等——后者在今日依然如此)具有无限的和神秘的自然威力,与人对立,使人恐惧,谈不上可亲可爱,谈不上风景优美("风景"一词本身是人类文明的产物),更谈不上旅游观光或审美欣赏了。诚如马克思、恩格斯所言:自然界起初是作为一种完全异己的、有无限威力的和不可制服的力量与人们对立的,人们同它的关系完全像动物同它的关系一样,人们就像牲畜一样服从它的权力……因此,那时"在环绕着我们并且仇视着我们的自然界中是没有美的"(高尔基语)。

随着农业文明的出现和植物种植的发展,人类与自然联系的拓宽——从狩猎、驯养动物、捕鱼、采集果实到种植植物——使人在熟悉和研究植物的过程中也发现了植物的美的属性,最终使植物成为人类审美的对象或者"艺术的对象"。诚如马克思所言:"人(和动物一样)依赖无机自然界来生活,而人较之动物越是万能,那么,人赖以生活的那个无机自然界的范围也就越广阔。从理论方面来说,植物、动物、石头、空气、光等部分地作为自然科学的对象,部分地作为艺术的对象,都是人的意识和人的活动的一部分。"①譬如在甘肃、青海的马家窑彩陶中所看到的动物与植物(花卉、茎状、叶纹等)图案,可以说是原始仿生学的艺术性创造结果。人类对植物的熟悉和对其丰富形式特征的把握,扩大了人类审美对象的范围,扩大了人类对形式规律的认识和运用,其中常见的那些表现对称、均衡、反复、齐一乃至富于变化的多样统一等形式规律,大多是从动物与植物本身的结构与样式中提炼概括出来的。现如今,人们对动物美学和植物美学的探索空间日渐拓展。

所以,从根本意义上讲,人类对自然美的发现与欣赏是社会劳动实践的结果。另外,从广义上讲,人在与自然的交往中,不仅通过直接的加工与改造生成了"人化的自然"(或"第二自然"),而且也通过自己的意识(特别是审美意识)间接地加工和创造了"原态的自然"(或"第一自然")。譬如,人凭借艺术的或审美的想象对"原态的自然"进行加工与创造,目前常见的方式就是把神话与自己的情感和奇思幻想等转嫁给原本自在的大自然景观,使其更符合人的审美需求,更具有审美的价值。这其中当然也有违背"美的规律"而创设的、画蛇添足式的拙劣做法。

关于自然美的本质,目前美学界有以下几种主要看法:(1)自然美是客观自然物的个别性显著地表现自然物的一般性(典型性)。(2)自然美是自然物的某种客观属性契合人的生理心理机能或主观意识,与人的审美情感或审美理想相结合,是客观与主观统一的产物。(3)自然美是自然物中体现的人的本质力量或一定的社会意义,自然美不是自然物的自然属性,也不是人的主观意识的产物,而是产生于自然与人类社会实践的历史联系中。自然美的基础是自然物的自然属性,其决定因素则是自然物的社会属性。这在一定程度上就像车尔尼雪夫斯基所说:自然事物只有当作人和人的生活中的美的一种暗示,这在人看来才是美的。

总之,各种自然现象是客观存在的,或者说,是外在于人而独自存在的。但就其美的价值与人对这些价值的欣赏来看,它们必然与人类的精神生活及其审美意识有着千丝万缕的联系。这其中的主要根源与特征在于:(1)大自然是人类栖居的场所,是人类生活资料的源泉。(2)自然景物或现象的某些特征与人的性情品格有某种"异质同构"的相似性。譬如"望秋云,神飞扬;临春风,思浩荡"的心物感应;"悲落叶于劲秋,喜柔条于芳春。心懔懔以怀霜,志眇眇而临云"的情感体验;悦山乐水与仁者智者;"岁寒三友"(松、竹、梅)或"四君子"(梅、兰、竹、菊)与君子的独立人格或清高品德;"濯清涟而不妖,出淤泥而不染"的荷花与人格品性的纯洁自律;以及老虎与勇猛、老鼠与胆怯、狐狸与狡猾,等等。(3)自然景物或现象成为人类的审美对象,主要是由于其客观属性中所包含的形式因素(如色彩、线条、光照、形体、声音、质料等)和由此构成的形式美,其中主要有优美(阴柔)和崇高(阳刚)两种类型。

---

① 马克思.1844年经济学哲学手稿(中译本).北京:人民出版社,1985:49.

二、艺术美

旅游观赏对象中的古迹文物、雕刻字画、音乐歌舞、建筑园林等不仅是文化遗产,而且大多是艺术的精品佳作。游览山水之余,相应的文化娱乐或艺术欣赏活动是不可缺少的内容。尽管艺术通常被分为"优美艺术"(fine arts)与"实用艺术"(useful arts)两大类别,但就其美的本质特性而言,则是大同小异的。

简要地说,艺术美是对艺术作品的审美属性的概括,是艺术家对生活的审美感情和审美理想与生活美丑特性在艺术形象中的综合性表现。在人物、事件、思想和情感的表现形式上,艺术美具有形象性、感染性、典型性、民族性与个性,等等。所有这些特性,会使人们在欣赏各类艺术作品中,譬如旅游者在游览秦陵兵马俑、巴黎罗浮宫、罗马大教堂、北京琉璃厂、云冈石窟、曲阜孔庙、苏州园林等目的地的过程中,获得不同的感受和体悟。

值得强调的是,艺术美源于现实生活,但高于现实生活,是艺术家自由的创造性劳动实践的产物。一般说来,这种自由的创造性劳动实践是以超越现实的审美意识或理想为内在动力的。另外,艺术作品中构成艺术美的内容与形式是辩证统一或相互完善的关系。这种关系首先表现为从内容的表现需要出发来探寻艺术化的表现形式(如"意在笔先","胸有成竹"),其次表现为利用形式的审美价值来显现相关的内容(如"以形写神"),最后表现为艺术家在创作过程中自由地运用形式美的法则,将艺术的形式与内容更加完美地结合起来,以期达到更高的艺术境界和取得更多的审美价值(如"尽善尽美")。

艺术美的存在形态是多种多样的。这一方面取决于不同的艺术种类,比如小说、诗歌、戏剧、绘画、雕塑、建筑、音乐等艺术种类的美,就具有各自不同的特点;另一方面取决于不同的艺术表现形式,因为同一种类的艺术作品的美会由于不同的内容、形式和表现方法而具有不同的审美价值。本书后面在论及审美文化的构成与欣赏时,将对各类艺术美进行较为深入的探讨。

三、社会生活美

在旅游审美过程中,所在地的风俗民情、社会环境、生活方式、城建布局以及形式多样的劳动建设成就等,都是旅游者了解、体察和欣赏的对象。这些对象所内含的认识价值(真)、伦理价值(善)和审美价值(美),构成了广义上的社会生活美。

质而论之,社会生活美是人类精神世界之美、人类劳动产品之美、人类言行举止之美与人类生活环境之美的总和。它产生于人类在长期社会实践中所形成的相互关系,以及由这种关系构成的社会生活。譬如,标准而周到的旅游接待服务,便可体现出社会生活美的诸多特点。

就个体而言,社会生活美包括人的心灵美和行为美。前者是指人的内心精神世界美,后者是指人的语言行为与其他外在行为动作美;前者是通过后者得以表现的。具体地看,社会生活美主要表现在社会成员中的先进人物身上;其次表现在劳动产品上;另外还表现在人所创造的生活环境上,也就是我们所谓的"环境美"。因为,人按照"美的规律"来塑造、生产或建造,不仅塑造符合道德理想的美的人格,生产符合目的性的美的产品,而且建造符合人类生活质量需要的美的环境。

需要说明的是,旅游美学所研究的社会生活美还包含着一层特殊的意思,这就是旅游者对饮食生活美的追求。众所周知,一般旅游者外出旅游,品尝旅游目的地(travel destinations)的风味佳肴是必备的要目之一,有些来华旅游团是专门来品味中国菜肴的"美食团"。要知道,中国烹饪作为一门实(食)用艺术,所给人的美感是多方面的。讲究"色、香、味、形、意"的珍馐名吃不仅给人以形式美感(色、形)、嗅觉美感(香)和味觉美感(味),而且还能给人以精神美感(由相关菜肴的诗化名称或传奇故事构成的意或意趣)。此外,舒适优雅的饮食环境、造型别致的饮食器具、轻松悦耳的宴乐配制、热情好客的微笑服务以及风格独特的桌椅家具等,也会给人一种综合性的审美体验。[①]

第四节 心理学美学要点与旅游观赏

与传统美学相比,近现代美学的一个显著特征就是倡导和应用心理实验和心理分析的方法来研究审美关系与审美活动的科学精神。结果,使心理学美学得到了迅速而长足的发展。诚如克罗齐在《美学的历史》一书中所言,纯粹心理学的和联想律的(美学)方向,在立普斯(T. Lipps,1851—1914)和他的学派那里是明确的。作为一个学派,心理学美学上承实验心理美学,下启完形心理学美学,经历了一个相当长的发展时期。其中具有代表性的学说主要有"移情说"、"内模仿说"、"距离说"、"异质同构说"和"集体无意识说",等等。这些理论要点对分析旅游观赏的心理特征和确立有效的旅游观赏方法具有不可忽视的启迪作用。

一、移情作用

"移情说"(theory of empathy)被认为是立普斯的首创。历史地看,"移情说"主要是受休谟(D. Hume)的"同情说"和叔本华(A. Schopenhauer)的"静观说"以及诺瓦利斯(Novalis)的"魔幻唯心说"的影响。立普斯的贡献在于直接从心理学和价值论出发研究美学,认为美学是一门关于美和审美价值的心理学学科,其首要任务是科学地描述和阐释审美对象及其审美价值所引发的特殊效果与相应条件。"移情说"认为审美价值是"客观化的自我价值情感",因此在审美关系上强调物我同一或

[①] 王柯平. 旅游审美活动论. 北京:旅游教育出版社,1990:184 – 200.

情景交融。在这种"同一"的状态中，人"把自己感入"(feel oneself into)到对象中，借此将原本隐含在心灵里的情思意趣"外射"(project)到对象中，使其得以寄托和表现，构成"象征性移情作用"。简言之，"移情"是一种立足于主体心理活动的物我交流过程。根据性质，"移情"分为"审美的移情"与"实用的移情"。两者的区别在于：前者以审美观照为前提，后者以实用态度为前提。审美观照要求观照者超然于物表，把对象的内容从现实联系中脱离出来，在纯化的移情作用中于审美对象深处把握表现人的价值的东西。

在《论移情作用》一书中，立普斯以游览古希腊雅典卫城时凝神观照"多利安式"(Doric)石柱为例并作出如下描述："在我的眼前，石柱仿佛凝成整体和耸立上腾，就像我自己在镇定自持、昂然挺立，或抗拒自己身体重量压力而继续维持这种挺立姿态时所做的一样。"这种姿态令人可喜，其内在充满生气的模样引人同情，从中能够再认识到自己的一种符合自然的和令人愉快的仪表。"所以，一切来自空间形式的喜悦……一切审美的喜悦，都是一种令人愉快的同情感。"从物我关系上讲，"在对美的对象进行审美观照时，我感到精力旺盛、活泼、轻松自由或自豪。但是我感到这些，并不是面对着对象或与对象对立，而是自己就在对象里面"；"在它里面，我感到愉快的自我和使我感到愉快的对象并不是分割开来成为两回事，这两方面都是同一个自我，即直接体验到的自我"。①

总之，移情作用就是把自己的情思意趣"外射"或"寄托"到对象之中，使其对象化为客观的自我，在这里，自我和对象的对立于瞬刻之间消失了，由此构成了着上主观情感色彩的"有我之境"。如此看来，美感好像是对一种外物的欣赏，实质上是对自我的欣赏。说到底，美与审美价值犹如唯心主义美学所认为的那样，完全发乎于心，完全是主观的东西。另外，按其形态，立普斯把"移情作用"分为"积极的"和"消极的"两种。前者产生愉悦性情感（快感），其对象是"美"；后者产生非愉悦性情感（不快感或痛感），其对象是"丑"。顺便提及，对于"移情说"，英国学者浮龙·李(Vernon Lee,1856—1935)后来以流畅的文笔做了进一步的阐述和推广。她以心理内省的方法记叙了自己观照一只中国古花瓶时的情绪变化和感觉特征。同时，她还以"山耸立起来"(The mountain rises)为例，总结了审美移情作用的整个过程，认为山原本是静止的，山耸立起来是由我们意识到自己抬起眼睛、头或颈时所引起的一个观念而已。因此，移情不过是把我们自己的动态经验和运动观念赋予外物形象罢了。不少到中国江南旅游的人看到园林或景区中的亭子造型时，不仅会欣赏上翘弧度较大的亭角所构成的空间形象美及其曲线美，而且还会产生一种亭子向上提升或腾飞的动态感和轻盈的柔美感，就好像亭角减轻或分解了亭顶的重压似的。这实际上也是移情作用所致。

---

① 北京大学哲学系美学教研室.西方美学家论美与美感.北京：商务印书馆,1980:271-276.

二、内模仿说

"移情说"的提出,震动了当时的西方美学界,同时也激发了对审美心理深入探讨的热情。"内模仿说"(Theory of Inner Imitation)便是由此衍生而来,或者说是"移情说"的一个变种。

这一学说的倡导者谷鲁斯(Karl Groos,1861—1946)不仅受立普斯的影响,而且受席勒及其"游戏说"的影响。他认为人具有游戏和模仿的本能,这两者在一般审美活动中总是密切相关。人只有以游戏的态度观赏对象时,才能有审美的欣赏或模仿。这种模仿大半内在而不外显,是一种"内模仿",有别于大半外显于筋肉动作的一般感知模仿。质而论之,"内模仿"就是人在内心里模仿外界事物精神上或物质上的特点。在此过程中,人会体验到一种并不外显的运动感觉。比如看赛马,真正的模仿是不能实现的,所以只能心领神会地模仿马的跑动,享受内模仿的快感。"这就是一种最简单、最基本也最纯粹的审美欣赏。"在旅游活动中,旅游者在观赏歌舞表演时,尤其是亲临山寨或部落观看当地的民族舞蹈,"内模仿"的作用对调动和强化审美情趣和兴致是十分有效的。

表面看来,谷鲁斯把"内模仿"视为审美活动的主要内容,立普斯把"移情作用"视为审美活动的主要内容,但在实际上两者并不互相排斥,是一种"你中有我,我中有你"的关系。比如,立普斯在论述"移情作用"时,也谈模仿,认为在物我融为一体的状态中,我想象自己被转运到那形体里面去了,意识到我和它完全同一交汇起来了,感觉到自己在所见到的形体里活动,甚感自由、轻松和自豪,"这就是审美的模仿,而这种模仿同时也就是审美的移情作用"。同样,谷鲁斯在论述"内模仿"时,也涉及"移情作用",认为在这一心理过程中,人会把旁人(或物)的经验看作仿佛就是自己的;人假定本无生命的对象具有某些与人类一样的心理情况并且亲身经历或玩味一番;人内在地参加一个外在对象的动作;人想象一个静止的物体会发出某种运动;人把自己的内心同情所产生的那种心情移置到对象上去,例如说到崇高事物严肃、优美事物喜悦之类。可见,二人的主要区别在于各有侧重:立普斯的"移情说"侧重的是由我及物的一面,谷鲁斯的"内模仿说"侧重的是由物及我的一面。这种彼此会通的关系有如一枚硬币的两面。

三、距离定律

在"移情说"的启示下,瑞士美学家布劳(Edward Bullough,1880—1934)提出了著名的"审美距离说"(theory of aesthetic distance)。像立普斯一样,布劳也是从心理学角度来研究美学,并且从根本上否定美的纯粹客观性,放弃追究美的本质及其客观因素。他在1912年发表的论文中着重论证了两种不同的距离概念,即"空间距离"(spatial distance)和"心理距离"(psychical distance)。"空间距离"又分为"现实的空间距离"和"象征的空间距离"。前者是指观赏者与观赏对象之间保持的实际距离,后者是指观赏对象内在的空间距离,如绘画作品中由透视法造成的远近和明暗等立体效果。通常,审美主要有赖于"心理距离",这种距离出现在观赏者与能够打动人心的观赏对象之间。它作为一种审美原理,使审美对象超出实用的功利范围,使其审美价值有别于实用的或功利的、科学的或社会(伦理)的价值,同时又使观赏者的情思意趣通过移情作用外化为客观现象的特征,借此引发出审美活动与不同于快感的美感。

无论是观赏或创造艺术美(如裸体绘画),还是观赏自然美(如海上大雾或者"阿诗玛"、"仙人指路"之类的拟人化的山体构景),距离不仅是审美判断标准,而且是审美悟性本身。总之,"美,最广义的审美价值,没有距离的间隔就不可能成立"。当然,距离具有易变性。距离丧失,就意味着审美可能性的丧失。"距离丧失可能出于如下两种原因:或失之于'距离太近',或失之于'距离太远'。'距离太近'是主体方面常见的通病;而'距离太远'则是艺术的通病,过去的情形尤其是这样。"①

四、异质同构说

令当代美学家们(如 Herbert Read)赞叹不已的是完形或"格式塔"(Gestalt)心理学美学的研究成果。完形心理学认为,部分相加不等于或大于整体之和,强调"似动现象"和"场效应"等概念。该学派的主要代表人物阿恩海姆(Rudolf Arnheim,1904—2007)将这些基本理论具体而系统地运用于艺术,特别是用来分析研究视知觉与艺术两者之间关系。比如,在解释视觉艺术中的似动现象时,他认为绘画作品或静物中的运动感觉并非由联想或移情作用引起,而是由艺术作品的形象结构在观赏者大脑皮层中唤起的场效应引起的。在论述真正的观赏活动或艺术经验时,他认为那不再是一种对外部事物的纯认识活动,而是一种将观赏者卷入其中的激动的参与状态。因为,人在观赏时,对象的主要式样并没有被他的神经系统原原本本地复制出来,而是在他的神经系统中唤起了一种与对象的力的结构相同形的力的式样。这种不同质而同形的力的结构,便是审美观赏活动的心理基础,也就是著名的"异质同构说"。

阿恩海姆是在论证艺术的表现性与象征性的过程中提出这一观点的。其理论依据主要是威廉·詹姆斯(William James,1842—1910)对心理事实与物理现实之间的同一性的论述。原话是这样说的:"必须指出,为这些作者们所极力强调的活动与情感之间的不等同,并不像乍一看上去那样绝对。在一般情况下,我们不仅从时

---

① 北京大学哲学系美学教研室.西方美学家论美与美感.北京:商务印书馆,1980:276-278;另参阅布劳.作为艺术因素与审美原则的"心理距离说".见美学译文(2).北京:中国社会科学出版社,1982:92-107.

间的连续中看到心理事实与物理现实之间的同一性,而且在它们的某些属性当中,比如在其强度和响度、简单性和复杂性、流畅性和阻塞性、安静性和骚乱性中,也同样能看到它们之间的同一性。"①这就是说,两种不同的媒质——一个是物质的,另一个是非物质的——在结构上还是可以等同的。譬如,我们在观看舞蹈时,会觉得那悲哀和欢乐的情绪看上去是直接存在于舞蹈动作之中,这主要是因为舞蹈动作的形式因素与其表现的情绪因素之间在结构性质上是等同的。实验发现,当要求所有的受试演员分别以舞蹈形式来表现"悲哀"这一主题时,其动作都是缓慢的,幅度也不大,造型都呈曲线形式,展现出来的张力也都比较小。这说明"悲哀"这种心理情绪本身的结构式样在性质上与上述舞蹈动作的结构式样是相似的。一个心情十分悲哀的人,其心理过程也是十分缓慢的,其精神和行为状态也显得软弱无力,缺乏力度与决心。再如,一棵垂柳之所以看上去是悲哀的,并不是因为它看上去像是一个悲哀的人,而是因为垂柳枝条的形状、方向和柔软性本身传递了一种被动下垂的表现性;或者说,是因为将那种垂柳的形式结构与悲哀的心理结构进行比较后所得出的类似性感受。② 这种"异质同构"不仅可以当作一个审美观赏原理,而且还可以用为一种艺术创作原理,使人们注意从不同的事物之中寻找和表现它们的等同之处。譬如,我们看"春山淡冶而如笑"、看"冬山惨淡而如睡",从"浮云"中引发"游子意"、从"落日"里唤起"故人情"等审美经验,恐怕多少都与"异质同构"的观赏原理有一定关系,与视觉思维和视知觉作为创造性及主动性的理解力有一定关系。

五、集体无意识

现代心理美学的一大分支是精神分析美学,它对20世纪的艺术创造和思想意识产生了极为广泛而深刻的影响。作为该学派的开创者,弗洛伊德(Sigmund Freud,1856—1939)惯于把精神分析的一些观念和原理应用于艺术和艺术批评,如"无意识"(unconscious)、"俄狄浦斯恋母情结"(Oedipus complex)、"本能欲望"、"抑制"、"发泄"、"白日梦"、"移情"、"转化"和"补偿"方式,等等。他认为艺术创造的动力来自本能欲望(如性欲)或那些被抑制的但想得到发泄的愿望;艺术创造的目的在于通过艺术表现来实现个人那些最个性化的、充满愿望的幻想,或者说在于实现一种转化——"这种转化缓和了幻想中显得唐突的东西,掩盖了幻想的个性化的起因,并遵循美的规律,用快乐这种补偿方式来取悦于人——这时它们才变成了艺术作品。精神分析学根据艺术享受这一明显作用,毫不困难地指出了隐藏着

---
① 阿恩海姆.艺术与视知觉(中译本).北京:中国社会科学出版社,1985:614.
② 阿恩海姆.艺术与视知觉(中译本).北京:中国社会科学出版社,1985:614-631.

的本能释放这个源泉……"①

为了证明自己的论点,弗洛伊德特意用自圆其说的方法分析了达·芬奇的绘画、米开朗琪罗的雕刻和陀思妥耶夫斯基的小说。弗洛伊德的另一显著特点是关注人类的生活质量及其心理健康,这与他出身医生这一职业不无关系。故此,他对现代文明的缺憾作了深入的分析和揭示,最后得出这一发人深省的结论:"为了生活的目的,审美态度稍许防卫了痛苦的威胁,提供了大量的补偿。美的享受具有一种感情的、特殊的、温和的陶醉性质。美没有明显的用处……但文明不能没有它。"②总的来说,弗洛伊德的理论对艺术创造影响较大,但对美学研究影响较小。

真正对美学产生重要影响的是早年追随弗洛伊德而后来修正其有关理论的荣格(C. G. Jung,1875—1961)。荣格本人首倡"集体无意识说",认为艺术是一种有生命的、自身中包含着自身的东西。艺术在本质上是某种超过个人、象征和代表人类共同命运的永恒的存在,能够纠正时代偏向、补偿和调节人类生活,因此在现代社会生活中起着类似宗教的作用。荣格反对用本能欲望或性欲来解释艺术创造的激情。他认为创造激情源于崇高的理想和伟大的抱负,即一种超出艺术家个人能力的创造自发性或"自主情绪"。自主情绪植根于无意识原型,一般人意识不到其存在。只有当人对外部生活的兴趣减弱、越来越沉醉于自己的内心生活、越来越返回到远古或人类的童年状态时,自主情绪才能获得动力乃至形式,进而暗中制约或影响意识,最终通过艺术得以象征性的表现。"远古或人类的童年"状态也就是荣格后来提出的重要假设——"集体无意识"(Collective Unconscious)。集体无意识的核心内容是"原型"(archetype)或"原始意象"(primordial image)。

所谓"原型",是"我们在无意识中发现的那些不是个人后天获得而是经由遗传具有的性质……一些先天的固有的直觉形式",是一切心理反映的具有普遍一致性的先验形式,或者说是心理结构的基本模式。在荣格看来,这种模式是人类远古社会生活的遗迹,是重复了亿万次的那些典型经验的浓缩(condense)或沉淀(precipitate)结果。所谓"原始意象"(即"原型"),从科学和因果的角度可以将其"设想为一种记忆蕴藏,一种印痕或记忆印痕,它来源于同一种经验的无数过程的凝缩。在这方面它是某些不断发生的心理体验的沉淀,并因而是它们的典型的基本形式"。"集体无意识"是通过"原型"或"原始意象"及其赖以产生的心理背景和心理土壤推导出来的。因此,理解了后者,就等于理解了前者。譬如,我们在阅读荣格对"原始意象"的这段诗化描写时,会觉得"集体无意识"这个原本抽象而神秘的概念变得清晰而生动起来。荣格如是说:"每一原始意象中都有着人类精神和人类命运的一块碎片,都有着在我们祖先的理式中重复了无数次的欢乐和悲哀的残余,并且总的

---

① 弗洛伊德. 弗洛伊德论美文选(中译本). 上海:知识出版社,1987:139.
② 弗洛伊德. 弗洛伊德论美文选(中译本). 上海:知识出版社,1987:172.

来说始终遵循着同样的路线。它就像心理中的一道深深开凿过的河床,生命之流(可以)在这条河床中突然奔涌成一条大江,而不是像先前那样在宽阔然而清浅的溪流中向前漫淌。"①荣格的学说不仅涉及神话和艺术的起源,而且涉及人的深层心理结构,对研究审美意识和美感的特征具有重要意义。譬如,日本游客到贵州少数民族村寨观看原始舞蹈"地戏"的过程中,并不存在文化距离或理解上的问题,而在惊叹不已的同时称其为"舞蹈的活化石";另外,奥地利人在1998年春节前听了中国中央民族乐团用民族乐器演奏的《百鸟朝凤》后,曾这样回顾他们当时的音乐感受:我们屏住呼吸,洗耳静听,随着"乐声在空中翱翔,我们像鸟一样愉快地在空中转圈,拜访树枝上的其他鸟儿,又同另外的鸟儿一起盘旋而上。不久,各种各样的鸟啼声全都停息了下来。这时我们才从梦幻中醒来"。② 看来,这种审美反应不仅仅是听觉联想的结果,而是同人类的"原型观念"和"集体无意识"有一定关系。

前文把旅游审美对象从宏观上虽然分为三种主要范畴,但其实际内容远比抽象的分类更为丰富多彩和生动鲜活。另外,若从研究旅游美学的角度加以审视的话,就不难发现上述有关优美与崇高之特征描述与心理学美学理论的基本要点,在相当的程度上有助于我们正确地认识审美对象的基本形式,深入了解一般旅游者的审美心理,全面评价旅游景观的审美价值,有效塑造与国际接轨的旅游业形象以及开发新的旅游文化产品,等等。这种借鉴意义和实用功能是不可忽视的,因此有必要将其尽可能地应用于旅游美学的研究中和旅游业的实际工作中,譬如旅游观赏活动、旅游产品设计、旅游景点保护和开发等方面。

思考与练习

1. 西方"美学"(aesthetics)的本义与主要研究内容是什么?
2. 西方美学家如何界定"美"?谈谈你自己的看法。
3. "丑"作为一个美学范畴有何基本特点?谈谈你自己的认识。
4. 优美与崇高的美学特征主要有哪些?试举例说明。
5. 简要说明自然美、艺术美和社会生活美的主要内容与特点。
6. 什么是"移情说"?试举例说明旅游审美活动中的移情作用。
7. 什么是"内模仿说"?
8. 什么是"距离说"?试举例说明其在旅游审美活动中的功用。
9. 什么是"异质同构说"?试举例说明这种审美现象。
10. 什么是"集体无意识"?你对此说有何认识?

---

① 荣格.心理学与文学(中译本).北京:三联书店,1987:1-103.
② 中国中央民族乐团在奥地利的首场演出受到热烈欢迎.见:信使报(奥地利).1998年2月2日,转引自参考消息(中国).1998年2月4日,第8版.

第三章

中国传统审美趣味与旅游

中国审美意识的形成与发展具有自己的特点。从语义学或训诂学角度探讨,通常有"羊大为美"和"羊人为美"之说;从劳动实践和文化历史角度考察,主要有美感的"积淀说"。

中国美学在自身特定的文化系统中孕育了耐人寻味的儒家、道家与禅宗审美思想,并在"西学东渐"后通过对话与交融而取得了长足的进步。按照我们目前的理解,儒家主要倡导"中和为美",道家标举"自然为美",禅宗追求"'空灵之美",这在宏观上便构成了中国传统审美趣味的"三重奏"结构。另外,我们认为中国美学的总体精神主要融贯于"天人合一"的境界之中。所有这些都或多或少地积淀在中国人的审美心理结构之中,直接或间接地影响着他们的审美趣味、山水意识乃至旅游景观的开发意识和生态环境的保护意识,等等。

第一节　古代审美意识的形成与特点

审美意识一般包括审美感受和与之相关的审美趣味(鉴赏力)、审美观念、审美理想、审美心理,等等。在人类历史的长河中,审美意识作为社会意识形态的一个组成部分,始终伴随着文明发展的脚步和审美实践活动,从遥远的过去走到现在,走向未来。我们考察中国人的审美意识及其发展过程,通常主要采用两种具有代表性的方法:一是重文字训诂的考据法,二是重历史文化的实证法。

迄今,从前者研究的结果看,有些学者根据《说文解字》中对"美"字的解释("美,甘也。从羊,从大。羊在六畜,主给膳也。美与善同意。")[1]而得出如下结论:"羊大"即肥硕肉多的羊,"甘也"即好吃可口的味。由"羊大"的姿态创写出来的"美"字,其本义不在于表达对于羊大的姿态或形象的视觉感受,而在于表达古代人对羊大肉多味甘的味觉感受。这种美的味觉感受就是基于味觉经验的审美感受,因此,"可以说,中国人最原始的审美意识起源于'膘肥的羊肉味甘'这一古代人

---

[1] 许慎.说文解字.卷四.北京:中华书局,1963:78.

的味觉感受"。① 这便是常见的"羊大为美说"。从结构上看,原始的审美意识与人的生命本能需要和官能愉悦享受有着直接的关系,最初以味觉感受(美味)为契机,随即带动了视觉感受(美色)的能力,再后便增加了嗅觉感受(芳香)和听觉感受(乐音)等方面的内容。从时间上看,这种审美意识主要存在于原始社会后期至阶级社会初期这一漫长的历史阶段。随着人的全面觉醒、物质文明的持续发展和社会生活的丰富多样,这种最初囿于生理快感的审美意识逐步拓宽了自身的领域,具有了广泛的社会意义和伦理意义,于春秋战国时期发展到"美善等同"的历史阶段。此时,凸显道德伦理价值的"善"成了审美意识的核心内容,而原始时期那种基于感官本能的审美意识则被彻底地超越了。秦汉时期之后,魏晋玄学勃兴,因任自然、返璞归真和澄怀体道等观念成了生活的理想。这样,"真"被纳入了审美意识,从而使其发展到"美真等同"的最高历史阶段。这种"真",既非科学意义上的真,也非普遍有效性的真,而是终极意义上的有关生命本源的真,与"道"、"理"、"太极"、"天地"或"玄牝"相通的真。这种"真",既超越了感性的快感与不快感,又超越了理性的或伦理的善恶评价。在这一阶段,以"真"为内容的审美意识否定了前一阶段以理性和伦理精神为基础的审美意识,从而达到了"不意识善恶甚至连美丑也不意识的境地",回到了自然怀抱中的返璞归真的境地。人在这种美或真的面前,大彻大悟、物我两忘、高形去知、与道同体,一切世俗的束缚绊羁、凡虑尘累都被一扫而净,人类的灵魂得到升华,人类的精神得到解放。但要指出,这种"真"对善恶与美丑的超越,不是简单的否定和抛弃,而是本质性的肯定与吸收,是在扬弃前两阶段审美意识的偏颇性基础上包容了它的合理内容。例如,可口的美味或美食不仅给人以官能的愉悦,而且同时也激动滋养着人心,不仅"甘口",而且"甘心"。这种感受体现了生活的愉悦和生命的意义,是宇宙本源性的或最为真实的东西。与此同时,"味"在中国审美意识发展史上其含义不断扩充、不断丰富和不断延伸,不仅深入到语言生活等领域之中,而且渗透到几乎所有文学艺术的创作规律和评品法则之中。于是,人们在语言上讲求"意味",在生活上讲求"品味",在饮食上讲求"美味",在绘画、书法、雕塑、诗歌和戏剧演唱等艺术中讲求"韵味",在园林建筑等艺术中也像人际关系交往一样讲求"人情味"。

20 世纪 80 年代,中国美学界对"美"的研究取得了新的进展。譬如,有的学者认为"美"字最初并非由"羊大"二字及其姿态组合创写而成,而是由"冠羊"而舞的巫术礼仪演变而来。远古时期,崇拜羊图腾祖先的民族每举行播种、祈丰、狩猎、诞生等巫术仪式时,总要由其代表人物(一般是酋长兼巫师)或头插羊角,或身披羊皮,或把整只死羊捆在头上,扮演成羊祖先的样子,连蹦带跳、大唱大念,从而形成一种美的巫术歌舞仪式。细审甲骨文和金文的"美"字,会发现该字皆由两部分组

---

① 笠原仲二. 古代中国人的美意识(中译本). 北京:三联书店,1988:3.

成,"上面作'羊',下面作'人',而甲骨文'大'字训'人',像一个人正面而立,伸直两手叉开两腿正面站着,'大'和'羊'结合起来就是'美'字。这些字形都像一个'大人'头上戴着羊头或羊角。这个'大'在原始社会里往往是有权力有地位的巫师或酋长。他执掌种种巫术仪式,把羊头或羊角戴在头上以显示其神秘和权威"。①因此,有不少学者认为:"'美'的原来含义是冠戴羊形或羊头装饰的'大人'('大'是正面而立的人,这里指进行图腾扮舞、图腾乐舞、图腾巫术的祭司或酋长),最初是'羊人为美',后来演变为'羊大为美'。"②据此,他们假定"美"字最初象征头戴羊形装饰的"大人",同巫术图腾有直接关系。后来,纯粹意义上的"美"的含义由于脱离了图腾巫术,而同味觉的快感连在一起。如此说来,原始审美意识不是发端于味觉感受,而是源自与舞蹈相结合的原始巫术(注:舞、巫同源)祭祀活动。这种审美意识不仅具有图腾崇拜的意味,而且包含艺术创生的先兆。

  我们认为,无论是"羊人为美"说还是"羊大为美"说,虽然道出了原始审美意识萌生的可能途径和审美感性的本原特征,但过分依赖汉字的象形品性而囿于对"美"字的训诂考据来推断立论,其结果难免失之偏颇。因为,中国古文字(甲骨文)的形成基本上与青铜时代同步,也就是在传说中的"夏制九鼎"的历史阶段(约公元前21~16世纪)。我们知道,文字的发明是人类文明的象征,是人类历史发展到一定阶段的产物。在此之前,人类已经经历了漫长的发展时期,譬如从茹毛饮血的自然存在到制作简单工具的新旧石器时代。在此期间,远古人类的审美意识已经萌生或发展到一定阶段。现代考古发现告诉我们,在距今一万八千年前的北京周口店山顶洞人的洞穴中,所出土的石珠和兽牙等装饰物说明山顶洞人已经萌生了一定的审美意识。另外,1986年5月,在河南舞阳县贾湖新石器时代遗址的考古发掘中,先后出土了18支作为陪葬器物的竖吹骨笛,音孔自5孔到8孔不等,其中7音孔笛居多。保存最完整的一支7音孔笛,依然可以用来吹奏河北民歌《小白菜》的优美曲调,具备了6音阶结构,被专家誉为神奇的"东方魔笛"。③ 贾湖新石器时代距今约8000年,这种骨笛的出现说明古代中国人的音乐艺术和与此相应的审美意识已经发展到了一个相当高的水平。也就是在同一时期,如红山和良渚文化时期,比青铜器早出现的玉器,已经作为礼祭品广泛使用,而这些玉器同时又是装饰品,是具有一定审美意味和反映当时审美趣味的审美对象。因此,可以肯定地说,审美意识的产生必定是远古的事,其发展与形成并非一日之功,不会晚到文字出现的时代,这就像古代神话等口头文学,不能等到文字创生之后才会出现一样的道理。另外,古代人固然是以生存为主要目的,其生存手段或物质条件因生产力落后而十分

---

  ① 李泽厚,刘纲纪主编.中国美学史(第一卷).北京:中国社会科学出版社,1984:79-81.
  ② 萧兵.《楚辞》审美观琐记//中国社会科学院哲学所美学研究室编.美学(第三期).上海:上海文艺出版社,1981:225.
  ③ 刘再生,刘镇钰.中国音乐史话.上海:上海文艺出版社,1995:3.

简单,但围绕着生存,其实践活动与生活范围不仅仅限于美味或吃。事实上,即便是一般的动物也在吃饱后因"过剩的精力"而"游戏"(如席勒所描述的狮子和普列汉诺夫所描写的某些鸟类),更何况比它们聪明的人类呢? 所以,我们不难设想,与人类生存或实践活动相关的其他活动和事物,也必然会激发起古代人的审美意识。

　　相形之下,重历史文化分析的实证法则弥补和突破了上述方法的不足与局限。应用这一方法的学者在探索原始审美意识萌生、形成与发展的过程中,从"劳动创造了人本身"这一科学原理出发,坚持历史唯物主义和实践美学的基本观点,把研究的重点放在分析古代劳动工具、装饰品、图腾符号、陶器、青铜器、原始神话和象形文字等的造型(质料、形状、色彩、线条和内容等)演变与其文化象征意味之上,从而得出审美意识是随着人类物质生产劳动的发展而萌发、形成和发展起来的结论。并且认为,审美意识最初紧紧地依附于人类的物质生产进程,以满足生存需要为主要特征;其后受原始宗教、图腾崇拜和巫术礼仪的支配与影响,而逐步出现精神化的趋向;最后,随着艺术生产、艺术创造力与想象力的发展,而走向独立和成熟。总之,劳动创造了人,也创造了人的审美意识和其他形态的高级意识。那么,人作为具体历史形式存在着的人,其审美意识不能是先验的或抽象的,而只能是历史的和具体的。① 它必然是人类实践活动和社会历史文化的积淀成果,并随着人类文明历史的进程不断丰富和发展。譬如,山顶洞人的"穿带都用赤铁矿染过",他们送葬时还在尸体旁撒红粉,就不只是对鲜艳红色的动物性生理反应,而是开始包含着某种观念意义或巫术礼仪的符号意义;或者说,并不只是为了感官愉快,而是具有了一定的社会内涵。诚如李泽厚所言:"在对象一方,自然形式(红的色彩)中已经积淀了精神或社会内容;在主体一方,官能感受(对红色的感觉愉快)中已经积淀了观念性的想象、理解。"②再如,新石器时代的仰韶型(半坡村和庙底沟)和马家窑型的彩陶纹样(半坡型的人面含鱼纹、庙底沟型的鸟纹与几何形花纹、马家窑型的蛙纹和旋涡纹等),体现出原始人们的感受已经不只是均衡对称的形式快感,而且还具有了比较复杂的观念和想象的意义。这些抽象几何纹饰"并非某种形式美,而是抽象形式中有内容,感官感受中有观念,如前所说,这正是美和审美在对象和主体两方面的共同特点。这个共同特点便是积淀:内容积淀为形式,想象、观念积淀为感受。这个由动物形象而符号化演变为抽象几何纹的积淀过程对艺术史和审美意识史是一个非常关键的问题"。③

　　这种重社会劳动实践和历史文化分析的研究方法,依据文物考古的具体成果,对古代中国人的审美意识的发展历程也作出了相应的推断。在时间上,原始人的

---

① 敏泽.中国美学思想史(第一卷).济南:齐鲁书社,1987.
② 李泽厚.美的历程.北京:文物出版社,1981:4.
③ 同上书,页18-19。

审美意识发轫于旧石器时代(The Paleolithic Period,特别是其晚期,如北京周口店"山顶洞人"),一般可从现已发掘出的原始、粗糙和简陋的石器或工具中看出原始意义上的形式美(不同程度地具有对称或均衡的形式)和色彩美(富有色泽感的黑晶石石料工具)的萌芽。随着原始物质文明的发展,到了以农耕和家畜饲养为主要生产手段的新石器时代(The Neolithic Age),原始人的审美意识在经历一个漫长的历史时期之后得到了进一步的发展。在公元前4515—前2460年间的仰韶文化时期,从那些代表早期人类绘画和雕塑的陶器图饰与陶塑中,可以看到当时开始趋向成熟的审美意识,甚至从那些所谓的"有意味的形式"(significant form)中可以窥知关于美的朦胧的原始观念。接着,审美意识经历了原始宗教、图腾崇拜、原始歌舞和巫术礼仪等不同的华夏文明历史阶段,到了青铜艺术和文字创生的时代(中国历史上的夏朝,约公元前21—前15世纪)终于积淀而成。其后,随着文明的进程与人性的觉醒,审美意识经过长期的积累,在西周(约公元前11世纪—前771年)"制礼作乐"的时代("经礼三百,典礼三千。"见《礼记·礼器》)趋向观念化和系统化的高级发展阶段,形成了具有初级理论形态的中国古典美学思想体系。据文献所载,西周礼乐并举,诗歌舞三位一体,重在"礼以道其志,乐以和其声"(《礼记·乐记》)或"以乐礼教和,使民不乖"(《周礼·地官》),以便达到"礼别异,乐合同"(《荀子·乐论》)以及"经夫妇,成孝敬,厚人伦,美教化,移风俗"(《毛诗序》)的最终目的。所以,到了诸侯争霸、礼崩乐坏的春秋时期,立志"修、齐、治、平"的孔子发出了"周监于二代,郁郁乎文哉!吾从周"的感慨。

顺便提及,西周礼乐文化经过孔子的宣扬推崇,长期以来成为中国封建社会的理想范本,对后来的包括美学在内的思想文化有着重要而深远的影响。纵向地看,西周之后,中国审美意识经过春秋战国时期"百家争鸣"的陶冶、儒道互补型的理性精神的洗礼,以及楚汉浪漫主义的浸染、加之佛教虚幻主义的作用,走上了一条不断拓宽、日益丰富和多维结构的发展道路,在玄学之风盛行的魏晋时期达到了新的高度,于盛唐结出了丰硕的成果。宋明以来,理学、名教、文字狱与近现代的战乱和文化专制主义,虽在不同程度上影响或制约了文艺的创作和繁荣,但并没有阻止国人审美意识的不断深化与多元发展,这种态势始终伴随着物质文明和精神文明前进的脚步,继往开来,持续不断。

第二节 中和为美的儒家美学思想

"中和为美"是儒家关于艺术价值、创作原则与人格塑造的审美理想之一。要而言之,"中和"可谓中含于和。"中"含中正、正确、准确、得当之义,通常表示正当性原则或合理性原则,譬如,孔子所说的"允执厥中"(《论语·尧曰》),就是指"最合理而至当不移"(杨伯峻)的意思。"和"含和谐、最佳状态或对立因素之间的动态融合关系等义,通常表示辩证的和谐或包容性原则,因此有"声音相保曰和"的注释与"和如羹焉……宰夫和之,齐之以味,济其不及,以泄其过"(晏婴)的比喻。

"中和为美"思想的哲学基础是"中庸"之道。按照汉末何晏的解释:"中庸,常也,中和可常行之道。"其后宋朝程子认为:"不偏之谓中,不易之谓庸。中者,天下之正道;庸者,天下之定理。"当然,这里所论的"中庸"是"君子之中庸也",因为"君子而时中"(《中庸》)。"时中"是一个关键性的概念,是真正理解"中庸"之道的一把钥匙。"时"可指时间、时运、时常、机遇、环境或具体情境等。"中"作为正当性原则,在应用过程中要时常考虑具体的情况以便把握住适当的时机,那样才会立于不败之地。诚如《易经》艮卦中的"彖传"所称:"时止则止,时行则行,动静不失其时,其道光明。"可见,把"中庸"简化为"不偏不倚"的说法是相当浅薄且不可取的。

从孔子等人的言论看,"中和为美"的原则与理想具有一定的目的性,至少具有政治、人际、伦理、艺术以及审美的目的性。于是,在政治性的礼教上,儒家提倡"礼之用,和为贵。先王之道,斯为美,大小由之。有所不行,知和而和,不以礼节之,亦不可行也"(《论语·学而》)。当时,礼作为典章制度与行为规范,其主要职能在立人与别异,这样会因为过于理性化而使人际关系疏远、分离、冷漠或"稀薄化",故需要创造友善的交流与和谐的人伦以弥补立人与别异之不及。在人伦或人际关系中,则提倡"君子和而不同,小人同而不和"(《论语·子路》),也就是鼓励人们在建立团结和谐的人际关系的同时要保持正当的原则与个性。在情感的问题上,则提倡"致中和",推崇适度而不过激的情感表现或宣泄方式。在诗教上,则要求"温柔敦厚"(《礼记·经解》),"风以化之,教以化之"(《毛诗序》)。在乐教上,则要求"广博易良",推崇"中和之纪"(《乐论》),强调音乐的中和作用,一方面要求声音的大小、高低和强弱应适中,以合乎人的心理和生理所能承载的审美需求;另一方面则要求音乐的音调、节奏与旋律应协调和谐,有利于感化人们,使其"和敬"、"和亲"与"和顺",最终提高人格的修养和维系安宁平和的社会秩序。

特别需要指出的是,"中和为美"长期以来被儒家奉为艺术批评或衡量审美价值的尺度。据此,要求艺术作品在风格上应"刚柔得中",提倡"刚柔相济"的风格与和谐美;在表现内容和形式上应"乐而不淫,哀而不伤"(《八佾》)和"过犹不及"(《先进》),因为以孔子为代表的儒家诸子"意识到了艺术所表现的情感应该是一种有节制的、社会性的情感,而不应该是无节制的、动物性的情感。这个基本思想使得中国艺术对情感的表现在绝大多数情况下都保持着一种理性的人道的控制性质,极少堕入卑下粗野的情欲发泄或神秘、狂热的情绪冲动"。[1] 另外,在评价人格美方面,也同样依照"中和"原则,不仅讲"文质彬彬,然后君子",而且还提出"五美"之说,最终是在追求一种"极高明而道中庸"的境界或"中和为美"的理想。这

---

[1] 李泽厚,刘纲纪. 中国美学史(第一卷). 北京:中国社会科学出版社,1984:150.

种理想垂范古今,其影响流布广远,几乎贯穿整个中国美学发展历史。

譬如,战国时期的荀子就继承和发扬了"中和为美"的思想,主张(音)乐"以定和",认为音乐可以陶冶人的情感,教化人的道德,进而从情感上协调人们的社会关系,使人们能够和睦相处。他说:"乐在宗庙之中,君臣上下同听之,则莫不和敬。闺门之内,父子兄弟同听之,则莫不和亲。乡里族长之中,长少同听之,则莫不和顺。故乐者,审一以定和者也。"(《乐论》)另外,针对墨子"非乐"的相关论调,荀子反其意而驳之,认为音乐"入人也深","化人也速","乐中平则民和而不流,乐肃庄则民齐而不乱,民和齐则兵劲城固,敌国不敢婴也"(《乐论》)。最后,还断言音乐可以"善民心",可以"移风易俗",可以使人"耳目聪明,血气和平",可以使"天下皆宁,美善相乐"。总之,荀子是从人的自然本性及其社会本性两方面来考察审美和艺术活动的。这两者与人的自然欲望("性")有直接联系,但又必须符合人的社会伦理("礼")要求。"所以,要求人的自然本性与社会本性相统一,是贯穿整个荀子美学的基本原则。"①这一原则也显然是儒家追求"中和"境界的美学理想的继续。但是,荀子美学思想的明显失误在于过分夸大艺术(如音乐)的社会功利作用,这必然使他忽视了艺术自身的审美品质与艺术美的某些超功利特征。尽管如此,荀子的美学直接影响了《乐记》中基于社会价值判断的美学原则及其方法论原则。

《乐记》是对孔子以来儒家音乐美学思想的总结。要而言之,该书基于儒家追求"中和"境界、重视礼乐教育的美学思想,围绕着"乐合同,礼别异"的命题,在分析了声、音、乐三者的区别与联系之后,反复论述音乐的社会功能。认为"乐者为同,礼者为异。同则相亲,异则相敬……礼义立,则贵贱等矣;乐文同,则上下和矣……仁近于乐,义近于礼。致乐以治心……可以善民心",故"乐由中出,礼自外作。乐由中出故静,礼自外作故文。大乐必易,大礼必简。乐至则无怨,礼至则不争……"总之,《乐记》强调音乐作为艺术的社会功能不在于传授知识,也不在于道德教训,而是依照贵和贵仁的社会要求去陶冶、调谐与培养人的健康的情感和精神世界,使人达到一种"反情和志"、"百物皆化"的"极和"境界,也就是使个体的官能欲望同社会的道德要求、使人的自然性同社会性达到统一的境界。另外,《乐记》还深刻地揭示了音乐艺术欣赏与创造中对象同主体的相互关系。不仅发现两者之间存在一种内外相应、同类互动的关系,而且看到艺术作品的形式媒介同主体的情感之间也存在一种"以类相动"的情况,同时还看到了主体在艺术创造过程中的作用以及艺术创造与艺术家个性的联系,等等。② 中国的《乐记》上承先秦,下启后世,犹如亚里士多德的《诗学》,在中西美学史和世界美学史上具有同等重要的地位。

儒家经典《礼记·中庸》十分明确地提出了"致中和"的情感表现原则,认为

---

① 李泽厚,刘纲纪. 中国美学史(第一卷). 北京:中国社会科学出版社,1984:329.
② 同上书,页357－361.

"喜怒哀乐之未发谓之中,发而皆中节谓之和。中也者,天下之大本也;和也者,天下之达道也。致中和,天地位焉,万物育焉"。所谓"中节"或"中和",意指"喜怒不过节"(孔颖达),情感表现要讲适度。另外,还从人世万物的总体角度把"极高明而道中庸"奉为最高的理想。实际上,《礼记》在论述礼乐相成中的"理"与"节"、文质相辅中的"文饰"与"德行"、诗教中的"温柔敦厚"、乐教中的"广博易良"以及礼教中的"恭俭庄敬"等原则时,也都不同程度地隐含着"中和为美"的理想追求。

在《吕氏春秋》中,我们看到儒家贵和的美学思想得到了进一步的阐述和发挥。但由于它吸收了道家的某些思想,在论证"声出于和"的同时,还提出了"和出于适"的原则;在从伦理道德的角度考察音乐的社会功能的同时,也从重生养生的需要考察音乐的审美与心理功能。可以说,是《吕氏春秋》开启了儒道互补的先河。

宋明理学历经"濂、洛、关、闽"学派和"陆王心学"的阶梯式推动,虽在方法论上走的是一条"儒道释"互补的道路,但主要还是以后两者来补充前者,从而把儒家的"中和"或"中道"与"天人合一"等思想发展到极致。譬如,邵雍(1011—1077)在《伊川击壤集序》里依据儒家传统的"中和"原则,重复孔子之说,认为诗人做诗是"经道之余,因闲观时,因静照物,因时起志,因物寓言,因志发咏,因言成诗,因咏成声,因诗成音。是故哀而未尝伤,乐而未尝淫,虽日吟咏情性,曾何累手性情哉!"尔后,"二程"在《遗书》中继而把"和顺积于中,英华发于外"奉为文章创作的法则。关学代表人物张载(1020—1078)则上承孔孟,述而有作(见《正蒙》,下面引文只注篇名),一方面宣扬"中和"仁德之道,认为"中正然后贯天下之道,此君子之所以大居正也……学者中道而立,则有仁以弘之"(《中正》),并且认为孔子"七十与天同德,不思不勉,从容中道"(《三十》);另一方面阐释"信、美、大、圣、神"之说,认为"诚善于心之谓信,充实形外之谓美,塞乎天地之谓大,大能成性谓之圣,天地同流,阴阳不测之谓神。"(《中正》)继而在《西铭》篇中,张子完善了儒家关于天人合一和仁民爱物的学说。如他所言:"民,吾同胞;物,吾与也……存,吾顺事;没,吾宁也。"君子当"为天地立心,为生民立命,为往圣继绝学,为万世开太平"。张载主要是从人生哲学的角度来谈"中道"与"天人"的关系,这必然影响到抒写反映人生的艺术。到了朱熹(1130—1200)那里,"中和"美学原则被直接用来诠释孔子的诗论,结果把"诗可以怨"注解为"怨而不怒"。

清朝美学的代表人物当推著有《姜斋诗话》的王夫之(1619—1692)、著有《原诗》的叶燮(1627—1703)、著有《画语录》的石涛(约1642—1718)和著有《艺概》的刘熙载(1813—1881)。除石涛外,王、叶、刘三人上接先贤,直追诸子,融会百家。他们虽然提出了丰富的艺术思想与学说,如王夫子的"情景说"和"现量说",叶燮的"理、事、情"说和"才、胆、识、力"说以及刘熙载的"按实肖像"说和"凭虚构象"说,但对文与质、真与假、诚与幻、空灵与实际、诗品与人品、阳刚与阴柔等范畴的相互关系的论述,始终遵循着儒家"中和"为美的美学准则。

综上所述,在儒家美学思想中,以"中庸"之道为哲学基础的"中和为美"原则是最为基本的。据于此,对艺术实践,讲求"乐而不淫,哀而不伤","怨而不怒",刚柔互补;对人格发展,讲求"文质彬彬"、外饰内修、美善统一乃至"仁民爱物"式的天人合一。当然,"中和"为美的准则是以社会伦理意义上的"仁"为旨归的,这就必然使儒家美学思想注重艺术的社会功能、人格的社会意义和自然的象征价值。因此,在艺术领域,儒家充分肯定审美和艺术在陶冶人的性情或协调人际关系等方面的价值,十分强调艺术教育的重要性,认为诗歌音乐具有"移风易俗"和"治国安邦"的社会效用,积极提倡美与善、情与理的统一。在人格美领域,儒家一方面肯定个体人格的独立性,另一方面强调人全面发展的社会意义,认为"人的发展和人格的独立只有最终导致个体与社会的和谐一体时,才真正具有审美价值。"①故此推行"游于艺"和"兴于诗,立于礼,成于乐"的立体型艺术教育模式,以期培养"文质彬彬"的君子、"善养浩然之气"的大丈夫和"舍生取义"的志士仁人,等等。在自然美领域,儒家主张"比德"说,倾向于从伦理道德和人格心理结构的角度去观照自然景物,惯于将其比拟为某种人格品性的象征或隐喻性表现。若从美学角度考察,儒家在审美观念上注重美善统一,约以"中和";在美感经验上,注重道德修养、理性判断;在审美趣味上,注重功用、理知、人工与现实。②

第三节 自然为美的道家美学思想

从文化心理结构的深层意义上看,对后来各种中国审美学说和艺术理论产生深远影响的是以老子和庄子为代表的道家美学思想。这主要是因为道家强调精神自由,倡导返璞归真,反对"为物所役"或人的异化,并在追求自然无为、与道同体或"游心太玄"的理想境界中,首次把审美同超功利的人生态度密切地联系在一起,从而把握住了审美活动乃至艺术实践的根本特质。不消说,道家美学是围绕着"道"这一中心概念展开的,论"道"即是论美。从"道法自然"等命题中,不难推导出"自然为美"这一道家美学思想的基本尺度。

"道法自然"的命题见于《道德经》二十五章,即:"人法地,地法天,天法道,道法自然。"这里所谓的"自然",一方面表示一种本原或始然的创设规律,也就是作为天地之根的"周行而不殆"的"道"本身;另一方面意指自自然然、自然而然或听其自然的状态,即不强行、不妄为、更不胡作非为的"无为而无不为",所追求的是顺应客观事物发展规律的生存状态。这一状态是与道同体的、遗世独立的、逍遥自由的,因此也是审美的。与老子并称("老庄")的庄子堪称一位诗哲。与先秦其他哲学家

---

① 韩林德.境生象外.北京:三联书店,1995:254.
② 张文勋.儒道佛美学思想探索.北京:中国社会科学出版社,1988:1-22.

相比,他的性格与思想最富有诗意或美学意味。闻一多称其为"最真实的诗人",认为"他的思想本身就是一首绝妙的诗"。庄子尽管很少专门谈美学论艺术,但他的哲学可以当作美学来读,他的哲学命题可以视为美学命题,两者是浑然一体、难以分离的,因此对中国的审美意识和艺术哲学影响极大。可以毫不夸张地说,不研究庄子,就不能真正懂得中国的艺术。

《庄子》一书在传承老子以"道"为本的思想的同时,着意发挥了有关"气"、"大"、"真"、"技"、"言"、"意"、"形"、"神"、"无为"和"游心"等观念,标举了追求绝对精神自由的理想,强调了保持人格独立的意义,批判了"人为物役"等社会异化现象,指出了"乘物以游心"等审美活动的超功利性,倡导了"以天为徒"、"与物为春"和"身与物化"的人生艺术化或审美化境界,等等。的确,庄子处处都力求从宇宙的本体("道")高度来论证人生的哲理,把人类的生活放到整个无限的宇宙中去加以观察,以此来探求人类精神达到无限和自由的道路……并且把人类的生活同宇宙的无限联系起来,把人类提到了"'与天地并生,与万物为一'的地位,认为人类应效法那支配着宇宙万物的无所不在的'道',使自己成为永恒的无限自由的存在"。① 总之,理论上,庄子把老子的相对主义思想发展到了极致,不仅要"齐万物"(如生死、荣辱、贵贱、祸福、苦乐等),而且要"超然物外",完全摆出一副不食人间烟火的架势。其实,他本人充满了悲天悯人的情怀,十分重视人类的生存状态,用现在时髦的话说,庄子思想中隐含着人本主义的终极关怀情结。他的哲学或美学的根本目的在于使人"明哲保身",使人看破虚幻浮华或过眼烟云似的功名利禄,使人的生活和精神达到一种不为外物所束缚、所统治的绝对自由的独立境界,而这种境界往往是通过与道同一的审美体悟来实现的。

值得强调的是,庄子言美论真("故圣人法天贵真。"见《渔父》),常与天地万物并举,并且隐含"道"的自然无为或本原本真特性。如他所言:"天地有大美而不言,四时有明法而不议,万物有成理而不说。圣人者,原天地之美而达万物之理。是故至人无为,大圣不作,观于天地之谓也。"(《知北游》)相反地,"判天地之美,析万物之理,察古人之全,寡能备于天地之美,称神明之容"(《天下》)。庄子所言的"大美",作为"道隐无名"故"不言"的"大道"之显现,存在于天地万物之中,人需要静心凝神地仰观俯察方能感知和了解它。真若达到这一境界,便成为"至人"、"大圣"或"真人"、"神人"。庄子笔下的理想人格虽名目繁多,而实为一种,那就是"堕肢体,黜聪明,离形去知,同于大通"(《大宗师》)的得"道"之人或与"道"同体之人。这种理想人格是"道"的化身,这种人格美的本质在于"乘东维,骑箕尾,而比于列星"(《大宗师》)般的绝对自由性和不为外物所奴役束缚的独立性。

根据老庄的思想,要达到理想人格的精神境界,就有赖于自然无为、逍遥自在

---

① 李泽厚,刘纲纪.中国美学史(第一卷).北京:中国社会科学院出版社,1984:237.

的"游心"之道,即"游心于物之初",探求"至美至乐"(《田子方》)的"游心"之道。庄子在《逍遥游》、《大宗师》、《知北游》和《田子方》等篇中,对这种"游心"之道均以谈玄论道的象征笔法做了说明。所谓"外天下"、"外物"、"外生"、"朝彻"、"见独"、"无古今"、"心斋"和"坐忘"等连接起来,便组成了一套"采真之游"的系统方法。那位神气拂拂,"乘云气,骑日月,而游乎四海之外"的"真人"或"至人",不也正是依靠这种与道同体、合于天德、虚无恬淡、充满自由想象的"游心"吗？在中国人的审美意识中,隐于山林或浪迹山水之中的心理趋向极为强烈,与庄子所倡导的"逍遥游"思想有着直接的关系。不消说,"游心"之道为方法途径,"游心"于道才是最终目的,后者就是庄子所说的以便"得至美而游乎至乐"(《田子方》)的境界。在这里,人从有限进入到无限,从瞬间进入到永恒,一方面是"天与人不相胜",一方面是人与道二合一,虚静澄明、无忧无虑、悠然自在、流连忘返……这一切只能出于自然,不能假借人为。否则,"游心"失散,美乐不存。

比较而言,"道法自然"是老子哲学与美学思想的基石。在他看来,自然界和人类社会只有遵循"自然"这一普遍的法则,万物才能够和谐共存,社会才会有正常秩序,人类才可能健康生活。庄子继承和发展了这一思想,从中引申出一种"自然"之道。据此,庄子论道,讲"自然"(普遍规律);论美,讲"自然"(审美对象);论人生,讲"自然"(与天为徒,因任自然);论情性,也讲"自然"(精诚品性)。他认为人的情性表现要"真",因为"真"或"精诚",才会动人感人;而"真"是"受于天"的,是"自然不可易"的,这就是说它必须遵循"自然"或"自然而然"这条基本法则。如他所言:"真者,精诚之至也。不精不诚,不能动人。故强哭者虽悲不哀,强怒者虽严不威,强亲者虽笑不和。真悲无声而哀,真怒未发而威,真亲未笑而和。真在内者,神动于外,是所以贵真也……真者,所以受于天也,自然不可易也。故圣人法天贵真。"(《渔夫》)显然,人在情性表现上是不能弄虚作假的,否则就成了一种讨嫌的"矫情"或"虚情假意"。相反,应当讲求真诚,遵从"自然"之道。因为"诚于中而形于外"的真情才具有动人感人的力量,以此表现在艺术中才具有审美的价值。这便是自然为美的原因所在。从中国艺术的发展来看,"自然"之道与"自然为美"的思想具有深远的影响和丰富的美学内涵。

汉末魏晋南北朝时期是人与艺术自觉的时代,是"中国政治上最混乱、社会上最苦痛的时代,然而却是精神史上极自由、极解放,最富于智慧、最浓于热情的一个时代。因此也就是最富有艺术精神的一个时代。"[1]就审美理想而言,魏晋人所倾慕或追求的那种"简约玄澹、超然绝俗的哲学的美"[2],是对"自然为美"这一道家美学标准的充实与发展。这里所谓的"自然"不仅指自由旷达的审美风格与态度,而且

---

[1] 宗白华.美学与意境.北京:人民出版社,1987:183.
[2] 同上书,页184.

指玄妙广阔的审美对象与范围。嵇康所言的"目送归鸿,手挥五弦;俯仰自得,游心太玄"就是对潇洒不群、超然自得、论道谈玄、浪迹山水的魏晋风度的具体写照。这种"游心太玄"作为最高的精神或审美境界,和庄子所论的"游心"于道是同一的。

唐朝以后的文艺思想随着禅宗的兴起,道禅相混、参融交浸、与儒互补、"三教"趋同。这种现象一直波及后世,到宋明理学达到高潮。但就道家"自然为美"的基本准则而论,比较明显地反映在唐末司空图(837—908),宋代苏轼(1037—1101)、方回(1227—约1306),明代李贽(1527—1602)与"公安派三袁",清代石涛(约1642—1718)等人的诗论、文论与画论之中。司空图崇尚老庄哲学,自称"取训于老氏",所著《二十四诗品》中贯穿着"游心于道"的形上追求,突出了"道法自然"的美学理想。其中第十则专论《自然》:"俯拾即是,不取诸邻。俱道适往,着手成春。如逢花开,如瞻岁新。真予不夺,强得易贫。幽人空山,过水采萍。薄言情悟,悠悠天钧。"这里,所谓"自然"是指天趣,是一种不用雕饰的诗风或美学风格,与矫揉造作相对。从描述看,这是一种随意、从容、神闲、气静、悠然、自得的氛围,是一种"佳句本天成,妙手偶得之"或"清水出芙蓉,天然去雕饰"的诗境。要想达到自然之境,就得"素处以默,妙机其微",就得讲冲淡、沉着、高古、典雅、疏野、清奇、飘逸、旷达,等等。通篇看来,司空图对各种诗境诗风的描写到处弥漫着一种宁静、清幽、淡远的和谐气氛,流溢着一种怡然、飘逸、潇洒的审美情调,这与他崇尚道家自然为美的思想是有直接联系的。

宋代苏轼工诗善词,富有艺术实践经验,熟练掌握创作规律,讲求文章要"行云流水",诗画要"天工与清新","莫之求而自然",使作品浑然天成而又变态横生。他的"清丽"说和"平淡"说显然是以追求自然天趣、平和淡远的境界为最终目的的。[①] 南宋方万里在论及诗艺时,一再标举自然为美的说法,认为诗的"意味之自然为清新",要求诗应出于"天真之自然",而非学问言语或道德说教,并且一反儒家的"中和"原则,明确指出"人不能无情……夫哀以思、哀而伤,非诗人之罪也,可以哀而哀,可以伤而伤也。"[②]

从反对礼教、追求自由与个性解放的思想出发,明代李贽在其乐论中明确地提出了"自然为美"的命题及其相关的美学特征。他说:"自然发于情性,则自然止乎礼义,非情性之外复有礼义可止也。惟矫强乃失之,故以自然之为美耳,又非于情性之外复有所谓自然而然也。故性格清澈者音调自然宣畅,性格舒徐者音调自然舒缓,旷达者自然浩荡,雄迈者自然壮烈,沉郁者自然悲酸,古怪者自然奇绝。有是格,便有是调,皆情性自然之谓也。莫不有情,莫不有性,而可以一律求之哉!然则所谓自然者,非有意为自然而遂以为自然也。若有意为自然,则与矫强何异?故自

---

① 北京大学哲学系美学教研室.中国美学史资料选编(下册).北京:中华书局,1981:32-41.
② 同上书,页91-96.

然之道,未易言也。"① 这与庄子对自然和人为的论述几乎同出一辙,不仅道出了自然为美的主要原因,而且表明了不同自然形态的心理基础。李贽的这些思想直接影响到"公安派"的审美观念。如袁中道就极力推崇自然为美的范式,认为"大都自然胜者,穷于点缀,人工极者,损其天趣。故野逸之与秾丽,往往不能相兼。"②

清代石涛在《画语录》中把自然观推向极致,要求绘画创作"自然而不容毫发强也",并且为此特意创立"一画"法。中国书法艺术同绘画一样,也讲究自然天成,忌讳媚俗矫饰或烟火气。中国园林艺术的最高境界则是"虽由人作,宛自天开",这实际上是"自然为美"法则的典型体现。为此目的,就得"巧于因借,精于体宜",充分利用布景、借景、引景、分景和隔景等造园手法。

要而言之,道家美学思想是以"道"为中心命题而展开的。其论"道",也就是论"美";论对"道"的认识和体验,也就是论对"美"的认识和体验。在此意义上,以老庄著作为代表的道家经典也就可以当作道家的美学来读。总体而论,道家美学旨在追求绝对的精神自由和超然的独立人格,崇尚"天人合一"的境界,标举"自然为美"的理想,倡导艺术化的人生。就"自然为美"这一道家美学的基本准则来讲,它贯通古今、延展流变、内涵丰富。最初,在老子那里,"自然"首先是就"道"这一无所不包的普遍规律而言,其次是就一种体"道"养"德"的方法而言。后来,到庄子那里,除了上述含义之外,它不仅被当作"游心"于道的态度与情性表现的法则,而且被扩充为"游心"的领域或审美的对象。再后,"自然"演变为一种艺术风格与创作法则,相应地,"自然为美"也深深地积淀在中国人的审美意识之中,从而形成一种普遍的审美品趣与审美标准。于是,在审美观念上,道家以"道"为"大美"或最高的美,认为世间的美善是相对的,因此(特别在艺术美和人格美方面)重真诚自然(天成),轻人为矫饰(做作)。在审美经验上,重"涤除玄鉴"、"静观默察"和"心融神会"的直觉体验,追求超然物表、"游心"于道和"得至美而游乎至乐"的审美境界,因而"得意忘言"或"得意忘象",轻视艺术的社会功能和审美过程中的语言逻辑与理性思考,等等。相应地,在审美趣味上,正如上所述,道家崇尚自然淡远、飘逸古雅、平和清新的艺术美,注重本性天真、遗世独立和悠然自在的人格美。所有这些特征与儒家倡导"中和"为美的理想准则形成鲜明的对照。最后,在艺术精神上,"庄子所追求的道,与一个艺术家所呈现出的最高艺术精神,在本质上是完全相同的。所不同的是:艺术家由此而成就艺术的作品,而庄子则由此成就艺术的人生。庄子所要求、所期望的圣人、至人、神人、真人,如实地说,只是人生自身的艺术化罢了"。③ 这种人生之美和与其相应的人格之美在修养方式上以天道自然为模式,少

---

① 北京大学哲学系美学教研室.中国美学史资料选编(下册).北京:中华书局,1981:131.
② 同上书,页170。
③ 徐复观.中国艺术精神.沈阳:春风文艺出版社,1987:49.

私寡欲,"为而不争",虽"有大美而不言";在心理特征上显得自由自在、放达任性、虚怀若谷,甚至忘却形骸;在精神境界方面追求"小我"进入"大我",超功利以养"天德",力图以"事天"为最高理想而达到"天地境界"。

第四节 空灵为美的禅宗美学思想

佛入华土一般认为是在两汉之间。这种源自古代印度的宗教与哲学,对中国传统的本土文化发展产生了极为深远的影响。魏晋南北朝时,佛教(Buddhism)依托玄学之风,适应当时人们祈求来世天国幻想的社会文化心理需要,得到迅速的发展和普及。"南朝四百八十寺,多少楼台烟雨中"(杜牧)这类唐代诗人的喟叹,便是对当时寺庙林立、法雨佛风盛行弥漫的具体写照。

佛教经六朝隋唐,嬗变为天台宗、三论宗、唯识宗、华严宗、净土宗、律宗、密宗和禅宗等具有中国特色的诸多教派。唐时禅宗(南顿宗)自六祖慧能之后,演化为中国式的佛教,最为普及流行,因此不少人把佛教等同于禅宗,把其他佛教宗派的概念与义理都纳入禅宗门下。

禅宗(Chanism 或 Buddhist Zen)的缘起见于其典籍《传灯录》、《指目录》、《传法正宗记》和宋代普济编定的《五灯会元》等。据载:"世尊在灵山会上拈花示众。是时众皆默然,惟迦叶尊者破颜微笑。世尊曰:'吾有正法眼藏,涅槃妙心,实相无相,微妙法门,不立文字,教外别传,付嘱摩诃迦叶。'"这固然是虚构的故事,但却道出了禅宗从一开始就极富审美情趣的基本特征。拈花微笑喻"顿悟",涅槃法门言"微妙",实相无相意"空幻",不立文字为"方法"。中国禅宗自其初祖印度僧人菩提达摩(Bodhidharma,?—528 或 536)以来,传承的法信通常以偈为证,诚如李白所说的"谈经演金偈"传统。这种以唱词说诗来"内传法印,以契证心,对付袈裟,以定宗旨"的方式十分独特,本身就具有深厚的审美意味。更为有趣的是,上述那种拈花微笑、心传宗旨的说法往往以"花"(华)的隐喻表现在几乎所有的传法偈语中。始祖达摩对二祖慧可(487—593)说的偈语中有"一花开五叶,结果自然成"句,二祖慧可对三祖僧璨(?—606)说的偈语中有"因地种华生"和"华亦不曾生"句,三祖僧璨对四祖道信(580—651)说的偈语中有"从地种华生"和"华地尽无生"句,四祖道信对五祖弘忍(602—675)说的偈语中有"花种有生性,因地花生生"句,五祖弘忍对六祖慧能(通惠能,638—713)说的偈语中有"有情来下种,因地果还生"句,而六祖慧能留给门徒的偈语中有"顿悟花情已,菩提果自成"句。总之,体味这些偈语,哪怕是禅外人,也会觉得其中以"花"喻悟禅、以"果"喻成佛的"花果"意象,既有禅意,又含诗情,容易给人一种空灵玄妙的审美感受。其实,仔细揣摩体味慧能那首深得五祖弘忍赏识并因此赢得袈裟的偈语("菩提本无树,明镜亦非台。本来无一物,何处惹尘埃。"①),也同样能够体悟到这种空灵玄妙的美感。

从禅宗的思想基础来看,有的学者认为是"大乘空宗"。"'空',梵文原文是Sūnya,意思是'空虚'。许多大乘的重要经典如《法华》、《华严》等,其主要思想都是建立在般若基础上的。所谓'般若性空'者即是。"②而所谓"般若",梵文为Prājna,意译"智慧",佛教用来指如实了解和透彻参悟万事万物之实质、本性或真谛的智慧。所谓"空",是指"法"空,意思是说一切事物(即"法")都因缘而生,徒有幻相,本身并不存在,引申的说法就是"色空"或"四大皆空"。自佛祖释迦牟尼以来,"悟"是识得佛性、真知或禅理的最基本、最传统的方法。悟得"无我"是低层次,悟得"空"才是高层次。"因此悟空对中国禅僧和禅学诗人是至关重要的。中国禅宗的几个祖师所悟得的也就是这个空……'无我'的思想、'空'的思想一旦渗入中国的诗歌创作,便产生了禅与诗密不可分的关系。"③也有的学者认为,禅宗的思想基础多来自老庄,断言"禅宗是披着天竺式袈裟的魏晋玄学,释迦其表,老庄(主要是庄周思想)其实,禅宗思想是魏晋玄学的再现,至少是受玄学的甚深影响……禅宗顿教,慧能是创始人,他的始祖实际是庄周。禅宗南宗的本质是庄周思想"。④ 其实,这并不难理解。最早佛教传入华夏之时,佛经作为一种异质文化,在语言翻译上遇到了难题,故有"格义"、"诠译"和"直译"的方法论之争。在梵汉概念的转换上,免不了要借用许多道家(尤其是庄子)的术语。被鸠摩罗什(Kumarajiva,344—413)誉为"秦人解空第一人"的东晋佛教学者僧肇(384—414)与同时代的高僧慧远(334—416)等人,最初都醉心玄学,博通六经,尤善老庄。他们在协助或自己翻译讲解佛经时,必然把老庄的术语连同其内涵融入佛典。后世禅僧在释读典籍时,也必然沿着这一思路,或照本讲章,或再行发挥。如此一来,原本依托玄学而兴的禅宗思想,便与道家思想结成一种融合互补的关系。另外,老庄倡导"观"(道)或"味"(象),这"观"与"味"作为识道体道的方法,实与禅宗体认佛性的"悟"相若。同时,道家尚虚贵无,这"虚"与"无"作为精神境界,实与禅宗追求的"空"境相关。后来,禅宗也讲"悟道"、"平常心是道",并且在许多方面与道家(特别是庄周)有"相通、相似以至相同处,如破对待、空物我、泯主客、齐生死、反认知、重解悟、亲自然、寻超脱……",⑤所以人们常把禅宗与庄周联系起来,认为禅即庄,尤其是在艺术或审美领域二者经常浑然一体,几乎到了难以明确区分的程度。但在本质上或终极目的上,庄禅还是有差别的。前者重生,齐万物而不认为四大皆空,顺自然求超越而不弃世或出世;后者不重生也不轻生,而是一味尚空,视天下一切或为虚幻或

---

① 见《坛经》(宗宝本)。《坛经》(法海本)为"菩提本无树,明镜亦非台。佛性常清净,何处有尘埃"。
② 季羡林主编.中国禅学丛书代序.见:任晓红.禅与中国园林.北京:商务印书馆,1994:11.
③ 同上书,页 11-12。
④ 范文澜.中国通史(第四册).转引自张育英.禅与艺术.杭州:浙江人民出版社,1993:3.
⑤ 李泽厚.禅意盎然.见:走我自己的路.北京:三联书店,1986:396-394.

无意义,真实只在禅心之中,在神秘的心灵体验之中。

从"禅"的本义来看,它原是"禅那"(梵文 Dhyana)的略称。意译作"思维修"、"弃恶"等,通常译作"静虑",即由心灵的静观默照而获得智慧和超脱的意思,故此有人将其与"禅定"混称。禅定作为一种"安静而止息杂虑"的修行方法,一般有所谓"四禅定",即坐禅修行的四个阶段。据说,在"初禅"阶段,人能排除欲念杂虑,获得一种因摆脱烦扰现实而生的喜悦之感;在"二禅"阶段,这种喜悦感进而逐渐得到净化,成为身心的一种自然而然的属性;在"三禅"阶段,这种着有外物色彩的喜悦感逐渐消失,心中只留下纯净、自然、平和、适意的精神乐趣;最后到了"四禅"阶段,这种乐趣也化为乌有,人达到一种超然遗世的境界,得到澄明透彻的智慧。而这一无上境界是只可意会、不可言传的。此时,亦如慧能在阐释《金刚经》的过程中所说:"万物色相,日月星宿,山河大地,泉源溪涧,草木丛林,恶人善人,恶法善法,天堂地狱,一切大海,须弥诸山,总在空中。"并且"心量广大,犹如虚空,无有边畔,亦无方圆大小,亦非青黄赤白,亦无上下长短,亦无嗔无喜、无是无非、无善无恶、无头无尾。"①这里展现的是"物空"和"心空"两幅图景。

从与"四禅定"相关的禅宗"三境界"来看,也能体味到对空灵之美的诗化描写。第一境是"落叶满空山,何处寻行迹"。这里似乎描写的是一种渐入禅关而寻禅未得的情景。这一设问本身就表明禅心未定、着眼外求和忽视内省的初级状态。第二境为"空山无人,水流花开"。这里似乎描写的是一种"片石孤峰窥色相,清池皓月照禅心"的情景。就是说,寻禅者通过静观默照,基本进入到清静寂定的心境,达到似乎已经悟到禅理真谛而实际上还没有的境界,犹如"脱有形似,握手已违"的状况。第三境是"万古长空,一朝风月"。"这就是描写在瞬刻中得到了永恒,刹那间已成终古。在时间是瞬刻永恒,在空间是万物一体,这也就是禅的最高境界了。这里,要注意的是,瞬刻即永恒,却又必须有此'瞬刻'(时间),否则也就无永恒……一切皆空,又无所谓空;自自然然地仍然过着原来过的生活,实际上却已'入圣超凡'。因为你已经参透禅关——通过自己的独特途径,亲身获得了'瞬刻即可永恒'='我即佛'的这种神秘感受了。"②

禅宗的缘起与思想基础、禅意与禅境的最高层次等四个方面均向我们表明了"空"的突出特征及其审美意味。禅宗这种"空"的理想境界被引入到诗歌、绘画与书法中后,对中国艺术创作和美学思想的发展产生了深远的影响,从而形成了以空灵的意境为美的禅宗美学思想准则。这空灵的意境一方面是指艺术风格和形象的空幻、玄远与飘逸品性,另一方面是指其富有灵气、灵性并且表现灵巧和精妙的旨趣、情思与意向。唐代诗人王维(701?—761)的不少诗作便是比较典型的例证,如

---

① 王海林. 佛教美学. 合肥:安徽文艺出版社,1992:215.
② 李泽厚. 庄禅漫述. 见:中国古代思想史论. 北京:人民出版社,1986:208-209.

"空山新雨后,天气晚来秋。明月松间照,清泉石上流";"江流天地外,山色有无中";"山路原无雨,空翠湿人衣";"空山不见人,但闻人语响。返景入深林,复照青苔上"等,往往给人一种空灵、玄远、寂静、闲适和清丽的审美体验。尔后唐朝诗僧皎然(生卒年不详)以诗谈禅理——"至道无机但杳冥,孤灯寒竹自青荧。不知何处小乘客,一夜风来闻诵经";抒禅趣——"秋天月色正,清夜道心真","闲行数乱竹,静坐照清源";写禅境——"古寺寒山上,远钟扬好风。声余月树动,响尽霜天空。永夜一禅子,冷然心境中"。另外,在他所著的《诗式》一书中,从不同的角度对空灵的意境与诗风做了理论上的阐述,例如,"虽尚高逸而离迂远,虽欲飞动而离轻浮";"至远而无迹,至近而意远";等等。禅宗美学所追求的空灵意境也影响到司空图,他所说的"不著一字,尽得风流"以及"象外之象,景外之景",就能说明这一点。不难看出,"不著一字"说一方面受到了禅宗"不立文字"传统的影响,另一方面继承了道家"得意忘言"的思想,可谓道禅会通互补的一个范例。当然,悟禅与作诗终究不同,正如钱钟书所言:"了悟以后,禅可不著言说,诗必托诸文字。"①另外,兴于唐代的草书,在风格上讲求龙飞凤舞、飘逸玄远与自然天成,在很大程度上是受禅宗空灵为美与道家自然为美等思想的熏陶与催化。

宋明理学时期,儒道释合流。禅宗空灵为美的思想在文学艺术方面的反映,见诸苏轼、严羽和张岱等人的文论诗说之中。譬如,苏轼认为"欲令诗语妙,无厌空且静;静故了群动,空故纳万境"。这里所说的"空静"与禅宗标举的"空灵",二者作为理想的艺术境界,有着异曲同工之妙。著有《沧浪诗话》、倡导"妙悟"说,对明清两代美学思想影响极大的严羽(生卒年不详)曾说过一段绝妙的话,可以视为"空灵"说的最佳注解。他说:"所谓不涉理路、不落言筌者,上也。诗者,吟咏情性也……羚羊挂角,无迹可求。故其妙处透彻玲珑,不可凑泊,如空中之音、相中之色、水中之月、镜中之像,言有尽而意无穷。"②明末张岱则明确提出"诗以空灵才为妙诗"的论点,并且推崇绘画善"以坚实为空灵"的观点。谈及音乐(弹琴),张岱认为只有"十分纯熟,十分陶洗,十分脱化"的技艺和修养,才能奏出一种"非指非弦,非勾非剔"的"生鲜之气",因此才能达到"自致清虚"的艺术境界。这分明也是在推崇"空灵为美"的艺术境界。禅宗崇尚空灵之美的思想也影响和促进了唐宋以来的文人画和文人园林。比如营造山水园,因禅理与自然,禅境与园境,禅趣与文人士大夫的立足心性解脱、追求旷达适意的生活态度及其自然平和、清静淡远的审美趣味之间灵犀相通,故讲究用缀石叠山、借景引景等方法,着意创造一种曲径通幽或小中见大的空灵玄远的精神空间。从计成对借景的阐述中,我们不难看出这种审美追求,如:"高原极望,远岫环屏。堂开淑气侵人,门引春流到泽……兴适清偏,

---

① 钱钟书.谈艺录(28).北京:中华书局,1993:101.
② 胡经之.中国古典美学丛编(上).北京:中华书局,1988:159.

贻情丘壑。顿开尘外想,拟人画中行……眺远高台,搔首青天那可问;凭虚敞阁,举杯明月自相邀",等等。① 另外,禅宗空灵为美的思想还反映在园林景点的命名之上,如"空心潭"、"筛月亭"和"静心斋"等。这里,禅心、诗情与画意融为一体,结果从实景中生禅境,从有限中生无限,于缥缈中见韵致,于空灵处见精神……最终形成了中国园林"特有的写意化的自然美和诗画一般的空灵之美。在世界造园系统中,这种写意的、空灵的境界独树一帜。"②

清代画僧道济(即石涛,又号苦瓜和尚)在《画语录》中,融儒道禅美学思想为一体,总结了唐宋以来文人画的特色,自成体系,提出"一画之法",认为"人能以一画具体而微,意明笔透……用无不神而法无不贯也,理无不入而态无不尽也。信手一挥,山川、人物、鸟兽、草木、池榭、楼台,取形用势,写生揣意,运情摹景,显露隐含,人不见其画之成,画不违其心之用……一画之法立而万物著矣。"据此,论笔墨,要求"灵"、"神"、"缥缈";论皴法,要求"虚实中度,内外合操";论山川,要求"神遇而迹化";论氤氲,要求"画于山则灵之,画于水则动之,画于林则生之,画于人则逸之"。③ 所有这些显然都有助于创造出空灵的画境来。画家笪重光(1623—1692)也深受道禅审美意识浸染,从艺术创作的规律角度论"虚实相生"和"实景"、"真境",断言其终极目的在于求"空景"和"神境",即"空灵"的意境。因为,"空本难图,实景清而空景现;神无可绘,真境逼而神境生。虚实相生,无画处皆成妙境"。前面说过,刘熙载的《艺概》(引文只注篇名)是中国古典艺术理论与美学思想的集大成者。关于"空灵",他有专门论述,并以苏轼的词和李白的诗为例进行说明,认为"'我欲乘风归去,又恐琼楼玉宇,高处不胜寒',尤觉空灵蕴藉"(《词曲概》),而"李白诗凿空而道,归趣难穷,由风多于雅,兴多于赋也"(《诗概》)。这里所论的也是空灵。但刘熙载同明张岱一样,强调"结实"与"空灵"的辩证统一关系,认为,"文或结实,或空灵,虽各有所长,皆不免著于一偏。试观韩文,结实处何尝不空灵,空灵处何尝不结实?"(《文概》)在这里,融会贯通结实与空灵的文风堪称理想的范式。

综上所述,禅宗崇尚空灵的思想,一方面源自佛教"大乘空宗"关于"般若性空"的智慧论,另一方面来自老庄(特别是庄周)尚虚贵无、"得意忘言"的体道说。对于讲究"轻暖轻寒二月天,夭桃红绽柳凝烟。莺啼蝶舞皆禅悦,般若分明在眼前"的中国禅宗美学来讲,追求空灵意境和亲近自然之美是其基本特征。这空灵作为一种特殊的美学形态或范畴,被引入艺术之中,自然形成一种创作的理想或准则,在艺术形象或表现中转化为空灵的意境。按照我们初步的理解,这空灵之境一方面是指艺术风格和形象的空幻、玄远与飘逸品性,另一方面是指其富有灵气、灵性并且

---

① 北京大学哲学系美学教研室.中国美学史资料选编(下册).北京:中华书局,1981:328-332.
② 胡经之.中国古典美学丛编.(上).北京:中华书局,1988:250.
③ 叶朗.中国美学史大纲.上海:上海人民出版社,1985:556;另参阅敏泽.中国美学思想史(第三卷).济南:齐鲁书社,1987:374-376.

表现灵巧和精妙的旨趣、情思与意向。一般来说,禅宗这种尚空灵、羡玄远、倡顿悟的美学思想,与道家贵自然、慕淡泊、重虚无的美学思想交融互补,遥相呼应,首先激发了中国诗歌、书法、绘画、园林以及音乐等艺术的无限包容性,具体表现为"空纳万境"、"小中见大"、"天人合一"与"宇宙大化"等特征。这不仅丰富了艺术意味,而且拓宽了艺术空间。其次,进而虚化了"得意忘言"的审美思想,极大地促进了"虚实相生"这一艺术创造规律的发展,从而在艺术作品的审美价值取向上比较推崇"言外之意"、"韵外之致"、"不着一字,尽得风流"和"镜中花,水中月,羚羊挂角,无迹可求"等玄远淡雅的意境。另外,这种在空灵中见佛性、得般若,在顿悟中体禅悦、入涅槃的禅宗美学观照精神及其方法,极大地丰富了中国人的审美意识和审美心理活动。因此,人们既能从一朵花蕾里窥知宇宙万物的流变,也能从一片树叶中推测人生在世的沉浮。同时,表现在审美观念上,便以空为美,以万象寂灭的涅槃为最高境界,以超尘出世的净土或西方极乐世界为终极目标;表现在审美经验上,注重妙觉顿悟,强调万法皆空,推崇圆融感受;表现在审美趣味上,则贵清净幽寂的氛围,尚空灵玄远的意境,求"梵我合一"之境中的禅悦。

第五节 天人合一的美学精神与旅游

在中国思想发展史上,"天人合一"是"一以贯之"的传统主题。它不仅是中国哲学的基本精神,而且也是中国美学的基本精神。在哲学领域中,"天人合一"说侧重于人生境界的修炼、精神家园的探寻、"安身立命之处"的定位。在美学范围内,"天人合一"说侧重于人在自己的情感世界里或者在对外物的凝神观照中,使其有限的生命之流与无限的宇宙大化之流回环激荡,进而得以充盈和升华。另外,在社会、政治、环境与国际等层面上,这一学说也隐含着和谐、和睦、和平与保护等独特的现代意义。①

这里,我们若从"天人合一"、的观点来重新看待作为旅游审美对象的自然山水(天),就不难发现在自然界永恒的寂静中,人们不仅能够悟出自己的本来真知,享受到某种医疗的妙用,而且自然界用些许简单的风云变幻就会使人们产生超凡入圣之感。的确,人以超功利的审美态度观乎于天,天则以怡情悦性的妙用拂照于人;在这种天人的审美互动关系中,人从大自然那随意的风云变幻或构图绘影中见出造化的神秀,天则使人在静观寂照的过程中返璞归真,免于迷失本性。这在一定程度上反映出人类学本体论意义上的"人自然化"(李泽厚语)。

在中国,自然作为审美的对象有着悠久的历史。如果说孔子以"比德"的方式来观照山水仍处于伦理范畴的话,那么庄子所提出的"与物为春"和"乘物以游心"

---

① 王柯平.社会发展问题与"天人合一"说重估.见:北京第二外国语学院学报,1995(2):45-51.

等命题可以说是一种近乎自觉的审美意识了,尽管那里面潜藏着"道"的阴影。庄子极力推崇自然本真之美,认为"天地有大美而不言",故需要人们在静观寂照中去体悟。他以诗化的语言对"天籁"的描写就是一例。在庄子看来,"游心于物之初"的人便可得到"至美至乐","得至美而游乎至乐"就成了"至人"或"天与人不相胜"的"真人",也就是得"道"的人。这种"至人"或"真人"达到了"逍遥游"或"神与物游"的自由境界,生时可"乘云气、骑日月,而游乎四海之外"(《齐物论》);死后可"乘东维、骑箕尾,而比于列星"(《大宗师》)。显然,庄子主要是从自然无为的"道"出发来审视天人关系或宣扬他的"游世"哲学的。他的奇思玄想在这里展示出一条从"有待"达于"无待"、从"有限"通于"无限"的心理途径。这种"无待"与"无限"的境界既是一种自由自在、天人合一的精神境界,同时也是一种轻松放浪、身与物化的审美境界。若以"与物为春"的审美态度来观照自然,以"情与物迁"的心理结构来感应自然,凭借"精骛八极,心游万仞"的审美想象来探访自然,就有可能获得"登山则情满于山,观海则意溢于海"的审美愉悦,或者获得"天地与我并生,万物与我为一"式的"刹那间见千古,瞬刻中求永恒"的超绝体验。

  自上承先秦、下启魏晋的汉朝董仲舒以降,从情理感应的角度来阐释"天人合一"的思想蔚然成风,影响深远。或借喜怒哀乐之情以答四时之变,或用心摇神驰之感以应物色之动……最后则是"情景交融"美学命题的成熟与"天人合一"审美理想的确立。的确,中国的文人墨客对自然的那份情怀是十分独特的。面对宇宙万物,他们总是一往情深、感慨不已、思绪绵绵,处于天人感应或互动的密切关系之中。或则"仰观于天",或则"俯察于地",或则"遵四时以叹逝,瞻万物而思纷。悲落叶于劲秋,喜柔条于芳春。心懔懔以怀霜,志眇眇而临云",或则"望秋云,神飞扬;临春风,思浩荡。"……

  这委实是中国人的一种特有的文化心理结构,一种特有的天人感应意识。面对宇宙洪荒、自然万物,人们追求"天人合一"的境界,如果说是为了在精神上得到自由或无限,在情感上得到和谐或宣泄,在审美上得到愉悦或超越,那么这一切对于人的生命形态有何实存的意义呢?我们以为那是一种生气与灵气的灌注形式,是一种使本体生命得以充盈的过程。事实上,人们游于青山绿水之间,观于花草虫鱼之前,通常期望在静观寂照与物我交流的过程中、在个体生命与宇宙大化的回环激荡过程中,或以俯仰自得的精神来玩味自然万物的色相、形态、秩序、节奏与和谐,或以游心太玄的情致跃入大自然的生命律动之中,使自己的身心接受新的洗礼,使自己的神志经历新的炼铸,使自己的生命获得新的活力。这实际上是观物寄情、以心照物的传统方式。人们借此"求返于自己深心的心灵节奏,以体合宇宙内部的生命节奏"(宗白华语),借此使自己的心灵节奏得到强化,使自己的生命形式变得充盈。这可以说是一种"物我同一"的艺术化的人生境界,或者是一种"入乎其内,出乎其外"的人格发展过程。在此过程中,人们总是从自体的需要或意趣出发,以不同的方式和不同的程度达到自己的目的。他们或身与物化犹如庄周梦蝶,或"化景物为情思"借以表明心志,或以松柏喻精神,或以修竹喻气节,或以兰荷喻品格……最终则是在"悦志悦神"(李泽厚语)的高级审美体验的启动下,重新扬起生命的风帆,以渡人间沧海。

除了自然景观之外,人们也可以从古典园林、寺庙建筑、石雕和绘画等众多的人文景观中见出"天人合一"的美学精神。譬如游览闻名世界的天坛,你会发现按"天圆地方"而设的回音壁、祈年殿、皇穹宇与圜丘坛,用"天数"而建的各层栏板望柱与台阶,均以象征的手法和形式表现了"天人合一"的思想。遥想当年"天子"统率臣民一同祭天的庄严法度与肃穆仪式,那种带有浓厚宗教色彩的"天人合一"氛围与气势是何等的壮观!这些都有赖于导游翻译的生动解说与游客个人的自行体认了。

当然,"天人合一"的美学精神除了与旅游审美活动和审美体验相关外,还会直接或间接地影响到旅游景观的开发与旅游生态环境的保护等方面。就自然景区的旅游景观开发和建设而言,这种美学精神具体地落实在追求自然景观与人文景观和谐统一的审美理想与开发原则上。譬如,在贵州黄果树瀑布附近的天星景区,人造景点"数生步"的石阶原为方形水泥墩,与周围自然天成的风景很不协调,有碍观瞻。后来仿照自然的石头形态,重新加工,结果创造出"虽由人作,宛自天开"的和谐景致,从而大幅度地提高了景观自身的审美价值和来往游客的审美情趣或游兴。另就旅游生态环境而言,真正理解"天人合一"思想的旅游者和开发建设者都会拥有强烈的环保意识。因为,大自然是一个有机的整体(an organic whole),人是大自然的一部分,任何急功近利的滥用或人为的破坏将是灾难性的、不可恢复的,甚至是自杀性的。现如今挥之不去的雾霾,就是违背自然规律、野蛮发展的恶果。再则,对于自然界的动物种类以及江海湖泊来讲,人类不需要的垃圾,它们也不需要。因此,人类若想得到大自然各种形式的恩赐(如能源、场所、养生、审美等),若想维系可持续发展的条件,就必须不遗余力地保护好自然生态环境,解决好人与自然的和平共处关系,把"仁民而爱物"的思想原则落在实处。总之,在旅游成为一种社会时尚的今天,在旅游景观趋于深度开发的现阶段,重估"天人合一"的思想和解决好人文与自然的关系问题,的确具有重大的历史意义与现实意义。

思考与练习

1. "羊人为美"与"羊大为美"的基本内涵是什么?
2. 你如何看待中国古代审美意识的产生与发展?
3. 试析儒家中和为美这一美学思想的基本特征与意义。
4. 试析孔子的艺术教育模式及其在孔子思想中的地位。
5. 试析道家自然为美这一美学思想的基本特征与意义。

6. 庄子是如何论述"游心"之道的？其终极目的是什么？
7. 试析禅宗空灵为美这一美学思想的基本特征与意义。
8. 儒道禅美学思想的主要异同是什么？
9. 你认为传统美学思想与现代审美意识会是一种什么样的关系？
10. 中国美学的基本精神是什么？这种美学精神对现代旅游有何影响？

第二编

旅游审美对象分析

　　旅游审美对象主要是指旅游景观及其基本类型。论述旅游审美历程与旅游景观类型,将从历史沿革和文化传统的角度昭示中国山水的人文精神内涵与美学风范。揭示自然景观与人文景观的审美特性,将在阐释有关其形式美与工艺美的价值判断过程中,侧重彰显其中融合的"象外之致"与审美理想,也就是在"有意味的形式"中探寻意境的生成及其艺术的品位。与此同时,要充分展现旅游景观(特别是人文景观)中所蕴含的"时间的立体性"、"历史的舞台效应"或历史的沧桑感,等等。

第四章

旅游景观的发展历程与类型

历史地看,作为旅游审美对象的旅游景观在我国经历了一个长期的发展过程。在类型方面,旅游景观一般分为自然景观与人文景观,其具体内容丰富而多样。我国幅员辽阔,不同的自然条件和人文环境使旅游景观的分布呈现出明显的个性或地域差异等特点,总体上形成了"南秀北雄"的美学风貌。

第一节 旅游景观的历史沿革

纵观中华数千年文明历史,旅游景观作为丰富多彩的文化成果或人们追求美的结晶,经历了一个漫长的和不断发展的过程。近年来国内诸多学者的研究表明,这一过程大体上可划分为以下四个时期:自然崇拜时期、雅好山水时期、山水旅游发展时期和旅游景观完善时期。

一、自然崇拜时期

远古时代,由于生产力和科学水平相对低下,备受大自然奴役的先民一方面对于高山大川、洪水猛兽怀有神秘感和畏惧心理;另一方面对赖以生存的自然环境又富有好感和依附心理;此外,还因为对昼夜交替、日月升降、电闪雷鸣、风雨雪雹以及四季变化等自然现象缺乏科学的认识,以为这全是上天或神灵所为,所以产生了以敬畏与亲近等复杂情感为特征的自然崇拜心理。在这个历史时期,"封禅祭祀,祈风求雨"等带有巫术或原始宗教性质的活动十分盛行。据《山海经》与《尚书》记载,九州(古代中国之称)之内约有400座山和300条河在当时被尊为神山神水而广受膜拜,其中东、西、南、北、中等"五岳",黄河、长江、淮水和济水等"四渎"均属主要的祭祀对象。譬如,舜帝"受终于文祖"(尧帝)之后,即刻选择良辰吉日,"肆类于上帝……望秩于山川",巡视了东南西北"四岳",并且"封十有二山"。[1] 另外,《史记》中这样写道:"天子祭天下名山大川,五岳视三公,四渎视诸侯,诸侯祭其疆

---

[1] 参阅《尚书·尧典》。

内名山大川。"①总之,"自五帝以至秦,轶兴轶衰,名山大川或在诸侯,或在天子,其礼损益世殊,不可胜记。及秦并天下,令祠官所常奉天地名山大川鬼神可得而序也"。②

春秋以降,随着社会文化的发展、主体意识的觉醒,人们对山川从单一的原始崇拜逐步过渡到以"比德"为主要方式的审美评价。子曰:"知者乐水,仁者乐山。知者动,仁者静;知者乐,仁者寿。"③这里,水的清澈象征人的明智,水的流动体现知(智)者的探索精神与源源不断的聪慧,比较类似智者的特点;山的安稳象征仁者的敦厚,山的静态表示仁者的平和,山中蕴藏万物并施惠于人,正好应对仁者的品质。当然,具有悠久历史的"比德"方式在古代依然带有自然崇拜的遗风。秦始皇就曾依据"五行"之说,认为黄帝得土德,夏得木德,殷得金德,周得火德。"'今秦变周,水德之时。昔秦文公出猎,获黑龙,此其水德之瑞。'于是更命河曰'德水'。"④

二、雅好山水时期

汉末之后的魏晋六朝时期,摆脱了汉代"罢黜百家,独尊儒术"的思想支配,亲临目睹了先前战乱不断、灾祸层出的悲惨世界,重新认识了道家游世哲学及其"以天为徒"的自由理想,深入体悟了外来佛学所倡导的那种"般若波罗蜜"式的空无极乐境界,当时的中国进入了一个精神、思想与人格上空前解放、自由和超越的时代。结果,在艺术观上,主要以老庄或黄老的宇宙观为基础,追求简约玄远的意味和超然绝俗的神韵,"人心里面的美与丑、高贵与残忍、圣洁与恶魔同样发挥到了极致"。⑤ 在人格观上,主要以"三玄"(即《易经》、《老子》和《庄子》)所宣扬的处世哲学为基础,标举道法自然的理想,清谈玄理的志趣,其中包括返璞归真的愿望,潇洒自然的风致以及不为物役、放达不羁和来去无碍的自由精神等。在自然观上,也主要是以老庄哲学为理论基础或价值参照系,重新发现了山水美或自然美的独特效用。在"与物为春"、"乘物以游心"和"独与天地精神相往来"等思想的引导下,人们(尤其是士大夫阶层)对自然山水一往情深,推崇"身入化境,浓酣忘我"的审美情趣,流行"由实入虚,超入空境"的形而上追求。在"有大美而不言"的自然界里,人们通常以"超以象外"为静观寂照的审美或欣赏原则,热情洋溢地去探寻"象外之象"或"韵外之致"等玄远幽深的审美意义与宇宙生命的深层内涵,并且沉醉于其中,以自身的实际行动(如"竹林七贤"等)来印证庄子的游世主义思想,借此摆脱世态炎凉的困境,消解桎梏性灵的礼教和超越功名利禄的束缚,等等。特别是在当时

---

① 封禅书第六.见司马迁:《史记》卷二十八。
② 同上。
③ 孔子.论语·雍也。
④ 封禅书第六.见司马迁:《史记》卷二十八。
⑤ 宗白华.美学散步.上海:上海人民出版社,1981:177.

的文坛上,也形成了"老庄告退,而山水方滋"(刘勰)的风气,这样使自然山水进一步脱去原有的神秘外衣,成为人们更为自由和亲切的审美对象。

　　需要指出的是,为逃避战乱而不断南迁的士族文人原先看惯了广漠浑厚的北方景致,后来乍一临照婉秀幽静的南方山水,顿感新奇放浪、喜不自胜。于是,江南美丽的自然环境与充裕的物质条件,促发和生成了一种登临山水、畅神抒情、清谈玄理、恣意遨游的悠闲生活方式或隐逸之风。这种生活方式盛行于文人墨客和一些在政治上失意的士族之中。其代表人物首推"开一代新风"的谢灵运和陶渊明。他们那种追慕淡泊、平和与宁静的人生态度,以及那种浪迹于山水之中以求超越、解脱与怡情的审美趣味,对后世山水文学的发展与名山胜景的形成有着深刻的影响。

　　另外,当时道教的盛行与佛教的兴起,对以自然山水为主调的景观的形成也产生了不可忽视的作用。我们知道,道教创始于汉代,以崇尚自然、返璞归真和求道访仙为主旨。佛教始于印度,两汉之际传入华土,以超脱红尘、潜心修持、追求涅槃为目标。魏晋南北朝时期,两教已深入整个社会,并出于教义之需,争相占据名山大川以建观筑寺,想借天地万物或"仙山佛界"来修身养性,以便得道成仙或悟禅成佛。"南朝四百八十寺,多少楼台烟雨中"的诗句,可以说是对当时情景的生动写照,概括性地反映出佛教流行的盛况。众多的寺庙无疑对自然景观的人化与美化作出了突出的贡献。所谓"天下名山僧占多"之说,显然与此不无关系。

三、山水旅游发展时期

　　盛唐时期,经济繁荣、社会安定、文化发达、宗教隆盛,风景名胜广为拓展,山水旅游蔚然成风。文人雅士之中大都喜好游山逛水,而且触景生感、借题发挥、记为诗文、以激千古者举不胜举,致使山水诗画、游记与园林蓬勃发展,景观内容也随之空前丰富。在这方面,宣称"一生好入名山游"、"到处山水皆故宅"的李白,标榜"万事不关心"、"空知返旧林"的王维,著有《永州八记》、开山水游记文新风的柳宗元等,均是当时倡导游览之风、善解山水之意和实现畅神优游的代表人物。他们的文学成就突出地反映在各领风骚的山水诗文或绘画之中。

　　到了宋代,雅好山水、游历四方者首推苏东坡。这位"入峡喜巉岩,出峡爱平旷;吾心淡无累,遇境即安畅"的诗人学士,不仅好游天下名胜,而且还亲自组织人力建设西湖,深入考察研究山水之美,现存西湖"苏堤春晓"一景与《石钟山记》等文便是例证。再就是山水画家与山水理论家郭熙,他凭借画家特有的敏感性和细微的观察力,根据自然景观的特征与个人游览的经验,总结出一系列有效的观赏方法,记叙于他所著的《林泉高致集·山水训》中。譬如,郭熙通过对比与内省等方式,从实际观察和审美角度,有效地揭示出自然景观的变异性和人与景的感应关系。他所提出的"春山烟云连绵人欣欣,夏山嘉木繁阴人坦坦,秋山明净摇落人肃肃,冬山昏霾翳塞人寂寂"等学说,在旅游美学研究方面仍有很大的参考价值。

另外,足迹遍布南北的宋代科学家沈括,"周览名山大川"的明末旅行家徐霞客,醉心山水的晚明"公安派三袁","师法自然"、"搜尽奇峰打草稿"的清初画家石涛,深知"游山乐"、谙晓"游山学"的清末学者魏源等,都以各自独特的方式进一步推动了中国旅游景观的审美历程,丰富了旅游景观的审美功能。他们留给后人的大量诗歌、绘画与游记等作品,不同程度地起到了以激千古的历史文化效应,是我们今天深入探讨景观审美价值和考察旅游审美活动的宝贵遗产。

四、旅游景观完善时期

近现代,随着中国封建社会的终结与战乱的结束,随着科学技术、文化艺术、教育事业和国民经济的迅速发展,人们的生活水平、审美需求与旅游意识也得到大幅度的提高。相应地,为了满足社会公众以及世界旅游市场的需要,旅游景观逐步进入完善时期,走上了综合开发利用之路,兼顾着旅游观光、科研教育、休闲度假、文化交流与开展宗教活动等多种职能。

特别是从20世纪70年代后期以来,国际旅游业的突飞猛进与中国改革开放的辉煌进程,极大地刺激和推动了中国现代旅游业的发展。于是,随着国家、集体与个人一起上等旅游方针政策的纷纷出台与具体实施,中国的国际与国内旅游业在宏观布局上取得了长足的进步,旅游景观在类型、内容、交通、设施等方面,以前所未有的速度得到广泛的修复、保护、设计、创新、开发、综合与利用,现今已经形成具有中国历史文化特色的、内容相当齐全的旅游景观体系。譬如,1992年首次开展的"中国友好观光年"活动,推出了14条专项旅游线路,其中包括长城之旅、黄河之旅、长江三峡游、奇山异水游、丝绸之路游、西南少数民族风情游、冰雪风光游、寻根朝拜游、青少年修学游、新婚蜜月旅行、保健旅游、烹饪王国游、江南水乡游、佛教四大名山朝圣游。这些旅游专线遍布全国,贯通古今,内容丰富,既有南秀北雄的自然美景、闻名世界的历史古迹,又有多彩多姿的民俗风情、有口皆碑的美食佳肴……如果将各地围绕"友好观光年"主题所精选的地方旅游专线与所组织的节庆活动纳为一体,那么,无论是在规模与范围方面,还是在形式与内容以及接待能力等方面,都标志着对中国旅游业现状与中国旅游景观建设的一次史无前例的大检阅,同时也标志着中国旅游业及其旅游景观进入新的历史发展阶段。继"1992友好观光年"之后,全国上下又组织了规模宏大的"1993民俗风情游"、"1994文物古迹游"、"1995山水风光游"和"1996休闲度假游"、"1997中国旅游年"和"1998华夏城乡游",等等。所有这些规模和声势浩大的旅游活动,进一步显示了中国旅游发展的巨大潜力和旅游景观的完善程度。

第二节　旅游景观的类型

研究中国旅游景观的审美形态、价值特征及其美学精神,首先需要对旅游景观的定义和分类等问题作一简要的说明,这样才会使后面的陈述与分析具有相应的针对性。

一、旅游景观的界说

"景观"亦称"风景",是地理学或景观地理学常用的一个概念。从地理学的观点看,景观或风景一般是指地表自然景色或特定的自然环境,其构成主要涉及地形、植被、水体、人工因素与特异因素等一系列参项,具有同一性、生动性、多样性和完整性等基本特征。① 若从景观地理学的观点看,景观或风景是一种具有特殊审美价值的综合环境。这种环境由于自身结构的性质而分为自然景观(landscape)与人文景观(culturescape,亦称文化景观)两种,但通常则表现为两者多层次的交叉与融合、浓缩与集聚等特点。② 英国学者纽拜从景观美学的观点出发,认为风景或景观在世界大部分地区一直发生着可观的人为变化或改造,已经"不单纯是一个自然的事物,它主要是人们用以满足自身基本欲望和社会需要之手段的产物。风景与其说是自然所提供的一种形式外表,不如说它更主要是文明继承和社会价值的体现。任何企图颠倒这种关系的有关风景性质的理论只能具有有限的价值。"③这样,对风景的鉴赏主要基于对其形式所表现的内容的评价,而不能仅凭形状、颜色或其他东西,因为我们"不能把风景理解为一个抽象的形状和颜色的复合"。相反,"我们把风景看成一系列符号,我们生长在一个运用这些符号的社会中,所以我们能够解释它们……像艺术一样,风景具有不同的吸引力,但是,风景的重要特征已证明是不同于艺术的,其中最重要的一点在于,风景具有围绕着人的环境性质以及符合、创造或影响人类心情的能力。"④

那么,什么是旅游景观呢? 首先需要指出的是,旅游景观是一个相对狭义的称谓,我们将其限定在旅游审美活动的客观范畴之内,从功能上将其视为一种具有特殊形式的、主要用于满足广大游客审美需求的旅游审美消费品(products for aesthetic consumption)。迄今,国内外学术界对旅游景观的探讨经历了一个由宽泛模糊到具体清晰的不断发展过程。反映在概念的界定上,往往因为审视的角度不

---

① 冯纪忠.风景开拓议.见:丁文魁主编.风景名胜研究.上海:同济大学出版社,1988;280 – 284.
② 刘天华.风景名胜区时空综合研究.见:丁文魁主编.风景名胜研究.上海:同济大学出版社,1988;475 – 481.
③ 纽拜.对于风景的一种理解.见:美学译文(第二卷).北京:中国社会科学出版社,1982;181.
④ 同上书,页 186 – 187.

同而得出不同的结论。

从单纯的审美消费角度出发,有的学者将旅游景观泛化为旅游者观赏的所有对象或旅游活动中的所有审美对象,也就是"具有审美价值的景物和景象"。这一界说看来简单明了,实则笼统含糊,容易鱼龙混杂,良莠不分,会把引起游客注意力或好奇心的怪异现象与庸俗事物(比如刺激感官肉欲和品位低下的脱衣舞等)也列入所谓的"旅游景观"之中,这无疑会损害旅游业的健康发展,消解旅游审美活动的教育职能,甚至妨碍社会精神文明的进步,等等。

从旅游资源的科学属性出发,有的学者将旅游景观界定为"自然旅游资源和人文旅游资源在一定区域范围内的综合表征"。这里所谓的"自然旅游资源是指能使人产生美感的自然环境和物象的地域组合",而"人文旅游资源是指古今人类社会经济活动、文化成就、艺术结晶和科技创造的记录和轨迹"。[1] 实际上,这一界说比较适用于那些由自然资源与人文资源综合而成的旅游景观,但在逻辑上无法涵盖许多由单一的自然或人文旅游资源所构成的旅游景观,如未经人化的山水、溶洞或完全人为的建筑、文物,等等。

从景观地理学与文化人类学的角度出发,有的学者将旅游景观界定为以具有美感的典型的自然景观为基础、渗透着人文景观内容的、生态环境优良的、主要满足精神文化需要的和多功能的外在地域空间综合体。这一界说较之于前者显然远为具体、科学,但却失之烦琐,而且存在漏洞。凡游览过北京故宫的人们不难发现这一闻名世界的旅游景观无处不是人为,并未因借山水,也就是说没有以什么"自然景观为基础"。

鉴于上述界说的弊端,我们从旅游美学与景观美学的角度出发,暂且把旅游景观界定为一种具有审美信息、空间形式和时间立体性的外在观赏实体。所谓"审美信息",是就景物的审美形态、审美价值与审美特征而言的,这在后面有专门的论述。所谓"空间形式",是指下有基岩地层,表有地貌、山形、土壤、植被、水体、生命、建筑或古迹,上有天空、日月、群星、云雾、风雨、光照或彩虹的立体综合体。所谓"时间立体性",一般是指积淀和凝冻在旅游审美对象中的历史文化内容,它体现着人类文明和审美意识的进程与成果,使观赏者将过去、现在与未来这三个向度纳入自觉的反思畅想之中,从而给景观增添了"历史舞台的色彩"。常言道:"游山如读史"(游览其他名胜古迹亦然),便是"时间立体性"的另一种说法而已。当然,这种"时间的立体性"也表现在形式多样的民俗风情、旅游文物以及神话传说之中。[2] 这三者皆富有文化意味与生活色彩,也是旅游景观的重要内容。

---

[1] 钱今昔.中国旅游景观欣赏.合肥:黄山书社,1993:6-7.

[2] 全国民族院校文艺理论研究会主编.民族风情与审美.北京:红旗出版社,1987;安旭.旅游文物艺术.天津:南开大学出版社,1991;钱今昔.中国旅游景观欣赏.合肥:黄山书社,1993:171-175.

二、旅游景观的类型

按照通常的分类结果，旅游景观主要包括自然景观和人文景观两大类型。有人认为前者是"自然旅游景物在一定地区的综合表征"，后者是"人文旅游景物的地区综合表征。"① 也有人发挥此说，断言前者"是地球表面自然因素的综合体，它反映了一个地区的地理特征，因此也称自然综合体或地理综合体"，后者则"是人类文化在地面上的印记，是附加在自然景观上的人类活动形态，是地球表面上文化景象的复合体"。② 另外，也有人宣称前者表现自然美，后者体现社会美与人文艺术美。③ 还有人根据景物和景象的物质形态与审美形态来罗列自然景观与人文景观的构成……④

基于现有的研究成果，我们倾向于把自然景观界定为主要以自然山水为基础，辅之以光照、植被、动物、风云或雨雪等基本要素，能够表现自然美不同形态的空间综合体。相应地，我们倾向于把人文景观界定为主要以人类劳动成果与历史文化内容为基础，辅之以必要的旅行游览设施，比较集中地体现艺术美、社会美和生活美的观赏对象。不可否认，自然景观与人文景观之间没有决然的"楚河汉界"，而是常常表现为两者的融合或交叉。因为，在人类的历史长河中，越来越多的自然景观一直处于不断"人化"或人工改造的过程之中，从而必然打上了人文的痕迹。在崇尚"行万里路，读万卷书"和"游山如读史"之类游道的中国，情况尤其如此。譬如，我们谈论西湖的婉秀之美，就不仅指湖光山色、柳浪风荷，也包括亭台楼阁、雕梁画栋。诚如"西湖十景"中的"苏堤春晓"、"曲院风荷"与"雷峰夕照"所示，"苏堤"、"曲院"和"雷峰塔"等古迹建筑或人文景观，同"春晓"、"风荷"与"夕照"等自然景观已经失去了严格的界限，游人至此，习惯于将其看作不可分割的有机整体或综合性的空间构景。但为了更好地说明问题，我们仍然有必要沿用自然景观与人文景观的分类方法。

据此，自然景观的基本内容一般包括山景、水景、海景、地景、云景、洞景、花景、林景，等等：

   山景——如苍山翠岭、幽谷奇峰
   水景——如浩荡江湖、流泉飞瀑
   海景——如碧海金沙、岛屿风光

---

 ① 钱今昔.中国旅游景观欣赏.合肥：黄山书社，1993：7.
 ② 江月启.巧布神州游——中国旅游景观地理学.北京：中国社会科学出版社，1992：238.
 ③ 刘天华.风景名胜区时空综合研究.见：丁文魁主编.风景名胜研究.上海：同济大学出版社，1988：280－284.
 ④ 江月启.巧布神州游——中国旅游景观地理学.北京：中国社会科学出版社，1992；葛晓音.中国名胜与历史文化.北京：北京大学出版社，1989；曹玲泉.中国旅游奇景.上海：上海远东出版社，1992.

地景——如水乡田园、草原大漠
云景——如云霞变幻、太虚万象
洞景——如洞天福地、钟乳奇石
花景——如名贵花卉
林景——如森林植被
其他——如珍禽异兽等

关于人文景观,我们认为其基本内容一般包括建筑园林、寺观佛窟、帝陵古墓、城市风光、摩崖石刻、文物艺术、人造景点、民俗风情、美味佳肴、神话传奇以及各种工艺品和博物馆,等等。在人文景观的构成要素中,大多是历史名胜与文化古迹。它们所包含的丰厚的文化信息、审美意味、历史舞台效果与时间的立体性,能在满足人们的认知需求和审美需求的同时,还能激起人们的思旧怀古之情与民族的自豪感等,这些都是旅游审美教育所产生的特殊效应。

第三节 旅游景观的宏观分布

中国幅员辽阔,历史悠久,地形复杂,旅游景观的多样性与丰富性显得尤为突出,其分布也很有特色。从具体景点看,自然景观以名山(如五岳)胜水(如长江黄河)为主体,遍及乡野、边区与沿海,形态各异,自成格局;人文景观以历史文化名城(如古都西安、北京、南京)为中心,品类繁盛,体系完整,能够满足游客不同层次的需求。

从美学风貌(aesthetic style)看,旅游景观在宏观上被分为"南秀北雄"两大类别。"南秀"代表长江流域那种"杏花春雨江南"式的秀美风貌,一般包括西南的灵秀之美(如峨眉山、九寨沟、春城石林等),东南的奇秀之美(如黄山三胜、九华石台、匡庐烟霞、普陀雁荡)和南国的华丽之美(如武夷丹霞、漓江烟云、羊城簇锦、海南风光)。"北雄"则代表黄河流域那种"骏马西风冀北"式的壮美风貌,一般包括华北的雄壮之美(如雄伟的泰山、峻拔的嵩山),西北的浑厚与险峻之美(如华山险要、天山雪景、青藏奇观)和东北的坦荡与旷远之美(如白山黑水、辽阔平原、长白山林)。不消说,这种划分只是相对而言。因为,无论在南国或是北国,均有一些景观由于特殊的地理环境或地貌造型常常集上述两种美学风貌于一身,"雄秀西南"的峨眉山就是一个范例。

那么,"南秀北雄"的景观分布又是怎样形成的呢?概括起来,主要有地理与人文两大因素。

一、地理因素

我国南方雨量充沛,植被茂密,四季常青,山丘低垂平缓,线条圆润,隐蔽幽深,故构成山清水秀、小桥流水式的以阴柔美为基本特征的景观风貌。相反,我国北方雨量较少,植被稀疏,四季分明,辽阔空旷,山峦高大,线条粗硬,裸露明显,故形成山高水长、"大漠孤烟直"式的以阳刚之美为基本特征的景观风貌。宋代山水画家兼理论家郭熙经过多年的实地考察与艺术实践,对南北景观物象之源作了相当透彻的分析和总结。他认为:"东南之山多奇秀,天地非为东南私也。东南之地极下,水潦之所归,以漱濯开露之所出,故其地薄,其水浅,其山多奇峰峭壁,而斗出霄汉之外,瀑布千丈,飞落于云霞之表……西北之山多浑厚,天地非为西北偏也。西北之地极高,水源之所出,以冈陇朦胧之所埋,故其地厚,其水深,其山多堆阜盘礴,而连延不断于千里之外,介丘有顶,而迤逦拔萃于四逵之野。嵩山多好溪,华山多好峰,衡山多好别岫,常山多好列岫,泰山特好主峰,天台、武夷、庐霍、雁荡、岷峨、巫峡、天坛、王屋、林虑、武当皆天下名山巨镇,天地宝藏所出,仙圣窟宅所隐,奇崛神秀,莫可穷其要妙"。①

二、人文因素

由于原始自然崇拜心理和种种历史原因,古代帝王封禅场所大多分布于北方的名山,这就使本来就高大恢宏的景观名胜借助于帝王的赫赫威严与至尊地位,显得更为突出堂皇,更有历史意味,更容易激发人们的膜拜心理或崇高感受。另外,与自然景观和谐并存的人工建筑往往因地制宜,依山而设。它们或峭立峰顶、上接云天,如泰山的"南天门";或悬崖若虹、背倚丹屏,如恒山的"悬空寺"……加之北方山形高大峻拔,石理方硬裸露,植被相对稀疏,这些处于"露"的状态和"险"的位置的庞大建筑的空间形象,起到一种烘托和渲染环境气氛的作用,使四周的自然景观更显得雄奇壮美,震撼人心。相形之下,江南的人工建筑因地理条件所致,在茂密的植被中大多处于"隐"的状态与"幽"的位置,建筑体态小巧玲珑,介于花草树木之间,与自然环境融为一体,所构成的景观亦显得幽雅婉秀,令人赏心悦目。

第四节 "南秀北雄"的审美风格

上面依据"南秀北雄"的传统原理,简述了中国旅游景观的宏观布局。那么,人们兴许会问,"南秀北雄"的审美风格又意味着什么呢?它们在旅游审美活动中会引起何种感应呢?这里,我们将抛开地理的因素,专门谈谈"秀"与"雄"这两种美学范畴的各自特征。

要而言之,"秀"意指婉秀、优美或阴柔之美,"雄"意指雄奇、壮美或阳刚之美。与西方美学的基本范畴相比,前者类似于"美"(the beautiful),后者相当于"崇高"

---

① 郭熙.山水训.见:北京大学哲学系美学教研室编.中国美学史资料选编.北京:中华书局,1981:14.

(the sublime)。具体地说,"明月松间照,清泉石上流"的月夜林景,"江作青罗带,山如碧玉簪"的桂林山水,"水光潋滟晴方好……淡妆浓抹总相宜"的杭州西湖,"雨过隋堤原不湿,风吹红袖欲登仙"的扬州春晓等,均属典型的秀美景观。它们在形式方面,都显示出幽静、和谐、小巧、柔和、圆润、光滑、清丽、淡雅、轻盈、舒缓、精妙或绚丽等特征;在内容和感受方面,一般不呈现为激烈的矛盾冲突,主体与对象趋于和谐一致,相安无争。结果,观赏者通常不会出现惊恐、忧惧、痛感、突兀、紧张、急迫、抗争或不可遏制的激动情绪,而是产生一种平缓、亲切、轻松、明净、放浪、随和、舒坦、闲适、宁静、愉悦、淡远或心平气和的快乐心境。①

与"美"(或秀美)相对而出的是"崇高"(或壮美)这一美学范畴。崇高的事物往往表现为物态形式与精神品格特别伟大出众的审美对象。譬如,"大漠孤烟直,长河落日圆"的塞外风光,"造化钟神秀,阴阳割昏晓"的泰岳雄姿,"乱石穿空,惊涛拍岸,卷起千堆雪"的赤壁壮观,"西岳峥嵘何壮哉,黄河如丝天际来"的华山气势,均是惊魂摄魄的壮美景观。单从旅游景观角度考虑,崇高或壮美景观在形式方面往往结构庞大,线条粗犷,体积宏伟,威力无比,如太空、大江、汪洋、崇山、峻岭、巨瀑、瀚漠、猛兽等,以及人类创造的伟大工程和建筑,如长城、都江堰、古塔、大桥、摩天大楼等。相应地,在内容与感应方面往往表现为激烈的矛盾冲突和惊人的感染力量,致使审美主体在生理与心理上产生惊恐、紧张、危险、悲壮、景仰、豪迈、痛快或狂喜等体验。②

与美感或秀美感相比,崇高感或壮美感含有一定程度的痛感、恐惧感和抗争性。它通常是激烈的、冲突的、失衡的,是历经艰险、战胜对方、超越自我和时空后所体验到的一种狂喜不已的审美感受。这种审美心理过程的变化一般表现为:(1)凝神观照崇高(或壮美)的景观对象;(2)产生痛感与恐惧感;(3)化为快感或愉悦感;(4)升华为胜利感或自豪感。需要说明的是,观照崇高的景观对象务必讲究方法。康德就曾建议:"高耸而下垂威胁着人的断岩、天边层层堆叠的乌云里面挟着闪电与雷鸣、火山在狂暴肆虐之中、飓风带着它摧毁了的荒墟、无边无界的海洋、怒涛狂啸着、一个洪流的高瀑,诸如此类的景象,在和它们的较量里,我们对它们抵拒的能力显得太渺小了。但是假使发现我们自己却是在安全地带,那么,这景象越可怕,就越对我们有吸引力。我们称呼这些对象为崇高,因为它们提高了我们的精神力量越过平常的尺度,而让我们在内心里发现另一种类的抵抗的能力,这赋予我们勇气来和自然界的全能威力的假象较量一下。"③从中可以看出,在观照崇高的景观时,一开始会因为对方巨大形体与力量的威压而体验到的痛感或恐惧感,这是有

---

① 博克.崇高与美(中译本).上海:上海三联书店,1990.
② 同上.
③ 康德.判断力批判(中译本).上卷.北京:商务印书馆,1987:101.

限而暂时的。只要观赏主体拉开距离(特别是心理距离),意识到对象并不危及我们的安全时,这种痛感或恐惧感会随之减弱或消解,继而在情感意志与自尊意志的重新确立过程中,使先前的痛感或恐惧感转化为快感或愉悦感。此情此景,随着观赏视界的延伸、审美感官的适应、主体意识的增强,情感得以升华,精神世界得以拓展,人们在经历了一场化险为夷、转悲为喜、超越对象以及自身局限性的较量中,油然产生一种亢奋的心绪与压倒一切的胜利感与自豪感。这实际上是观赏主体从有限到无限、从必然到自由、从卑微到伟大的超越过程。譬如,当年参加拍摄电影《智取华山》的主要演员郭允泰在谈及自己在实地拍摄的亲身体验时说:"在华山我们待了两个月,爬遍了群峰,登临了险处。而这种具有冒险性质的活动带来了无穷的乐趣。当登上一座山顶时,你会觉得自己很伟大,有一种征服者的骄傲之感。"①

值得注意的是,要想战胜由崇高的景观对象所触发的痛感或恐惧感,以及因自身相对渺小而生的自卑感,就必须享有博大的审美胸襟与强烈的主体意识,对本体力量和勇气具有足够的心理准备。常言道:"人心之大,可以囊括宇宙。"每濒临大海,头顶断岩,登攀险峰或仰观巨瀑,面对看来不可抗拒的自然威力,你首先需要确立人类的尊严,激发抵抗的勇气,唤醒意志的力量,显示超过自然的优越性,能够"大其心以体天下之物"(张载语)。同时,还需要我们把平常关心的东西(如财产、健康和生命等)看得渺小,把自然界中的一切看得渺小,心灵会因此而认识到自身使命的崇高性,从而鼓起战胜对方的信心。照这样,"自然界在我们的审美判断里,不是在它引起我们恐怖的范围内被评为崇高,而是因为它在我们内心里唤起我们的力量……所以,自然界在这里称作崇高,只是因为它提升想象力达到表述那些场合,在那场合里心情能够使自己感觉到它的使命自身的崇高性超越了自然。"②在这里,我们会感悟到自然向人生成、人向自由生成的精微过程。

思考与练习

1. 中国旅游景观的历史沿革包括哪几个主要阶段?其基本特征是什么?
2. 试析道家思想因素在雅好山水时期所起的作用。
3. 你如何看待有关旅游景观的几种界说?请说明原因。
4. 什么是自然景观与人文景观?这两者的相互关系如何?
5. 影响中国旅游景观宏观分布的主要因素有哪些?其具体作用如何?
6. 中国旅游景观的美学风格是什么?请你陈述有关的论点与论据。

---

① 郭允泰重叙华山情.中国旅游报,1987-7-11.
② 康德.判断力批判(中译本).上卷.北京:商务印书馆,1987:102.

第五章

自然景观的审美特性

倡导"逍遥游"的庄子虽称"天地有大美而不言,四时有明法而不议,万物有成理而不说"(《知北游》),但"原天地之美而达万物之理"的先哲时贤却继往开来。号称"山中宰相"的南朝名士陶弘景就曾写道:"山川之美,古来共谈。高峰入云,清流见底。两岸石壁,五色交辉。青林翠竹,四时俱备。晓雾将歇,猿鸟乱鸣;夕日欲颓,沉鳞竞跃。实是欲界之仙都,自康乐以来,未复有能与其奇者。"①此文以寥寥68字,有声有色地描绘出高峰、清流、岸壁、林竹、晓雾、猿鸟、夕阳、沉鳞等自然景观的审美形态及其特征,十分耐人寻味。

一般说来,自然景观作为旅游景观的基本内容,在经过漫长的审美历程之后,大多已经成为"人化"或"人的本质对象化"了的审美对象,但有一些依然保持着原始的状态或风貌。因此,自然景观也相应地表现出三种比较典型的存在形态:一是未经人类触动的、纯天然的原始景物,如人迹罕至的原始森林、洪荒山野、飞禽走兽、南北两极大陆等,我国湖北的神农架、四川的九寨沟与西双版纳的热带雨林等基本属于这一类别。二是直接作为人类劳动生产场所的田园风光,如江湖渔区、水库景区、草原牧场、山坡林场、"梅子金黄杏子肥"的果园与"麦花雪白菜花稀"或"漠漠水田飞白鹭"的农田等,不仅明显带着人类劳作的印记,而且具有满足人类生活资料需要的生产目的性。三是经过艺术化加工了的自然景观,如杭州西湖、五岳、四大佛教圣地,等等。这类景观以原有的自然景观为背景,融合着一定的人文景观内容以及社会文化内涵,主要作为观赏对象而注重对人的情感陶冶等精神作用。② 不消说,这三种存在形态并无绝对严格的分界,在有些方面是相互关联的。譬如,人类往往基于自己的"神话制作意识",并通过自己编造的神话传说,间接地使某些原始景物得到某种程度的"人化"或"神话化"。相应地,不同存在形态的自然景观在审美的价值上也表现出不同的层次。首先是以形、色、声、味等因素构成的外在感性形式美;其次是在自然环境因素与风物传说作用下所表现出的动态美;再就是具有人文内涵和体现人文理想观念的象征美。比较而言,自然景观的审美

---

① 倪其心,等.中国古代游记选(上卷).北京:中国旅游出版社,1985:6.
② 刘天华.生活中的旅游审美.济南:山东科学技术出版社,1987:10-14.

价值主要表现在形式美方面。

第一节　自然景观的形式美

如上所言,自然景观的感性形式美主要是由形、色、声、味等因素构成。为了便于揭示形式美的价值特征,我们将从以下四个方面予以阐述:形态美、色彩美、听觉美和嗅觉美。

一、形态美

自然景观的形态美泛指地象、天象之总体形态与空间形式的综合美,其中也包含主体在审美观照过程中所产生的生理和心理感受。从古至今,文人墨客、旅行家、山水理论家、地理学家或景观地理学家们凭借在相对意义上具有历时性的共同审美标准与审美意识,对名山大川的审美形态作了传承式的审美评价。据此,我国自然景观的形态美可以概括为雄、奇、险、秀、幽、奥、旷、野等几种典型的风格特征。

1. 以"雄"为美的景观

"雄"在这里指雄伟、雄浑,意指形象高大、气势磅礴。泰山为"五岳"之尊,素以"天下雄"著称。从绝对高度上看,其主峰海拔 1545 米,在地貌分类上只属于中等山体。但其相对高度则达 1360 米,且骤然突起,山势陡峭,凌驾于齐鲁大地之上,具有通天拔地之势、壁立霄汉之态,给人以高大雄浑之感。杜甫《望岳》一诗中"会当凌绝顶,一览众山小"两句形象地道出了泰岳雄伟壮观的审美形象。另外,泰山借助古代封禅祭祀活动和相关人文因素的渲染与烘托,在强化人们心理感受的同时,也极大地凸显了自身以"雄"为美的价值。相形之下,"雄秀西南"、"平畴突起三千米"的峨眉山,虽然其绝对高度与相对高度均超过泰山,但由于地理位置和历史文化等原因,故无泰山的影响大。

2. 以"奇"为美的景观

这类景观的形态光怪陆离,奇异多变,非同寻常。在我国的诸多名胜中,以"奇"为美的景观首推黄山。明代大旅行家徐霞客两登黄山,前后著文记之,以"生平奇览"、"步步生奇"、"五岳归来不看山,黄山归来不看岳"等溢美之词盛赞"黄山天下奇"的独特景象。黄山奇美,主要源于峰奇、石奇、松奇、云奇。在黄山景区,72 峰均高千米之上,"皆直削无枝,拔自绝壑",节理垂直,叠嶂连云,沟壁交错,层次丰富,构成连天涌地的峰海奇观。黄山石岩久经风化,断裂纵横,曲直圆方,其状"如笔、如矢、如笋、如林、如刀戟、如船桅",或者"似人、似物、似禽、似兽",遍布于山脊、峰顶、陡崖或坡道上,构成"仙人指路"、"猴子观海"、"松鼠跳天都"、"金鸡叫天门"等一系列石奇景观。黄山"悬崖多异松,负石绝出……有矫矫如蛟龙者,有卧而起、起而复卧者,有横有断、断而复横者"。(钱谦益语)这种"无树非松,无松不奇"和

"近听风声如笛,远闻松涛似海"的景象,给黄山奇美注入了与众不同的内容。比较说来,黄山"四奇"之中,峰、石、松三者一般处于相对的静态,唯云海处于幻变不居的动态。其茫茫洋洋,荡胸涤怀,奇态万化,更为生动。云涛奔涌之中,"人在峰顶,如操万斛之舟,乘风而坐于天上,瑰丽幻怪,不可殚穷"。(王灼语)实际上,最令人称奇的是浮云飘雾,它们使峰、石、松景变得丰富摇动起来,幻化出具有动态美和朦胧美的奇特景致。

我国以"奇"为美的景观甚多,如"奇秀东南"的武夷山、"天下奇秀"的雁荡山、"奇丽岭南"的桂林山水。它们各以其独特的景观风貌著称于世,如瑰丽华艳的丹霞地貌、雕镂百态的流纹岩石、精巧玲珑的石灰岩造型,等等。

3. 以"险"为美的景观

这类景观形状陡峭,气势险峻,坡度特别大,山脊高而窄。西岳华山素有"天下险"之称。华岳险峻,"耸峙关中,临照西土",加之"削成而四方,其高五千仞"的形象,堪称以"险"取胜的典型景观了。常言道:"无限风光在险峰。"若想登上华顶的"太虚幻境",站在"手可摩天"的"摘星台"上,领略"西岳峥嵘何壮哉,黄河如丝天际来"的雄旷景象,就须攀登30里,历险数十处。其中千尺幢、百尺峡、老君犁沟、擦耳崖、上天梯和苍龙岭等险道令人望而生畏,不寒而栗。特别是苍龙岭,长约一里,岭脊仅宽一米左右,光滑圆溜,形如龙背鱼脊。岭西壁落深渊,直下700余米;岭东绝壑悬崖,似觉无底,故有"背无一仞阔,旁有万丈垂"的描述。过此岭者"须骑岭抽身,渐以就进"。据传唐代韩愈出于好奇登览华顶,于苍龙岭处"顾视其险绝,恐栗,度不可下,乃发狂恸哭,欲遗书为诀,华阴县百计取之乃下"。(《唐国史补》)

当然,以"险"为美的景观不限于华山。"险莫若剑阁"的四川剑门关,"惊涛来似雪,一座凛生寒"的杭州钱塘潮,以及各个名山的主峰,都不乏险峻摄魄之处。

4. 以"秀"为美的景观

这类景观一般有良好的植被覆盖地表,山石土壤很少裸露,山水交融,色彩葱茏,生机盎然。此外,其形态别致丰满,轮廓线条柔和优美。李白所谓的"秀木含秀气",郭熙所谓的"山以水为血脉,以草木为毛发,以烟云为神采。故山得水而活,得草木而华,得烟云而秀媚",①皆从不同侧面揭示出秀美景观的审美特征与构成要素。峨眉山之所以享有"天下秀"的美誉,一是因为远观其形,"此山云鬟凝翠,鬓黛遥妆,真如蟕首蛾眉细而长,美而艳也"(《嘉定府志》);二是因为植被葱翠,水草丰茂,色彩雅丽,四季常青,而且因地形高度不同,形成寒、温、热三带垂直气候,植物花草种类繁多,素有"植物王国"之称。

尤其在"杏花春雨江南",由于气候温和,雨量充沛,植被丰茂,山水交融,秀美

---

① 郭熙.山水训.见:北京大学哲学系美学教研室编.中国美学史资料选编(下册).北京:中华书局,1981:16.

的景观殊多,其中媚秀的西子湖、锦绣的富春江、旷秀的洞庭湖都是秀美景观中的佼佼者。

5. 以"幽"为美的景观

这类景观常以崇山幽谷、山间盆地或山麓地带为地形基础,辅以铺天盖地的高大乔木,构成封闭或半封闭的空间环境。比较而言,以"幽"为美的景观视域颇狭窄,光量少,空气清净,景深而层次多,具有迂回曲折之妙趣,无一览无余之直观。从形态特征看,"幽"与"深""藏"和"静"关联密切。所谓"曲径通幽处,禅房花木深","深山藏古寺","古木闭空山"以及"夜静春山空",等等,均包含着"幽"、"深"、"藏"和"静"的因素。在我国,深藏于岷江峡谷之中的青城山诸峰环绕,状若城郭,古木遮天,空间隐蔽,寺观亭阁掩映于浓荫翠盖之间,曲折小径出没于寂谷密林之中,清静幽深,含秀藏奇,故有"青城天下幽"之称。再如庐山的白鹿书院、天台山的国清寺、北京的十三陵等,虽由人工所为,但都因借天然,从以"幽"为美的角度看,与青城山有着异曲同工之妙。

6. 以"奥"为美的景观

这类景观通常在空间构景上比"幽"美的景观更为复杂深隐、封闭迷离。如四周崖壁环列、通道如隙的"一线天"式的景观,与曲折而出、深奥如井的溶洞景观就属此类。游人入乎其内,顿感奥秘无穷,幽深莫测,如扑朔迷宫。号称"天下奥"的武陵山区植被覆盖率高达90%以上,峰密森立,遮天蔽日,溶洞棋布,迷离神奇,对探幽访奥者具有极大的吸引力。以"奥"为美的典型景观还有云南昆明的石林、浙江桐庐的瑶琳仙境、广东肇庆的七星岩、桂林的芦笛岩与普陀山的栖霞洞、贵州的织金洞等。

7. 以"旷"为美的景观

这类景观的视域开阔宽广,形态坦荡旷远,如绵延四野的平原,空旷荒洪的大漠,辽阔无际的镜湖瀚海与登高望远、视力所及的大面积景区等。以"旷"为美的景观因观赏位置和心理感应不同,故有平旷与高旷之分。临江海湖泊而远眺,人与景亲近不隔,视域平面散开,便得平旷之景。如"五百里滇池,奔来眼底。披襟岸帻,喜茫茫空阔无边……"(孙髯翁《昆明滇池大观楼联》),表现的就是平旷景象所给人的那种心旷神怡的审美体验。相反,登高楼峰顶而壮观天地,人与景拉开距离,视域自上而下散开,便得高旷之景。如登黄鹤楼"唯见长江天际流",登泰山岱顶"一览众山小",登香炉峰顶看"江水细如绳,溢城小于掌",大都形象地描绘了高旷景致所给人的那种超拔伟壮的审美感受,同时也反映出自古以来登高览胜的旅游审美习惯。

典型的"旷"美景观首推"八百里洞庭"。登岳阳楼远眺,方知"巴陵胜状,在洞庭一湖。衔远山,吞长江,浩浩汤汤,横无际涯,朝晖夕阴,气象万千。此则岳阳楼之大观也"(范仲淹)。而"气蒸云梦泽,波撼岳阳城"(孟浩然)所勾画出的空阔景象,则为"洞庭天下旷"之大观也。

8. 以"野"为美的景观

这类景观属于原始自然或"第一自然"的产物,纯真古朴,富有野趣,一般未受人类干扰、雕饰或破坏。近年来开辟的九寨沟、张家界、神农架和望天树热带雨林等景区,其山、水、石、林、洞或植被等仍处于原始状态,保持着古朴纯真、洪荒自然的风貌,能给人一种远离尘嚣的野趣之美或神秘之感。所谓"九寨风光人间稀"之说,显然同这种野趣或尚未"人化"的状态不无关系。事实上,面对环境的社会化、工业的机械化、生产的自动化与生活的秩序化等,现代人反而萌生了一种逆向的审美需求,即对野逸景观和手工艺品情有独钟。当今世界各国开设国家公园或自然保护区时,均十分强调野趣,这也许是在环保的名义下迎合这一审美趋向的结果。

需要指出的是,我国大部分具有代表性的自然景观在宏观上可能突出一两种形象美,或雄或奇或秀……或雄奇或雄秀或奇秀……但在微观上,其大小景区会因地貌、造型、季节、光度、云雾等变量,从而幻化出各种各样的形象美,闻名世界的黄山就是一个范例。

二、色彩美

随着季节变换、昼夜更替、阴晴雨雪,自然风物相映生辉,呈现出丰富奇幻的色彩,构成"最大众化的一种审美形式"。(马克思语)"苏堤春晓"突出春色,"居庸叠翠"突出夏色,"西山红叶"突出秋色,"西山晴雪"突出冬色,故有"春翡夏翠秋金冬银"之说。另外,举凡自然景观,有的以霞色取胜,如"葛岭朝暾"与"棒槌夕照"等;有的以月色见长,如"卢沟晓月"与"三潭印月"等;有的以水色著称,如"黄河金带"与"钱塘观潮"等;有的以云色称奇,如"黄山烟云"等;有的以土色叫绝,如"武夷丹霞"等;有的以雪色成景,如"太白积雪"等;有的以花色动人,如"峨眉杜鹃"等;有的以柳色和草色唤起游客的诗情画意与生命之感,如"柳浪闻莺"与内蒙古草原等。

由此可见,景观色彩美的构成要素的确繁多,但究其本质,起主导作用的则是光线。光线通常被视为一切色彩的摇篮,它以"自己特有的方式照射在物体之上,使其在不同条件下看上去又是相当的不同"。[①] 也正如郭熙所言,一切景物朝暮阴晴看,其形态各有不同,这都与光照的亮度与强度有关。在四季分明的北国,我们会随着季节的变化从大自然中欣赏到五彩缤纷的美景。从对长白山的考察结果看,那里的林木色彩如同一部奇幻的变奏曲,令人感受至深。春天,洪荒未改的原始大森林,万木抽芽,翠烟弥漫,像旋律初扬的序曲,应对着"春林翠烟"之称。夏时,枝叶繁茂,碧海无涯,尚处于引而不发的阶段,契合于"夏林葱茏"之称。秋季,"碧云天,黄花地……晓来谁染霜林醉",倏忽间各种树色骤变——有的殷红似血,有

---

① 阿恩海姆.艺术与视知觉(中译本).北京:中国社会科学出版社,1985:447.

的浅橙如霞,有的绛紫斑斓,有的嫩黄鲜亮,有的青森苍郁……在蓝天白云、澄明大气的衬托下,相互自然调配,既绚耀而又和谐,既艳丽而又典雅,既热烈而又宁静。漫步其间,仿佛置身于赫赫无尽的色彩长廊之中。这便是全曲的高潮,凸显了"霜叶红于二月花"的主题,不愧为"秋林如妆"之称。寒冬,银装素裹,天地一色,好像奏出悠长单纯的低调,展现出沉寂神秘的雪国玉界之态,可赋予"冬林如睡"之称。

三、听觉美

在诸多自然景观中,瀑落深潭、惊涛拍岸、溪流山涧、泉泻清池、雨打芭蕉、风吹松涛、幽林鸟语、夏日蝉鸣、寂夜虫唱等自然音响,皆与都市、厂矿、机吼、车喧、人吵等噪声形成鲜明的对照。在特定的环境中,它们能给人以赏心悦目的音乐般的美感享受。正因为如此,大凡名山名园,均设有诸如"松涛亭"、"听泉亭"、"留听阁"之类的景点。据说峨眉山万年寺旁有一蛙池,栖息着一种特殊的"弹琴蛙"。每到傍晚时分,不同音响的山蛙和鸣,声如琴瑟,高低有致,饶有情趣。自不待言,大千世界中的听觉美有着丰富的内容。概括起来,具有代表性的主要是鸟语、风声、钟声、水声。

1. 鸟语的听觉美

百鸟之中黄鹂历来备受青睐。"两个黄鹂鸣翠柳"、"隔叶黄鹂空好音"与"阴阴夏木啭黄鹂"等诗句,都描写的是黄鹂鸣唱时所给人的那种心旷神怡的听觉之美。的确,在幽林深谷之中,鸟语虫声会使自然景观产生一种对比和反衬的审美效应。"蝉噪林愈静,鸟鸣山更幽"便是典型而形象的写照。尤其是长空云端的鸟鸣,除了给人以鲜活多样的节奏美感之外,还能使人产生特定心态下的种种情感体验。譬如,活泼欢快的百灵、哀婉抑郁的杜鹃、秋空长鸣的大雁等,往往会唤起人们不同的感应。林斤澜笔下的《云雀》与布封所描写的《天鹅》,其叫声或欢快酣畅如小夜曲,或悲怆深情如安魂曲,读后都令人神驰、动容。

2. 风声的听觉美

在中国山水中,以风声构成或得以命名的景致不胜枚举。承德避暑山庄的"万壑松风"一景使得古往今来的多少游人慕名而访,期望在那里倾听浑厚沉浊、古朴苍劲的自然乐章。有人曾这么比喻:假如把大自然视为一架钢琴,把山谷、冈峦、植物等视为琴键,那么,风则是拨动这些琴键的乐师。庄子在《齐物论》中所描写的"地籁"便是由风而作:"泠风则小和,飘风则大和,厉风济则众窍为虚。而独不见之调调之刁刁乎?"的确,风忽大忽小,忽高忽低,忽东忽西,可以奏出刚健有力的狂欢曲、缥缈轻扬的随想曲或者其他别有情趣的曲调。英国作家哈代(T. Hardy)在《还乡》中对风声就有过这样一段描写:"连串无数的狂飙……都在进行的过程中把声音化成了三种。低音、中音和最高音都能在里面听出来。全体的风势掠过坑谷,扑过冈峦,就是和鸣的众钟里那个最沉浊的声音。第二种能听出来的,是冬青树飒飒作响的半低音。还有一种,比这两种力量小而调门高,听起来像是老年人变细变弱的嗓子强作粗音哑音的情形。"

3. 钟声的听觉美

古刹钟声那浑厚深沉和悠远荡漾的特点,常常给人一种难以言表的、带有神秘意味的听觉美感。"姑苏城外寒山寺,夜半钟声到客船。"这空灵清净的诗意、感人肺腑的钟声,吸引了大量国内外游客。其中不少人为闻钟声,离开饭店宾馆,夜居水舟之上。

更为奇妙的是,钟声在一定的时空条件下,也像鸟啭蝉噪蛙鸣虫唱一样,对特定的景观起一种反衬或烘托的强化作用。如"长乐钟声花外尽"与"古木无人径,深山何处钟?"等诗句所表现出的意境,就十分有效地凸显出"深山藏古寺"的幽静神秘之景,容易诱发游人顺着钟声去探奇览胜或神游天外。

4. 水声的听觉美

轰然巨响的飞瀑、惊涛拍岸的江流、节奏起伏的海潮、潺潺不息的泉涧、轻打芭蕉的雨声……由这些印象所汇成的自然协奏曲,或亢奋或雄强或古朴或轻柔或欢快……能给人一种妙不可言的听觉享受。晚明文人袁小修原先喜闻丝竹之音,后因长期游山探幽、居舟临水,故晚年独钟水声。他曾在《西山十记》中写道:"听水声悠闲涵淡,欣欣然沁心入脾,觉世间无物可胜之。"当代学者王朝闻也深谙此道,时以"晚年游山听泉声"来弥补因受主观条件限制而不能登攀高山绝顶的遗憾。他在记叙张家界之行一文中写道:"……溪水的响声对我有一种空前未有的特殊魅力……同一段落溪水声音的复杂性,是那些作为水流的阻力的石头,那些大小、高低、深浅的差异,形成了与它们碰撞的水流的速度、强度、高下等差异,这种不同条件所形成的水声接近器乐合奏。不细听就听不出来水声的丰富性,长时间闭目静听成了难得的精神享受。"①

不消说,听清泉细流,须环境幽静。如在人流如梭的青天白日临无锡寄畅园的"八音涧"或北京谐趣园的"玉琴峡",喧闹嘈杂声中很难听出什么名堂来。但若在清晨暮昏、空寂人静时倾听,其高低有度、富于变化的微妙神韵方可得也。

四、嗅觉美

如前所述,欣赏自然景观是一种全身心投入的审美活动。其间,所有感官都在运作,如视觉之于景观形象、听觉之于鸟语松风、嗅觉之于花香草馨、触觉之于挽云携雾、味觉之于品饮泉水、运动觉之于模仿物态等,可以说是一种立体性的审美体验过程。

过去,人们过多地强调视觉与听觉在审美活动中的感知作用;现如今,随着各

---

① 王朝闻.不"跑"风景.旅行家,1985(6).

种感官的不断"人化"和"社会化",嗅觉的审美感受能力也不断提高,并且在日常生活与审美实践中发挥着日益重要的作用。久居污烟、废气与臭气弥漫的生活或工作环境中的人们,一旦深入山林,闻到芳草、花香,吸到新鲜空气,顿觉得肺腑清净,全身透畅,情绪松快,精神振奋,这不能不说是一种以生理快感为主要特征的审美享受。举凡游览过黄山的人都深有体验:春日有山花的芬芳、鲜草的清馨;夏季有吞云吐雾的缥缈仙境,沁人心脾、富含负氧离子的空气。这同都市厂矿的烟尘飞灰、一氧化碳、二氧化碳等刺激物或有害气体使人的肺部鼻腔难受,形成鲜明的对照。亲临其境的游人在吐纳之际,身心愉快、神思飞扬,充分领略到大自然陶情怡性、洗涤胸襟的医疗妙用。

第二节 自然景观的动态美

一般来说,构成自然景观动态美的主要因素可分为两类:一是水流、云雾、时间、季节、光照和植被等自然因素,二是风物传说等人文因素。

一、自然因素的动态作用

所谓"山得水则活",是因为水的流动、跌宕、声响,打破山谷的沉寂,改变景观的形态,同时还给植物鸟兽提供滋养,给人一种生机勃勃的活力感受。闻名天下的三峡风景若无汹涌奔腾的长江巨流,就不会给人以惊心动魄之感。另外,水景本身也富于变化,"春水绿而潋滟,夏津涨而弥漫,秋潦尽而澄清,寒泉涸而凝滞"。[①]这种水景形色随季节变化的特征会使相关景致不同程度地动态化、丰富化。

瀑布无疑是动态景观的重要组成部分。山中近观飞瀑,或浪花四溅,或珠帘轻泻,或银河落天,或雷奔云卷。其形态多变,充满活力,气势动人,洗涤胸襟。贵州的黄果树瀑布、云南的大叠水瀑布、雁荡山的大龙湫、泰岳的黑龙潭、庐山的三叠泉等,均是典型的动态景观。

相形之下,流云飘雾所构成的动态景观更加奇幻莫测、深远神秘。云动山移,峰影隐现,构成"山在虚无缥缈间"的朦胧之美。事实上,云作为动态表象,聚散不一,"轻而为烟,重而为雾,浮而为霭,聚而为气"。[②]结果,其状相异,有浮云、朵云、片云、条云、鱼鳞云,等等。云的空间形态也随季节变化,"春云如白鹤,其体闲逸;夏云如奇峰,其势阴郁;秋云如轻浪,廓静而清明;冬云澄墨惨翳,昏寒而深重"。[③]所有这些景象于凝神默照之中,皆具有令人神思飞扬、渡云行空的想象价值。在诸

---

① 李成.山水诀.
② 韩拙.山水纯全集.
③ 同上.

多审美现象中,无形的风乃是构成动态美的内在动力。风驱赶云雾、扬起波澜、摇拂垂柳、掀动松涛……使山水变活、景物生趣,造成"众象不定"的景观变异性。

另外,一切景物在不同时间、季节、光度和植被等因素的影响下,其形态也随之变化,呈现出不同的观赏价值。所以说一年四季,景有四色;朝暮阴晴,景生变化。单就山景而论,"春山淡冶而如笑,夏山苍翠而如滴,秋山明净而如妆,冬山惨淡而如睡"。可见,草木吐绿、百花开放的春山,生机勃勃,令人欣然而乐;百草丰茂、郁郁葱葱的夏山,显现出色彩浓绿欲滴的景象;天高气爽、红叶飘丹的秋山,形成色彩缤纷的诗画之美;寂林叶落、积雪寒天的冬山,令人生肃静凄然的感想。这些动态性的景观变化现象诚如宋人郭熙所言:"山,春夏看如此,秋冬看又如此,所谓四时之景不同也。山,朝看如此,暮看又如此,阴晴看又如此,所谓朝暮之变态不同也。"[①]怪不得明代黄汝亨春游黄山归来,写下游记一篇,自称赏尽黄山美景,颇为得意。后读姚元素《秋游黄山记行》,方知黄山秋景与春景差异甚大,故又写了《姚元素黄山记引》一文,补正了原先的片面认识,进而领略到黄山"其状千变"之美。

二、风物传说的动态作用

在现代旅游活动中,人们经常会亲领神受以自然山水为时空背景的神话传说与其特殊的人文氛围。这种情况在中国更为普遍,譬如长江巫山神女、云南石林阿诗玛、桂林漓江三公主、西岳华山的巨灵神与"劈山救母",等等。具体说来,这些传说故事是神话的一部分,是附丽于山水景物的,大多运用想象、幻想与神化的表现手法,侧重于描写自然的奥秘和叙述景物的产生及其名称的来源等,因此被习惯地称为风物传说。从旅游审美角度来看,附丽于山水景观的风物传说,将会勾连起积淀在人们心理结构深层中的"神话制作意识"(mythmaking consciousness)、"集体无意识"或"原型观念",由此回味起大自然原始的神秘力量,进而把某种神秘的、超自然的或人文的生气与活力灌注到静态的景物之中,从而在审美遐想中构成动态的,富有文化、情感和精神内涵的景物形象。

譬如去云南石林观看那座被称为"阿诗玛"的天然"石像"。在很多游人眼中,它不再是一块平常的、僵硬的、没有生命活力的石峰,而是一位含愁带恨的、如怨如诉的少女的"化身"。从心理学方面看,这种景物转化现象,通常被视为联想或幻觉的结果。但从神话学的角度看,这可以说是一种"原型现象"(archetypal phenomenon),是人的"神话制作意识"和神话传说相互作用的结果。[②] 而在美学范围内,这种景物转化现象被认为是人的审美意识在神话传说的刺激下向对象灌注生气或活

---

① 郭熙.山水训.见:北京大学哲学系美学教研室编.中国美学史资料选编(下册).北京:中华书局,1981:13-14.

② 卡西尔.语言与神话.于晓,等,译.北京:三联书店,1988:1-44.

力的结果。这种化静为动、化死为活或化无情为有情的旅游审美现象,正是风物传说的生动性所致。这种生动性使人看到"景外之景",导致"情景交融",使人从原本普通的景物中感知到特殊的内涵、意味甚至生命力。总之,作为人文因素的风物传说使相关的景物活了、高大了和丰富了,使原本属于"虚"的传说与眼前"实"的景物通过人的主观想象交融在一起,彼此互动,相得益彰。

第三节 自然景观的象征美

汉语"象征"一词是西文"symbol"的意译,通常与"标志"、"符号"和"记号"等说法互用。"symbol"一词源自希腊语"sumbolon"一词,原来主要是指一种信物,即把一块木板(或石块)分成两半,用以作为友爱的信物。后来演变为泛指所有能表达观念或事物的标志或符号。[①] 按照流行的解释,"象征"是"用具体的事物表现某种特殊的意义"(如"火炬象征光明"、"荷花象征纯洁"等),也就是以有形的代表无形的或以现实的代表非现实的,当然有时也以抽象的(如几何图形)代表具象的(如几何实体)……凡此种种,不一而足。目前,"象征"作为一个术语和特殊的表现手段常用于逻辑学、数学、语义学、符号学、哲学和美学等领域。在美学范围内,象征这种表现手段具有特定的审美效应。譬如在日常生活和艺术创作中,人们常常凭借一些具体可感的形象或符号,以比喻的方式来传达或体现某些概括性的思想观念、情感意趣、志向抱负或抽象哲理,这样便会产生一种审美属性或审美价值。这种属性或价值有时被称为"象征性"或"象征美",其基本特点是象征的形象与被象征的内容之间只有表面的类似联系,而无必然的内在联系,是熟悉其文化内涵的人们在审美想象力的积极作用下,于两者之间建立一种可理解性的类似"花非花"这样的表现关系。在旅游审美活动中,有不少自然景物由于观赏者文化心理的原因也具有了某种象征性,表现出某种具有人文内涵的象征美。

这主要是因为,在中国古典美学思想中,"感物咏志"、"托物寄情"或"触景生情"等学说有着悠久的历史传统。在这方面,孔子可谓最早的典型代表。他以流动不息韵水比照活泼行远的智慧,以滋养万物的山比照宽厚无私的仁德,从而提出"知者乐水,仁者乐山"的山水"比德"之说。对此,后来的荀子、刘向、伏生、韩婴与朱熹等人都作了进一步的解释。关于君子何以"见大水必观"与"知(智)者何以乐水",刘向上承荀子《宥坐》的说法,稍加阐发:"夫水者,君子比德焉。(水)遍予而无私,似德;所及者生,似仁;其流卑下,句倨皆循其理,似义;浅者流行,深者不测,似智;其赴百仞之谷不疑,似勇;绰弱而微达,似察;受恶不让,似贞;包蒙不清以入,鲜洁以出,似善化;主量必平,似正;盈水不求概,似度;其万折必东,似意。是以君

---

① 柳杨编译.象征主义诗学.北京:旅游教育出版社,1991:1-2.

子见大水观焉尔也。"①看来,君子是观赏大水于外,体悟德性于内,随之以移情或转借的方式用流水之势喻示人之品格。"泉源溃溃,不舍昼夜"(刘向语)或"周流无滞"(朱熹语)的水与其似德、似仁、似义、似智、似勇、似察、似贞、似善化、似正、似度和似意的特征品性,会"通润天地之间,国家以成。是知者之所以乐水也"。那么,"仁者何以乐山也?夫山者……万民之所观仰也。草木生焉,众物立焉,飞禽萃焉,走兽休焉,宝藏殖焉,育群物而不倦焉,四方并取而不限焉。出云风,通气于天地之间,国家以成。是仁者之所以乐山也。《诗》曰:'泰山岩岩,鲁侯是瞻。'乐山之谓也"。② 不消说,这种乐水悦山的方式,已经蕴含着哲学思考的契机和伦理功利的意趣,是在追求道德完善的过程中给外在的自然山水赋予了人的品格德性,或者说是将自然人格化了或圣人化了,因此,人与自然的交流或人对自然的观赏,实质上在很大程度上成了人与自然之人格象征的交流或人对自然之人格象征的欣赏。

总之,这种对自然山水的审美特性所持的"比德"态度,会同汉儒的"天人感应"之说、魏晋六朝时期"玄对山水"的隐逸之风,以及后来山水诗画创作中所倡导的"情景说"和"意境说"等因素,都不同程度地积淀在中国人的山水意识或文化心理的深层结构之中。因此,中国人在静观默照自然景物之时,十分强调"以心照物",不仅注重外在的美,而且特别标举内在的品。这里,"美"是就对象的表象或形态而言(如前所述的形态美、色彩美、动态美等),"品"是就对象的内涵或精神而论。譬如中国人喜欢荷花、兰花、竹子和松柏等植物景观,其根本原因不在于其外表好看,而在于其内在品质(即作为人格的象征或精神意志的表现),实则是某种情思意趣的物态反映。荷花生长在池塘沼泽,"出淤泥而不染",故象征高洁。兰花生于幽谷而不与芜草为伍,色洁、香醇、质朴,故象征清雅。竹子修直不弯,引发人们洒脱淡泊的联想,故象征高风亮节,素有"正人君子"之称。松柏不畏严寒,斗风傲雪,四季常青,故有"岁寒,然后知松柏之后凋也"(孔子)之说。因此,人们习惯于借用松柏的这种性格来喻示人类不屈的精神,以象征坚忍不拔的品质。所有这些例证,均在一定程度上印证了"美是道德的象征"(康德语)与"自然美只是心灵美的反映"(黑格尔语)等命题,同时也表明了移情现象在审美过程中的动态机制。这其中所涉及的道德评判与心理习惯,也诚如康德所言:"我们称呼自然的或艺术的美的事物时常常用些名称,这些名称好像是把道德的评判放在根基上的。我们称建筑物或树木为壮大豪华,或田野为欢笑愉快,甚至色彩为纯洁、谦逊、柔和,因为它们所引起的感觉和道德判断所引起的那种心情状况有类似之处。鉴赏使感性刺激渡转到习惯性的道德兴趣成为可能,而不需要过分强大的跳跃。"③这些论述类似斯威顿堡的

---

① 刘向.说苑·杂言.
② 同上。
③ 康德.判断力批判(中译本)(上卷).北京:商务印书馆,1987:202-203.

"应和说"(theory of correspondence)。此说认为自然万物之间、人与自然之间、人的各种感觉之间、各种艺术形式之间都存在某种隐秘的、内在的应和的关系。不过,这一论点在西方可以上溯到新柏拉图派的"天人相应"说,在中国则至少可以上溯到董仲舒的"天人感应"说。

众所周知,在中国的山水文学描写中,自然万物如天地日月、春夏秋冬、晨昏昼夜、风云雷电、江河湖海、花草树木以及鸟兽鱼虫等,大都被拟人化了,结果转变为千姿百态的象征符号(varied symbols),用以喻示或寄托人的情感、意趣、精神与品格。甚至连冰冷僵硬的石头也被赋予了新的意味。譬如,作家方纪在《石林风雨》中所写:"石林像一片森林的化石,又像一排凝止的海浪,更像是一片闪着青光的刀山剑峰!……石林,不只是地质上的奇特现象、供人游赏的风景区;石林,守在圭山的大门口,像是撒尼民族的卫兵,像是撒尼民族坚强的象征。"

究其本质,自然景观的象征之美实为物我应和、异质同构或情景交融、托情于物的结果,也可以说是"人化"的产物,即人的本质力量、情思意趣和理想观念之对象化的产物。因此,若离开人与物的审美关系,是无所谓"象征性"或"象征美"的。

综上所述,自然景观的形式美、动态美与象征美均从不同的生成角度体现出审美对象的丰富性和多样性。要真正欣赏这些景观,不仅需要感性的直觉,而且需要理智的敏悟。相关的审美心理与审美体验将在后文论及。

思考与练习

1. 自然景观的一般存在形态有几种?其基本特征分别是什么?
2. 为什么说自然美的主要内容在于形式美?试举例说明。
3. 中国自然景观的形态美突出地表现在哪些方面?
4. 色彩在自然景观构成与欣赏中有何审美价值?
5. 举例分析自然景观中听觉美的表现形式与审美特性。
6. 举例分析嗅觉美与旅游审美活动的关系。
7. 自然景观的动态美通常是由什么构成的?其各自有何动态作用?
8. 自然景观的象征美是怎样体现出来的?其理论基础是什么?

第六章

人文景观的审美特性

人文景观或文化景观(culturescape)是人类长期从事劳动实践和创造的结晶。它作为相对于自然景观的旅游吸引物(tourism attractions),其内容主要包括文物古迹、建筑园林、碑刻楹联、历史与艺术博物馆、风俗民情和神话传奇,等等。宏观来看,人文景观的审美价值比较突出地凝结和表现在工艺美、历史意味、风情美和意境美等几大方面。

第一节 人文景观的工艺美

在我国,众多的人文景观(如古建、园林、桥梁、佛像等)随着其历史性和时间性的不断绵延,原有的实用功能相对淡化,而观赏功能更加突出。其宏伟、典雅和精巧的造型美吸引着越来越多的国内外游客。从技术美学的角度分析,人文景观的工艺美显然是应用了一系列形式美法则或形式美规律的产物。其中应用最为普遍的基本原理包括以下几点。

一、反复与整齐

事物形式中相同或相似部分有规律地重复出现,组成整体结构上的整齐一律形态,会给人以秩序感、条理感与节奏感,同时还会造成一种特定的气氛,给人以稳定感和庄重感等,譬如中式大屋顶建筑中形式一律的窗户与斗拱、佛塔上层递的拱门与叠檐、桥体中连串的小拱或桥孔,等等。需要指出的是,反复与整齐终究是最简单的形式美法则,如果缺失有规则的变化,就容易给人一种刻板、单调和呆滞的视觉感受。因此,需要与既变化又有秩序的参差法则综合运用,或在整齐一律中表现部分的参差变化,或在参差错落中表现部分的整齐一律。譬如,舞蹈中不断变化的整齐队形与舞蹈姿势就是如此,中国古典建筑(如故宫角楼等)错落有序的重檐也是如此。

二、对称与均衡

这是比上述原理更富有变化的一种形式美法则。对称要求物体或图形相对两边的各个部分在大小形状及其排列上对应相当。对称法则在中国古建筑的布局和结构上应用得十分广泛。沿北京故宫中轴线南北穿行游览,门洞、路基、台阶、大殿的立柱、左右的开间、脊顶的装饰、两旁的房屋……在系列组合上均遵守对称的规律,给人以法度严密、体态沉稳之感。甚至连大门前的两尊石狮也因追求对称效果而将母狮变形,与雄狮同一造型,只能靠各自爪下的小狮和石球加以分别。

均衡是对称的某种变形。其主要差异在于均衡要求物体或图形左右上下在形、量、力甚至色彩等方面大体接近,但不要求形体的一致或相等。故宫的午门或五凤楼由于巧妙地运用了对称与均衡相结合的手法,其造型通过大小、轻重、高低上的变化既保持了稳定而牢固的重心,又表现了庄重与严肃的气氛。另外,人体在直立或正坐时呈对称状态,但若改变姿势而仍保持重心,则呈均衡状态。对称与均衡的形式诚如黑格尔所言,由于打破了原来单纯的同一性,不再重复"一种抽象的一致的形式,而是结合到同样性质的另一种形式……就必然有了一种新的、得到更多定性的、更复杂的一致性和同一性",①这样便可给人一种稳重而变化、沉静而流动的形式美感。

三、调和与对比

合理运用这一原理对艺术造型或产品设计尤为重要。调和是将两个相接近的东西并列在一起。相反的,对比是指为了追求一种比较或对照的明显反差效果,而将两个极不相同的东西并列在一起。绘画艺术中,色彩的调和与对比,是通过色彩的中和、冷暖、纯度、浓淡等因素与技法来实现的。

一般说来,调和给人一种融洽、平和、安定与自然之感,而对比则给人一种鲜明、醒目、活泼或华艳之感。如天坛的祈年殿,在圆形的回音壁中看到圆形的大小基座、叠檐与上接蓝天的皇穹宇,这种在形体上由曲线所构成的调和现象具有浑然一体和融洽适宜的特点;而汉白玉护栏、镏金宝顶、蓝色琉璃瓦与火红的立柱等因彼此色彩对比强烈,在外观上具有显赫、宏丽、跃动和超拔的意趣。

四、尺度与比例

与艺术设计或整体造型密切相关的是尺度与比例。按照黑格尔的解释,"尺度就是量",就是以一定的量来表示和说明质的某种标准。马克思所说的那种"内在的尺度"与"美的规律"是直接关联的,即与事物的本质特征、形式结构和功能体积等因素是直接关联的。中国人在习惯上所讲的"度",指的就是适宜的尺度,即一定事物质量变化的限度。宋玉所谓的"东家之子,增之一分则太长,减之一分则太短;

---

① 黑格尔.美学(中译本).北京:商务印书馆,1979:174.

著粉则太白,施朱则太赤……",①讲的就是一种关乎人体美的"度"或"适度"之美。比例则指同一事物的整体与局部或局部与局部之间的尺寸大小所构成的结构关系。任何具有形式美的事物或设计,如建筑、雕刻、绘画、书法乃至手表、纽扣等日用产品,"都有潜在于它本身之中的比例……比例的源泉是形状、结构、用途与和谐……"②

古希腊人最早发现的"黄金分割率"(golden section,即长与宽之比等于1∶1.618,约等于5∶8)是最有代表性的比例美范式。中国人文景观中的许多古典建筑,其比例是以相等的和不相等的尺寸间之精妙关系为依据的。如大殿、佛塔等之所以具有明朗和谐、静穆安闲、玲珑亲切的形态,主要在于结构的精密和比例的适度。再如乐山凌云大佛,高达71米,比外国一些资料误认为是世界之最的阿富汗巴米安大佛(遭毁)高出18米。在古代没有先进科学仪器的情况下,整尊佛像竟能保持匀称的体态与适当的比例,足以见出先民们高超的智慧与伟大的魄力。

五、节奏与韵律

这一原理既是自然界与社会生活中普遍存在的调节规律,也是人类实践活动中创造空间与时间等形式美的重要法则。要而言之,节奏意指有秩序、有规律的连续变化和运动。乐曲中音调的强弱长短交替出现,绘画中线条的动静回还、疏密相间,建筑结构的有序组合、层叠排列……都构成不同的节奏。韵律一般是指在节奏基础上内容和形式在更深层次上有规律的变化统一。

节奏和韵律均离不开一定的比例关系和适当的间隔。如果在造型艺术中运用得法,会构成形式的动态美,引起视觉的愉悦感。在这方面,故宫的太和门可谓典型。其内容丰富而生动的韵律沿垂直和水平方向巧妙展开,逐渐变化,令观赏者的心律和视线平和地跃动起伏,回环往复,使原本静止的空间形象活转过来,委实像一首"凝固了的音乐"。

六、多样与统一

在诸多形式美法则中,"多样的统一"(unity in variety)原理最具普遍性和重要性。多样(性)意指不同事物个性间的千差万别,统一(性)代表多种事物共性的有机结合。通常,外在的人文景观内容如果仅有多样性而缺乏统一性,容易造成杂乱无序的印象;如果仅有统一性而缺乏多样性,则又会导致单调死板之感。唯有两者有机结合,才能和谐有致,给人以美感。从古希腊毕达哥拉斯学派至今,和谐(harmony)一直被视为美的极致,而和谐在一般意义上就是多样的统一或不协调因素的

---

① 宋玉.登徒子好色赋.见:巨才编.辞赋一百篇.太原:山西人民出版社,1994:3.
② 哈姆林.建筑形式美的原则(中译本):北京:中国建筑工业出版社,1987:55,73.

协调结果。

在劳动实践中,人们往往从整体结构和比例关系出发,于突出重点的同时恰当利用线条、形状、色彩、体积、量度和质感等因素,以期创造出和谐、美观的事物形式。譬如,素有"水中碧玉环中过,人从苍龙背上行"之称的赵州桥,横跨河北赵县汶河之上,如"初月出云,长虹饮涧"。桥体大拱似弓,桥面坦直,大拱两肩又各驮两小拱。整个桥身结构精巧,体态匀称。在系列组合、空间安排、比例尺度和风格式样诸多方面,均体现了调和、整齐、对称、均衡、节奏、韵律和多样统一的形式美,构成了巨大空灵、稳固坚轻、寓秀逸于雄伟之中的形态美。因此,"驾石飞梁尽一虹"的赵州桥、"半空垂下玉龙涎"的泰山云步桥、世界上独一无二的丰台卢沟桥和风姿秀逸的颐和园玉带桥等,都被列入稀世罕见的景观对象。

七、实景与虚景

中国的园林、绘画以及戏剧等艺术均有许多独到之处。它们在布局、造型和表演等方面,既不排斥或囿于上列形式美法则,而且在兼容并蓄的基础上自成体系。这其中最有代表性的是虚实相生或实景与虚景互补的创作原理。所谓"实景",一般是指相对独立与实存的景物与形象,如园林中的水石亭台楼阁植被与绘画中的着墨之处,等等;所谓"虚景",通常是指相对依附和假借的景物与形象,如园林中的借来之景与绘画中的空白之处,等等。

专就园林而论,西方园林讲究理性法度,喜好几何图形之美与布局开阔的空间。相比之下,中国园林注重诗情画意,追求曲径通幽的意境与宛自天开的格调。因此,虚实相生的造园技术得到广泛的运用。譬如,为分隔空间景象经常采取障景法(内含实障与虚障),为强化景象深度经常采取借景法(分为邻借和远借),为丰富景象趣致经常采取框景法(利用门廊和透窗等),为联结对应景象经常采取对景法,为点缀局部景象经常采取点景法等,由此构成了中国园林独树一帜的美学风范。

八、天人协调原理

许多人文景观与自然景观是彼此协调、相互融合的。在通常情况下,人们以特定的自然环境为背景,遵循多样统一等美学原则,选择布局和谐的景点位置,并借助亭台楼阁等建筑形式,因地制宜地创造出景中之景,以协调和强化整体景观的审美效应。我国各大名山胜水历经数千年经营,建筑布局与自然环境非常讲究审美风格上的和谐统一。我们在实地考察中不难发现以下特征:

在以"雄"为美的景区或景点,建筑物大多居于山脊、绝顶或明坡之上,以协调和强化雄伟崇高的气势。如临东岳泰山,每到险要高旷之处必有建筑点缀其间。特别是南天门"十八盘"一段,飞龙岩与翔凤岭左右对峙,松涛盈耳,石阶万级,犹如高入云端的天梯、升入天界的通道,使泰山更显得宏伟壮观,颇有"天门一长啸,万里清风来"的意境。衡山、嵩山与峨眉山等地的建筑布局皆有类似之处。

在以"险"为美的景区和景点,建筑物一般临崖依壁,凭险而设,突出"无限风光在险峰"的意境。如北岳恒山的悬空寺有殿宇楼阁40间,于陡崖上凿洞穴插悬梁为基,楼阁之间有栈道相通,颇有"公输天巧"之妙、奇险惊魄之象。西岳华山的南天门、"鹞子翻身"与长空栈道等莫不如此。

在以"秀"为美的景区和景点,建筑物往往依山傍水,掩映林间。在江南号称"地上天堂"的苏杭,经常可以在主要景点看到造型轻巧、尺度适宜、体态匀称、色彩素雅的亭台楼阁与小桥流水式的景致。它们或成诗入画或供人小憩或引人静观,有益于增加景区的趣致风雅。

在以"幽"为美的景区和景点,建筑物通常掩于密林,藏于山麓,沉于谷底,形成密林隐殿宇或深山藏古寺式的幽静宁寂之境。北京门头沟山区的潭柘寺、雁荡山的灵岩寺、崂山的夏清宫等便是范例。

在以"奥"为美的景区和景点,建筑物大多与洞穴结为一体,更显得扑朔迷离,妙趣横生。如雁荡山合掌峰下的观音洞,顺山势筑有九层殿堂,远望是天然洞穴,近看有殿阁隐约可见,入内有九重楼阁之大观。庐山的仙人洞等也有类似的景物。

在以"奇"为美的景区和景点,建筑物在布局设计上惯于采取巧妙因借的手法,构成更为幻变曲折、令人叹奇的景致。如云南石林中时上时下、时隐时现、时洞时桥的游览道路,石家庄苍岩山里凌飞于深壑峭壁之间、托殿阁于拱桥之上的桥楼殿等,其手法之巧妙、构思之新奇、景象之别致,委实令人叹为观止。

在以"旷"为美的景区和景点,建筑物往往选择临湖或沿江的最高点而设,以供游人登高俯视,远望或纵览景观的全貌与气势。洞庭湖畔的岳阳楼、钱塘江边的六和塔、武昌城外江边的黄鹤楼等便是典型的例证。

总体而论,"我国传统风景区在建筑与环境关系的艺术处理上具有浓郁的民族特色,这就是以涵为主、涵露结合的手法。对于以'雄、险、旷'为特征的自然景观,建筑物常以'露'居多;对以'秀、幽、奥'为特征的自然景观,则以'涵'为主,取'露'的手法,也往往以'露'引'涵'为常见。如露山门以引内涵之大殿,亮牌楼、石兽、石人以引山麓密林深处的皇陵……"[①]这类景观十分常见,如东岳泰山、秦岭大五台山、山东长清县方山灵岩寺与北京十三陵,等等。

自不待言,产生这种协调美的物态因素不限于亭台楼阁等建筑实体,也包括摩崖题刻、碑碣楹联、石雕佛尊和移植花木,等等。题刻如泰山极顶上的"天下独尊",庐山仙人洞前的"纵览云飞",福建厦门鼓浪屿的"鼓浪洞天",海南三亚的"天涯海角"、"南天一柱",等等。楹联如东岳南天门上的"门辟九霄,仰步三天胜迹;阶崇万级,俯临千嶂奇观",梧州北山观鲤亭上的"鸣禽听而悦,鲤跃似神怡",岳麓山白鹤

---

① 谢凝高.风景美.见:杨辛主编.青年美育手册.石家庄:河北人民出版社,1987:804.

泉处的"鹤去泉仍冽,山深亭自幽",以及富春江严子陵钓台上的"登钓台而望,神怡心旷;想先生之风,山高水长",等等。佛尊如乐山大佛、云冈大佛、龙门大佛和天龙山第九窟石佛,等等。花木如北海公园的玉兰、北京植物园的桃花、玉渊潭的樱花、香山的黄栌、八达岭的枫林,等等。所有这些因素对于欣赏景观或理解风景来讲皆具有各自不同的功能,或画龙点睛或锦上添花或引人入胜或深化意境,有的景点题刻还给人以风格古朴多样的书法艺术享受。

第二节 历史意味与民俗风情

与自然景观相比,人文景观的内容更为丰富多样,而且其审美价值也具有一定的定向性。这种定向性通常反映在特有的历史意味和民俗风情之中。

一、人文景观的历史意味

人文景观的工艺美主要表现为直观的和外在的形式美。这种形式美是"有意味的形式"美。而其中的"意味"(significance)不仅表现为形式法则所构成的审美意味(aesthetic significance)、一种令人赏心悦目的或给人以快感的审美意味,而且还表现出带有历史舞台色彩的历史意味(historical significance)、一种具有人文精神和再现历史沧桑的历史意味。譬如,人们登泰山临绝顶,会回顾秦皇汉武封禅的历史;去山海关登长城,会思索秦始皇的功过与明清历史的演义;进故宫参观金銮殿,会遥想当年皇帝临朝的赫赫威严与王朝兴衰交替的沧桑巨变;游圆明园旧址,眼前的残垣断壁和相关景点遗址的介绍,自然使人联想起原先这座"万园之园"的宏丽风貌与1860年英、法联军掠夺园中珍宝并纵火将其烧毁的罪恶行径……所有这些与历史文化相关的内容,一方面会激发起游人的思旧怀古之情,深化他们在观赏景观时的历史文化体验;另一方面也极大地丰富了景观的内涵,扩大了景观的时空意象,创造了一种"景外之景"或"象外之象"。这样,就使得景观具有了历史舞台的效果、时间的立体性和永久的魅力。诚如日本美学家今道友信所言:当人们在回顾历史时,"眼前的风景便具有了时间的立体性,那里的一草一木都会表现出自然的、悠久的生命来……即使眼前是一些昔日的景象,但当人们联想起人类生活变迁及万物的进化时,人们就会逐渐从单纯的山野风景中体验到一种不同的诗情。只有这时,眼前的风景才真正具有了古迹的意义。"[①]从实际情况看,自然景观如此,人文景观更是如此。

值得指出的是,与自然景观相比,人文景观是典型的"人化"结果。这类景观被有的美学家(如英国的纽拜)称为一张"用过数次的羊皮纸","其中后来的文化具

---

① 今道友信.关于美.哈尔滨:黑龙江人民出版社,1983:12.

有在先的文化的一切业已磨损的痕迹。这些痕迹依然存在,而且常常像索尔兹伯里平原青铜时代直立遗物群那样。我们对于文化遗迹的珍视,远远胜过对风景自然特性的珍视"。① 这就是说,正由于其中的文化痕迹与历史意味,许多人文景观具有反复观赏的和科学研究的价值,是应当妥善保护和利用的重要旅游资源。

二、民俗风情与审美

观赏张择端的《清明上河图》,那城郊乡里清明时节的田园风光、汴河两岸繁华兴盛而又闲适悠然的世俗景象,以及汴梁街市人欢马叫、歌舞喧天和车轿穿梭等热闹场面,归总起来便组成一幅民俗风情图,其中流溢着生动的生活气息和丰富的审美因素。

一般来说,人文景观中的民俗民风、生活方式、传统礼仪与社会人文环境等因素彼此协调起来会构成一种综合性的风情美。比如走访青海湖,在连接着日月山、奔流着倒淌河的大草原上,灰色的帐篷、白色的羊群、黑色的牦牛、矫健的骏马、服饰鲜艳的藏民、高亢嘹亮的欢歌、悠扬远播的笛声,还有头顶上的长云碧空与四周围的山峦峰影等景象,组成了特有的风土人情景观。置身于如此广漠空旷的环境里,你不但不感到孤单惶恐,反而倍感神驰怡然。如果适逢佳节,同当地藏民一起欢度,大家席地围圈而坐,赏歌舞,看赛马,喝奶茶,饮青稞酒,吃手抓羊肉……通宵达旦,其乐陶陶,情深意长,令人终生难忘。

我国地域辽阔,民族众多,文化习俗内容丰富,风土人情各具特色。其中一些主要的节日庆典活动,如傣族的泼水节,蒙古族的那达慕节,回族的古尔邦节,汉族的春节、元宵节、端午节、中秋节,形式各异的庙会、灯节与花市,以及风格不同的民俗歌舞等,在特定的生活环境和文化氛围中最能反映出当地的风土人情之美,具有求知、交际和审美等多重价值。② 以西双版纳傣族的"泼水节"为例。傣族人爱水是真诚而深沉的。他们把家乡的水看作自然界的首要美物,与水保持着悠久的审美关系。于是,他们关于水的神话(如《泼水节的传说》)、以水为表现主题的舞蹈(如《水》)和在水中自由嬉戏的欢快情调,均具有独特而永久的魅力。尤其是泼水节这一年一度的盛大庆典,从内容到形式都会给人一种"美是生活"的深切感受。按傣族人的风俗习惯,此节要连续欢庆三天三夜。"第一天,傣族人总是身着盛装,五彩缤纷地聚集在江河边,或在江心里赛龙舟或在江岸上放升高……无论男女老少,个个喜气洋洋,把傣族人对水的深情一一倾诉给江河。泼水节的第三天是高潮。在这天,傣家人把水与幸福、吉祥更紧密地联系在一起,每个人都愿意在这一天里多多为别人泼水祝福,并且也希望自己能得到许多人的泼水祝福。傣家人传统的泼

---

① 纽拜.对于风景的一种理解.见:美学译文(第2卷).北京:中国社会科学出版社,1982:181.
② 全国民族院校文艺理论研究会.民族风情与审美.北京:红旗出版社,1987.

水祝福本是一种很文雅的仪式,只取泼水象征祝福就行。但是,现代的傣族青年却大大改革了泼水方式,使'泼水节'的欢愉气氛大大增强了。他们不再满足于用鲜花、树枝洒水的祝福,而是名副其实地'泼水'——用瓢泼、盆泼、桶泼(或新近时兴的水枪泼)了。他们不仅用泼水表示祝福,而且用泼水表示友好、爱慕、欢迎等丰富的情感。他们从大清早就互相追逐、嬉笑着互相泼水,泼得傣乡水花飞舞,泼得年轻人个个衣裙滴水不止。每年'泼水节',总有上百个国家、民族或地区的代表争先恐后地来到西双版纳、德宏,参加傣家盛大的节日,领略傣家对水的无限深情",[①]同时也体验傣家待客的无限热情。1993年,我国之所以成功地举办了大规模的"民俗风情游"活动,根本上是因为享有这些丰富多样的传统习俗和风土人情资源。

值得强调的是,合理利用传统礼仪和民俗风情,会有效地丰富人文景观的内容。众所周知,许多文物古迹等人文景观是相对静态的存在,普通旅游者游览一两次足矣。但若根据历史背景和现实需求,因地制宜地创造动态型仿古景观(如在北京雍和宫举办"捉鬼舞",在沈阳故宫增设八旗礼仪演练等),或者组织文化娱乐活动(如开展美食节、泼水节、赛龙舟等),就会不同程度地丰富景观价值,吸引各方游客,推动旅游审美活动的良性循环。

第三节 人文景观的意境美

游览"六月无暑,九夏生风"兼"南秀北雄"之特色的承德避暑山庄(即河北热河行宫),人们不难发现那里的景点全都"因地之势","度土之宜",采取分散布局。其中最有代表性的要数艺术风格各异的"外八庙"。若登上磬锤峰(即棒槌山)环顾四野,你会十分惊奇地发现,这些在当时为了联络满、藏、蒙、布鲁特、哈萨克等民族而建立的宗教庙宇像众星捧月般地面向行宫,象征着各地民族心向中央,巧妙地借助建筑形式表现了"宇内一致"或"一统天下"的主题思想。[②] 这当然是就特定历史背景下的政教合一或政治用意而言的。如果从艺术欣赏和景观造型的角度分析,此类凭借象征手法和自然布局将主观意趣、理想(意)与客观感性形式、景象(境)有机融合起来的艺术典型特征,便是我们常说的景观意境了。

"意境"是中国美学思想中的重要范畴,是评品审美对象(尤其是艺术作品)的价值标准,是中国古代从长期的艺术实践中总结出来的一条审美规律和创作原则。意境基于真实的景物(或现实生活)与真实的情感(或主观意兴)之上,诚如王国维所言的"境界"。它"非独谓景物也",因为"喜怒哀乐亦人心中之一境界。故能写

---

① 全国民族院校文艺理论研究会.民族风情与审美.北京:红旗出版社,1987:29-30.

② 据载,秦始皇统一中国之时,每攻破一座国都,都将其宫殿照原样搬来建在咸阳北山,面对大秦皇宫,用以体现全国统一或江山一统的景象。清朝在康乾盛世时期,借用宗教庙宇来表现疆内大一统的思想,颇有异曲同工之妙。

真景物、真感情者谓之有境界。否则谓之无境界"。① 也就是说,意境近似于"思与境偕"、"情景交融"或"神与物契"的艺术境界。其基本特征一般表现为主观与客观、意与境、情与景、有限与无限、鲜明性与含蓄性的统一。所谓"深文隐蔚,余味曲包"(刘勰语)、"象外之象,景外之景"(司空图语)、"意居笔先,妙在画外"(黄钺语)、"一切景语皆情语也"(王国维语),大多讲的是意境的上列特征,即在有限、生动、鲜明的外在形象或景物中暗示出无限、丰富、含蓄的深远内容或意味来。李泽厚认为,意境至少包含两个方面:"生活形象的客观反映方面和艺术家情感理想的主观创造方面,为简单明了起见,我们姑且把前者叫作'境'的方面,后者叫作'意'的方面。意境是在这两方面的有机统一中所反映出来的客观生活的本质的真实……'境'和'意'本身又是两对范畴的统一:'境'是'形'与'神'的统一,'意'是'情'与'理'的统一。在情、理、形、神的互相渗透、相互制约的关系中就可窥破'意境'形成的秘密。"②

我们从意境角度来审视人文景观,就有可能通过其外在的形式组合与具体景象,来感知和领悟其中所蕴含的深广意味,或"象外之象,景外之景"。

在我国诸多的人文景观中,追求诗画意境的园林景观是最耐人寻味的。中国园林的最大特征是综合艺术性和空灵无限性。就前者言,它是由"建筑、山水、花木等组合而成的综合艺术品,富有诗情画意";③就后者论,它妙在含蓄,小中见大,通过分隔、变化、曲幽和因借,在有限的面积与有形的景物中创造出空灵玄远的意境和无限的空间。究其本质,园林的意境是主观情趣与客观景象、观赏功能与实用功能的有机统一结果。它在直观、具体和有限的园林景象基础上,融会了诗情画意的艺术内容、思想哲理的精神内容和游览居住的生活内容,从而构成了丰富、深刻与无限的审美意味或"景外之景",能给人以"画里移舟,诗边就梦"甚至超越时空的审美体验。例如苏州的网师园,基于"渔隐"的主题思想,在布局上大胆使用池水。濒水而建的设鸭廊、濯缨水阁与小石桥皆低临水面,并巧借叠石,不植荷花,使一池清水更显得开阔,构成了小中见大的湖山景象与渔隐的思想情趣交融统一的意境。游历其中,或悟得闲来垂钓的悠然乐趣,或生发超尘出世的洒脱意念。

说到底,园林终究是一种实用艺术,原本是供人居住之地。因此,在注重观赏价值的同时,也要满足实用的要求,所因借或营造的环境应当使人的视觉、听觉、嗅觉、触觉乃至整个身心均可得到愉悦的享受,这在直接或间接的意义上也丰富了园林的意境美。承德避暑山庄的寝宫正殿"烟波致爽"为康熙三十六景第一景,因"四周秀丽,十里平湖,致有爽气"而得名。该殿门阔七间,门窗装修不饰彩绘,外观朴

---

① 王国维. 人间词话. 见:姚柯夫编.《人间词话》及评论汇编. 北京:书目文献出版社,1983:2.
② 李泽厚. 意境浅谈. 见:姚柯夫编.《人间词话》及评论汇编. 北京:书目文献出版社,1983:162.
③ 陈从周. 说园. 北京:书目文献出版社,1984:2.

素淡雅;殿前古松参天,浓荫铺地;殿后植有各种花木,点缀着山石磴道,一派含而不露的诗画景色与舒适清静的居住环境,是典型的融观赏与实用为一体的园林景观。

中国园林追求诗画意境,在技巧上也必然有因借和移用其他艺术表现手法之处。比较明显的是从中国传统绘画(特别是山水画)中汲取了许多成分。我们知道,中国绘画是诗书画印四位一体的艺术,因此,在意境上讲究"诗中有画,画中有诗"和"以形写神,得意忘形";在用笔上讲究"书画同源,以线造型";在章法上讲究"虚实相生,置陈布势";等等。所有这些艺术因素都不同程度地浸入到造园艺术之中。但直观地看,绘画中用来点破旨趣、感想或缘由的标题、诗文、题记、边款等,经过变通之后皆以物态的形式应用于园林艺术。结果,造园成了一门"以无形之诗情画意,构有形之水石亭台"的艺术。① 现如今,园林中四处可见的匾额、楹联、题记、碑刻等,在帮助理解园林景致和深化园林意境方面起着不可或缺的作用。例如,颐和园内的谐趣园素有"园中之园"的美称。它于1751年仿无锡惠山脚下的寄畅园而造,故取名为"惠山园",此名显得过于平淡坦直了些。后于1811年重修,易名为"谐趣园",取"以物外之静趣,谐寸田之中和"之意。此名与园内十三座玲秀的楼台亭榭、迂回曲折的游廊以及竹影参差、花木扶疏、山泉流泻等景象相得益彰,使该园的意境深化了许多。其中那座临水而设的石桥,上置一小牌坊,题名为"知鱼桥",源自《庄子·秋水》中庄惠二人的鱼乐之辩:"庄子曰:'鲦鱼出游从容,是鱼之乐也。'惠子曰:'子非鱼,安知鱼之乐?'庄子曰:'子非我,安知我不知鱼之乐?'……"游人至此,若解其意,且临桥观鱼,感受会大不一样。再如苏州拙政园远香堂,是以堂前荷花为题、借周敦颐"香远益清"之意而得名。而苏州留园留听阁,同样以荷花为题,但取李商隐"留得残荷听雨声"的诗意而得名。这两个景点的意境隐含在各自的题名之中。相比之下,前者喻君子洁身自好、不求虚名之德,"出淤泥而不染,濯清涟而不妖"之风,引致游人在观赏荷花之时感悟纯洁、高尚、清雅的意境;后者则把人导向洒脱、幽静、淡泊的意境中去了。

总之,当游人以审美的态度静观默照自然景观时,也会发现或创造出不同的意境来。这种意境与人文景观原有的、客观存在的和需要认知感悟的意境相比,具有更大的自由度,并且需要主体的创造意识参与。因为,外在自然景观作为一种审美的刺激物,具有引发或唤起主体情感(或触景生情或以心照物)的效用,能使人从单纯欣赏对象的形式美转入主观创造的心理活动,即按照自己的情思意趣,以自由想象的方式对眼前的景物进行取舍,然后重新组合,继而在内心里构图绘影,创造出自认为能够表现或寄托个人情感、趣致、意愿与理想的新景象、新境界。这是一种不受建筑形式、技术设计、文字符号乃至历史背景等因素直接制约的、自由自在的、

---

① 陈从周.说园.北京:书目文献出版社,1984:59.

随心所欲的主体性心理创造过程,是一种颇有成效的旅游观赏方式或旅游审美实践活动。

思考与练习

1. 中国人文景观的审美价值主要表现在哪几大方面?
2. 人文景观的工艺美是如何生成的?形式美的主要法则有哪些?
3. 多样统一法则的审美特性有哪些?试举例说明。
4. 你认为在上述形式美法则中哪一条最富有中国文化与美学的特色?为什么?
5. 在旅游审美活动中,人文景观的历史意味有何作用?试举例说明。
6. 人文景观的风情美是指什么?举例说明它对旅游者的吸引力。
7. 意境作为中国美学范畴之一,其基本内涵与审美特性是什么?
8. 你如何看待中国人文景观中的意境美?如何看待其内在的辩证关系?

第三编

审美心理与旅游观赏原理

  审美心理因素一般包括审美感知、审美想象、审美理解与审美情感及其四者之间的互动作用。审美个性与类型除了涉及个性差异之外,也涉及民族与文化的差异。审美意识系统是一个综合性的开放和动态系统,在旅游审美过程中发挥着特殊的作用。审美体验一般可分为"悦耳悦目"、"悦心悦意"和"悦志悦神"等三个层次,其中"悦志悦神"的审美体验关系到一种形而上的对话意识和交流意志,关系到审美主体对积淀于符号中或景观形象中的观念的理解以及主体精神的升华,等等。旅游观赏艺术原理不仅涉及旅游观赏活动的方法技巧或所谓的"游道",而且涉及旅游者自身的审美修养与导游翻译在实际工作过程中的协助和引导作用。这就需要论及如何综合开发人在旅游审美活动中的自我调节意识或超功利意识。

第七章

审美心理要素

旅游审美是旅游者在现实而具体的观光游览活动中所进行的一种审美价值判断过程。该过程通常伴随着复杂微妙但愉悦自由的心理活动。如同其他形式的审美实践活动一样,旅游审美活动也涉及审美心理的四大要素:审美知觉、审美想象、审美理解和审美情感。这些要素作为特殊的审美心理功能,在互动作用中引发出不同程度的审美愉悦或审美快感(aesthetic pleasure)。对于在异质文化环境中旅游观光的人们来说,这种审美快感还涉及跨文化交际中的新奇性和可理解性等因素。

第一节 审美知觉

在审美过程中,审美知觉(aesthetic perception)或审美感性认识因素通常起一种先导作用。这在很大程度上是由审美对象的感性形象和审美主体的认识特征决定的。所谓审美知觉,泛指审美对象刺激人的感官而引起的各种感觉及与之俱来的知觉综合判断活动。我们知道,人的五官、身体和大脑神经系统集合起来组成了视、听、嗅、味、触等主要感觉分析官能,以此辨别、接受和传达各种信息。然而,在丰富多彩的审美实践活动中,官能的作用是有一定差别的。根据西方传统美学思想,视觉和听觉一般被当作主要的或高级的审美器官。譬如,柏拉图就认为,视觉和听觉产生的快感高于饮食色欲之类的快感。圣·托马斯断言,与审美鉴赏密切相关的是视听觉,因为美的因素在于整一、均匀和色彩鲜明,而这些皆诉诸视觉。黑格尔甚至走向极端,认为"艺术的感性事物只涉及视听两个认识性的感觉,至于嗅觉、味觉和触觉,则完全与艺术欣赏无关",因为它们"只关涉单纯的物质及其可直接用感官接触的性质"。[①]

不可否认,在审美功能和效应上,视听觉比其他感觉享有较高的地位,但我们不能因此而忽视其他感觉系统在审美实践(特别是旅游审美活动)中的积极作用。例如,在享用美食这种综合性的审美活动中,对宴乐歌舞和环境装饰的审美知觉固然离不开视听觉,但对美酒佳肴的"色、香、味、形、意(趣)"的整体性审美知觉就离

---

① 黑格尔.美学(中译本).北京:商务印书馆,1979年,第一卷.页48。

不开味觉与嗅觉的辅助功能。同样,当旅游者身临其境,凝神观照大自然的风光胜景之时,草木花香和清新空气所引发的嗅觉感受,对旅游美感的生成与深化就具有不可或缺的独特作用。另外,旅游者在选购中国丝绸、刺绣或瓷器等旅游工艺品时,视觉对于其色彩图案的鉴赏尽管重要,但触觉对强化其美感和刺激其购买欲也具有一种推波助澜的实际功效。再则,运动觉由于受"内模仿"的心理驱使,也有助于启动人的审美敏感性。譬如,"我们欣赏颜字那样的刚劲,便不由自主地正襟危坐,模仿他的端庄刚劲;我们欣赏赵字那样的秀媚,便不由自主地松散筋肉,模仿他的潇洒婀娜的姿态"。① 其实,我们有时以"无为而无不为"的审美态度凝神观照直插蓝天的大树或者高耸入云的山峰,也会不由自主地挺起腰杆,以内在的方式模仿对象超拔或崇高的形象,等等。

应当看到,人的感官在审美知觉过程中的作用不单纯是生理效应,而是在很大程度上折映出社会历史的内容。这是因为,人和一般动物不同。动物的感官完全是以生理需要为导向的,仅仅是为了物种的生存。而人的感官虽然一开始也受生理欲望的支配,但经过长期的"自然的人化"或社会实践活动(包括审美实践活动),积淀和凝聚着世代传承的文化历史与"集体无意识"等因素,因此逐渐摆脱了早先那种狭隘的只为了维系生存的动物性,演化为具有社会性和审美敏感性的感受器官。所谓"自然的人化"(humanization of Nature),一方面是指外在自然的人化,即人按照客观的规律对大自然进行改造、利用和保护,从而使自然界带有人的感情色彩和人工创造的痕迹,因此而具有审美的性质和社会化的内涵。"天下名山僧(寺)占多",可以说是外在自然人化的突出成果。在另一方面,"自然的人化"也指内在自然的人化,即人的感官和情感在保持其自然属性的同时不断地社会化、理智化、人文化和审美化,从而使其自然或物质属性与其精神或心理属性达到有机的统一,使其具有一定的感性意义上的非功利性或审美的敏感性。譬如,人之所以(有的通过一定的训练)具有"音乐感的耳朵"、"感受形式美的眼睛"和"道德的情感",正是内在自然的"人化"的产物。

审美知觉有直接与间接之分。前者是指审美感官与审美对象发生直接接触时获得的审美知觉感受,这在亲临其境的旅游审美活动中表现得尤为突出,而且最易导致审美的动态感和立体感。后者一般是指对文学作品和音乐艺术的欣赏。它不直接与审美实体接触,而是通过文字符号或声音等媒介的刺激诱导,来间接地领略语言艺术与音乐艺术所表现的审美价值,如小说、诗歌、交响乐、小夜曲,等等。

审美知觉经常涉及直觉因素。譬如,我们有时看一片风景、一幅绘画或听一首乐曲,当下会感到是那样赏心悦目,但又说不出其所以然,类似于一种"只可意会,不可言传"的感觉,这便是我们所说的直觉作用。这种直觉当然不是纯然本能意义

---

① 朱光潜. 谈美书简. 朱光潜全集(五). 合肥:安徽教育出版社,1996:286.

上的直觉,而是社会意义上或审美意义上的直觉,它"积淀和凝冻着"一定的社会历史内容和"集体无意识",并以感性和直观的形式影响着人的审美知觉能力。按照李泽厚的"美感积淀说",这种直觉作用在通过"原始积淀"、"艺术积淀"和"生活积淀"而形成的人的审美心理结构中占有十分重要的地位。

值得指出的是,审美知觉不同于一般的实用知觉。因为,后者在实用目的完成时便基本终止,不再注意和追求对象外在形体结构是否符合人的内在情感状态,也不再探索或反思对象的内容实质是否影响人的内在精神世界,等等。而审美知觉则恰恰相反,它渴望借助物我之间的非功利性审美关系或异质同构关系,使观赏主体的情感得以表现或陶冶、宣泄或升华。另外,审美知觉具有综合特征。表面看来,它似乎是迅速的直接判断结果,实际上这其中渗透或交浸着情感、想象和理解等心理因素,包含着个体的理想、偏爱、个性、信仰以及生活阅历等内容。

第二节 审美想象

马克思称想象力(imagination)为"人类的高级属性",主要是因为人在从事创造性的实践活动(如艺术创作、科学发明、审美欣赏等)中均离不开丰富而自由的想象。按照博克(E. Burke)的解释,想象力是"人心具有的一种自身的创造力",它"或随意按感官接受形象的次序与方式来表现事物的形象,或用一种新的方式、根据一种不同的次序组合那些形象"。[①] 在现代心理学里,想象或想象力作为一个研究范畴,其内容与功能十分广泛和多样。为了便于说明问题,人们一般把想象分为初级和高级两种形式。初级形式指简单联想,其中包括接近联想和类比联想。[②] 高级形式则指与审美密切相关的知觉想象和创造性想象。我们这里侧重介绍后两种想象形式。

一、知觉想象

知觉想象(perceptual imagination)与接近联想和类比联想的共性,在于都不能完全脱离眼前具有感性形象的事物。在审美活动中,这种想象是面对着风光绮丽的自然景观或优秀感人的艺术作品而展开的。"当人的全部心理功能都活跃起来去拥抱自然或感受艺术品时,当人们的心境、爱情、痛苦、欢乐与大自然完全合拍时,当人们无法把眼前那喧闹的小溪与昔日生活的某种情节和气氛区分开来时,人的想象活动便被激发起来了。"[③] 凡到过云南昆明游过石林的人们大都亲身体验过

---

① 博克.崇高与美(中译本).上海:上海三联书店,1990:9.
② 王柯平.旅游审美活动论.北京:旅游教育出版社,1991:54.
③ 滕守尧.审美心理描述.北京:中国社会科学出版社,1985:61.

这种想象活动,即从眼前那座被称为"阿诗玛"的天然石柱上回想起电影《阿诗玛》所描写的那一动人传说,随着人们从现实心境进入到审美心境,阿诗玛那楚楚动人、如怨如诉的美丽形象便从那块坚硬而无生命的石头中显现了出来。不消说,这种形象并非那石块原有的形象,而是观赏者通过想象赋予对方的一种"虚无的"但却是审美的形象。这种形象说到底是观赏者带有情感色彩的记忆形象在石柱上的一种投射(projection)或折映。在旅游观光中,这种审美想象活动是经常发生的。无论是游桂林的"象鼻山",还是游黄山的"仙人指路";无论是看桐庐瑶琳洞中的"银河飞瀑",还是看芦笛岩的"虎豹熊狮"……这些山石的空间构景和形状与我们似曾见过的某些形象有着似又不似之处,"这种模糊的原始材料经过想象的加工之后,便成了发乎自然而又不同于自然的东西。外部自然只是一种死的物质,而想象却赋予它们以生命;自然好比一块未经冶炼的矿石,而心灵却是一座熔炉。在内在情感燃起的炉火中,原有的矿石熔解了,其分子又重新组合,使它的关系发生了变化,最后终于成为一种崭新的形象在眼前闪现出来"。①

我们认为,在旅游审美活动中,对景观的命名只要比较贴切,或者说景观命名只要与景观的空间形象趋于吻合,就会在不同程度上激发观赏者的审美想象。但在具体的现场导游中,要切忌简单而武断的解说(如用手一指便信口开河:"请看!那是'云中仙子',那是'猴子望月'……"),要以生动直观的描述作为一种渲染手段,着力于激发旅游观赏者的审美想象,让他们自由地去体味或构想,万不可先声夺人,把话说"绝"。否则,会使看不出名堂的游人感到失望,从而影响他们的游览兴趣。

二、创造性想象

创造性想象(creative imagination)类似我们常说的形象思维,是一种能够洞察、揭示和表现事物内在实质的艺术想象力。艺术家在创作过程中通常脱离开眼前的事物(其形象仅起一种激发或诱导情趣的作用),凭借这种创造性的想象力,在内在情感的驱动下对许多记忆表象进行剖析和综合,从中抽象和创造出一种从未存在过的崭新的形象,即艺术的典型形象。严格说来,创造性想象是一个"由表及里"(入乎其内)和"由里及表"(出乎其外)的综合性想象过程。英国著名艺术批评家罗斯金(John Ruskin)曾对此作过生动而形象的描述。他说:"富有艺术想象力的感官把握材料的方式总是这样:它从不停滞在事物的表象或外形上……它会深入内部,追根寻底,汲取对象的精髓。一旦亲临其里,它会随心所欲地拨弄对象身上的鲜枝嫩叶,这样一来,真理的汁液就不致外溢;其后它随意加以整枝修剪,使其结出丰硕的果实,而不是衰变成老树上的枯枝秃桠。然而,这项工作往往很难处理,容

---

① 滕守尧.审美心理描述.北京:中国社会科学出版社,1985:62.

易出现差错。这就需要抓住根本,把握事物的中心实质。整枝修剪之后即可罢手,因为使命到此已告结束。总之,艺术想象力不是单凭视觉、声音和外部特征来观察、判断和描绘对象,而是从对象的内部实质出发,对其进行陈述、判断和描绘。"①

在艺术实践中,创造性想象通常采用变形、浓缩与黏合等方式,来绘形构影或表现再现。而在旅游审美活动中,创造性想象的主要效用在于从诗情画意的视界出发,依据个人的审美趣味与审美理想,在静观默照周围景观之时以因借、取舍或重新组合等方式,于自己的审美心胸或脑际里另行创造出一种新的图景来。或者说,它有助于观赏者在客观的景致基础上再创造出只有自己的"内眼"(mind's eye)方能看到的新景象。譬如,来到颐和园观光的游客站在昆明湖的东岸,由低往高观看水景、拱桥、画廊和万寿山佛香阁,再由近及远眺望玉泉山宝塔与西山的峰影,有时会在想象中将这些景致有机地连接或组合在一起,从而构成一幅有近、中、远景的山水图画,使自己的审美情趣得到进一步的满足。

第三节　审美理解

在审美心理活动中,是否包括理解或悟性(understanding)这一因素的问题,在美学界一直存在着争论。一般只强调美感仅属于感性认识和情感范畴的美学家们,大都否认美感有理性认识功能,否认美感与理解因素有关。他们通常把美感视为非理性的感知活动或知觉活动。赫伯特·里德(Herbert Read)就曾断言:"艺术的魅力并非诉诸意识知觉,而是诉诸直觉领悟。一件艺术品并非寄寓于思想,而是发端于感受。它是真理的象征,而非真理的直述……仅靠对艺术作品进行有目的的分析,是不能从中获得快感享受的。快感是在同整个艺术作品的直接交流中产生的。一件艺术品常常令人惊讶不已,当人们尚未意识到其存在时,它早已开始发生效用了。"②朱光潜虽然认为了解和思考有助于美感,但又否认美感本身包含了解和思考的因素,于是宣称:理解仅仅是审美鉴赏的预备条件,一旦进入审美观照,就要靠直觉,因为审美经验前后虽然会有名理的思考,但两者"不能同时共存"。相反,李泽厚则积极地肯定了理解因素在审美意识活动中的作用,认为理解作为一种心理活动,是美感中不可缺少的要素。因为,"感觉到了的东西,我们不能立即理解它,只有理解了的东西才能深刻地感觉它"。③ 但由于人们在审美观照时的理解程度不同,往往会形成深浅不同的层次或水平。概括起来,有三个层次。

第一层次的理解主要在于区分现实状态与虚幻状态,即把现实生活中的事件、

---

① 里德. 艺术的真谛(王柯平译). 沈阳:辽宁人民出版社,1987:129 – 130.
② 同上书,页43.
③ 毛泽东. 毛泽东选集(第一卷). 页263.

情节和感情,与审美或艺术中的事件、情节和感情区别开来。譬如,在观海市蜃楼时,不要把幻景当作可居的实景;在看戏剧时,不要把剧情当作现实的真情……一句话,要清楚地意识到审美或艺术世界之"虚"与现实世界之"实"的分别。只有这样,才能在热情中保持冷静,以一种审美的凝思默照态度,从容而自由地进行审美欣赏。

第二层次的理解是对审美对象(特别是艺术对象)之内涵的了悟。譬如游中国万里长城,如果不知道其历史背景、基本功能和象征意义,就恐怕难以真正欣赏其"时间的立体性"和"历史的舞台作用",也难以达到"游山如读史"的审美文化体验。艺术鉴赏更是如此。你若不懂得西方宗教画中的百合花象征着圣玛丽亚的童贞、十字架象征着耶稣受难、羊羔象征着信徒、池边饮鹿象征着圣徒的欢乐等,你就会觉得莫名其妙,不能完全欣赏这类绘画作品。同样的道理,你去敦煌观光,看到莫高窟"舍身饲虎"之类的壁画,如果不了解其中所描绘的宗教故事和普度众生的佛旨,你会感到怪诞异常,不可思议。

第三层次的理解是对融合在形式中的意味的直观性把握,这是一种深层的和内在的理解。这种意味之于形式,"如水中盐,有味无痕,性存体匿"(钱钟书语)。这种理解是审美心理活动中最重要的因素,它积理性于感性之中,融思索于想象和情感之中,常常在暗中发生效用,使美感不断得以深化。从实际情况考察,对自然美的凝神观照在相当程度上就包含着这种超感性而又不离开感性、趋向概念又无确定概念的理解因素。譬如,去泰山旅游,其外在形态所引起的感性认识和感官快适只是审美的初级阶段。要想体验更深的审美愉悦或美感,就得进一步理解和分析泰山形式结构中的意味,如雄奇、宏伟、神秀的风范和历史文化的积淀内容等,这需要参照相关的诗词歌赋或游记文学作品,如杜甫的《望岳》:

岱宗夫如何?齐鲁青未了。

造化钟神秀,阴阳割昏晓。

荡胸生层云,决眦入归鸟。

会当凌绝顶,一览众山小。

不难看出,杜甫在诗中所抒发的对泰山雄奇之美的深切感受远远超过了感性印象和感官快适。面对这一不同寻常的自然景观,诗人所发出的一系列赞叹、遐想、感慨、比兴,显然参融着自由的审美想象和复杂的理智思索。"会当凌绝顶,一览众山小"两句,不仅描绘出泰山的巍峨雄奇,而且也表露了作者个人的伟大抱负。可见,对审美对象的这种审美理解,无疑是一种浸透着情感、想象和意志在内的高级心理活动。

相形之下,对社会生活美的欣赏更有赖于这种内在的非概念性的审美理解。我们知道,社会生活美的主要方面之一是人在社会关系中所表现出的语言、行为、态度、姿态、风度、技能、性格、心灵和精神之美。对于这些审美品质,不是仅靠感性认识就能全面领悟的,而是需要细致的观察和理性的思考。例如,旅游者在观赏活动中,除了从旅游景观之中获得审美享受之外,也能从接待人员那热情友好的态度、灵巧娴熟的服务技能以及轻盈优雅的体态中感受到现代人类的文明之美。我们认为这种美不再是单纯外在的美,而是积淀着人类一定特殊情感和历史文化内容的内外交融的美。这当然不是仅凭感性认识就能知晓的。再如,游客在环境优美的餐厅品尝"霸王(龟)别姬(鸡)"这道名菜时,感性印象和味觉快感仅限于其外在造型与物质内容,而唯有通过对"霸王别姬"这段悲剧故事的理性的历史沉思,方能真正把握和理解融于其中的深长意味与审美意境。否则,品尝美食就成了简单的吃喝。

第四节 审美情感

首先需要说明的是,这里所谓的"情感"是指审美经验中所涉及的知觉情感,而非审美诸心理因素达到一种自由和谐的状态时所产生的那种审美愉悦。这种情感通常表现为主体在社会实践(特别是审美活动)中对客观事物的一种主观情绪反应,是伴随着知觉活动而直接产生的。

西方经验派和心理学派的美学家们惯于从联想、移情和客观性质的观点来分析和说明这种审美情感。推崇"联想说"者认为:事物的运动性与情感性是主体(观赏者)根据自己以往的经验推断和联想出来的。树叶无所谓呻吟,风也不可能发怒,花更不会溅泪,只是当观赏主体通过对象的形态联想到人的呻吟、发怒和溅泪时,它们才有了人的情感性质。这种主观联想说仅能勉强解释一些再现艺术,对解释抽象艺术则显得无能为力。标举"移情说"者则认为:联想是依靠被动的感知,而移情却是一种积极主动的投射(projection),是主体暂时抛开实用或直接的功利目的、把自己的人格和情感投射或灌注到对象之中、进而与其回环震荡和融为一体的心理过程。立普斯(Lipps)曾用人们游览希腊巴底隆神庙时的审美体验为例来形象地图解这种移情作用。他说:当你凝神观照古希腊"多利安式"(Doric)石柱时,往往会情不自禁地与其空间意象融为一体,觉得那石柱具有一种耸立腾飞的气势,这种感受实际上是你把自己在承受重压时不甘屈服和奋力抗争的情绪或观念移入到石柱上的结果。

与"移情说"针锋相对的是"客观性质说"。这派人士(如 R. W. 赫卜波恩)认为:外物的各种形体结构能够直接展示出不同的情绪。例如,一根线条被我们说成是活泼的或温柔的,一个眼神被我们说成是严肃的或忧郁的,一部乐曲被我们说成是悲哀的或欢快的,一阵松涛被我们说成是雄壮的或崇高的……这都是由外物自身的结构性质决定的,就像苹果的红色是苹果本身的性质一样,与观赏者的联想或移情没有多大关系。显然,"客观说"强调外物的结构属性是正确的,但它矫枉过正,只看到情感的客观性,而否认情感的主观性,一味离开人的能动反应来论述情感的表现性问题,所以不可能得出全面正确的答案。

真正对情感的表现性作出比较合理而科学的解释的理论当推"结构同形说"或"异质同构说"。此说兼顾了"移情说"和"客观性质说"两者之长,既重视主观心理的内在结构,又重视客观事物的外在结构,试图以大脑力场为中介,从物我同构对应角度把内外两个世界沟通起来。如果抛开泛神论的色彩,这在一定程度上与董仲舒的"天人感应"说有似曾相识之处。"本来,自然有昼夜交替、季节循环,人体有心脏节奏、生老病死,心灵有喜怒哀乐、七情六欲,难道它们之间(对象与情感之间、人与自然之间……)就没有某种相映对相呼应的形式、结构、秩序、规律、活力、生命吗?……孔子曰:'知者乐水,仁者乐山。知者动,仁者静。'山、静、坚实稳定的情操,水、动、流转不息的智慧,这不正是形式感上的同构而相通一致?'春山淡冶而如笑,夏山苍翠而如滴,秋山明净而如妆,冬山惨澹而如睡','望秋云,神飞扬;临春风,思浩荡','喜气写兰,怒气写竹'……不也都如此?欢快愉悦的心情与宽厚柔和的兰叶,激愤强劲的意绪与直硬折角的情绪,木叶飘零的秋山与你萧瑟的心境;你站在一泻千丈的瀑布前的那种痛快感,你停在潺潺小溪旁的闲适温情,你观赏暴风雨时获得的气势,你在柳条迎风中感到的轻盈,你在挑选春装时喜爱的活泼生意,你在布置会场时要求的严肃端庄……这里面不都有对象与情感相对应的形式感么?凡·高火似的热情不正是通过那炽热的色彩、笔触传达出来?八大山人的枯枝秃笔使你感染的不也正是那满腔的悲怆激愤?你看那画面上纵横交错的色彩、线条,你听那或激荡或轻柔的音响、旋律,它们之所以使你愉快,使你得到审美享受,不正是由于它们恰好与你的情感结构一致?"[1]但应看到,要真正解决情感的表现性问题,还必须把"异质同构说"建立在实践美学的"自然人化说"的基础之上。因为,内在心理结构与外部事物结构上的同形或契合虽然是无意识的,而且有一定的生理基础,但本质上是人类进行长期社会实践活动之后获得的一种能力。诚如李泽厚所言:"自然与人、对象与情感在自然素质和形式感上的映对呼应、同形同构,还是经过人类社会生活的历史实践这个至关重要的中间环节的。形式感、形式美与社会生活仍然是直接间接地相联系,审美中的身心形式感中仍然有着社会历史的因素和成果。"[2]

总体而论,以上四种审美心理因素——知觉、想象、理解和情感,在审美实践中是彼此渗透、相互依赖、密不可分的。如果知觉活动没有想象和理解参与,那它最多不过是一种动物性的信号反应,因此也就谈不上什么审美快感;如果想象活动没有理解和情感参与,那就失去了规范和动力,成为一种非理性的胡思乱想;如果理

---

[1] 李泽厚.审美与形式感.见:李泽厚.走我自己的路.北京:三联书店,1986:83-84.
[2] 李泽厚.审美与形式感.见:李泽厚.走我自己的路.北京:三联书店,1986:86.

解活动没有想象和情感参与,那就失去了感性的特征和活力,成为在抽象概念中游弋的逻辑思维;如果情感活动没有理解和想象参与,那就失去了方向和载体,成为偶然性或本能性的欲望发泄。简言之,知觉因素是导向美感的起点,想象因素是美感的载体和展现形式,理解因素为美感指明了方向,而情感则为美感增添了动力。故当这四种心理功能达到自由和谐的状态时,美感便油然而生了。

第五节 跨文化交际与审美

在异质文化环境中旅游,人们通常会因为文化差异(cultural differences)、社会距离(social distance)与陌生的环境(unfamiliar environment)等因素而表现出不同程度的紧张感或忐忑不安的心理状态。与此同时,人们也会对异质文化环境中的景物(特别是人文景观的内容)表现出异乎寻常的新奇感(a sense of novelty)与敏感性(sensibility)。从审美心理学角度看,这后两种心理反应是旅游审美的重要契机。如果通过跨文化交际活动予以积极地引导,将会有效地调动审美知觉、审美想象、审美理解和审美情感等心理要素的交互作用,进而满足旅游主体的审美需求。

跨文化交际是旅游活动中的普遍现象。无论是出国旅游,还是在国内不同民族的文化环境中旅游,都必然涉及跨文化交际活动。最早在西方,跨文化交际也被当作一门新兴的学科来研究,也就是有些学者常说的跨文化交际学(intercultural communication or cross-cultural communication studies)。这门学科始建于20世纪50年代,有人把豪尔(Edward Hall)的《无声语言》(The Silent Language)视为这门学科的奠基之作。此书作者强调指出文化在人们社会生活与实践中的重要性,认为"文化是人类生活的环境。人类生活的各个方面无不受到文化的影响,并随着文化的变化而变化,或者说,文化决定人的存在,包括自我表达的方式以及感情流露的方式、思维方式、行为方式、解决问题的方式……正是这些在一般情况下十分明显、习以为常、然而很少加以研究的文化方面,以最深刻的和最微妙的方式影响着人们的行为"。[1] 其实,文化(人文)不仅影响人类生活(人生),而且构建人类本性(人性),因为人性之所以是人性而非动物性,正是人文塑造或修养的结果。

在旅游审美活动中,文化观念层面中所涉及的审美趣味具有直接的关联性(direct relevance)。人们常说的"新奇为美",就是一个最为普遍的审美观念。特别是在异质文化环境中旅游观光,有些作为人文景观主要内容的外在感性形式,如有些少数民族传统的迎客和敬酒礼仪以及带有原始图腾色彩的歌舞等,其奇特的服饰、节奏、舞姿和歌唱等表现形式,会给人一种新奇的感受或震撼的作用。如同美国旅

---

[1] 胡文仲. 文化与交际. 北京:外语教学与研究出版社,1994;18;also cf. E. T. Hall. *The Silent Language*. (Greenwish Conn. ,1959)。

游心理学家梅奥和贾维斯所言,这便为"寻求摆脱厌倦的人提供了一种最受欢迎的刺激",使他们像法国社会学家约夫尔·杜马兹迪尔所说的那样,有可能"暂时躲进第二现实的游戏"之中。在首次观赏这类景物或景象时,他们通常会显得激动,感到新鲜,尽管对其历史和人文内涵知之不多,但却能够相当敏锐地从中体验到一种新奇的形式美感。不过,按照"新奇为美"的原则,过于熟悉的东西会使人司空见惯,不能引起人们的审美注意,就是说激发不起人们的游兴或审美兴趣。相反的,过于新奇的东西由于超出人们通常的审美感知能力与理解能力,会令人震惊或困惑,容易导致"文化休克"(cultural shock)等心理现象,这样一般难以进入审美的心境。譬如观看仡佬族的地戏,就需要对这种舞蹈形式所要表现的观念内容及其历史流变过程提供一种简要的说明或解释,否则文化距离太大,难以收到预期的效果。这就要求导游翻译或接待人员发挥一种桥梁作用。这种作用不仅要促成跨文化交际的活动,而且要实现跨文化沟通的目的。实际上,交际与沟通在英法等西方语言中是同一个词——communication,但却存在两种可能性:进行交际而未沟通或通过交际得以沟通。这其中涉及语言的规则、话语的规则以及文化的背景等方面。因此,要想取得良好的跨文化交际与沟通效果,导游翻译和接待人员应当对此进行细心的观察、深入的研究和系统的总结。

综上所述,旅游审美活动不仅涉及丰富多样的审美对象,而且涉及复杂微妙的审美心理。本章所谈的四种审美心理要素与跨文化交际意识,对提高旅游审美鉴赏能力具有一定的辅助作用与参考价值,其相关问题还有待进一步研究和阐明。

思考与练习

1. 审美活动中一般涉及哪几种心理要素?
2. 审美知觉的基本特征是什么?举例说明它在审美活动中的作用。
3. 审美想象的基本特征是什么?举例说明它在审美活动中的作用。
4. 审美理解的基本特征是什么?举例说明它在审美活动中的作用。
5. 审美情感的基本特征是什么?举例说明它在审美活动中的作用。
6. 在审美活动中,审美知觉、想象、理解与情感等心理要素之间有何互动作用?
7. 在欣赏自然景观与人文景观的过程中,审美心理有何异同?为什么?
8. 跨文化交际中会出现什么样的心理现象?试举例说明。
9. 在旅游审美活动中如何合理运用"新奇为美"的原理?试举例说明。
10. 了解审美心理学对搞好导游翻译有何现实意义?试举例说明。

第八章

审美体验分析

在旅游审美过程中,同游某一景区或景点的旅游者会有相同的感受,也会有不同的体验。前者通常被认为是共通感(common sense)所致,诚如孟子所说的那样:"口之于味也,有同嗜焉;耳之于声也,有同听焉;目之于色也,有同视焉。"相形之下,后者在很大程度上与审美个性和审美意识相关。另外,无论是相同的还是不同的审美感受或审美体验,也在很多情况下表现出程度上的深浅或层次上的差异。所有这些方面都需要从审美心理学的角度予以描述。

第一节 审美个性与类型

个性(individuality)是一个社会范畴,是许多人文学科研究的对象。从社会学角度看,个性受到现实环境和社会关系的制约,是不断学习、实践、积累、充实和丰富的过程,其表征为具体的、活生生的、行动着的人。从存在主义哲学的视界看,海德格尔认为人的个性的本质应当在"此在"(Dasein)中寻找。这"此在"就是"存在于世界之中"(being-in-the-world),即生活在物、动物、机构、人以及人所关心的事事物物之间。这个特指的"世界"(World)是三维的,一般呈现为三种基本形式:环境(Umwelt—the world around)、共境(Mitwelt—with the world)和我境(Eigenwelt—one's own world)。"环境"指周围环境或生活环境,"共境"指由人或他人所构成的外界,"我境"指一个人自己的意识。因此,存在于这个"世界"之中的人是有意识的"存在"(Being),其个性"具有选择的自由"。从心理学观点看,心理分析理论的奠基者弗洛伊德(Freud)认为个性与"本我"(Id)、"自我"(Ego)和"超我"(Super-ego)密切相关。[①] 因素体系说的代表人物卡特尔(R. B. Catell)认为,人的个性是特性的结合体。特性分为"表面特性"(surface traits)和"根源特性"(source traits)。前者大量地表现为个人与环境交互作用时的行为,后者则主要涉及气质因素、动力特性和环境影响等等。[②] 个体心理学派的代表人物奥尔波特(G. W. Allport)认为:"个性是个

[①] 查普林,克拉威克.心理学体系和理论(下册).北京:商务印书馆,1984:252-257.
[②] 同上书,页 257-267。

体内那些决定个人特有的行为与思想的心身系统的动态结构。"①所谓"心身系统",一般是指遗传的、气质的、社会的和心理的种种因素;"动态结构",意指个性是一种发展、变化的结构,它反映动机的状况。人格学派的代表人物默里(H. A. Murray)认为:"个性是机能形态与力量的连续性,通过有结构的占统治地位的过程和外显行为,以从生到死的序列表现出来。"其中,"机能形态"指有助于个人适应环境的个性活动,"连续性"是作为一种贯穿个人一生的演化发展的连续过程,"占统治地位的过程"涉及动力上的有结构的脑活动。② 我国心理学家曹日昌认为,个性是重视社会实践活动与客观现实环境不断影响的结果,"个性具有一定的意识倾向性,这种倾向性体现为个体的信念、理想、世界观;个性还具有鲜明的个体差异性,体现在个体的能力、气质和性格(上)。能力、气质和性格构成个性的心理学方面,统称为个性心理特征"。③

我们以为,人的"个体差异"(individual differences)是客观存在的。这些差异反映在能力(ability)上,则构成能力差异;反映在气质(temperament)上,则构成气质差异;反映在性格(character)上,则构成性格差异……所有这些差异集合起来,便构成个体差异。个体差异直接影响到人的意志、判断、趣味、言语、外貌和审美等意识形态和实践活动。

就人的审美个性而论,其形成与发展是一个极为复杂的动态过程,不仅涉及先天因素,而且涉及后天训练。要而言之,先天因素是构成审美个性的自然条件,其中主要包括个人的生理素质(如视听觉等感官能力)、气质禀赋(如根据"体液说"或"血型说"对个性类别的划分)和神经类型(如根据"信号论"对人的高级神经类型的划分)。后天训练是审美个性形成与发展的根本动力,所涉及的因素更为复杂,比如生活实践、个人阅历、教育背景、职业训练、文化氛围,特别是审美活动或艺术创造,等等。④ 从前者看,先天失明的人对视觉形象性的审美对象(如书法绘画作品或许多自然景观)的感受性就差,先天失聪的人对听觉时间性的审美对象(如音乐、鸟语、松涛、泉声)的敏感度就低。我们知道,旅游审美活动是一项全身心或所有感官都介入的立体性审美活动。除了视觉和听觉之外,其他感官(如嗅觉之于花香、味觉之于美味)也具有不可或缺的功能,否则,审美效果就会受到影响。从后者看,'广义上的社会实践(特别是与其相关的审美活动)所引起的"内在自然的人化"和审美意识的积淀,会构成群体性的审美心理结构。同时,再经过具体多样的艺术或审美教育途径,使其落实在个体身上,从而构成个体性的审美心理结构。这种结构与先天条件一旦在个人的生活、职业与活动中与其审美观念、趣味和理想互

---

① 查普林,克拉威克.心理学体系和理论(下册).北京:商务印书馆,1984:267-275.
② 同上书,页275-283.
③ 曹日昌.普通心理学(下册).北京:人民教育出版社,1980:178.
④ 杨恩寰,等.美学教程.北京:中国社会科学出版社,1987:325-327.

动融合起来,便创生为人的审美个性。

审美个性的差异性必然导致其类型的多样性。现代实验美学从心理学角度对此作过各种研究。例如,主张"心理距离说"①的布劳(E. Bullough),根据受试者对色彩的审美感受差异,把审美个性分为客观类、生理类、联想类和性格类。属于客观类型的人,通常能以一种非个人的态度去观照审美对象,比较注意色彩是否鲜明、饱满、纯粹,态度呈理智优势。属于生理类型的人,往往以个人情感和机体的变化为基础去调节他与审美对象的距离关系,偏于生理效应,例如专注色彩的冷暖价值。属于联想类型的人,一般强调个人以往经验所形成的记忆表象所唤起的联想,突出对色彩的感应,例如见蓝色就联想到天空,见绿色就联想到树木,见红色就联想到火焰,等等。而属于性格类型的人,则惯于从拟人化的角度来观照审美对象,惯于把审美主体的一些性格和情绪特征假托于审美客体或对象之上,比如从对色彩的静观中见出善、勇、狡等不同性格特征来。迈耶尔(L. B. Meyer)受布劳的启发,进而通过实验把审美个性划分为主观型、联想型、客观型和性格型。另外,推崇"内模仿说"②的谷鲁斯(Karl Groos)根据人的身心在审美反应中的不同特点,把审美者分为知觉型(sensorial-type)和运动型(motor-type)。③ 另外,还有人(如 Müller Freienfels)根据人在审美观照中的心理倾向和移情作用(empathy),将其分为分享者(participant)和旁观者(contemplator)两类。前者观赏事物时必起移情作用,把自我投射(project oneself into)或感入(feel oneself into)到审美对象之中,设身处地地分享对象所表现的活动与生命,类似于"物我同一"的境界,与"有我之境"有暗合之处。后者在观赏事物时则不起移情作用,采取的是一种理智而客观的审美态度,在物我之间划出一道界限,但能通过静观明察其形象而感知其审美价值,与"无我之境"有些许关联。对于这两类审美个性,狄德罗(D. Diderot)在论及表演艺术时也曾借题发挥,提出了一些很有启发性的观点。④

总的看来,上述这些实验与观察结果尽管在描述审美个性方面具有一定的参考价值,但由于研究的范围偏窄,受试对象有限,加之对审美感受的理解不尽一致,因此类型的划分难免会失之牵强,这实质上也是类型学研究的一种通病。我们认为,审美个性作为一个开放的动态心理结构,既有相对稳定的一面,亦有不断变异的一面。所谓"相对稳定",是就一定时期内具有一定倾向性的审美能力、兴趣和理想而言;所谓"不断变异",是就上列因素经常会随着个人阅历的增多、修养的提高、生理的变化和社会的影响而发展和重构而论。不消说,审美个性这种开放性的动态心理结构也易受偶然因素的影响,会由于一时的内在情趣与心境或外在氛围与

---

① 王柯平. 旅游美学纲要. 北京:旅游教育出版社,1997.
② 同上.
③ 王柯平. 旅游审美活动论. 北京:旅游教育出版社,1991:44 – 49.
④ 狄德罗. 论戏剧诗、演员奇谈. 见:狄德罗美学论文选. 北京:人民文学出版社,1984.

景况的变化而变化,结果使审美行为或审美感受形成强烈的反差。就是说,人们的审美判断有时会因注重分析而趋于客观型的理智化,有时会因注重移情而趋于主观型的情绪化,有时会因偏重审美直观而对事物的感性形象发生兴趣,有时会因偏重审美理解而对内在的价值表现情有独钟,有时会喜好豪放或阳刚型的审美对象,有时会偏爱婉约或阴柔型的审美对象……凡此种种,不一而足。从旅游者的基本要求和旅游观光的活动安排等具体情况看,旅游者的审美个性大体上可分为以下三种类型:

1. 阳刚型

具有这种审美个性的游客一般年富力强、血气方刚,具有冒险精神,喜欢攀悬崖、登绝壁、探洞穴、潜海底、漂江河……追慕险峰绝处的无限风光,偏爱宏大崇高的阳刚之美。

2. 阴柔型

具有这种审美个性的游客一般步入中年,平和沉稳,安全意识强烈,趋于观日出、赏明月、听流泉、荡平湖……偏爱和谐安逸的清雅幽境,热衷婉秀妩媚的阴柔之美。

3. 中间型

具有这种审美个性的游客一般受生理状况或偶然因素(如情趣和安全系数等)的影响,外出旅游惯于审时度势、量力而为,信奉"当行则行、当止则止、其道光明"的哲学或游道。一旦拿定主意,也能涉险以尽其兴,入幽以怡其情,表现出一种灵活机动、随遇而安的旅游行为倾向,相应地,其观赏对象的选择范围较大。

第二节 审美意识系统

旅游者来自世界(或全国)各地,必然有其不同的社会文化价值系统和相应的审美意识系统,这将在深层意义上主导着旅游者的审美取向、景观选择和价值判断,等等。因此,要说明旅游者的美感特质,有必要对一般具有共性的审美意识的基本特性、功能、构成因素与活动过程作一简述。

从发生学上看,审美意识(aesthetic consciousness)是在现实意识的基础上产生的。现实意识通常以自觉地认知客观的存在范式为主旨。审美意识通常以超越时空因果、趋向自由永恒为特征。因此,审美意识可以说是在现实意识基础上的自由创造,是人们力图超越现实、摆脱外在世界法则和内在生活需求的控制,从而跃入自由王国的重要心理途径。那么,审美意识何以超越现实意识呢?这主要是因为在现实意识中,人们(主体)一般与事物(客体)结为认识和实用的关系。由于对象的外在与内在必然性或规律性,主客体双方经常处于对立或冲突的状态。加上种种欲望作祟,人受到来自两方面的束缚或支配,使自己无往不在枷锁之中。而审美意识作为人的一种特殊意识,其根本职能在于探索生命的本源价值和生存的自由意义,在于寻求恢复和保存人之为人的尊严与地位,这与功利性或实用性诉求脱离了关系,故不受利或物的局限。另外,现实的人因其"被抛入性"(thrown-in-ness)而像一只空中飘摇的风筝,那条放飞线总是掌握在现实世界或他人的手里。相反,审美的人则在"生活的那一刻"(就某一片段时间的孤立性而言)已经摆脱控制,能够自由自在地徜徉在个人喜爱和倾慕的审美空间里。此时,他的现实意识已经转化为审美意识,此间一切必然性、规律性的束缚已经淡化或不复存在,人与物达到了同一的境界。如望山峦,那山峦即我,我即山峦;如观云霞,那云霞即我,我即云霞;如闻鸟鸣,那鸟鸣即我心声,我心声即鸟鸣……主客间的关系是浑然不分的,类似"庄周梦蝶"式的"坐以物化"或"燕处超然"的体验。这种体验是作为一种超功利的自发性体验,通常以审美感受为导向来消解与其相对立的其他欲望,因此不再过问将会发生什么事情,也不再关切这对个人有什么直接的实际用处。

从功能上看,审美意识能够唤起人的本来真知,恢复人的独立精神,使其不再受习惯势力的驱动或习惯生活方式的诱惑,不再处于昏然沉睡的惰性状态,或患得患失的算计心态。这样,人的潜能和创造力就会得到进一步的发挥,就会为自己开拓出比现实表象远为广阔和丰富的生存空间。也就是说,真正意义上的审美意识及其追求,能使人揭去蒙蔽自我的"习惯眼罩",看破现实生活的假象,消除种种私欲的纠缠,让自己的官能与心智获得解放,从而使自己能够感知和领略到原本丰富多彩的世界,从以往那种习惯于判断外物是否有用的功利观念中跳脱出来,抛开那种惯于给外物粘贴标签的惰性观察方法,而采用一种无关利害的视野(disinterested perspective)对大千世界的万物进行审美的凝神观照(aesthetic contemplation),以便从小中见大,从少中见多,从静中见动,从近中见远,从平凡中见崇高,从有限中见无限……在此意义上,我们才能理解罗丹(A. R. Rodin)这句话的真谛:美是到处存在的,对于我们的眼睛,只是缺少发现而已。

从基本内容上看,审美意识作为认识、反映和超越现实的一种特殊方式或心理途径,一般包括审美观念、审美趣味、审美理想、审美知觉和审美感受等彼此关联的五大因素。概而论之,审美观念(aesthetic view)泛指人在社会实践活动(主要是审美实践活动)中逐渐形成的对美、丑、崇高等审美对象和艺术创造等问题所持有的一种基本看法或观点,是人的世界观、人生观与价值观的重要组成部分。每个人的审美观念均是社会实践特别是审美实践的结果,既有一般的社会性,又有特殊的个别性;既受时代、民族乃至阶级性社会生活的影响,也受社会文化氛围、政治哲学、道德规范、宗教信仰、年龄、职业、经历和其他心理特质的制约,因此并非是一成不变的静态观念。审美趣味或鉴赏力(aesthetic taste)是人对审美对象的一种带有倾向性的和富有情感性的直接评价,如喜欢或不喜欢、有兴致或无兴致,等等。这种审美评价的特点除了个体性和自由性外,还常常表现为非道德性与非实用性,故此不能说明相关趣味的孰优孰劣或质量好坏。流行于西方的"趣味无争辩"(Taste is indisputable)之说也暗含这种意思。需要指出的是,在凭借自我趣味来评价观照审美对象时,情感因素往往渗透在理性以及直觉判断之中。审美理想(aesthetic ideal)作为审美意识形成的驱动力,是对审美最高境界(相对于个人而言)的一种追求,是审美评价的至上标准,体现着人类文明发展的终极目的和超越现实的内在希冀。一般来讲,审美理想并非是纯然概念性的,而是表现为完美的感性形象或生动具体的美好图景。用李泽厚的话说,它"具有经验性的形象特征和标准",是从大量审美感受中提炼集中而成的产物。比如,真正上乘的艺术作品通常就是人的审美理想的集中表现和物态反映,是艺术家基于现实生活但又超越现实生活所创造出来的审美对象,因此也可以说是艺术家审美理想的结晶。关于审美知觉(aesthetic perception),我们认为是指感性认知(sensory cognition)审美对象之内涵价值或意味的一种特殊能力。它发端于感性知觉,在审美理想的推动或导引下,辨别、体认、欣赏以及把握审美对象,从中获得审美享受或审美满足。审美知觉本身还具有促使审美观念、趣味和理想不断发展和完善等功能。此外,它作为一种心理过程,一般还涉及审美注意(aesthetic attention)或审美想象(aesthetic imagination)等多种心理因素,有关方面前文已经谈到,这里不再赘述。审美感受(aesthetic feeling)可谓审美意识系统的结果,是审美需求或欲望得到满足后引发出的一种高度兴奋的、神游八极的、无限自由的"高峰体验"(peak experience)。这种体验抑或表现为"情景交融"或"物我同一"的和谐心境,抑或表现为了然顿悟或轻松明净的情趣感受,抑或表现为"瞬刻中求永恒,刹那间见千古"的"天人合一"的超然境界。对于这些审美感受的不同特征,我们将在后面论述审美体验的层次时再次谈到。

  从系统论的观点看,审美意识系统如同一种心理自调流程,大体上可分为三个相继相连的阶段。首先是准备阶段,该阶段涉及审美态度、审美注意和审美经验。审美态度是对审美对象的一种非直接功利性的观照方式;审美注意是指发现和选择审美信息的能力;审美经验泛指观赏者记忆中对审美对象及其有关外界事物的印象与感受之和,但在此处是指对审美对象的初级观照和体察。其次是实现阶段,它通常包括审美知觉、审美理解、审美想象、审美意向与审美愉快(详见本节)。最后是成果阶段,与此相关的有审美观念、审美趣味、审美理想、审美情感和审美能力等。不难看出,上述三个阶段组成了审美意识的开放性整体结构。在丰富多彩的审美实践活动中,它所包含的各种因素相互撞击、不断重构,最终突出地表现为审美敏感性的提高、审美感受的深化、审美趣味的多样和审美理想的升华。李泽厚对审美意识作过深入的思索,首次提出审美意识三阶段发展说,并且为了便于说明自

己的观点,还专门设计出下图:①

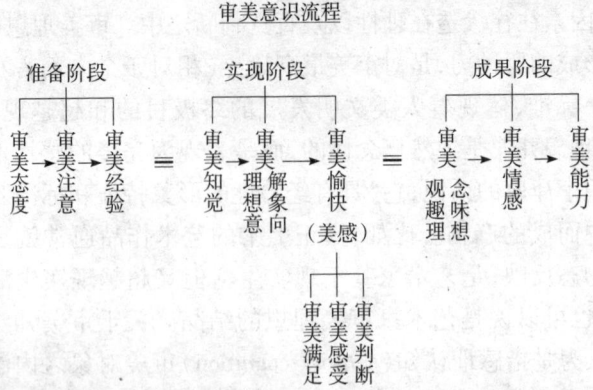

审美意识流程

关于审美意识,国内有的学者试图从其功能方式角度来揭示它的性质,因此假定审美意识的控制论系统模式为(见下图):

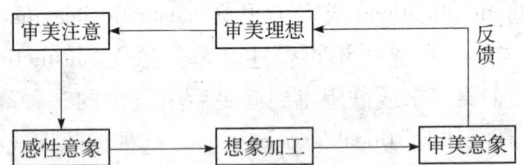

根据这一模式,审美意识活动可分为开端、展开和完成三个阶段,这显然是受李泽厚之说的启发。② 值得注意的是,审美意识活动不完全排除自觉意识。它凭借对审美体验的反思或判断能力(如美、丑与否),在调整意向创造、控制想象加工的过程中,是按一定方向进行的,因此不同于失控的梦境。

参照审美心理学现有的研究成果,结合旅游审美活动的特性,我们试想把一般意义上的旅游审美意识活动作以线型的简化描述(见下图):

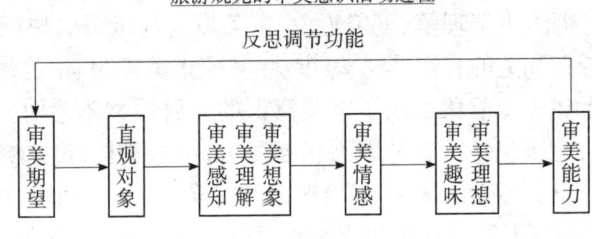

旅游观光的审美意识活动过程

---

① 王生平.李泽厚美学思想研究.沈阳:辽宁人民出版社,1987:139;另参照李泽厚.走我自己的路.北京:三联书店,1986:73.

② 杨春时.审美意识系统.广州:花城出版社,1987:第六章.

审美期望是旅游者通过旅游审美信息和间接审美经验对相关旅游景观之审美意象与价值的推测或假设。在旅游观光的具体实践中，旅游者在尚未到达旅游目的地之前，已经从大众传媒或声像文字中摄取到一定的和相关的审美信息，因此会对景观意象产生一种朦胧模糊的先验性感受。直观对象是指旅游者亲临其境时对先前审美期望的印证过程，或者说，是审视眼前的感性物象、对比原来的心理意象、进行初级审美判断的活动。无论物象与意象两者对应与否，旅游者很快会摆脱这种干扰，采取随遇而安的态度，在凝神观照中自由地进入到审美感知、理解和想象等具有一定创造性的审美评价阶段。审美情感即狭义上的美感，是观赏或审美体验的结果，一般因人而异，可分为悦耳悦目、悦心悦意和悦志悦神等三个层次。不同的美感会对观赏者的审美趣味和审美理想产生不同程度的影响，随之再作用于审美能力，即审美鉴赏、评价和判断的能力，使其得以强化或提高。最后，旅游者通过直接或间接的审美经验，通过对相关审美信息的体认与反思，再自觉地调节自己对目的景观的审美期望与态度，进而筹划或决定日后的旅游活动与行为。这关系到旅游审美信息的效度与信度(validity and reliability)和旅游审美活动的良性循环等问题，因此应当引起旅游产品设计、开发、促销和服务等部门的高度重视。

第三节 审美体验的层次

审美体验(aesthetic Erlebnis)可以说是旅游审美过程中导致审美情感的成果阶段。一般说来，旅游主体的文化修养和鉴赏能力是因人而异的，景观对象的感性形式和人文内涵也是如此。这样，在审美个性、审美敏感性与历史文化心理结构等多种因素的交叉影响下，旅游者在对景物作出能动反映和评价的旅游审美活动中，其审美体验往往会呈现出一种多层次性或个体差异性。

在中国美学史上，从不同感官愉悦的角度来谈不同审美体验的首先是西汉刘向(约公元前77—前6)。他在《修文》中指出："衣服容貌者，所以悦目也；声音应对者，所以悦耳也；嗜欲好恶者，所以悦心也。君子衣服中，容貌得，则民之目悦矣；言语顺，应对给，则民之耳悦矣；就仁去不仁，则民之心悦矣；三者存乎心、畅乎体、形乎动静。"[①]这里主要谈论的是君子的修养与处世为政之道，分为服饰仪表得体的悦目之美、言语应对顺达的悦耳之美和仁民爱众好德的悦心之美等三个级别。李泽厚发展此说，从层次论的观点出发进行比较，认为"审美有不同层次，最普遍的是悦耳悦目，其上是悦心悦意，最上是悦志悦神。悦耳悦目并不等于快感，悦志悦神也并不同于宗教神秘经验"[②]。这里，我们将其加以变通和引申，用来阐述旅游审美活

---

① 北京大学哲学系美学教研室.中国美学史资料选编(上卷).北京：中华书局，1980：113.
② 李泽厚.中国美学及其他.见：美学述林(第1辑).武汉：武汉大学出版社，1983：27.

动中不同层次的审美体验,以期促发广大旅游者的主体性审美内省和高层次的审美追求。

一、悦耳悦目的审美体验

耳目代表听觉和视觉,是人的主要审美感官。所谓"悦耳悦目",一般是指观赏者以视听觉为主的全部感官(包括嗅觉、触觉、味觉和运动觉等)在审美活动中所体验到的愉快感受。这种审美体验通常以生理快适与心情舒畅的交融为基本特征,属于直觉性初级审美判断范畴。就好像观赏者在与观赏对象的直接交流中,不假思索便于瞬刻间感受到对象的外在形态美,同时得到感官的满足并唤起心理的喜悦。诚如夏夫兹博里(Shaftesbury)所言:"我们一睁开眼睛去看一个形象或一张开耳朵去听声音,我们马上见出美,认出秀雅与和谐。我们一看到一些行动,觉察到一些情感,我们的内在的眼睛也就马上辨出美好的、形状完善的和可欣羡的。"①这里所谓"内在的眼睛"即"心灵的眼睛"(mind's eye),相当于我们常说的"直觉"或"第六感觉"(ESP)。

一般说来,"悦耳悦目"是广大旅游者最普遍的审美感受形态。例如,游客初到桂林,尽管这峰林奇景会给他们一种陌生感,但当其环顾四野,近观远眺,看到自然景象与田园风光那符合形式美规律的和谐组合,看到适宜人的视觉生理感受的、以绿色为主调的自然色彩,呼吸着富含负离子的清新空气,嗅到空中弥漫的花香,听到林间百鸟的鸣啭,以及回转流动的水声或壮族姑娘的歌声,会不自觉地陶醉其中,在生理舒适与心情愉快的交融统一中进入到"悦耳悦目"的审美境界,获得初级的审美享受。

这种审美体验表面看来似乎是纯然感性的,是以生理快适为基准的,但实际上已融合着一定的理性或社会性因素。众所周知,人的感官之所以在功能上有别于动物的感官,如眼睛可欣赏美的形式、线条与色彩,耳朵能欣赏美的音响、节奏与旋律,正是因为它们在人类长期的社会实践(特别是审美实践)活动中不断地演进或"人化",积淀和凝结着历史文化心理等方面的内容,能够自然地分辨或本能地趋附美的对象。马克思所说的"具有音乐感的耳朵"(musical ear)就是典型的明证。不过,人的感官虽然会"人化"、"社会化"或"艺术化",但它们毕竟是生理性的东西,仍在一定程度上保持着其生理的特点,从而对人的审美活动具有辅助和制约的双向作用。比如,人若被迫久视一种对象(如杭州西湖"曲院风荷"里的荷花)而无变化,即使对象再美,长期下去也会逐渐不感其美了。听歌曲看舞蹈观绘画赏书法也是一样,重复过多就难以唤起人的审美激情了,因为这种做法违背了"美在新奇"的

---

① 北京大学哲学系美学教研室.西方美学家论美与美感.北京:商务印书馆,1980:95.

基本审美原则。① 在旅游活动日程安排上,就曾出现过让同一旅行团在北京与昆明等地都去游览五百罗汉堂的事情,这种时空虽有变换而观赏内容大体相近的情况对一般追新猎奇的游客来讲,不但不会强化反倒会淡化其审美感受,甚至还会招致游客的抱怨或投诉。所以,为同一团队安排游览日程时要充分考虑上述因素,要力避简单重复,要讲求内容的丰富多样。

二、悦心悦意的审美体验

所谓"悦心悦意",是指透过眼前或耳边具有审美价值的感性形象领悟到对方某些较为深刻的意蕴,进入到一种"对心思意向的某种培育"(李泽厚语)的欣快喜悦状态。这是一种基于对审美客体(aesthetic object)形式美的初级反应而升华了的较高审美层次,主要以凝神观照的审美体察为特征,基本超越了生理快感阶段,净化为相对纯然的精神愉悦体验。

一般来说,在这种审美体验中,审美知觉、想象、理解和情感等心理功能交相引动,逐渐展开,其结果将会使观赏者从有限的、偶然的、具体的形象中领悟到无限的、必然的、本质的意味。譬如,观齐白石的画,你感到的不只是草木鱼虾的可爱形态,同时还包括一种悠然自得、鲜活洒脱的情思意趣;你听壮族姑娘对歌(尽管不知其具体描述的内容),体会到的不只是音色和旋律的形式美,同时还感受到一种充满青春美的心声和甜蜜而纯朴的爱情信息。

在欣赏自然景观的过程中,悦心悦意的审美体验表现得尤为突出。届时,旅游者置身于奇峰飞瀑、幽林鸣泉、绿色田园或明月平湖的景象之中,似乎"一切景语皆情语"。随着步移景异或船过景变,游人渐入佳境。周围的诗情画意令人心绪豁然开朗,喜不自胜,或赞美宇宙之神奇,或忘却人间之忧愁,或清静慕远而"悠然见南山",或飘飘欲仙而"欲乘风归去"……我们游莫干山、九寨沟或张家界,那充满鸟语花香的清凉幽静的自然生态环境常常唤起我们一种"清新放浪的春天般生活的快慰和喜悦",使我们在心醉神迷中生出无限遐想或者超然出世的情怀。这对于长期处于快节奏高竞争大嘈杂生活重压下的我们来说,无疑是情感和精神上的一种慰藉和补偿,是我们作为人之本性的一种觉醒或自然的复归。陈毅元帅于1952年入莫干山探视病友,喜莫干山风物之美,作《莫干好》诗七首,其中有:

莫干好,最好游人多。
飞瀑剑池涤俗虑,
塔山远景足高歌,
结伴舞婆娑。②

---

① 博克.崇高与美(中译本).上海:上海三联书店,1990:25-26.
② 陈毅.陈毅诗词选集.北京:人民文学出版社,1977:149.

这几行诗,最能表现出他当时那种悦心悦意的审美情怀了。

总之,如果悦耳悦目的审美体验是以感知或直觉为主要特征,那么悦心悦意的审美体验则以想象或理解为主要特征。在很大程度上,前者表现为在生理基础上的感官快适(当然也包含一定的超感性或社会性因素),后者则表现为在认识基础上的情思意趣上的喜悦;前者通常处于直觉感受状态,大多限于审美对象的形象结构,后者则一般处于自由的想象与理解状态,观赏者"精骛八极,心游万仞",超乎具体的形象之外,把握其中的深广意味。尤其是当感性形象与观赏者以往经验过的意象发生吻合时,人们就会在自由的遐想中创造出"象外之象,景外之景",使悦心悦意的感受更为丰富和深化。另外,在悦心悦意的体验中,由于想象和理解等心理活动加强,其美感享受与悦耳悦目初级审美阶段的感性快适相比,具有相对的持续性和稳定性,不容易随着时间的推移而淡忘。就是说,那种使你心悦意满的欣喜感将会在你的脑海里留下相当深刻而牢固的印象,产生比较久远的影响,甚至伴随你度过漫长的一生。

三、悦志悦神的审美体验

"悦志悦神"作为美感的最高层次,泛指人们在凝神默照秀美、崇高、静态和动态的审美对象时,经由知觉、想象、理解和情感等心理功能的交互作用,于审美愉悦中进而唤起昂奋向上的意志和精神,激起追求道德超越与完善的动力。

这种审美体验之所以高级而深刻,是因为它体现了观赏者大彻大悟的情怀,体现了从"小我"进入"大我"、从瞬间求得永恒、从有限达到无限的自我超越意识或精神境界,同时也体现了审美主体与审美客体(即自然的、社会的和艺术的对象)的高度和谐统一。譬如,我们游览黄河、长江,往往在惊叹其壮丽的自然景观时,黄河、长江也唤起我们的思旧怀古之情,给我们以深沉而崇高的历史感。因为,这两条河流是中华民族的摇篮,孕育了祖国的文明。那"九曲黄河万里沙,浪淘风波白天涯"的雄浑气势,那"大江东去,浪淘尽千古风流人物"的壮阔形式,积淀着久远而浓厚的历史文化意味。在当今深化改革、振兴中华的大潮中,我们作为炎黄子孙,面对奔腾不息的长江、黄河,遥想过去的盛衰沉浮,在感慨惊叹、精神振奋之余,可能萌生一种沉重的历史责任感、一种奋斗拼搏的强烈愿望。显然,这其中蕴含着深刻的理性思考和巨大的伦理情感。再如,登临"昔日秦皇汉武"御驾封禅的"五岳之尊"的泰山,或游览佛家道家修身养性的峨眉山与武当山,那"会当绝凌顶,一览众山小"的伟壮气象,"峨眉一派出昆仑,平畴突起三千米"的雄秀东南的空间形象,怎能不使人胸怀坦荡、生超凡入圣之感呢?

一般来讲,这种"悦志悦神"的美感形式常常表现为"感到自己和自然和整个宇宙合而为一,似乎达到超道德的本体高度"(李泽厚语),也就是达到贯通中国美学思想发展史的"天人合一"(oneness between Heaven and human)精神或至高的审美境界。当然,此刻不是追求超时空因果的存在,而是追求"天行健,君子以自强不息"的、在现实时空或社会背景中的、以大自然为永恒标志的感性时空中的超越与不朽。需要说明的是,所谓超道德,并非无须道德,而是一种有规律而不受规律的束缚、有道德而不受道德的强制的自由感受。或者说,是一种个体不再为了一般的生存目的或功利需求而忍辱屈从或虐杀尊严,而是让自己的神志伴随着愉快的心境在时空中来去无碍、纵横驰骋的特殊体验。在这里,人的理性世界与情感世界最起码暂时达到了高度和谐的阶段,在超越现实意识的同时进入了审美的高峰体验的状态。在社会心理意义上,这种体验会培养和造就一种博大的情怀、奋进的精神与坚忍不拔的意志力量,从而使人自发地投入到人类创造美的这项永无止境的事业之中。

概括起来,上述三种层次有别的审美体验,原则上是观赏者凭借"无限的交流意志",在审美活动的不断循环中,通过审美知觉、想象、理解和情感等心理机制的交互作用,由低级向高级发展的(见下图):

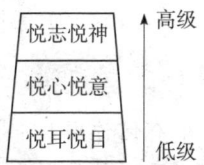

需要指出的是,不同层次的审美体验尽管表现为一个逻辑意义上的不断深化过程,但在实际情况中是因人(审美情趣等)因地(时空背景等)而异的。对于审美经验丰富和鉴赏力高的人们来讲,不同美感同步发生的现象并非是不可能的。但比较而言,"悦耳悦目"突出感性功能与生理快适,"悦心悦意"突出认识功能与愉悦心境,"悦志悦神"则具有突破而不舍弃感性形象、探求理性内容与追求自由无限等基本特点。这样恰如一个正、反、合的辩证发展过程。黑格尔曾说:"大海给我们以无际与渺茫的无限概念,而在海的无限里感到他自己的无限时,人类就被激起了勇气要去超越那有限的一切。"① 这种体验,不是一般在感性基础上产生的感官快适,也不是一般在理解基础上启悟到的审美享受,而是在审美崇高感的基础上激发出来的超越现实与追求无限的精神意志。另外,我们还发现,第一层次的审美体验通常以直觉判断和平静安适为主要特征,基本上是易变而不持久;第二层次的审美体验一般以知性谙悟与和谐愉悦为主要特征,具有相对的稳定性和持久性;第三层次的审美体验以感性中有理性和意气风发、无限神驰的心境为主要特征,具有在道德意义上追求超越、在感性时空中追求永恒、在精神世界里追求自由等特质。若联系王昌龄的"三境论"来作比较,我们似乎可以说"悦耳悦目"的审美体验犹如在"物

---

① 黑格尔.历史哲学(中译本).北京:三联书店,1956:134.

境"之中,主体全然身受,"了然境象,故得形似",美感顿生,耳目即悦;而"悦心悦意"的审美体验犹如在"情境"之中,主体驰思兴会,"深得其情",由外及内,心满意足;"悦志悦神"的审美体验犹如在"意境"之中,主体以心照物,妙悟天开,得其真旨,超以象外,"感发志意"(朱熹语),升华精神。在这里,审美的对象不再是一般意义上的优美事物(the beautiful),而是精神意义上的崇高事物(the sublime)。相应地,审美体验也着上了崇高的色彩,具有了道德的特征,甚至呈现出某种恢宏而神秘、形上而超越的宗教特征。所以说,侧重感性愉悦的西方美学,无法涵盖中国式的"悦志悦神"的道德化、精神性审美体验及其广延性的能指,这一点应当引起国内美学界的高度关注。

自不待言,旅游审美活动中的上述体验特质,不仅符合当前时代和社会的需要,有助于建设精神与物质文明,而且指向未来,可望实现完善人性、升华精神、促成人的全面发展等"高贵目的"(noble purposes)。只有从这一立场出发,我们才能真正理解"美学是未来的伦理学"(高尔基语)这句格言的深刻内涵及其借鉴意义。

思考与练习

1. 审美个性是如何生成的?
2. 审美个性在审美判断过程中有何作用?
3. 你如何看待旅游审美的类型?这种类型分析有何实际意义?
4. 你如何看待有关审美意识的分析与描述?
5. 试以你自己的审美经验来简述审美意识系统的流程。
6. 审美体验的第一层次是什么?有何特点?试举例说明。
7. 审美体验的第二层次是什么?有何特点?试举例说明。
8. 审美体验的第三层次是什么?有何特点?试举例说明。
9. 试举例分析和阐述旅游审美体验的不同层次及其相互关系。
10. 你认为如何才能有效地深化旅游活动中的审美体验?

第九章

旅游观赏的方法原理

在旅游审美活动中,绮丽多彩的自然景观与人文景观经常使人得到层次不同的审美体验或形态各异的审美意象。这种结果除了涉及观赏者的审美意识、审美个性与鉴赏能力等因素之外,与一系列行之有效的观赏方法或"游道"不无关系。根据美学的相关原理,综合中外旅游观光的实践经验,我们总结归纳出下列观赏方法,仅供大家参考。

第一节 动态与静态

在旅游审美活动中,动态观赏和静态观赏是两个最为普遍的观赏方法。从效应上看,这两者具有明显的互补性。因此,对旅游者来说,根据景观特征和个体需要来灵活地运用这两种观赏方法,是丰富旅游经验的可靠途径。

一、动态观赏

动态观赏作为旅游审美活动中广泛应用的方法之一,是指人在游览中沿着一定的风景线,或徒步或乘车或坐船……于移动过程中欣赏玩味那些包罗万象、流动幻变的风光胜景。

自不待言,移动涉及速度,速度导致景变,景变影响感受。譬如,步移景异是一种慢速度的游览,人与景没有阻隔,不可分离,在随心所欲和全身心(各种感官)都同时投入的悠然自得的观赏中会体验到较强的亲切感和立体感。湖中荡舟式的游览在审美效果上与此近似,但视野比较开阔,感受更为悠闲。车过景变或船(快艇或顺江而下的游艇)过景变是动态观赏活动中快速度快节奏的游览形式。在审美对象方面,远近不同、形态各异、色彩缤纷的景致犹如一组组电影镜头,或一幅幅活动图画,迎面扑来,使你眼花缭乱、目不暇接。结果,许多局部景点以画面组合的方式连贯起来,在空间腾跃飞动,此起彼伏,形成川流不息的节奏美。在审美主体(旅游观赏者)方面,由于物我双方的空间位移速度快,视觉形象的空间跨度大,在紧张捕捉但易失之交臂的观赏过程中,景物产生一种具有倾向性的张力,向一定方向倾斜聚集,给人的视知觉以强烈的幻觉性运动感,使人得到一种生机盎然、气势浩荡的审美感受。唐代大诗人李白在《早发白帝城》中所记述的"两岸猿声啼不住,轻舟已过万重山"那直下江陵的情景,以及现代诗人贺敬之在《西去列车的窗口》中所描绘的"一重重山岭闪过,似浪涛奔流……"那流动的景象,均是对运动感以及流动美的精彩写照。

总之,旅游动态观赏过程如同一种由移动、速度、景变与感受等四大因素组成的"魔圈",其中移动涉及速度,速度导致景变,景变影响感受,感受反过来又调节速度……彼此关联,循环往复,交互作用,旅游者一旦步入其中,将会在"无限交流意志"的驱动下,俯仰六合,尽情玩味,畅神怡性,"欣然而乐"。

二、静态观赏

宋代哲人程颢诗曰:"万物景观皆自得,四时佳兴与人同。道通天地有形外,思人风云变态中……"这里显然是在强调静观默照之道与"天人合一"之境。我们不妨借此提示人们在游览有些景点之时,要设法入静,在静观中感悟景物的诗情、画意、哲理或禅味。从古至今,这种传统的审美风范一直"积淀和凝冻"在广大国内旅游者的深层文化心理结构之中。实际上,中国的名山大川和古典园林在布局和设计上也充分考虑到这一审美情趣,主要的景点均置有亭、台、楼、阁、榭、廊等,如泰山的松涛亭和瞻鲁台、上海豫园的静观厅、昆明滇池的大观楼、北京颐和园的佛香阁,等等。它们一方面构成景致,一方面供游人憩息,另一方面还供游人静观周围的景象,是观赏功能和实用功能有机统一的产物。

一般来说,旅游审美活动既离不开动态观赏,也离不开静态观赏。相形之下,后者是一种选择性极强的观赏方法,是旅游者停留在某一时空背景中有选择地凝神观照周围景致的方法。需要指出的是,动观与静观是相辅相成的。事实上,动中求静、静中求动、动静结合的观赏方法也符合旅游者在搜奇览胜过程的生理—心理节奏。另外,上面涉及的动静关系主要是从观赏者在时空中的感知形式角度来谈的。就景观对象中的动静关系而言,也存在一定的互补性,即动态景观(如行云流水)与静态景观(如山崖亭台)的互补功能。

在旅游审美活动中,无论从主体角度还是从客体角度来谈动静关系,其中往往存在一定的相对性。陈从周对此有过十分精当的阐述。他说:

> 动静二字,本相对而言,有动必有静,有静必有动,然而在园林景观中,静寓动中,动由静出,其变化之多、造景之妙,层出不穷,所谓通其变,遂成天下之文。若静坐亭中,行云流水,鸟飞花落,皆动也。舟游人行,而山石树木则又静止者。止水静,游鱼动,静动交织,自成佳趣。故以静观动,以动观静,则景出……
>
> 静之物,动亦存焉。坐对石峰,透漏具备,而皴法之明快、线条之飞俊,虽静犹动。水面似静,涟漪自动。画面似静,动态自现。静之物若无

生意,即无动态。故观静观,是造园产生效果之最关键处,明乎此,则景观之理得初解也。①

　　细心的读者会从中看出,这段话不仅谈的是景物在空间中所展现出的动静相对关系,而且也触及观赏者的审美心理与动观静观相结合的妙用。因此可以肯定,这是对"万物静观皆自得"之说的一种补充,是中国式"游道"的高度概括,对于园林观赏而言尤其如此。

　　另外,基于动态观赏与静态观赏的山水审美感应方式,人们往往会在一定的时空背景中产生立体性的审美体验。就是说,面对山水景观,除了视觉(sense of sight)和听觉(sense of hearing)发挥积极主导的作用之外,嗅觉(sense of smell)、味觉(sense of taste)与触觉(sense of touch)等其他感官也会一起开放,各显神通,"觅求和捕捉所感知的山水景观的相应特征,然后各个感官通过不同的渠道,把获得的各个方面的审美信息输送到大脑,最后经过与脑中所储存的经验掺和化合,就融合成山水景观完整的、立体的形象,并得到综合性的审美享受"。② 实际上,在大自然的怀抱中,由色彩、线条和体积等物理要素所构成的空间形象或视觉形象,由风声、雨声、涛声和鸟声等音响所构成的真切的听觉形象,由花香、草香和清新的空气等因素所形成的特殊的嗅觉感受,由温暖的阳光、扑面的熏风与流云飘雾等因素所形成的温馨的触觉感受,以及由品尝甘泉和呼吸山中或田园里的清新空气所体验到的某种醇和、滋润或透亮的味觉感受,通常会经由审美的直觉、联想或想象等心理要素而产生一种"化学反应",从而在相互作用中形成一种类似"联觉"(synaesthesia)的审美感受。这种审美感受的强度一般大于各相关部分的简单相加,因此具有不同寻常的"审美增值"(aesthetic plus)效应。

　　对于这种五官开放式的或联觉式的山水审美感应方式,古代先贤曾经有过深入的观察与生动的描述,认为观赏者在浪迹山水、神与境偕时,"身并于云,耳属于泉,目光于林,手缅于碑,足涉于坪,鼻慧于空香,而思虑冲于高深"。徐志摩正是运用这种方式,翔实入微地记述了他畅游意大利名城佛罗伦萨郊外山景时的真切感受:

　　　　在这里出门散步去,上山或是下山,在一个晴好的五月的向晚,正像是去赴一个美的宴会。比如去一果子园,那边每株树上都是满挂着诗情最秀逸的果实,假如你单是站着看还不满意时,只要你一伸手就可以采取,可以恣尝鲜味,足够你性灵的迷醉。阳光正好暖和,决不过暖;风息是温驯的,而且往往因为它是从繁花的山林里吹度过来,它带着一股幽远的淡香,连着一息滋润的水汽,摩挲着你的颜面,轻绕着你的肩膀,就这单纯

---

① 陈从周.说园.北京:书目文献出版社,1984:56-57.
② 任仲伦.中国山水审美文化.上海:同济大学出版社,1991:50-51.

的呼吸已是无穷的愉快,空气总是明净的,近谷内不生烟,远山上不起霭,那美秀风景的全部正像画片似的展露在你的眼前,供你闲暇的鉴赏。①

从这段描述游赏山景的经历中不难看出,相应的景观特征和五官的开放参与是互为因果的。如山林繁花之于视觉、风息吹度之于听觉、幽远的淡香之于嗅觉、阳光水气之于触觉、恣尝鲜果之于味觉……这无形中使游者和读者都融合到一种全身心的审美感受之中,将一般只诉诸视觉和听觉的感受大大强化、深化和丰富化了。

第二节 移情与距离

在不同形式的审美实践或艺术创作中,中国人讲"触景生情"或"情景交融",外国人则讲"移情作用";中国人讲"超然物表"或"出乎其外",外国人则讲"心理距离"。结合中外美学的相关原理,联系旅游审美的具体情况,我们可以看出移情观赏与观赏距离的有效性和借鉴作用。

一、移情观赏

凡游过泰山、观过日出的人大都有这样的体验:拂晓,你站在观日峰上,只见脚底飞渡过乳白色的流云飘雾,东方茫茫的海面上空浮动着鱼肚白色的云团。你屏住呼吸,凝神翘望,渐渐地,那云团染上了淡红色,愈来愈深,成为朵朵翻飞的丹霞;继而,似乎含羞带笑的红日慢慢地浮了起来,霎时,像一只火轮似的一下子跃出地平线,光芒四射,万物生辉。此时,你心神振奋,只觉得自己的生命在扩张,体积在增大,仿佛感到这云霞、红日中有你,你胸中亦有这云霞、红日……这是什么缘故呢? 是移情观赏(empathic appreciation or contemplation)所产生的作用,是人与物交感融贯的结果,或者说是"人的生命和宇宙的生命互相回环震荡"的结果。

前面讲过,"移情说"是德国美学家立普斯的创举。他认为移情作为一条最基本的审美原理,不是一种身体或生理的感觉,而是把自己"感人"到或将自己的生命与情感"灌注"和"外射"到审美对象中去的心理现象。关于这种现象,正如法国作家波德莱尔(Baudelaire)所描述的那样:"你聚精会神地观察外物,便浑忘自己的存在,不久你就和外物混同一起了……同理,你看到蔚蓝天空中回旋的飞鸟,你觉得它表现出一个'超凡脱俗'的终古不磨的希望,你自己也就变成一只飞鸟。"②德国美学家费肖尔(Robert Vischer)也曾有过类似的描述。他认为审美主体到了"移入情感"(即立普斯所言的 empathy——"移情作用")之际,审美活动才达到最完满的

---

① 徐志摩. 翡冷翠山居闲话. 呼和浩特:内蒙古大学出版社,2003:51.
② 朱光潜. 朱光潜美学文学论文选集. 长沙:湖南人民出版社,1980:79-80.

阶段。此时此地,"我们把自己完全沉没到事物里去,并且也把事物沉没到自我里去:我们与高榆一起昂然挺立,同大风一起狂吼,和波浪一起拍打岸石。"①这显然是物我"互相回环震荡"的审美体验。

在中国传统美学思想中,"情景交融"或"物我同一"等美学原理与移情作用颇为暗合。关于这方面的例证,在古往今来的山水诗词里十分常见。比如,在"相看两不厌,唯有敬亭山"(李白)两句中,"相看"与"不厌"就一语道破了人与物同、物与神契的移情作用。再如"感时花溅泪,恨别鸟惊心"(杜甫)两句,那"花"何以能"溅泪"?那"鸟"何以能"惊心"?只不过是观赏者把自己的悲伤愁苦之感外移到花鸟身上罢了。

在旅游审美活动中,我们把移情观赏作为重要原理之一,是指游人在凝神观照旅游景观的过程中,于审美知觉和理解的基础上,展开审美想象的飞翼,动用以往积累的直接或间接审美经验,将自己的思情意趣投射到外在的景观中去,使景化为情,使情化为景,达到"情景交融"或"一切景语皆情语"的主客之间"无差别境界",从而实现畅神怡性、从"小我"进入"大我"的最终目的。那么,如何才能取得移情观赏的审美效果呢?我们认为下述三种途径不容忽视:

首先是入景。近代贤哲王国维曾言:"诗人对宇宙人生须入乎其内,又须出乎其外。入乎其内,故能写之;出乎其外,故能观之。入乎其内,故有生气;出乎其外,故有高致。"②这里当然是在谈诗歌创作原理与人生哲学的,但对包括旅游在内的审美实践活动也同样适用。就是说,旅游者要想寄情于山水,须先"入乎其内",乘游兴全身心地投入到景观欣赏之中。

其次是择景。旅游景观丰富多样,审美个性因人而异。有的景观形态与甲的审美心理结构契合或接近时,便产生移情或共鸣,容易导入不同层次的审美体验;而与乙的审美心理结构相悖时,则难以沟通,会形成"视而不见,听而不闻"的无动于衷或两相对峙的现象,故有"良辰美景虚设"之叹。因此,旅游观赏者一旦入景,既要人入(身),也要神入(心),同时还须根据自己的情思意趣来选择相应的景致,利用取舍与组合等方式(如同电影艺术中的蒙太奇),使其典型化和同构化,以期达到满足旅游观赏需要的目的。

最后是融景。随着择景过程的完成,观赏者在凝神默照中充分展开自由的想象,暂时逃开日常的自我,越出现实的意识,抛开直接的功利目的,将自己的情感借助审美想象假托或外射到景观之中,从中幻化出第二个自我,创造出第二个景致,进入到"神与物游,情与景谐"的自由审美境界。就像法国作家乔治·桑(George Sand)所描写的那样:"我有时逃开自我,俨然变成一棵植物,我觉得自己是草,是飞

---

① 朱光潜.西方美学史(下卷).北京:人民文学出版社,1979:604.
② 刘刚强.王国维美学论文选.长沙:湖南人民出版社,1987:135.

鸟,是树顶,是云,是水,是天地相接的那一条水平线,觉得自己是这种颜色,或是那种形体,瞬息万变,去来无碍。我向着太阳开花,或栖在叶背安眠……总而言之,我所栖息的天地仿佛全是由我自己伸张出来的。"①

二、观赏距离

瑞士美学家布劳认为,距离是一种审美原理,是审美悟性的一种特征。距离使得审美对象成为"自身目的",将其提高到超出实用关系和实用目的的领域之外。因此,"美,最广义的审美价值,没有距离和间隔是不能成立的"。② 对于广大旅游者来说,距离也是一种必不可少的观赏原理。在这里,距离主要指心理距离和空间距离两种。

1. 心理距离

关于"心理距离"(psychical distance),布劳曾有过这样的解释:设想海上涌起大雾,船上大多数的乘客除了感到烦闷和忧虑之外,还会产生一种奇特的焦虑之情,对难以预料的危险感到恐惧和紧张。这一切使得这场大雾变成了海上的一场大恐怖,因为它那极端的沉寂与轻飘迷茫而显得更为可怕。"然而,海上的雾也能够成为浓郁的趣味与欢乐的源泉。就像所有那些兴高采烈的登山的人们并不计体力上的劳累及其危险性一样,你也同样可以暂时摆脱海雾的上述情境,忘掉那危险性与实际的忧闷,把注意力转向'客观地'形成周围景色的种种风物——围绕着你的是那仿佛由半透明的乳汁做成的看不透的帷幕,它使周围的一切轮廓模糊而变形,形成一种奇形怪状的形象;你可以观察大气的负荷力量,它给你形成一种印象,仿佛你只要把手伸出去,让它飞到那堵白墙的后面,你就可以触摸到远处什么能歌善舞的云中仙子;你瞧那平滑柔润的水面,仿佛是在伪善地否认它会预示着什么危险;最后,还有那出奇的孤寂以及与世隔绝的情境,宛如只有在高山绝顶上才能感受到的情况。这种经历把宁静与恐怖离奇地糅合在一起,人们可以从中尝到一种浓烈的痛楚与欢快混同起来的滋味。这种情绪与另一些方面所形成的盲目而反常的焦躁之情形成了尖锐的对比。"③

朱光潜对此作过明晰易懂的阐述。他曾断言:心理距离"其实不过是由于暂时脱开实用生活的约束,把事物摆在适当的'距离'之外去观赏罢了。我们在游历时最容易见出事物的美。东方人陡然站在西方的环境中,或是西方人陡然站在东方的环境中,都觉得面前的事物光怪陆离,别有一种美妙的风味。这就是因为那个新环境还没有变成实用的工具……它们和你的欲念和希冀之中还存在一种适当的

---

① 朱光潜.朱光潜美学文学论文选集.长沙:湖南人民出版社,1980:79.
② 北京大学哲学系美学教研室.西方美学家论美与美感.北京:商务印书馆,1980:278.
③ 布劳.作为艺术因素与审美原则的"心理距离说".见:美学译文(卷二).北京:中国社会科学出版社,1982:93-94.

'距离'。池塘中园林的倒影往往比实在的园林好看,也是因为'距离'的道理"。①这一审美原理如果运用到艺术观赏上,其结果也相当类似。如看人体绘画(如法国古典派画家安格尔的《泉》和《大宫女》等),有的观众一见到这柔美动人的裸女胴体,就起邪念或占有欲,想入非非,忘乎所以;而有的则能将观赏对象"摆在适当的'距离'之外",透过外在的形体,超然物表,开掘其中丰富的内涵和美的特质——如圆润流畅的曲线美、媚而不俗的神态美和纯真无华的情感美,等等。以上两种截然不同的观赏态度与体验,也正在于是否拉开这种"心理距离"的缘故。

2. 空间距离

所谓"空间距离"(spatial distance),亦指实际距离,即人与物之间的远近长短间隔。距离不等,所看到的景致相异。如同电影镜头一样,距离远,构成远景;距离近,构成近景或特写景;距离适中,则构成中景。这些具有一定差异的景致,往往使人获得不同的审美体验。

比如,驱车前往莫干山游览,从 5 公里开外的远距离望去,轻雾缭绕的山色峰影就像一幅影影绰绰、青虚淡雅的写意水墨画;若靠近 3 公里左右,景象大为改观,眼前层峦叠嶂,峡谷幽深,满山遍野的翠竹将游人的眼睛几乎都染绿了。此时此地,呈现在你面前的景致立体深邃,俨然像一幅以绿色为主调的大型艺术挂毯。可当你钻进山里,穿过竹林,来到剑池,那飞流直下的三叠泉、"万绿丛中一点红"的观瀑亭、此起彼伏的鸟啭、清凉幽静的环境使你心醉神迷……所有这一切,显然与"远眺轮廓,近观细部"、"远望之,以取其势;近看之,以取其质"之类的"游道"或"距离"原理不无关系。

不言而喻,空间距离的远近对于欣赏地貌造型更显得重要。位于云南昆明滇池的西山素有"睡美人"之称。而这一美人的睡态形象只有在可构成全景的客观基础(如距离、时机、光照、角度等)之上,才能通过空间意象,勾出轮廓线,视其形态美。假如距离太近,你也许只能看到满山的杂树、遍野的荒草、零乱的岩石,而丝毫见不到"睡美人"的踪迹。

上述两个实例正好印证了德国美学家费歇尔关于距离的一段精辟论述:我们只有隔着一定的距离才能看到美。距离本身能够美化一切。距离不仅掩盖了物体外表的不洁之处,而且抹掉了那些使物体原形毕露的微小细节,消除了那种过于琐细和微不足道的明晰性和精确性。这样,视觉的过程本身在把对象提高到纯洁形态方面而起到了一定作用。我们认为,无论是心理的还是空间的距离,在旅游审美活动中均占有十分重要的地位,对提高旅游者的观赏水平或美感层次有着不可估量的作用。一般来讲,在具体地游览某些景观的过程中,心理距离多由个体自行调节,而空间距离则有赖于导游因地制宜或因势利导了。

---

① 朱光潜.朱光潜美学文学论文选集.长沙:湖南人民出版社,1980:58.

第三节　时机与位置

人们要建功立业,必然论及天时、地利、人和等主客观条件。人们在观赏有些旅游景物时,也离不开时机与位置这样的外在条件和个人文化与审美修养等主观条件。与景观欣赏相关的时机和位置所构成的时空背景是相应的旅游审美活动取得预期效果的关键所在。

一、观赏时机

大自然是美的源泉,是慷慨大度的。它提供给游人多种多样的美,如色彩美、线条美、形象美、音响美、动态美、静态美、阴柔美与阳刚美,等等。然而,所有这些丰富多彩的美只有在一定时机才为观赏者所领略。

当人们置身于巍巍的泰山之顶,不同的时机都会使人感受到不同的景致。从观日石上望去,晨曦中有红日喷薄欲出时的绚丽神奇的色彩美。从观月峰上远眺,黄昏时有夕阳余晖洒落黄河而构成的"黄河金带"式的线条美。夜来站在玉皇顶上,有幽寂而挺拔的东岳与其脚下的万家灯火相衬而出的形象美。如遇山风云雾,你来到瞻鲁台上,还将有机会欣赏到由松涛飞瀑汇成的音响美,以及由飘飞的流云与虚幻的雾气所构成的飞动美和朦胧美……这正如宋代郭熙所言:一切景物,"朝看如此,暮看又是如此,阴晴看又是如此。所谓朝暮之变态不同也"。[①]

"朝暮之变态"实指景观的时间性与变异性。若无时间的流动、光照的转换,无以谈日出奇观、夕阳彩云、朦胧月色,也无所谓"日落红湖白,潮来天地青"或"一道残阳铺水中,半江瑟瑟半江红"之类幻变奇丽的美景。所以,要想欣赏特定时空中的景观形象,旅游者务必掌握好观赏时机,因为这种特定的景致只有在特定的时空中才能充分展现出特定的风韵。如游杭州西湖,"葛岭朝暾"、"苏堤春晓"和"三潭印月"等著名景点是随着朝暮时光的变幻而变幻的,观赏者若不把握好时机,就难以直接体味其独特的审美价值。

当然,景观的形态变异不仅受朝暮光照的影响,而且也受季节的制约。宋朝诗人杨万里笔下所描绘的六月西湖就是一个范例。他写道:"毕竟西湖六月中,风光不与四时同。接天莲叶无穷碧,映日荷花别样红。"可见,同一景观在不同的季节往往呈现出不同的色彩和形象。这是因为导致景观变异的光照、植被、云雾、雨雪等自然因素具有明显的季节性,从而使同一景观按时令顺序表现为春景、夏景、秋景和冬景。诚如郭熙所言:"山,春夏看如此,秋冬看又如此,所谓四时之景不同也。"[②]

[①] 郭熙.林泉高致集·山川训.见:中国美学史资料选编(下册).北京:中华书局,1981:14.
[②] 郭熙.林泉高致集·山川训.见:中国美学史资料选编(下册).北京:中华书局,1981:14.

实际上,这"四时之景"的变化是因山水的云气和烟岚的变化而定。这云气,"四时不同:春融怡,夏蓊郁,秋疏薄,冬黯淡";这烟岚,"四时不同:春山淡冶而如笑,夏山苍翠而如滴,秋山明净而如妆,冬山惨澹而如睡"。① 相应地,观赏者的审美心理活动与审美感受也呈现出不同的特征来,即:"春山烟云连绵人欣欣,夏山嘉木繁阴人坦坦,秋山明净摇落人肃肃,冬山昏霾翳寒人寂寂。"②

  景观变异的季节性也向旅游者提出了一个观赏时机问题。故此,如游燕京八景中的"琼岛春荫",应在桃红柳绿的春季,择风和燕舞之日前往;观"居庸叠翠",应在草木葱茏的夏季,择雨后方晴之日寻访;看"西山红叶",应在天高云淡的秋季,择明净气爽之日览胜;不消说,要赏"西山晴雪",应在寂静萧瑟的冬季,择雪后日出之时登临。我们谈景观的变异,也包括那些稍纵即逝的特殊景观,如蓬莱仙岛的"海市蜃楼"和峨眉金顶的"佛光"等自然幻景。这类景观时间性尤为突出,大有机不可失、时不再来的特点,慕名而访的旅游者能否如愿以偿,那就要看其时运与造化如何了。

二、观赏位置

  在旅游审美活动中,观赏位置也是不容忽视的原理之一。从广义上讲,观赏位置涉及视点、角度、方位乃至距离。这几种因素联结起来,会对旅游者的审美经验产生直接的影响。比如,"会当凌绝顶,一览众山小"就关系到一个从上至下、自左到右或自右到左地俯视环顾的观赏点,否则就不可能产生这种雄浑坦荡的崇高美感。游庐山的人们大多都吟诵过李白的《望庐山瀑布》——

    日照香炉生紫烟,遥看瀑布挂前川。
    飞流直下三千尺,疑是银河落九天。

自不待言,要想欣赏该诗所描写的意境,就须在理解的基础之上诉诸艺术的联想与审美的想象,从中化出一个间接的景观意象。若亲临其境,按诗索"骥",势必要寻找出适当的位置和距离,特别是一种能观赏瀑布全貌的仰视角度。否则,就无法感受其奔流跌宕、飞泻雄奇之美。

  总之,不少旅游景观只有从一定位置或角度望去,才能发现其特有的魅力。假若由玉泉山眺望万寿山,其景观将会大为失色。若站在颐和园昆明湖的东堤仰观万寿山佛香阁,会感到其形象是那样清晰、高大、堂皇、恢宏。此时,玉泉山有些朦胧,而那亭亭玉立韵宝塔仍然引人注目,西山的群峰则显得青虚淡远、弥漫悠悠。这样,西山的峰峦、玉泉山宝塔和昆明湖西堤的烟柳皆成为万寿山的陪衬或背景,天造地设般地融为一体,呈现出一幅以西山峰影为远景、玉泉山宝塔为中景、万寿

---

① 郭熙.林泉高致集·山川训.见:中国美学史资料选编(下册).北京:中华书局,1981:13.
② 郭熙.林泉高致集·山川训.见:中国美学史资料选编(下册).北京:中华书局,1981:14.

山佛香阁为近景、连同昆明湖水景的多层次的山水画卷。同一景物从不同的位置和角度看去,就会呈现出截然相异的景象,这显然是观赏位置的戏剧性效果所致。

第四节 节奏与重点

在现代生活中,原本作为音乐术语的"节奏"已经泛化为一个常用的概念,譬如生活节奏、工作节奏、运动节奏,等等。在旅游审美活动中,观赏或旅游节奏的适当与否对旅游者的体能、心境和情趣等有着直接的影响。另外,在时空因素的制约下,进入景区的游人如果不能抓住重点,也就是侧重观赏其中有代表性或独特性的重要景点,那么就会与其失之交臂,铸成憾事。因此,把握好观赏节奏和重点观赏的原则,就有助于获得较大的旅游满足感。

一、观赏节奏

"节奏"(rhythm)原本是一个音乐术语,泛指轻重缓急、长短交替的音响运动形式。节奏的构成,首先表现为对立两极的变化,即轻重、大小、强弱、快慢、起伏等(视觉与听觉)因素在时空运动中的交替出现与对应变化。其次表现为循环重复或有序列的组合。从广义上看,无论在宇宙空间的万事万物中,还是在人类生活的各个领域中,都存在着特定形态的节奏。

就人类活动而论,心脏的舒张、胸肺的呼吸、脉搏的沉浮、情绪的波动、声音的高低、步伐的缓急、动静的交替、用力的大小、思维的变化与活动的快慢等,均贯穿着各种节奏。事实上,节奏在人类的劳动生活中早已成为一种可以感知的力量,对人类的动作、情绪、心态等方面起一种难于言表的协调作用,如抑扬顿挫的劳动号子、热情欢快的韵律体操,等等。

就旅游景观而言,季节更替、山色变幻、日月升降、峰峦起伏、潮涨潮退、花开花落、块面交错、空间宽窄等现象,像钟摆一样周而复始,循环往复,无疑也贯穿着各种节奏。当然,这些景观节奏与以听觉形象传达于人心的音乐节奏不同,它们随着时间的流动、空间的广延而展现出来,以视觉形象作用于人心,给人一种视觉上的节奏美感。比如游览北京故宫,那些具有独特建筑形式的大屋顶乍看上去会给人一种异常沉重甚至压抑的感觉,但随着视觉的移动,眼前建筑四角飞檐的弯曲翘起、展翼腾飞使原先的那种重压感被减弱了。接着,一排排小巧玲珑的斗拱由下而上伸展开来,似乎毫不费力地托起大屋顶。斗拱之下,是粗壮有力的廊柱和阔大坚实的台基。这样,整座建筑的立面给人一种重一轻一重的节奏感。从平面看,飞檐、廊柱、门窗、夹柱、斗拱也同时形成一种起伏变化的整体序列感。此外,建筑群的高低起伏、透迤错落、虚实结合、疏密交织、对应幻变亦产生节奏效果,给人以无穷的观赏兴味。因此,人们通常也把建筑称为"凝固了的音乐"。

当然，观赏节奏的另一层意思是指旅游活动过程中的观赏节奏。这种节奏是旅游景观的物理节奏与旅游者的生理—心理节奏趋于对应合拍或同步运动状态时形成的一种特殊节奏。所谓生理—心理节奏，具体说来是由人的呼吸、动作、心跳、思想、感情、意趣、知觉等生理与心理因素构成。实践证明，旅游者的生理—心理节奏会直接影响甚至决定其对旅游景观的审美态度。这就是说，景观的静态节奏与游览中的动态节奏尽管在审美意义上会给游人带来生理与心理上的快感，但它们如果超出了人的生理—心理负荷能力，那就会适得其反，给人带来痛感。因此，高强度长时间的奔波使人紧张，同样程度的闲散也使人不快。人们不喜欢杂乱，也害怕单调；喜欢变化，又讨厌无规律的运动；喜欢交替，但又回避无休止的重复。所以，要想解除紧张，摒弃单调，避免烦乱，获得审美感受，就必须使主客观的节奏协调同一起来，使观赏节奏趋于合理化。否则，就难以达到赏心悦目、流连忘返的游览目的。

二、重点观赏

旅行游览尽管在审美意义上是一项自由自在、随兴所至的精神性活动，但在实际过程中常常受到来自主客观诸因素的制约。就主观方面而论，旅游观赏者主要受到个人闲暇时间、体能和财力等因素的限制。每次亲临内容丰富的名山胜水或古迹奇观，欲逐一观览，怕时间不够或体力不济；若走马观花，则难以尽兴；想游其一角然后再次造访，又得盘算经济来源，等等。就客观方面来看，景观空间面积大、游览内容多虽是好事，但有时会使受主观因素制约的游人难以适从，会因为选择不当而顾此失彼或因小（景）失大（景），结果盲目奔波，扫兴而返。另外，在自然界，"千里之山，不能尽奇；万里之水，岂能尽秀？"[①]一处景致不可能样样皆美，没有瑕疵。再说，即便眼前的景物都美，也犹如那"触目横斜千万朵，赏心只有两三枝"的满树梅花。那么，在游览过程中，又当如何解决繁多与取舍间的这一矛盾呢？通常的做法是因景制宜，观其精粹，也就是我们这里所要说的"重点观赏"原理。

所谓重点观赏，是指有选择地观赏景物对象中最具有个性特色或最富有审美价值的景点。

据此，旅游者每次出外游览某一景区或胜地，需要事先查阅有关资料，了解对象的基本风貌，在获得一定背景知识的基础上确定观赏重点，做出于时于人于景均有利的游览计划。譬如，游览被誉为"京东第一山"的盘山，须知该山有五峰（挂月峰、紫盖峰、自来峰、九华峰、舞剑峰）八石（悬空石、天井石、将军石、晾甲石、夹木石、摇动石、蛤蟆石、蟒石），有残存的玲珑宝塔和寺观，等等。但就其整体景观特征而言，"上盘之松、中盘之石、下盘之水"乃为盘山三胜，颇有观赏价值。于是，涉足

---

① 郭熙.林泉高致集·山川训.见：中国美学史资料选编（下册）.北京：中华书局，1981：15.

谷底,应以水景为主要观赏对象,可坐以谛听清流淙淙的溪流;爬上中段,应以石景为主要观赏对象,攀巨岩登怪石,出没其间,得其天趣;登临峰顶,应以松景为主要观赏对象,静观默察,任山风吹拂,闻松涛呼啸,观夕阳晚照,在大自然的怀抱里尽情领略天地山野之趣。乘兴所至,心满意足之后起身回返,拾阶而下,轻松愉快,精神充实,也觉得不虚此行。

上述八种观赏方法均因循自身的美学原理,各有所长,互为补充。旅游观赏者可以根据自己的需要,因地制宜,因时借用,大不必"画地为牢",自我限制。因为,在丰富多彩的旅游审美活动中,主体的审美敏感性和个性化自由创造是最为可贵的。

思考与练习

1. 在旅游审美活动过程中,动态观赏的主要特点与效应是什么?
2. 静态观赏主要有哪些特点?与动态观赏方法有何互补作用?
3. 立体性或联觉式审美感受是如何形成的?试举例说明。
4. 移情观赏过程中表现出什么样的物我关系?试举例说明这种特殊的体验。
5. 旅游审美活动中通常涉及哪两种距离?你如何看待心理距离这一审美原理?
6. 在什么样的时空背景中旅游观赏时机显得尤为重要?试举例说明。
7. 旅游观赏位置意指什么?导游工作者为什么需要熟悉景点的最佳观赏位置?
8. 什么是观赏节奏?掌握好旅游观赏节奏的意义何在?试举例说明。
9. 重点观赏的必要性何在?试举例说明。
10. 你认为旅游审美活动中还有哪些更为有效的观赏方法?为什么?

第四编

旅游接待艺术与旅游工作者的审美修养

　　为了实现旅游业健康而持续发展的目的,有必要从旅游企业文化与美育的角度,揭示旅游企业职能的特殊性及其形象塑造的重要性和可能途径,分析旅游者的审美期望、需求差异、消费行为与鉴赏习惯,结合旅游接待工作的实际情况并以应用性为主旨,总结和归纳出旅游工作者(特别是导游翻译)的服务艺术要领和审美修养的基本内容。在这方面,要从职业道德教育与审美文化教育入手,开启旅游工作者个体的自觉审美意识与自我完善意识,使其在拓宽文化知识和提高审美素养的同时,争取创造性地开展本职工作,确立新型的职业道德与形象。

第十章

审美期待与旅游接待艺术

在旅游观光中,旅游审美关系一方面表现为游客对景观对象的鉴赏活动,另一方面表现为游客对接待服务的评品过程。我们知道,旅游业作为一个以人(游客)为导向的服务性行业(people-oriented service industry),首先需要全体雇员确立"宾客至上"(The guest is the king)的共同价值观和提供相应的优质服务,以期满足游客的各种合理需求(尤其是广义的审美需求)。以往的实践经验表明,旅游接待艺术是决定一个旅游服务性企业良性循环或可持续发展的主导因素之一。

第一节 旅游者的审美期待

在正常的社会交往中,人们彼此之间习惯于从各个方面来审视评品对方,譬如,从生理角度(如性别)、审美角度(如美丑)、心理角度(如喜怒)或伦理角度(如善恶),等等。一般说来,这是一个由表及里的不断深化过程。

旅游审美心理学告诉我们,当旅游者(或称"潜在的旅游者")萌发旅游动机并通过各种大众传媒开始搜集相关信息和选择旅游目的地时,其审美期待(aesthetic expectations)心理也随之进入了动态的发展阶段。这种审美期望尽管在开初主要是指向景观对象的审美价值的,但随着旅游目的地的确定与旅游行期的临近,这种期待心理将会更多地转向旅游接待服务,因为后者直接关系到他们旅游审美需求(当然也包括其他合理需求)能否得到如愿以偿的问题。

自不待言,大多数旅游者是以自我为中心的,其心理预期离不开自己认同的生活方式,其重复消费的是以差异性为基础的相似性产品。他们惯于从自身的文化修养、审美趣味或生活方式出发,期望在异国他乡所享受到的接待服务能够达到他们所认同的标准和满足他们的合理需求。因此,当他们刚一接触到开往旅游目的地的交通工具(如飞机、火车、轮船或汽车),便在期望值、紧张感、陌生感和新奇感等心理因素的驱使下,对旅游接待人员进行全方位的审视与评价。这样,从空中小姐、海关人员、饭店职员、商店销售人员到导游翻译(包括单纯用中文讲解的导游与用外语讲解的导游)等旅游接待人员,都于有意或无意之中成为游客的直接审美对象。通常,这种审美评价集中地体现在仪表美、风度美、心灵美等方面。

一、仪表美

人的仪表美是形体美、服饰美与发型美的有机综合美。就形体美而言,中西方的审美观念日益趋向融合与一致:在讲究身材、五官、容貌与肤色的同时,也推举一套相应的比例参数。① 根据古今中外许多美学家、艺术家和健美行家长期研究的结果,比较适合中国人形体美的具体标准大约可以归总为以下十条:

(1)骨骼发育正常,关节不显得粗大凸起。
(2)肌肉发达均匀,皮下脂肪适当。
(3)五官端正,与头部配合协调。
(4)双肩对称,男性要求宽阔(肩宽为美),女性要求圆润。
(5)脊柱正视垂直,侧视曲度正常。
(6)胸部隆起,男性正面与侧面看上去略呈V形,女性乳房丰满而不下垂,侧视应有明显的曲线。通常半球状或圆锥状乳房容易唤起形式美感。
(7)腰细而结实,微呈圆柱形,腹部扁平,男性有腹肌垒块隐显。
(8)臀部圆满适度,富有弹性。
(9)腿部要长,大腿线条柔和,小腿腓部突出,足弓要高,脚位要正。
(10)双手视性别而定,男性的手以浑厚有力见称,女性的手以纤巧结实为宜。②

不言而喻,上述条件一般构成人体的常态之美。如果缺乏这种常态美,那就谈不上形体美了。在直接的生理意义上,人体美通常表现出人的健康状况与身体素质好。从劳动美学观点看,人们更倾向于欣赏和追求健康的美、富有活力或生命感的美,而不是病态的美,即苍白无力或弱不禁风的美。从旅游美学的实际出发,旅游者对接待人员的形体美要求突出地表现在健康美上。因为,这直接关系到整个旅游审美活动的正常进行及其接待服务的效果,至于经济方面的考虑就更不用说了。

服饰美是构成仪表美的另一要素。俗话说:"三分长相,七分打扮",这是有一定道理的。服饰之美不仅反映出人的品格与审美趣味,给人以美感,而且更重要的是对人体具有扬美与抑丑的双重功能。就前者而言,如果对服饰加以科学而巧妙的应用,就会使其与人体构成和谐的美,起一种相得益彰、锦上添花的效用。事实上,人们在长期的社会实践中往往结合自己形体的某些美点,借助服饰的色调和款式加以突出。例如,肤色白净的女士,服装的色调不妨明快鲜亮一些。若着桃红色服装,在红(衣)白(肤)的自然对比调和中会产生一种"人面桃花相映红"的审美效

---

① 雅各布·布克哈特.意大利文艺复兴时期的文化(中译本).北京:商务印书馆,1986:338-343;池泽康郎.人体美学(中译本).昆明:云南人民出版社,1989;陆一帆.人的美学.广州:中山大学出版社,1986;王柯平.旅游审美活动论.北京:旅游教育出版社,1991:139-141.

② 梅蓉.人体美学观絮语.见:健与美杂志,1985(3):35.

果;如再淡淡地涂上一抹口红,更显得楚楚动人,美而不艳。如果天生两条匀称漂亮的长腿,夏季着裙可适当向上收一些,以便起到扬美的作用。但不宜过短,以免破坏整体的均衡,给人一种"仙鹤腿"的不快感。就抑丑的功能来说,服饰色泽、式样图案的变化在光的作用下会使人产生一种错觉,运用得当便可以弥补或遮隐形体的某些缺陷。人体有胖瘦高矮,服饰的纹样有圆横曲竖,款式有华朴宽窄,等等。在衣着上,什么形体选择什么色彩、纹样与款式,应该遵循扬长避短或扬美抑丑的美学法则。另外,色调有冷(如紫、蓝)暖(如红、黄)之分,给人的感觉有收缩与扩张之别。因此,瘦人不宜穿黑色的、带竖条的衣服,胖人不宜穿白色的、带横格子的衣服。否则,瘦者会显得更瘦更单薄,胖人会显得更胖更横宽。反之,效果就大不一样。

发型美是构成仪表美的三要素之一。发型在一定程度上属于实用造型艺术,是体现人的审美情趣与性格品位的直观形式,是自然美与修饰美的有机结合,同时还折射出人们的物质与文化生活水平以及时代的精神风貌,等等。自不待言,发型也像服饰一样,具有积极的装扮美化作用。英国美学家荷加斯认为,发型"能使整个人的美有一定程度的增进,这要看它们安排得是否合乎艺术的规则"。[①] 一般来说,整洁、自然、蓬松和带有波纹的头发本身就美。假如将其弄乱,就会变得很不好看,"因为眼睛没有出路,不可能去追寻这样多没有秩序、没有条理和混乱不堪的线条"。[②] 在实际生活中,人对发型美的追求尽管呈现出多元取向,但个性化依然是一条指导性原则。所谓发型的个性化,就是根据个人的身材、脸型、头型、发质、年龄和职业特点来设计修剪发式,使其能反映出个人的特点和情趣,取得整体和谐的审美效果。比如,脸型和颈部较长、身材高大、发质较好的人,配上较长的发型会显得飘逸大方,风度翩翩。而脸型瘦小、颈部短粗、身材矮胖的人,如果留长发、蓄鬓角,就会给人一种头重脚轻、臃肿做作的感觉。

由形体、服饰和发型等因素集合而成的每位旅游接待人员的总体仪表美,如同一尊活动雕像,直接影响着旅游者的审美视知觉。从审美心理角度分析,典雅端庄的仪表会给整个旅游审美活动创造一种积极而欢快的前奏曲气氛。从文化社会学观点看,这种仪表美不仅在一定程度上表现出个体的精神面貌与审美修养,而且还折射出相关民族的文化素质与形象,以及相关社会的物质与精神文明发展水平,等等。因此,旅游接待人员作为"祖国的一面镜子"或"民间大使",应充分认识仪表的审美属性与社会意义,应重视自己的仪表或"形象塑造"(image construction)。

二、风度美

一个人的风度是在漫长的社会生活实践中和不同的历史文化氛围中逐渐形成

---

① 荷加斯.美的分析(中译本).北京:人民美术出版社,1986:117.
② 同上书,页37。

的。风度是个人行为举止的综合产物,是社交活动中的无声语言,特别是个人性格、气质、情趣、素养、精神世界和生活习惯的外在表现。通常所说的"风姿"、"风采"或"风韵",基本上属于风度的具体显现。

欣赏风度和讲究风度,可谓人类的共性。因为,"这种必要性不是来自社会身份或等级地位的虚假观念,而是来自崇高的人类称号;不是来自礼仪体面的虚假观念,而是来自人类尊严的永恒观念"(别林斯基语)。同仪表美一样,风度美也是社会生活美的一项具体内容,是人类按照审美需要、实现自我完善的结果。一般来讲,由于个人在职业、修养、审美追求和价值体系等方面的差异,风度往往呈现出多姿多彩的形态。比如,学者有学者的风度,演员有演员的风度,军人有军人的风度,运动员有运动员的风度,政治家有政治家的风度……旅游接待人员(从空中小姐、饭店服务人员到导游翻译,等等)也应当养成与自己的职业相应的风度。

风度虽在很大程度上反映人的内在美,但总是通过外显的行为,即站态、坐态、步态和其他体语形式(forms of body language,如手势、表情)等可视因素展现出来的。常言道:"站要有站相,坐要有坐相",这对风度美提出了最基本的要求。我们认为,旅游接待人员在同客人交谈或讲解时,首先要注意站态。既不要两脚并拢,笔直挺硬,也不可双腿叉开,摇头晃脑。手势与表情也不宜过于夸张或激烈,更不可用手指点人说话。因为,这种站态与手势不是过于紧张生硬,缺乏亲切感,就是过于随便粗俗,令人生厌。正常的站态要求两脚叉开时不超过肩宽,腰板应自然挺起。而手势(一般用五指并拢的手掌作为辅助性表达手势)则要求柔缓优雅,面部要带微笑(近乎舞蹈演员通常所展现的二度微笑),这样会给人一种稳定感、轻松感和亲切感,有利于思想感情的沟通与交融。

坐态也有一定的规范。据统计,人所坐的时间几乎占其一生的三分之一。如果坐态失常,不仅难看,而且会导致人体畸形变化(如脊柱歪斜),损害身材的自然美。旅游接待人员大多是站立服务的,而导游翻译则有例外。无论是商谈游览计划或共同就餐,入座时要先客后己,彬彬有礼,轻缓得体,切忌猛坐猛起、弓背哈腰或半躺半坐。总之,要在实际活动中细心观察、不断总结,力避呆板僵直、懒散粗鲁的坐态,追求端正大方、自然舒适的坐相。

步态美主要表现为从容稳健、快慢自然、轻巧敏捷的行走姿态。反之,前摆后扭、上颠下簸、头摇肩晃的行走姿态则难以构成步态美。相形之下,步态由于动态性强,比站态和坐态更难把握,因此也更具有观赏价值。培根曾言:"论起美来,状貌之美胜于颜色之美,而适宜并优雅的动作之美又胜于状貌之美。"①

可以说,站态、坐态和步态是人的自然形体在空间中的具体显现,加上优雅的手势与温和的表情,会构成一种和谐统一的空间形象。从静观或动观的角度看,这

---

① 培根.论美.见:培根论说文集(中译本).北京:商务印书馆,1986:157.

种直观的空间形象是风度美的客观表现形式。但这并非是说,风度就是这"三态"的简单组合。在严格的意义上,风度美属于社会美范畴,是人的内在美(气质、修养、情趣等)的自然流露。因此,风度美要求内秀与外美的统一,要求"诚于中而形于外"。

三、心灵美

从社会美角度来评判别人的美时,我们总是习惯于把仪表美和风度美归于"表层"的美,而将心灵美称为"深层"的美,并且认为这两者的和谐统一可造就一种"完整的美",即一种表里如一的内外综合美。只有这种美才是人类美学的峰巅。

毋庸讳言,心灵美是人的其他美的真正依托,是人的思想、情操、意志、道德和行为之美的综合体现。心灵美的核心是善。在中西美学史上,将美善并举和等同的说法颇为常见。无论是从孔子、孟子到宋明理学,还是从柏拉图、亚里士多德到普洛丁、康德,通常认为因善而美或善即美,美是道德的象征……孔子所推崇的理想人格——君子,不仅要"文质彬彬",而且要"尽善尽美",要"成人之美,不成人之恶"。在论及衡量君子的尺度时,还提出"五美"之说——"君子惠而不费,劳而无怨,欲而不贪,泰而不骄,威而不猛。"不难看出,孔子所宣扬的"五美",是以"中和"为基本原则的五种仁善行为。就善而言,它是社会生活中人与人在正常交往中的道德行为规范。一个人的思想行为如果符合这些规范,那就善就美。否则,就恶就丑。

旅游接待人员的心灵美主要体现在他们所提供的优质服务上。据报道,有位陪同法国"东方之友"旅行团的导游翻译在整个游览观光过程中积极热情,任劳任怨,关心游客,讲解认真,语言生动,把中华文化的精义与旅游景观的特征真正介绍或传播给了客人,同时还为团中的老人排忧解难,上搀下扶,关怀备至。临别时,游客感激不已,依依惜别。尔后,寄来多封热情洋溢的感谢信,对此番在华旅行给予了很高的评价,对导游的服务表示了高度的赞扬。像这类层出不穷的事例,是对旅游接待人员心灵美的构成与意义的活的说明。国旅系统所制定的"五要五不要"[①]接待原则,表面上看是对导游服务的规范要求,实质上是对导游人员如何塑造心灵美进行了高度而集中的概括。特别是对其国格和人格方面的要求,在社会学意义上可以说是旅游接待人员塑造心灵美的起点。自不待言,只有讲究国格与人格者,才有可能追求自我完善,追求从仪表、风度到心灵的"完整的美"。全国模范导游翻译鱼新平的动人事迹充分地印证了这一论点。

---

① 五要:要和颜悦色,热情服务;要主动翻译导游,积极介绍情况;要耐心解答客人的问题,保守国家机密;要满足客人的购物和其他合理要求;要关心客人的安全与健康。五不要:不索要小费和物品;不倒换外汇;不收取回扣;不利用工作之便与客人拉关系,谋求私利;不做任何有损国格人格的事情。我们认为,"五要"是从正面鼓励,"五不要"是从反面警示。这两者在一定程度上表明了旅游接待业的客观现状与追求目标。

需要强调的是,心灵美与道德伦理虽然有着最直接最密切的关系,但不能把二者简单地完全对等起来。因为,心灵美作为美的一种特殊形态,具有一切美的共同特征,即直观性与可感性。这就是说,"深层"或内在的心灵美要通过"表层"或外在的美(如行为美、仪表美、风度美和服务美等)显示出来。所以,每个旅游接待人员在为游客服务和追求自我完善的过程中,要力求心灵美、仪表美、风度美、行为美和语言美的和谐统一,要避免重外美轻内秀或重内秀轻外美等偏差现象。俄国著名作家契诃夫说过:人的一切都应该是美丽的——面貌、衣裳、心灵和思想。古希腊贤哲柏拉图也曾指出:身体美与心灵美的和谐一致,是最美的境界。对于旅游接待人员来讲,这种"最美的境界"才是追求自我完善的终极目标。对于旅游者来讲,这种"最美的境界"才具有至为丰富的审美价值。

第二节 旅游接待人员的形象塑造

旅游接待人员一方面作为旅游者的直接审美对象,另一方面作为所在企业单位的代表或代理,有必要依照一定的美学法则搞好自己的形象塑造。这不仅是为了满足游客的审美期望或需求,而且更重要的是为了树立良好的企业形象,以便吸引客源,维系和拓展市场。形象美的构成要素除了形体美、服饰美与发型美之外,还包括服务美。这其中涉及一系列应用美学与服务艺术的基本原则。

一、灵活与适度

人是万物之灵。人的形体美不仅是艺术家所珍视的表现媒介,而且也是大众所热衷的审美对象。因此,许多旅游企业择员标准是"五官端正,体态苗条,曲线优美,身材适宜(女性高度不低于1.65米,男性高度不低于1.70米),视力正常,动作敏捷,口齿清楚……"这些貌似宽泛而实际上甚为苛刻的择员条件尽管一直遭到许多异议,但却依然被奉为选拔员工的常规。实际调查表明,大多数中方经营的旅游企业单位(如饭店等)比较侧重于选拔员工的相貌,而合资饭店则侧重于雇员的心灵素质。曾任北京建国饭店总经理的瑞士企业家宋茂罗先生与在华长期从事员工培训的莫尔先生等一致认为:多年来,旅游业(尤其是饭店业)对员工的形象美的功能过于夸大了。一位长相标致但惯于照镜自赏甚于搞好本职工作的职员,若与一位其貌不扬但却兢兢业业的员工相比,前者显得毫不足取。从社会经济效益角度看,这一见解具有相当的现实意义和参考价值。

我们认为,旅游业作为一种涉外行业,在择员时务必适当考虑人体的美感因素与游客的审美期望,但不可过分拘泥于人为的预设标准(比如男性身高1.7米以上,女性身高1.65米以上),而应从本民族的生理特点出发,采取一种富有弹性或灵活性的人体美学参数。这就是说,只要身体发育正常,动作敏捷,形体匀称,上下身的比例适度(以肚脐为分割点,基本符合"黄金分割率",即下半身与上半身之比为1:0.618,约等于8:5),便可录取试用。因为,旅游接待人员的外在形体美尽管能够产生审美视觉上的"光环效应"(halo effect)或导致具有正面价值的第一印象,能够将客人导入初级的审美愉悦体验,然而,随着服务过程的展开、认识的深化、实用目的的泛起,客人对形体美的观照会逐渐淡化,而对服务态度美和技能美的审视则不断增强。这一点特别需要引起旅游企业人事部门的高度重视。

二、多样的统一

如前所述,服饰是形象塑造的要素之一,既体现个人体态与现代时尚,又体现民族风格与时代精神。关于旅游接待人员的服饰,一般根据各行业的实际情况而定。譬如,空中小姐与导游翻译的服饰通常在参照国际性或民族性的基础上,前者讲求标志与款式的统一,而后者则比较宽松,只讲求标志的相对统一。而饭店员工的服饰从功能和审美的角度考虑,则要求多样的统一。门卫、前厅、客房、餐厅、酒吧、商品部与健身房等部门员工,其服饰应当风格多样、款式不同而又局部统一。这在很大程度上是出于工作性质的需要(便于识别等),但在客观上构成了一种多样统一的服饰环境,能够给人一种鲜活多变而又和谐有致的视觉美感。从视觉的生理与心理方面看,人们普遍忌讳色彩单一、形式刻板、格调俗腻的环境与事物。如果视觉神经总是受到同一式样、同一色调的外物的刺激,生理上就会产生一种不可名状的疲劳感,心理上也会相应地产生一种厌倦感。事实上,视觉作为高级审美感觉之一,习惯于追寻形态变化但又有章可循的观赏对象。因此,饭店宾馆作为游客吃、住、购、娱的主要场所,应当充分应用服饰美学的观赏效应和多样统一的设计原则,尽力创造一种能够满足客人视觉审美需要的生活环境,这对塑造企业形象和吸引客源是有一定意义的。

三、环境和谐

这里所谓的环境和谐,主要指旅游接待人员的工作服饰与工作环境在风格上彼此和谐或相互调配的关系。通常,在宾馆饭店的中餐厅里,内部装潢和饮食器具总离不开雕花桌椅、竹木阁楼、古董字画、瓷盘碗筷,等等。所有这些陈设与器物皆具有浓厚的民族饮食文化的特色。如果服务人员西装革履,难免会大煞风景,体现不出中国饮宴特有的审美品位。但若身着民族服装(如旗袍),效果就大不一样。此时,服装与环境在总体风格(即具有民族性的风格)上统一协调,相得益彰,会使客人耳目一新,得到一种特殊的文化享受。另外,旗袍作为东方女服的花朵,上下结构严谨,没有重叠的衣料、外显的带襻和口袋等繁饰,显得简洁明快、干净利落、雅致端庄。旗袍两旁的开衩美观实用,使跨步方便,给人以活泼轻盈之感。旗袍一般讲究贴身合体,线条流畅,无论是"燕瘦环肥"的身材,身着旗袍均能衬托出女性婀娜多姿的优美体态。

服饰与环境的和谐美还反映在色彩的均衡方面。这涉及亮、暗、冷、暖等色调的互补关系或调配方式等问题。根据波长，人们将颜色分为冷色(如青、绿、蓝、紫等)与暖色(红、橙、黄等)。若用语言来描述两者的对比作用，冷色具有收缩、镇静、理智、圆滑、微弱、沉稳、稀薄、远而轻等属性，暖色则具有扩散、前进、热烈、激越、刺激、稠密、近而重等属性。一般来讲，饭店的服饰与环境在用色上以中性或调和色为宜，这样便于创造一种平稳柔和、明净悠然的视觉美感，有助于宾客在轻松安静的氛围中解除身心的疲劳与紧张。但要看到，饭店的部门众多，功能各异，因此在色调上要讲究多样化。前厅一般要求华贵庄重，餐厅要求清洁明快，客房要求柔和安静，舞厅要求热烈活泼，酒吧要求幽雅沉稳，因此用色需要冷暖相济，因地制宜。各部门员工的工作服饰也应当与环境相映成趣。比如，在酒吧与舞厅这类娱乐场所，华艳喜庆的内部装潢、迷离幻变的五彩灯光以及客人追寻愉悦的心情意趣要求服务人员的服饰具有新颖的款式(如西服套裙或中式旗袍)与鲜丽的色彩(如玫瑰红色)，这对烘托气氛、刺激视觉美感颇有好处。

四、含蓄为美

含蓄作为中国传统的审美趣味与标准，不仅是艺术美所追求的境界，而且也是服饰美所追求的境界。中唐诗人李贺在描写宫女游猎的着装时，曾有"宝袜菊衣单，蕉花密露寒"等句。若按诗索"骥"，我们似乎看到一群仪态万方的宫女，以薄薄的菊花色单衣罩在红似蕉花的内衣上，黄里透红，明丽娇艳，微露媚形，似隐似现，从而构成一种朦胧含蓄之美(这种服饰从功能角度看并非适宜狩猎)。

就中国旅游接待人员的服饰而言，含蓄的样式是值得重视的一项美学法则。目前，有的饭店的酒吧或舞厅盲目求"洋"，一味采用袒胸露背大开衩式裙装，臆想增添"服务的魅力"。殊不知这种不顾东方人的身材形体与忽视民族审美意识的做法，一方面无益于创造积极健康的审美环境，另一方面也未必能够满足客人(特别是那些见多识广、追求异质文化美的游客)的审美需求。当然，我们强调含蓄美，并非完全扬藏抑露，恢复封闭式的衣着旧俗，而是倡导"万绿丛中一点红，动人春色不须多"的美学风范，进一步解决好藏与露的适度关系。也就是说，讲"藏"，要使其能起到护体和遮羞的效果，但无气闷封闭的感觉；讲"露"，要使其能起到展示人体自然美的作用，但无逸荡低俗的流弊。正像孔寿山所说的："既露既藏，亦实亦虚，朦胧含蓄，可谓极致。"[①]在这方面，时装文化奖获得者吕兰所设计的手绘直筒裙，为我们提供了一个富有参考或借鉴意义的范例。此裙构思巧妙，上下浑然一体。胸前正面画有葡萄，水墨淋漓，颇具国画意境；肩部网状结构如同葡萄架，与下摆网状穗

---

① 孔寿山.愿您的服装更美——服装美学与穿着艺术.上海：上海人民出版社，1985：129.

相映成趣。上部两肩与颈部以及下部大腿以下都是裸露的,正中身体主要部分是隐蔽的。这样,既露既藏,亦实亦虚,朦胧含蓄;婉约雅致,可谓民族特点与现代新潮有机融合的上乘之作。如果按照季节,在讲究含蓄美的原则基础上使用中国丝绸面料,以水墨画的艺术处理方式来设计饭店餐饮部门或娱乐场所的女装,想必是会收到良好的审美效果的。

五、整洁为美

旅游接待人员的仪表美不只是从形式美学的观点加以审视,而且也从整洁卫生的角度予以评价。因此,整洁为美的原则不仅适用于空中小姐、海关人员、导游翻译和驾驶人员,而且更适用于饭店宾馆的各类服务人员。

实践告诉我们,与团队首次见面是一种具有工作或职业性质的特殊社交活动。在这种场合,导游(翻译)好比一位演员登台亮相,因此需要对自己的形象、仪表与做派特别注意,应以最佳的姿态出现,以便全方位地吸引住观众(这里指游客),设法给他们留下一个美好的第一印象(first impression)。这往往会产生一种我们前面所述的"光环效应",对尔后开展导游工作与旅游审美活动均能起到积极的诱导作用。

在旅馆饭店的特定环境里,尤其是在与客人直接接触的功能部门(如餐厅和酒吧等),整洁可谓形象或仪表美的先决条件。不难想象,餐厅服务人员的衣着如果失去整洁,其他形式美感也就无从谈起,诚如中国成语所说:"皮之不存,毛将焉附?"有鉴于此,异常讲究整洁的日本旅馆业一致认为:

(1)清洁是对向客人上菜上饮料的服务员的起码要求。外表、服装,特别是需要接触餐具的手要清洁,指甲要修剪,要养成餐厅开业前洗手的习惯。

(2)头发要洗理好,要去掉头皮屑,一定要梳理匀贴,并防止体臭和口臭。

(3)要身穿干净的衬衣、外衣和熨好的裤子,搭在腕上的毛巾要清洁,脚蹬的黑皮鞋要擦亮。

(4)应穿规定的服装、衬衫和打领带。①

实际考察表明,国内大部分饭店十分注意工作服饰与整洁卫生的统一,这不仅使客人享受到一种形式美感,而且也使其在心理上产生一种有关饮食卫生和个人健康的信赖感和安全感,对吸引客源和开拓市场具有重要的推动作用。相反,在少数饭店(特别是档次偏低的旅馆饭店)里,其工作服装若从大处着眼,拉开一段空间距离来看,委实不乏形式美感。但若从近处微观,衣上的污点、鞋上的尘土、怠于修剪的指甲、沾在衣领或散落在肩部的头皮屑等不洁现象则严重地冲淡或消解了原有的魅力,令人产生一种不好的联想,进而对饮食的卫生程度表示怀疑,致使企业

---

① 日本旅馆饭店基本服务(中译本).北京:中国旅游出版社,1981:96.

形象与市场经营蒙受不必要的损失。

六、个性与共性

旅游接待人员的形象仪表美是一个综合性的概念。除了形体、服饰与整洁等因素之外,还涉及发型。我们前面讲过,发型作为一门实用的造型艺术,是体现人的审美趣味和性格素养的直观形式,是自然美与修饰美的有机结合,并在一定程度上反映出员工的精神面貌和相关的企业形象及其管理水平,等等。

我们认为,旅游接待人员的发型应遵从个性原则,即根据个体的生理特点(如脸型、头型和发质等)来修剪自己喜欢并能起到扬长避短等美化作用的发式。但在一般情况下,要从工作性质考虑,要对发长作出相应的共性规定。通常,"男不过耳,女不过肩"(相对而非绝对)仍不失为一条普遍有效的员工发长规范。这种合乎功能目的性的发长,一方面符合饮食服务卫生的要求,另一方面会给人一种干净利落、潇洒敏捷、精明强干的心理感受。

需要补充说明的是,在一些烹饪古代宫廷风味的餐厅里,或者在仿古式的旅游景点内,服饰与发型的历史统一性或近似性尤为重要。因为,要想营造一种古代的文化氛围与生活情调,借此给游客一种思旧怀古的体验或满足游客的好奇心理,工作人员的服装、发型、头饰与举止等都应当力求与所在环境取得风格上的统一。自不待言,从整体和谐美角度看,这还涉及饮食餐具的风格造型、餐厅内部的装潢陈设、宴席音乐的选择调配、服务程序的礼仪规范、节目表演的历史背景等因素。

必须指出,在谈论旅游接待人员的形象塑造时,绝不可顾此失彼,只注意形体、服饰与发型等自然与物态因素,而忽视了与形象仪表美密切关联的风度、言谈与举止等动态因素。而旅游接待人员的风度、言谈与举止通常具体地表现在艺术化的服务过程之中。与此同时,员工的形象仪表美也只有与实际的服务艺术融合起来才有意义。也就是说,任何脱离工作职能与绩效的为美而美的修饰打扮是毫不可取的,因为那样只能塑造一些中看不中用的花瓶式人物。

第三节 旅游服务艺术的要诀

如前所述,旅游业或招待业(hospitality industry)在本质上是一种以(客)人为导向的服务性行业。根据实践经验及其客观效应,旅游接待艺术的构成要素一般可以归纳为热情、礼貌、周到、规范、舒适与安全等几大服务要领或基本原则。[①] 但要看到,这一系列要领或原则首先是建立在微笑服务的基础之上。

---

① 陆永庆,吴宝华.旅游服务礼貌礼节.昆明:云南人民出版社,1993.

一、微笑是态度美的感性显现

微笑作为一种面部表情,在人与人的相互交往中具有一定的情感心理学意义。卢那察尔斯基曾就此写道:"……在一个人的脸上看到温柔的笑容,我们能够联想到这样的表象;这个人对我们有好感,他会许诺我们以利益和愉悦。"[1]显然,这与"出门看天色,进门看脸色"这句中国俗语的意思颇为相近。

在旅游接待服务中,员工脸上自然而柔和的微笑在宾客眼里通常具有特殊的内涵。因为,客人总习惯于透过员工的面部表情来窥视对方是否欢迎自己。记得日本游客就曾对一家饭店的接待人员提出这样的要求:"你们见到客人为何不笑呢?你们笑一笑,我们心里会非常高兴,知道你们是欢迎我们的。"可见,微笑同服务态度与热情、礼貌等接待原则密切相关。如果套用黑格尔的名言——"美是理念的感性显现",我们不妨把微笑这一直观可感的愉悦性表情形式界定为服务态度美的"感性显现"。

希尔顿饭店总公司董事长康纳·希尔顿深晓微笑服务的妙用,并将其奉为治店的法宝。他每次巡查下属工作时,见面首先便问:"你今天对客人微笑了没有?"他数年来一直向员工呼吁:"我请各位记住:万万不可把我们心里的愁云摆在脸上。无论饭店本身所遇到的困难如何,希尔顿饭店服务员脸上的微笑永远是属于旅客的阳光。"无独有偶,举世闻名的泰国曼谷东方饭店曾两次被列入"世界十佳饭店"之首,其成功的秘诀就在于把笑容可掬作为一项迎宾待客之道,从而给光临该店的八方游客留下美好的印象与回忆。而这种美好的回忆,正是美国康纳尔大学旅游学界权威人士所说的那种"旅游业最关心的最终产品"。

二、微笑服务的情绪感染效应

面部表情通常是人的内在情感的一种反映或流露。一定的情绪往往是一定外物的刺激结果。一般来讲,情绪具有外扩散与内扩散的双重性质。所谓外扩散,是指情绪对他人的感染力;所谓内扩散,是指情绪对自身心境的影响力。

世界犹如一面镜子。当你照镜自观时,必然得到对应的感受。你对它笑,它也对你笑;你对它哭,它也对你哭;你对它做鬼脸,它也对你做鬼脸。在旅游接待服务中,明朗、甜美和自然的微笑(其外显形式相当于芭蕾舞演员的二度微笑)似乎也具有"镜子"的功能。也就是说,微笑作为一种特殊的体语形式(a special form of body language),对游客起着积极的情绪诱导作用。一方面,它会使服务对象感受到服务人员愉快明净的心绪和热情欢迎的态度;另一方面,它会有助于创造出温暖如春的友好气氛,削减游客初到异地的紧张感与陌生感,进而使对方产生心理上的亲近感

---

[1] 布罗夫.美学:问题和争论(中译本).上海:上海译文出版社,1987:77.

和愉悦感。这样,来宾才会食而有味,寝则能安,心平气和地观赏与审视周围的环境或人物,有益于积累或形成旅游业的最终产品——"美好的回忆"。反之,冷漠、生硬或愁闷的面孔则会给客人一种初交不善的消极情绪感染,令其望而却步,心灰意冷,给整个游览活动投下阴影。这种面孔还有可能导致游客的逆反心理,使他们变得百般挑剔,对美好的事物视而不见,听而不闻,结果是"良辰美景虚设",造成难以弥补的损失。正如康纳·希尔顿所告诫的那样:"如果饭店缺少服务员美好的微笑,就好比花园里失去了春日的太阳和熏风。假如我是顾客,我宁愿住进那虽然只有残旧的地毯、但处处能见到微笑的旅馆,也不愿住进只有一流设备而不见微笑的饭店。"

自旅游业兴起以来,微笑服务一直受到广泛的重视,并被当作一种卓有成效的经营手段和优质服务的衡量标准。希尔顿饭店集团的振兴、曼谷东方饭店的崛起,无一不是提倡和推行微笑服务的结果。当今,在法国服务业中,有关微笑的功用还流传着这样一首赞美诗:

  微微一笑不费力,
  可产生无穷魅力。
  受惠者变得富有,
  给予者不会致穷。
  微笑转瞬即逝,
  却留下永久的回忆。
  富者虽富,
  但无人肯将微笑抛弃。
  穷者虽穷,
  但都能把微笑给予。
  微笑带来家庭欢乐,
  是友谊的绝妙表示。
  微笑可以消除疲劳,
  给绝望者灌注勇气。
  如果有人未给你应得的微笑,
  请你慷慨地以微笑回报,
  因为,
  没有人会比这吝啬鬼更需要!

无论从该诗的描绘中,还是在具体的接待服务中,微笑的情绪感染力是不容忽视的,它给人的心理慰藉以及审美体验也是异常明显的。桂林隐山饭店正是抓住了游客的心理,充分发挥了微笑服务的妙用,从而得到日本宾客如此积极的评价:"……桂林的风景固然美,而给我们留下美好记忆的是他们(服务员)的工作态度、工作作风和可敬可亲的音容笑貌。"

三、微笑展现的线条魅力

从形式美感角度分析,微笑的魅力主要表现在面部的线条上。经验告诉我们,人在微笑时,眼与口会构成柔和而轻灵的曲线(见图甲),这与板着面孔时所呈现出的那种冷漠僵硬的直线(见图乙)形成鲜明的对比和反差。

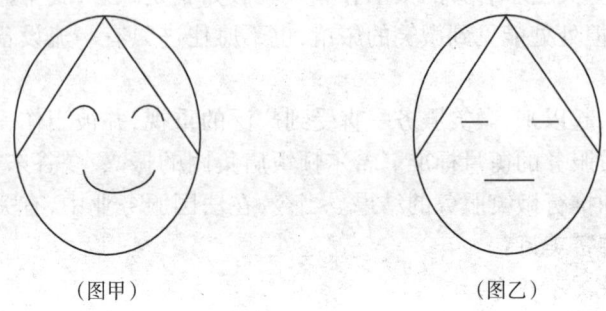

(图甲)　　　　　　　　(图乙)

根据英国艺术理论家威廉·荷加斯(W. Hogarth)的分析,曲线是一种富有装饰性的美的线条,比直线更能创造美。实际上,人在微笑时,面部肌肉相对松弛,线条比较自然,容易给人一种亲切动人的美感。但要看到,微笑因情绪的复杂波动(情绪则受外物的不同刺激)往往会呈现出不同的样态,譬如神秘的微笑、妩媚的微笑、轻蔑的微笑、忧郁的微笑、醉人的微笑、呆痴的微笑、难以捉摸的微笑、明朗甜美的微笑,等等。不言而喻,不同样态的微笑会给人以不同的情绪感染或心理体验。从旅游接待服务的实际工作出发,明朗甜美的微笑是最值得推崇的。因为,这种微笑一方面最富有人情味和积极的感染力,另一方面会在嘴角构成优美的曲线,能给人以妙不可言的审美体验。当然,这种微笑要讲究一定的"度"(二度微笑为宜)。因为,失去分寸的笑,比如哈哈大笑,"会比任何其他表情更使聪慧的面孔显出愚蠢或难看的样子,因为由于笑,嘴的周围会形成规则的、简单的线条(好像括弧),有时候这会像哭"。[①]

值得指出的是,在旅游接待服务中,微笑只有作为优质与规范化服务的辅助手段才具有意义。所以,微笑应当始终伴随着有效而周到的服务过程。如果与具体工作脱节,微笑就会蜕变为一种内容苍白的呆傻表情了(即人们常说的"傻笑")。另外,微笑应当以主动、热情和真诚为游客服务的工作意愿为基础,应当是某种良好的情态志趣的自然流露。要知道,任何强作欢颜式的表情,比如电影《满意不满意》中所描述的那种吓人的"笑脸",常常会弄巧成拙,产生适得其反的效果。这一

---

① 荷加斯.美的分析(中译本).北京:人民美术出版社,1986:114.

点务必引起旅游管理人员与服务人员的重视。

第四节 旅游审美信息的传递艺术

在旅游接待服务过程中,导游(翻译)所起到的作用是最为独特的。从政治、文化和社交意义上讲,英国人认为"导游是伦敦的大使",[①]埃及人认为"导游是祖国的一面镜子",[②]美国人认为导游翻译是"理解和友谊的桥梁",[③]日本人称导游为"文化古迹的保护者和民谣民俗的传播者"。[④] 习惯上,我们称导游翻译为"民间交往的大使"。为此,已故总理周恩来对导游翻译人员提出了政治思想、专业知识和外语水平"三过硬"的要求。从实际工作中所扮演的角色来看,他(她)不仅像其他接待人员一样作为旅游者的直接审美对象及其日常生活的安排照应者(caretaker),而且还作为旅游审美信息的传递者与旅游审美行为的协调者。

首先,需要说明的是,我们是从信息论美学的角度出发,来看待导游翻译作为旅游审美信息的传递者这一重要角色的。众所周知,在当代社会(有人称其为信息社会或信息时代),信息(information)是科学技术发展与文化经济生活中不可或缺的客观存在或"无形的资源"(invisible resources)。作为旅游观赏对象的自然景观与人文景观也同其他艺术表现媒介一样,都可以被视为一种特殊形式的信息、一种关乎实际观赏效果的审美信息(aesthetic information)。在旅游审美活动中,由于个体差异(individual differences——包括社会阅历、文化修养的深浅与审美能力的高低等)与文化距离(cultural distance——包括语言的障碍与异质文化的陌生感等)诸因素的存在与干扰,旅游审美信息往往需要借助一种中介力量——导游翻译来编译和传递(这里无意排斥其他技术形式的编译和传递手段,如电视、录像、广播、书报等)。如此一来,导游翻译便成为旅游审美信息的传递者(transmitter),其基本职能在于因时因地为旅游者加工处理或编译输送旅游审美信息。相应地,旅游者则成为相关信息的接收者(receiver),即在特定的时空背景中通过审美心理活动(涉及审美感知、想象、理解和情感等几大要素)来分析和鉴赏此类信息,以便强化自己的审美体验和加深自己的审美感悟。传递和接受信息的通道诚如信息论美学的奠基人莫尔斯(A. A. Moles)所言:"可以是视觉、听觉,或其他的感受系统。"

另外,需要强调的是,旅游者面对以自然资源为主要背景的名山胜景,会凭借外在的感性形式直接领略其多姿多彩的审美价值,进而获得不同层次的审美体悟(或悦耳悦目,或悦心悦意,或悦志悦神)。他们亲临其境,无限神驰,兴许忘却了导

---

① 伦敦旅游局如何培训导游.见:外国专家论翻译导游.北京:中国旅游出版社,1983.
② 马斯赖.导游是祖国的一面镜子.见:外国专家论翻译导游.北京:中国旅游出版社,1983:63.
③ 国外怎样培养、选拔翻译导游.见:外国专家论翻译导游.北京:中国旅游出版社,1983:23.
④ 日本导游专家谈日本的导游工作.见:外国专家论翻译导游.北京:中国旅游出版社,1983:17.

游翻译的存在,因为"此处无声胜有声"。然而,当他们来到以人文资源为主干的景观,如中国圆明园遗址,若无导游人员的具体指点、阐释或传递相关的历史文化信息与审美信息,他们恐怕难以从眼前的残垣断壁、石柱土堆中比较正确而充分地体味到这座古迹所凝冻的内在意味了。显然,在这类场合,导游翻译的作用是非同寻常的。如果在渊博的历史、地理、文化和艺术知识的基础上,他(她)能以艺术的方式,把蕴含在风景名胜与文物古迹中的历史故事与神话传奇等审美信息有效地传递给旅游者,就会使对方在审美感知、审美想象、审美理解和审美情感等心理因素方面得到强化的同时,产生更为深刻的审美体验(或文化体验),获得更高层次的审美感受。通常,旅游审美信息的传递艺术具体地落实在导游翻译的语言艺术和导游技巧之中。

一、语言艺术的五大层面

这里所谓的"语言",并非指作为静态的语言符号系统的语言(langue),而是指作为动态的言谈话语行为的言语(parole)。由于习惯上的称谓,我们仍沿用"语言"这一概念,但我们所说的语言艺术实指言语或话语艺术。

众所周知,语言是社会交际或沟通(social communication)的主要工具之一,是借以传达意义、思想、情感与态度的媒介或符号。对于从事导游(翻译)工作的人员来讲,言谈话语的艺术化是至关重要的,因为这直接影响到旅游审美信息的传递质量与观赏主体的审美满足水平,等等。

常言道:"话有三说,巧说为妙。"朱光潜曾说过:"话说得好就会如实地达意,使听者感到舒适,发生美感。这样的说话就成了艺术。"如此看来,提高导游讲解的语言艺术主要应在"达意"和"舒适"上下一番功夫。"达意"要求说话人发音清楚,用词准确,也就是常言所说的"修辞立诚"。因为,只有这样才能引起游客的注意,才能满足其求知明理的需要,才能创造有益于领悟旅游审美信息(即译码)的基本条件。"舒适"则要求说话人声调柔和悦耳,吐字娓娓动听,节奏抑扬顿挫,风格诙谐幽默,情感真诚激越。因为,只有凭借自然流畅、谈笑风生的导游讲解,才会唤起游客听觉与情绪上的快感,并且达到益智添趣、促动审美心理、获得审美满足等多重目的。根据以往的实践经验与国内外有关学者的研究成果,[1]我们认为导游(翻译)的语言艺术主要表现在以下五个方面。

1. 语言的准确性

说话是否"达意",常以准确为衡量尺度。所谓准确,首先要求导游翻译的音质清亮明洁,没有含糊生硬的成分。无论在任何交际场合,"含糊其词"或音质含糊不

---

[1] 克伦.导游的成功秘诀(中译本).北京:旅游教育出版社,1989;外国专家论翻译导游.北京:中国旅游出版社,1983;王连义.导游翻译二十讲.北京:旅游教育出版社,1990.

清总让人感到不快。尤其是在旅游观赏过程中,发音吐字不清不仅不美,而且容易导致误解或曲解。准确性的另一层含义是言之有物,用词恰当。这就要求导游翻译在讲解景观对象的背景、形态、特征与功能时,要有具体的针对性,要与眼前的直观对象达成一种默契。与此同时,还应注意用词得当、组合相宜,既要表达充分,又不夸大其词。

2. 语言的音乐感

所谓音乐感,主要是指语调的抑扬、语流的畅达、语句的长短与语速的快慢所构成的语言节奏美。一般来讲,语调的抑扬一方面是由于字音的高低所致,但另一方面也关涉到情绪的变化起伏。乐者欢快激越,哀者悲伤忧郁,这对语调有着直接的影响。语流的畅达反映在衔接自然的语句中与连贯而无断续的表述上。举凡侃侃而谈、毫无阻滞的言语行为(speech act)自身具有一种行云流水之美,能给人以舒适欣快之感。语句的长短也是构成语言节奏美的要素之一。在导游讲解中,句式不宜复杂冗长,而要简短明快、变化多样一些。从语义学角度来看,简明的句式容易形成各自相对独立的意群(sense group),便于旅游者理解和接受。从审美角度来看,这类句式节奏性强,就像听华尔兹舞曲一样,容易强化其艺术感染力。另外,从当代社会文化心理的角度考察,随着现实生活节奏的不断加快,人们的感受系统和情绪系统也相应地加速,因此更偏爱明快简洁的交际或沟通(communication)方式,不大容得繁杂冗长的语言或言语行为。

3. 语言的生动性

国内外专家均达成这样的共识:导游在讲解过程中要"注意简明扼要,语言生动,发音准确,声音洪亮。要有感染力,要像演员那样注意说话的技巧。对一些重要的东西可以巧妙地予以重复,以便加深游客的记忆"。[①] 我们知道,导游在讲解相关景物的背景或传奇故事时,只有通过语言的生动性才能把游客导入诗情画意之中,使其产生共鸣。因为,娓娓动听的语言、绘声绘色的讲解会使游客通过联想或想象等心理活动,观赏景物的内在神韵,感悟其内在的审美价值。

自不待言,这就要求导游(翻译)在掌握丰富的景观知识和语言词汇的基础上,注意修辞技巧,学会恰当地运用对比、夸张、比拟、借代、明喻、直喻、映衬等修辞手法,使讲解艺术化和形象化。也就是说,借助形象思维,通过精当的遣词用句,创造出生动的语言画面,达到主客之间相互交流沟通、引发审美共感的目的。

4. 语言的风趣性

导游翻译的语言风趣性,主要表现在幽默或诙谐的言谈风格上。这是语言艺术的重要方面。在美学意义上,幽默是西文 humour 的音译,属审美范畴之一,是喜剧性的一种表现形式。它通过比喻、夸张、象征、寓意、双关、谐音、谐意等修辞手

---

① 迈尔森.怎样当好导游.见:外国专家论翻译导游.北京:中国旅游出版社,1983:41.

法,借助多义、单义、歧义等语义学特征,机智运用凝练、风趣的词语,对现实生活中的各种乖谬、矛盾以及不合理现象进行含笑率真的揭示与讽刺。在导游活动中,语言的风趣性尽管与这种幽默不无联系(譬如在表现手法上),但主要还是指另一种形式的幽默,也就是轻松地开玩笑或善意地逗乐。

就效果而言,风趣幽默的话语可以活跃气氛,激发游兴,特别是在长途旅行中,风趣的话语更能显示出消除疲劳、振奋精神、调节情绪的妙用,使游客在轻松的欢声笑语之中度过快乐的时光。

5. 语言的情感性

导游在游客进入审美观照状态的前后,往往需要对景观的审美意味进行口头的描述或渲染。这里,讲解话语不应是直陈的、抽象的或程式化的,而应该是形象生动的、富有情感色彩的。在导游过程中,若想唤起游客的审美联觉(aesthetic synesthesia),就须在导游讲解中动之以情,晓之以理,也就是常言所说的情真意切。语言的情感性不光是指有声的感叹语所传导的情绪信号,而且还包括无声语言的直观情感表现,如眼神、手势和面部的表情,等等。这是因为人的喜怒哀乐、七情六欲往往可以从眼睛的神态、手势的力度与面部的线条中显露出来。

讲"眼神",素有"传神写照,正在阿堵中"之说。因为眼睛是心灵的窗户,最富有传神或表现的能力。谈"脸语",素有"回眸一笑百媚生"的美谈。因为笑脸呈现出柔和的曲线,含有妙不可言的审美韵致。论"手势",我们认为它是人的性格和内在情感的外化,有时在表现意义上比有声语言来得更直接、更快捷。就导游工作来说,在讲解过程中恰当运用手语亦可起到事半功倍的辅助效果。一般说来,手势的速度与大小要求适中,这样,其空中轨迹较易形成优雅的弧线,可给人一种柔软、亲切与自然之感。应该强调的是,导游话语的情感性强弱与否,关键在于导游人员自身是否进入角色,是否喜游乐导、动之以情。假若一位在风光胜景面前无动于衷的导游像和尚诵经似的只会干巴巴地倒背程式化的台词,恐怕难以打动慕名而来的游客。

导游话语艺术的上述几种因素(准确性、音乐感、生动性、风趣性与情感性)是相互联系的,绝非孤立的。对这些因素,任何顾此失彼或把握不当的做法,都会在不同程度上破坏话语整体的美,影响旅游审美信息的传递效果。例如,苛求准确可能会导致枯燥无味,过分诙谐可能会造成滑稽庸俗,故作多情可能令人生厌反感……正如洪毅然先生所言:"欲求语言之'美',如果只重语义内容,对于辞藻、语音、腔调等根本全不在意,诚然未免片面;反之,如果徒求语音之优美、腔调之圆润、节奏之抑扬、辞藻之华丽,非'诚于中'而仅'饰于外',甚至别腔别调,装腔作势,矫揉造作,便将华而不实,虚有其表,误入语言之邪道,必定令人作呕,那就更加难免欲'美'反'丑'了!"[①]

二、导游技巧的五大要领

若想把旅游观赏者吸引到自己周围,以期达到有效传递审美信息的目的,导游(翻译)务必不断总结经验,善于因地制宜地运用各种导游技巧。实践证明下列几种手法是比较适用的。

1. 虚实相间法

通常,平铺直叙的导游讲解尽管可以使人明理,但因枯燥单调,缺乏感染力,故而很难吸引或打动游客,使其留下深刻的印象和美好的回忆。相应地,旅游主体的审美满足水平也自然不会很高了。要想改变这种状况,导游人员务必另辟蹊径,采用虚实相间或故事化的方式,把对游览对象(实)的程式化介绍同有关的神话传奇(虚)结合贯通起来,使导游讲解虚实相间、情景交融、引人入胜。职业导游都知道,每次导游活动如同登台授课一样,要安排好所讲内容的先后层次,准备好中间所要穿插的典故、逸闻、趣事、传说等,以便在单位时间内的讲解中形成起伏变化、多样统一、扣人心弦的节奏和丰富生动的内容。

譬如,陪团游览昆明玉案山的筇竹寺,仅介绍其修建年代、面积、位置与结构,游人当然不会满足,有关这方面的信息他们兴许早已从书面导游指南中获悉。如果导游人员能利用高氏兄弟追赶犀牛的美丽传说来点缀该寺的宗教历史背景,游人的情趣便会大为改观。随后,乘着高涨的游兴,在观赏活动中,导游再从容地讲出其他内容,如该寺的建筑风格、罗汉堂的彩塑艺术特征以及与寺庙相关的佛经故事,等等。再如吃当地风味"过桥米线",若只就事论事地告诉游客其做法与特点,那仅能取得一般的效果。如若穿插上那段夫妻恩爱的动人故事,效果就大不一样。此时,游客会得到双重的享受,即一饱口福的生理快感和陶情冶性的精神愉悦,最终还会融为一种超越感性和理性、时间与空间的审美文化体验。

如上所述,这种虚实相间的导游手法所取得的直接效果是情景交融,引人入胜,使游客回味无穷,感触万端,在娱乐中得到情感净化和审美教育。正像一位旅行者所说的那样:一则娓娓叙来的生动寓言,或优美的神话故事,配上跟前可观可触的景致物品,会激起人们轻松愉快的心绪及其遐想和观赏的兴味,使静止的东西变得鲜活起来,给人以更为深刻的体验和感受。

2. 进入角色法

无论是登山、逛水、钻洞、游园、参观文物或探访古迹,导游工作者务必进入角色,有导有游,同游客自觉地结为一体,在实地搜奇览胜的过程中,以丰富的地貌风物知识或加工后的审美信息,具有真情实感和自然质朴的导游语言,适时运用触景

[①] 洪毅然."语言美"琐谈.见:大众美学(第二辑).成都:四川省社科院出版社,1983:3.

生情的美学法则来诱发游客的审美情趣,将其逐步导入凝神观照的境界。如果导游工作者只导不游(譬如只介绍长城而不登长城的"放羊式"导游),无形中就同游人在心理情趣上隔了一层。这样,无论你讲得多么天花乱坠,也不一定能打动游者,因为欠缺亲临其境的说服力和感染力。另外,只导不游的讲解还会给人一种虚假做作之感。比如,有一次去游览一个新开辟的石灰岩溶洞,一位只导不游的"讲解员"站在五光十色的溶洞中央,像背台词一样滔滔不绝,东一指说是"银河飞瀑",雄奇壮观;西一指说是"仙女下凡",婀娜多姿……此时此刻,游人目不暇接,反应不及,活像装有电脑程序的机器人似的,受"讲解员"摆布几乎到了可笑的程度,令人甚感厌腻。至于"导游"只游不导,那就是严重的失职了,还遑论什么效果。

3. 制造悬念法

当旅游者置身于景物中时,有经验的导游(翻译)惯用制造悬念的手法,引出游客的审美注意焦点。所谓制造悬念,就是在实际的导游活动中,导游工作者利用游客追寻景观特征、故事结局、文物来历和风俗习惯的迫切心理,巧妙地安排讲解内容。譬如在关键地方可提出问题,引而不发,给游客以稍加思索的时间,最后再用三言两语点破奥秘。这种方法实质上是"吊胃口"、"卖关子",目的在于活跃气氛,引人注意,把"旁观型"(contemplator type)旅行者转化为"参与型"(participant type)观赏者,以便取得审美共鸣的效果。

例如,杭州西湖有一座断桥,车到桥前,导游一般要讲述一段《白蛇传》。这个优美动人、带有悲剧色彩的故事常使游人打破传统的审美习惯,一反憎恶冷血动物的常态,对善良多情的蛇妖——白娘子深表同情,非常关切她的命运。考虑到这一心理趋向,有经验的导游往往不是一口气将故事讲完,而是先行铺设相关的情景,鼓励游人凭借想象自己去推断故事的结局,然后在归途中重过断桥时再将其娓娓叙来。这样,会把游人的注意力吸引到自己周围,使自己始终处于主动地位,在归途中有话可讲,并能冲淡旅游归途中的困倦,充实旅行生活,激发思情意趣,丰富审美享受。但要注意的是,制造悬念必须控制好时间,在多数情况下不宜拖得过长,因为胃口吊得太高就会失去胃口。此外,制造悬念一定要首先做好铺垫工作,以便唤起游客的情趣,否则会使人茫然若失,达不到预期的效果。

4. 点面结合法

任何艺术既讲究整体,又突出重点。导游艺术也不例外。我们知道,面面俱到的导游讲解是不可能的,也是没有必要的。在旅游审美活动中,大部分景观对象从整体上讲属于美或崇高的形态,但其典型性主要凝聚在特定的景点上。因此,要把握审美对象的精髓,导游(翻译)务必在顾及面的同时,要设法找出蕴含在整个对象之中的典型部分,也就是重点,将其讲深讲透,其余的部分有时则可一语带过,这样更有助于加深观赏主体的审美印象及其感受。例如,陪同日本游客观览颐和园的长廊,先要从面入手,对其背景、结构、内容、功能等作一概要介绍。然后,应主要以日本人比较熟悉的、有关中国古典名著《三国演义》中的人物的彩画(像"桃园结义"、"三顾茅庐",等等)为重点予以讲解。切不可逢画就讲,没完没了。因为,这样做不仅时间不允许,而且会冲淡客人的游兴,显得出力不讨好。

5. 跨文化交际法

旅游者(特别是国际旅游者)一般来自不同,国家和地区,客观上存在着社会的差异和文化的距离,因此,要想把旅游目的地的自然景观和人文景观讲解得清楚明了、通俗易懂,并非一件易事。特别是在我国,悠久而灿烂的历史文化使绝大多数旅游景观积淀和凝结着不同时代的印迹,这自然给导游讲解和游客领悟带来许多困扰。譬如,陪同国际游客去参观故宫,有的导游人员会把故宫的建筑时间说得非常具体——"明永乐四年(1406)始建,永乐十八年基本建成……"殊不知按中国表达习惯讲得越详细,客人反而会觉得越糊涂,这主要是文化差异所致。如果采取跨文化交际(cross-cultural communication)的方法,也就是我们通常所说的文化比较方法,即在两种不同文化系统之间采用对应性比较或类比的方式,将相关景物的背景与特征彼此参照起来讲解(譬如说:"故宫建于15世纪初,相当于意大利文艺复兴早期……"),那么,理解方面的障碍便会比较顺利地得以清除。实践证明,在跨文化交际中,确切、形象和恰当的类比可使导游讲解取得事半功倍的效果。

所谓旅游审美信息传递过程中的跨文化类比(intercultural analogy),就是将两个处于不同或近似时空与文化背景中的旅游景观加以比较。通常,是以游客熟悉的东西来对照和解释他们不熟悉的对象。马可·波罗曾形象地把苏州喻为"东方的威尼斯",有的日语翻译导游也曾把上海的城隍庙比作"东京的浅草",把上海的南京路比作"东京的银座",等等。这些类比手法均可适当加以应用。就其效果而言,它不仅使旅游者易于理解所讲解的景观内容及其特征,而且还会使其产生一种"虽在异国他乡,犹如置身故里"的亲切感,在一定程度上满足其民族自尊心与自豪感。值得强调的是,准确、恰当和形象是评价跨文化类比质量的直接尺度。这就要求导游人员不断学习探索,丰富各种知识,争取达到学兼中西的程度,但应尽力避免牵强附会的说法。

第五节 旅游审美行为的协调方法

在同旅游者结成的审美关系中,导游翻译还扮演着协调游客审美行为的重要角色。这一方面是导游活动(一种再创造的艺术活动)的基本内容,另一方面也是旅游观赏者的实际需要。在旅游审美实践中,导游往往利用自己的历史文化知识与地貌风物知识,主要从旅游观赏节奏、位置与时机等几个主要方面来协调游客的审美行为,以便使其获得最大的审美满足(aesthetic satisfaction)。

一、调节观赏节奏

如前所述,生理节奏正常,人体的内部机能才会处于稳态;心理节奏适度,人的内心生活才会趋于平和;观赏节奏恰当,人的审美需求才会得到满足。旅游者是具有生理—心理结构的活生生的人,旅游审美是一项有劳体力和鉴赏力的综合性实践活动。一般来讲,导游工作者应该从人的本体出发,使观赏节奏符合旅游者的生理负荷、心理趋向和审美习惯。所谓旅游观赏节奏,泛指游览活动的张弛、行进速度的缓急、导游讲解的快慢、声音语调的高低以及导游过程的停顿等因素构成的多样统一的动态旅游审美过程。常用的协调技巧与原则包括:

1. 张弛并济

常言道:"文武之道,一张一弛。"旅游审美活动也应该注意这一点。在组织游览活动时,要考虑到旅游者的生理适应性,解决好日程安排的紧与松、劳与逸的关系问题。不言而喻,人的审美心理与其生理机制是密切相关的。如果运动节奏超过了生理节奏(心跳、呼吸、血液循环等),就会打破人体内在机能的平衡,导致疲劳或其他症状,这对审美活动来讲如同釜底抽薪,失去了依托。也就是说,作为审美条件的生理基础一旦失去,审美活动也就难以独自进行了。游览活动的张与弛,一般通过全程安排、日程安排以及具体的节目安排反映出来。这就需要根据旅行团队的人员构成(年龄、体力、需求,等等),设法使观赏内容丰富多样(而非单一、雷同),旅行活动紧松相宜(而非紧张疲劳),以便达到使游客感到轻快自然和不虚此行的最终目的。当然,游览活动的张弛程度要视对象而定。对热衷于拼命工作、拼命游玩(work hard, play hard)的日本中青年游客来讲,较快的观赏节奏也许更适合他们的习惯与追求。

2. 缓急有度

在具体的游览观赏中,行进速度的缓急也形成一定的节奏。这种节奏对旅游审美效果会产生直接的影响。例如游园,有的人习惯于宏观欣赏,即从大处着眼,注重建筑的轮廓形式或假山水榭的布局等;而有的人则喜好微观细察,即从小中见大,玩味一幅彩绘、一个透窗或一处盆景。如果导游工作者忽视了游客个人的审美习惯差异,或是像赶羊似的一个劲地催游客快走,或是放任自流地随其所便,或是因为时间宽裕而故意慢慢吞吞……均会对游客的正常审美情趣产生消极的影响。所以,导游翻译应像乐队的指挥一样,要在整体协调和因势利导的基础上把握好行进速度的节奏变化,对哪儿该快,哪儿该慢,哪儿该停,必须心中有数,事前做好统筹安排,以便使游人在快、慢、稍快、稍慢和停憩的节奏变化中从容自如、轻松悠闲地享受游览观赏的乐趣。值得一提的是,由于一年四季的景致循环变幻、旅游审美习惯因人(或因旅行团的人员构成)而异,用程式化的方法来调节同一景区的游览速度是绝对靠不住的。这就要求导游工作者在实践中着意摸索、总结经验、灵活掌握,因时因地因人调节好观赏节奏。

3. 快慢相宜

导游讲解的速度快慢也构成节奏。太快,游客不是反应不及就是听不清楚,时间一久,会导致听者注意力涣散或精神过度疲劳;太慢,会使人听了上句等下句,容易给人一种断续零乱或迟钝不适之感。这两种情况均不利于旅游审美活动的正常进行。我们先前在讨论导游语言艺术时讲过,流利畅达、快慢有致、节奏恰当的导游语言是传递旅游审美信息的有效手段。如果导游人员只图自己一时痛快,讲解时指手画脚、滔滔不绝、一气呵成,而旅游者尚不知其所云,茫然若失,那么就没有达到传递审美信息的目的。反之,导游讲解如果吞吞吐吐、慢慢悠悠或断断续续,让听者失去耐心,感到兴味索然,那显然也是一种失败。

在正常情况下,导游讲解的节奏以不紧不慢、流畅生动为准则。快时不妨利用设问技巧作为缓冲,以增加节奏的变化和松弛游客过度集中的听觉神经。讲解的速度要视听众对象而定:对听觉灵敏、反应迅速的年轻人,可适当快一点;而对老年人则要适当慢一些,吐字更清楚一些,有时甚至应有必要的重复。另外,还要根据景观对象的具体情况来调节讲解速度。通常,人文景观的内容复杂,需要传递的信息量较大,可适当快一些。自然景观的直观性强,需要传递的信息量较小,可适当放慢一些,给游客留有观照玩味以及印证的余地,以确保观赏活动的自由性或愉悦性。

4. 音调和谐

无论是否使用扩音设备,导游讲解时音量的大小和声调的强弱与观赏节奏亦有密切联系,对旅游审美行为亦有一定影响。实践证明,声音太高会给人以刺耳不适之感,太低又会给人以含混不清之感;语调平淡会给人以枯燥无味之感,过于激扬则又会给人以矫揉造作之感。因此,导游工作者理应因地制宜,根据听众的多寡与空间的大小,适时地控制和调节自己的音量与声调。一般来讲,音量的大小要以距你最远的本团游客能听清为宜,声调的变化要以自然质朴、抑扬顿挫为好。当然,声调往往具有表感功能(emotive function),或者说具有感情色彩。当导游者亲临其境,全然进入角色之际,眼前的景观之美或相关神话故事的动人情节必然会唤起其自身的审美情趣。这样,声调会随着情感的起伏而起伏,或激昂,或深沉,或欢乐,或忧伤,或抑或扬,或强或弱,从而构成一种富有节奏变化的带着真情实感的语流音调美,在不知不觉之中,感染和吸引着游客的审美情趣和审美注意。

5. 停顿适时

很难想象,一位金口难开的导游翻译会受到游客的欢迎?同样,一位喋喋不休的导游翻译会赢得游客的赞赏?我们知道,停顿与讲解均是导游工作的需要,二者处于一种对立统一的关系之中。在旅游审美活动中,适时的停顿不但不会影响、反而会有助于游客的观赏。因为,审美在很大程度上是一种自由的个体性价值判断过程,过多的诱导会蜕变为一种干扰或强迫,使人难以在平心静气的凝神观照中领悟眼前的景观之美。游山逛水尤其如此。如果导游翻译在旅行途中已用有关的风物知识或神话传奇激发起了游客的审美遐想,如果游客在宏丽明媚的自然景观(像漓江的九马画山或黄山的奇峰云海)前已进入兴致勃勃的观照状态,导游若再无休无止地讲解下去就会显得有些唠叨、多余或讨嫌,因为"此处无声胜有声"。此时,游客在寂静永恒的大自然里会展开审美想象的飞翼,或以情托物,或借物抒情,进入物我两忘或天人合一等不同的审美境界。

调节旅游者的观赏节奏是一个复杂的问题,它不仅涉及心理的因素与导游的技巧,而且涉及游客的生理、体能、旅游日程安排与游览内容等方面的情况。因此,我们还根据实践经验总结出三条基本原则,即舒适愉悦原则、多样统一原则和灵活对应原则。第一条原则关系到舒适的旅游住宿与交通条件、卫生而富有营养的饮食、良好的健康状态与心理环境以及在一定时空背景中的自由愉悦的游览方式,等等。第二条原则关系到游览内容的多样性、丰富性和新奇性。任何重复或雷同的观赏对象及其活动,只能构成一种产生负面效应(如厌倦、神不守舍或无注意力)的观赏节奏。第三条原则关系到因人因时因地把握、调节和选用旅行游览速度、导游讲解速度、景观审美信息等实际操作过程。①

二、选择观赏位置

如前所述,从旅游审美活动的物理基础来看,景观对象只有在一定的角度或地理位置才能显其最大的魅力。葛岭朝暾如此,西山晴雪如此,庐山瀑布如此,泰山日出亦如此……许多天然的空间构景莫不如此。

观赏位置主要涉及观赏距离与观赏角度。② 譬如,观赏云南昆明滇池的西山"睡美人",如果距离太近,角度过偏,则看不出全景;如果距离太远,角度失当,景观便显得模糊不清。只有从适度的距离与角度所交结的位置望去,才会欣赏到"睡美人"那静穆、秀美、飘逸的空间意象。同样的道理,游人要想亲临目睹云南石林中"阿诗玛"的天然石像,就必须在导游人员的协助下,选择好观赏位置。实际考察表明:从正前方10步开外望去,那尊"石像"犹如一位穿裙戴帽、亭亭玉立但愁容满面的少女。但从偏右方8步开外望去,那"石像"顿时幻变成一位瘦骨嶙峋、风烛残年的老太婆。同一景物,从不同位置观照,竟会呈现出两种截然相异的"形象"。可见,观赏位置所产生的戏剧性审美效应是不容忽视的。对于十分熟悉风景点的导游翻译来讲,在观景现场帮助游客找到最佳位置不仅是其本职工作的重要内容,而

---

① 王柯平.旅游审美活动论.北京:旅游教育出版社,1990:95-96.
② 王柯平.旅游工作者要懂点旅游观赏学//《旅行家》杂志社.旅游工作指南.北京:中国青年出版社,1986:77-79.

且是协调游客审美行为、避免盲目性的有效手段。

但要知道,仅仅告诉游人何处去观赏仍嫌不足。若想引人入胜,还必须再费一番心力,如穿插一些与观赏对象密切相关的地理知识、历史背景以及神话故事等,来提高游客的观赏兴趣。需要指出的是,某些自然景观的空间造型远不如模拟实物的雕像那样精确或形似,其呈现在游客面前的空间意象往往是一种粗线条的轮廓。因此,只有当游人的主观联想和审美想象与其大致吻合时,才能产生预期的共鸣。所以,我们在导游过程中应设法给游客留有一定的想象余地或想象宽度(犹如中国传统水墨画构图中的空白),协助他们主动进入角色,诱导他们去自行发现,而不是采用先入为主的简单方式,强游客之所难,把个人的感受直接强加给游客。譬如,去黄山旅游,导游翻译不宜手指某座山峰,像发号施令般地信口就向游人道出:"请看!那就是'仙人指路'……那就是'猴子观海'……"不言而喻,这种导游方法对于能够即时发生共鸣或看出门道的游客还比较适用,但对于其他游客就行不通了。一旦他们在导游讲解的"提示"或"指点"下,左观右瞧,看不出什么"仙人"或"猴子"的形态时,心里会感到十分窝火,容易引发一种己不如人的心理压力,或产生一种遭人戏弄的反感情绪,这无疑有碍于导游工作的顺利进行和旅游审美活动的积极开展。因此,这个问题特请导游翻译在实际工作中予以注意。

三、把握观赏时机

如前所述,大自然是生命与美的源泉。它不仅供给人们衣食住行所需的资源,而且还能满足人们的爱美之心,提供了色彩、线条、形象、音响、动态、静态、朦胧、飘逸与绮丽等形形色色的美景。然而,所有这些丰富多彩的美景只有在一定时机才能为观赏者所领略。

对导游工作者来讲,观赏时机主要还意味着在动态观赏过程中,抓住重点,把握时机,做好现场指导,协调游客的审美行为,提高其审美满足感。例如,在顺江而下乘船游三峡的过程中,由于动态性强,常常发生船行景移、时过景迁的现象。其中有的景观只有几秒钟的可见时间,稍纵即逝,失之交臂,难以弥补。针对这种情况,导游人员应该做好重点景观的讲解工作。我们知道,"放舟下巫峡,心在十二峰"。巫峡是三峡中的佼佼者,有"巫山七百里,巴水三回曲"的奇山秀水,是导游与观赏的重点。十二峰中,尤以神女峰最为出名,毛泽东的"神女应无恙,当惊世界殊"等诗句为其大为增色,因此神女峰是游客观赏向往的重点。于是,在重点景观出现之前,导游人员首先需要运用相关的诗词歌赋或神话传奇对其作一番生动的描述和渲染,做好观赏行为的铺垫工作或审美情绪的酝酿工作;其次,要把握好观赏的距离与方位,特别是时间,并提醒游客准备好照相机、摄像机。当时机一到,用倒计时的方式高喊"五、四、三、二、一",随即挥手一指,使游客迅速捕捉住目标景观,在一饱眼福的刹那间,拍一张美好而难得的纪念照。

总之,"乐导出热诚,善导出佳绩"。导游人员只有注重自身的职业道德与美学修养,发扬成人之美的优秀品德,熟练掌握和运用语言艺术与导游艺术,才会在创造自我形象、实现自我价值的同时,有效地传递旅游审美信息,协调旅游审美行为,在游客与景观之间构筑起沟通审美机缘的桥梁,最终取得美美与共或美美共享的极佳效果。同样地,所有旅游接待人员只有不断提高自己的职业道德(work ethics)与自觉的审美意识水平,才能按照"美的规律"更好地塑造自己的职业形象和更有效地完善自己的服务艺术。

思考与练习

1. 为什么说旅游接待人员也是旅游者的直接审美对象?
2. 旅游者对旅游接待人员的审美期望主要表现在哪些方面?
3. 简要说出仪表美与风度美的基本内涵。
4. 你如何看待旅游接待人员的职业道德?
5. 试分析心灵美与服务美的要旨及其相互关系。
6. 旅游接待人员塑造形象的基本原则有哪些?其大意是什么?
7. 你认为有关形象塑造的诸原则中哪个最为重要?为什么?
8. 微笑服务的魅力与意义何在?谈谈你对微笑服务的认识。
9. 导游(翻译)在实际工作中主要扮演哪些角色?你以为如何?
10. 有效传递旅游审美信息的主要策略是什么?
11. 你如何看待导游(翻译)的语言艺术与导游技巧?
12. 调节旅游者的审美行为主要应从哪几个方面入手?为什么?

第十一章

旅游工作者的审美修养

"没有眼睛能看见日光,假使它不是日光性的。没有心灵能看见美,假使他自己不是美的。你若想观照神与美,先要你似神而美。"①这就是说,你要想欣赏美或美的事物,你自己必须具有发现美的眼睛或者相应的审美判断能力。而如何培养这种能力的问题,也就是我们常说的审美修养问题。审美修养对旅游者来讲十分重要,对旅游工作者来讲甚至更为重要,因为后者还担负着接待服务工作和满足前者审美需求的使命。

概而言之,个体的审美修养(aesthetic cultivation)并非孤立地存在,而是以自身的文化素养(cultural literacy)与艺术教育(art education)的水平为依托的。因此,提高个人的审美修养就需要具备广博的知识,特别是文学、艺术、历史、哲学、美学、心理学、民俗学乃至宗教学等人文学科的丰厚知识。另外,审美修养也不是一蹴而就的,而是一个不断追求完善的过程。就旅游工作者的审美修养而言,除了一般所要求的内容之外,还需要认真考虑旅游跨地区社会交往和跨文化交流沟通的特点,有针对性地拓宽自己的国际文化视野,了解和研究旅游对象国的大众审美文化心理特征,以便提高旅游接待工作的有效性。

第一节 审美修养的基本内涵

从旅游行业的特殊需要出发,审美修养的基本内涵包括以下六个方面:审美敏感性、自觉的审美意识、服务对象的审美类型、旅游观赏与导游艺术、再创造的能力与管理美学思想。

一、强化审美敏感性

同游北京故宫的金銮宝殿,有的人感其富丽堂皇的色彩形式之美;有的人则在惊叹之余,遥想当年帝王的至尊地位与赫赫威严;也有的人会沉思历史的兴衰沉浮,或生"都付于苍烟落照"的惆怅,或怀"修齐治平"的宏愿,或发国泰民安的祝福

---

① 宗白华.美学散步.上海:上海人民出版社,1981:204.

……所有这些审美感应上的差异,均与观赏主体的审美敏感性有密切的关系。

所谓审美敏感性(aesthetic sensibility),泛指审美悟性或审美鉴赏能力。从生成学角度推测,审美敏感性是方法知识结构与审美心理结构综合的产物。在旅游审美活动中,方法知识结构一般由山水风物知识和旅游观赏艺术组成。它具有开放性(openness),需要在反复的实践(多游)和不断的积累(多学)过程中得到扩展、重构和丰富。而审美心理结构,则是一个甚为复杂的方面。它作为一种活的能量、一种把握和省察外物审美价值的心理机制,主要涉及审美感受力、审美想象力和审美理解力这三种要素。

1. 审美感受力

敏锐的审美感受力(power of aesthetic perception)是人类社会实践(特别是审美实践)活动的产物,是审美主体(人)通过感官对外部自然美形式和艺术美形式的把握而逐步培养和强化起来的一种能力。

在实际生活中,有的人感受力强,有的人感受力弱。有的人读一首诗,观一幅画,听一部乐曲或游一处景致,会情不自禁地拍手称快,愉悦之情溢于言表;而有的人则木然相对、无动于衷。究其本质,这种反应上的差别就是感受性的差别,或者说是审美感觉的差别。正如马克思所说:从主体方面看,"只有音乐才能激起人的音乐感;对于没有音乐感的耳朵(non-musical ear)来说,最美的音乐也毫无意义。不是对象,因为我的对象只能是我的一种本质力量的确证,也就是说,它只能像我的本质力量作为一种主体能力自为地存在着那样对我存在,因为任何一个对象对我的意义(它只是对那个与它相适应的感觉说才有意义)都以我的感觉所及的程度为限……只是由于人的本质客观地展开的丰富性,主体的、人的感性的丰富性,如有音乐感的耳朵(musical ear)、能感受形式美的眼睛,总之,那些能成为人的享受的感觉,即确证自己是人的本质力量的感觉,才一部分发展起来,一部分产生出来"。① 由此可见,人要想真正发现外物的审美意味,领略对象的审美价值,真正欣赏音乐、绘画、诗歌、风景等对象的形式美与内容美,就得培养与其相适应的美感(sense of beauty)或审美感受力,就得使自己"没有音乐感的耳朵"转化为"有音乐感的耳朵"。当然,这种感受力的培养和提高并非是一厢情愿、仅靠苦思冥想就能唾手可得之事,而必须积极地投身于广泛的审美实践活动之中,在同自然、艺术、社会、生活的相互交往中,仔细观察对象特有的生命形式和情理结构,"使自己的感觉活动逐渐适应对象世界中对称、均衡、节奏、有机统一等美的活动模式,最后形成一种对这些模式的敏锐选择能力和同情能力"。②

前面说过,旅游观光是一项综合性的审美实践活动。旅游观赏者要想提高自

---

① 马克思.1844年经济学哲学手稿(中译本).北京:人民出版社,1985:82-83.
② 滕守尧.审美教育.见:蒋孔阳主编.美学与艺术评论(第3集).上海:复旦大学出版社,1986:56-57.

己的审美体验层次,就得首先培养和提高自己的审美感受力。这需要在浪迹山水、漫步园林、寻访名胜的过程中,充分利用自己的全部感官,立体性地探寻峰峦叠嶂的空间构景,体味江河飞瀑的生命律动,倾听幽林鸟鸣的空灵乐音,观照亭台楼阁的诗情画意,追思古迹名胜的历史风貌……总之,通过无数次凝思默照外部景观中的变化、秩序、组合、运动、色彩、造型、"有意味的形式"、"时间的立体性"与"历史的舞台作用"或历史文化价值等审美因素,通过无数次游览观赏和物我交流,使这些审美因素与观赏者相对应的内在情感体验交融互动,转变为"内在图式",积淀在观赏主体的深层审美心理结构之中,最终化作审美感受能力中相对稳定和持久的组成部分。这样,游人每到一处游览,进入其视野的外在景观形式会通过其感觉知觉的自动筛选,与其某种情感结构联系起来,使其在以物抒情或寄情于物的心理过程中,得到一种特殊的审美体验。

2. 审美想象力

质而论之,审美想象力(power of aesthetic imagination)就是在直观审美对象的基础上,借助大脑中积蓄的"内在图式"(schema)以及主体的审美理想,对审美对象加以改造、丰富、完善与创新的心理过程。旅游者在观赏云南石林的"阿诗玛"、山海关孟姜女庙的"望夫石"或黄山奇景"仙人指路"等冰冷僵硬的自然石块时,从中能够幻化出鲜活生动的生命形象和感人的神话般的意境,全有赖于相关的风物知识与审美想象能力。

丰富审美想象力,主要应当注意内在情感的培育和内在图式的蓄存。人的情感,作为动物性和人性、意识和无意识的对立统一的产物,是在形形色色的社会实践中或繁杂多样的生活经历中,于有意或无意中日积月累、不断丰富的。因此,从审美角度来看,只有广泛游历天下名山胜水,大量接触各类艺术作品,勇敢正视种种险峰绝壁,才能陶情畅神、脱去俗念,使出于本能的简单情绪反应升华为细腻高雅的情思意趣。这样,每受到任何一种形式美(或自然美、艺术美、社会美或生活美)的刺激,心中均会燃起热情之火,这火又会把大脑中的内在图式熔化,从而在神思飞扬之中重铸出全新的审美意象,给人以生动的审美感受。我们通常所说的"登山则情满于山,观海则意溢于海"的体验,如果没有丰富的内在情感和审美想象力是难以达到这一境界的。

相形之下,内在图式与审美想象力有着直接而深层的关系。这种图式作为以信息形式积存在大脑中的各种意象,通过直接或间接的联想、梦幻或回忆等特殊刺激方式,便可复现出来。比如,看过电影《刘三姐》的观众在事隔多年以后,对刘三姐的形象与歌声也许早已淡忘了。可有朝一日,他们无意间翻阅有关的剧照,或作为旅游者光临那棵大榕树下(据传刘三姐曾在此树下对歌),刘三姐那活泼的形象与清丽的歌声突然间闪现、飘荡在他们的眼前、耳际……这种情景会在无形中起到增加旅游审美场值的效应。

在审美活动中,内在图式的基本作用首先是帮助知觉选择,即对外来的审美信息进行取舍。一般说来,与内在图式相应的对象会自然而然地引起主体的注意和亲近,容易产生共鸣。否则,便导致排斥和冷漠。比如,同时播放一首中国歌和一首外国歌,听众会各有侧重,这种自发性的选择正是受内在图式的影响与诱导的结果。当然,我们并不提倡褊狭的趣味,而是鼓励广泛的爱好,因此就需要扩大审美视野(aesthetic perspective),接触各种各样的审美对象,增加内在图式的储存,进而拓宽审美选择的广度与深度。另外,内在图式在审美过程中作为想象活动的原料,需要丰富的情感予以激活。总之,内在图式与情感同样丰富的人每当观照审美对象时,刹那间会启动大脑中的大量相关图式,使它们像走马灯似的复现在大脑的"屏幕"上,并且在情感的熔炉中发生变化,随之重新组合为鲜活的审美意象。至于那些内在图式贫乏、审美情感淡漠的人,通常不是全然的被动接受,就是缺乏审美创意,因此很难得到上述那种审美体验。

3. 审美理解力

审美理解力亦称审美知解力(power of aesthetic understanding),是指一种在感觉基础上把握和鉴赏审美对象之意味或内涵的能力。无疑,这种能力不是与生俱来的,而是感性接触大量审美对象与广泛参加审美实践活动的产物。

培育和提高审美理解力,通常有两种基本途径。一种途径是靠学习积累历史、地理、文学、艺术、美学、文物、民俗和神话等方面的知识,借助实际观察和具体印证等手段,以期增进对各种景观之审美价值或"有意味的形式"的理解和欣赏水平,譬如,自然景观的历史文化意义,各种艺术作品与手工艺品的表现技巧,各种情感符号与宗教符号(如莲台、塔形、金刚、罗汉等)的象征意义,各种民俗风情的精神意义与审美追求,等等。

另一种途径则是通过直观体验。这首先要打破日常生活中把事物形式视为认知目标,并迅速加以分门别类的纯理性思维习惯。因为,这种习惯往往以科学逻辑分析为主导,结果偏离了靠形象思维来创造和感悟艺术作品或其他审美对象的轨道。譬如,观雨后彩虹、海市蜃楼、黄山奇松或凌空苍鹰,若仅从一般的物理学、地理学、植物学或动物学的观点来看,就会落入逻辑与科学意义上的理智分析与实用态度之网,难以从其外在形态上领略到对象特有的审美意趣。如果克服理性思维的惯势,将科学的和日常实用的态度转化为超功利的审美态度,超然物表,凝神默照,专注于眼前的形象或形式,让情感与想象活跃起来,继而投射或假托于对象之上,使心与物、情与景、内在情理结构和外在形式结构相融相汇,进入物我同一、神与物游或物与神契的审美境界。这样,我们不再是席勒所说的那种"具有一颗冷漠之心"的"爱抽象思维的人"了,而是情思飞扬、喜爱形象思维或审美判断的人了。相应地,我们会从彩虹中幻化出飞天的仙女,从海市蜃楼中欣赏到缥缈的琼宫玉宇,从石松的崎岖形式中领略到生命的张力与诗情画意,从长空翱翔的苍鹰身上联想到雄强与崇高的精神……所有这些感受结果,均有赖于直观体验,有赖于以情感为中介、乘想象之飞翼、不计事物因果或利害关系的审美理解力。在这方面,有经验的旅游观光者与导游工作者一定深有体会。

二、培养自觉的审美意识

审美修养是具体的而非抽象的,需要从物质生活和精神生活领域的各个方面出发,广泛地培养个体的自觉审美意识或审美自觉性,使自己的仪表、风度、心灵、语言、情趣和技艺等均符合"美的规律"(the law of beauty),符合个体与社会审美化的发展要求。

就仪表而言,旅游工作者的仪表在有些场合不仅代表国家和民族及其个人的精神风貌,而且反映所在企业单位(如民航、饭店、旅行社和旅游景区)的服务规格和业务水平。譬如,导游一出场,就如同演员登台亮相,其仪表会给游客留下第一印象。按照"光环效应"的心理原理,第一印象对确立导游的地位至关重要。因此,导游人员应当根据主客观的自然条件(如身材、性别、年龄、季节、气候等)和社会条件(如职业、时尚、团队类型、场合等),力求穿着得体,富有神采。从事过17余年导游工作的帕特里克·克伦教授再三忠告:"第一次与旅行团队见面,男士应着衬衣、西装,打领带;女士应穿外衣或套服。穿着得体比浓妆艳抹更能表现出趣味的高雅和风度的含蓄。"① 这仪表,如同导游人员的职业耐心、威信、知识和行为一样,"都关系到一次旅游的成败。忽略这些细节就会使旅游成为一次不愉快的经历,游客也不会满意"。② 在仪表方面也要注意和遵守和谐原则,使自己的体态、服饰与发型构成一种干净利落、相互映衬、符合大众审美习惯的整体美形象。一般来讲,奇装异服与怪诞的发型尽管会惹人注目、突出自我,但与周围的生活环境与文化氛围格格不入,容易给人一种招摇过市的炫耀感或滑稽感,从而失去和谐为美的社会基础。

应该看到,随着主客之间交往的增多,旅游者的注意焦点会从服务人员的仪表转向风度。无疑,潇洒、优雅的风度会强化人们对仪表的审美感受;反之,则会冲淡这种感受,甚至使先前的印象模糊或流失。风度美并非一日之功,其形成与完善需要一个过程,通常离不开环境的熏陶与自觉的演练。这就要求旅游工作人员在社会生活和劳动实践中注意观察和体味模仿其他社会成员(特别是本行业中的杰出人物)的优雅、自然、得体、实用的姿态(坐态、站态、步态、笑态、语态和工作中所需要的手势等),从中概括或抽象出对自己适宜的参照系,随后再加以综合重构,在反复的模仿演练中使其逐步个性化乃至内化,不露出任何生硬做作、东施效颦的痕迹。就实际情况而言,每个人都有可能成为一名艺术家,其生活风范均有可能成为

---

① 克伦.导游的成功秘诀.李中泽,译.北京:旅游教育出版社,1989:26.
② 同上书,页 50。

一件艺术品。其关键在于自我是否具有强烈的艺术化心理追求,是否具有自觉的审美意识以及自觉的自我塑造能力,也就是按照"美的规律"来创造性地塑造自我形象和风度的能力。

不消说,旅游工作人员的仪表美与风度美固然重要,但其内在的心灵美或道德美更为珍贵。在旅游审美关系中,旅游者的审美体验常常表现为一种不断深化的过程,或者说是一种由表及里的认知过程。譬如,许多国内外游客对导游(翻译)的评价,最终总是落实在他们周到的服务与和善的人格上。实践证明,旅游工作者对自身心灵美的培养,关键要看本人是否具有人道主义精神或助人为乐的高尚情操。这种精神或情操必须落实在具体的言行之中,落实在礼貌用语、文明接待、周到服务以及为游客及时排忧解难的超常服务之中。由此可见,心灵美是通过语言美和行为美这样的感性形式显现出来的,前者属于内在动因,后者属于外显结果,前后两者存在一种因果关系。所谓"诚于中而形于外",讲的就是这样一种道理。

总之,人的发展是自我的发展。没有自觉的审美意识或者缺乏追求自我完善动力的旅游工作者,就像缺乏灵感而创造不出精品佳作的艺术家一样,是很难提高自己的审美修养或搞好自己的本职工作的。

三、研究游客的审美需求及其类型

如前所述,旅游观光者由于审美个性的差异、审美需求及其动机的多样,通常从宏观上被划归为不同的类型,如自然审美型、艺术审美型、社会审美型和饮食生活审美型,等等。另外,我们还根据游客的审美个性及其偏好,将其分为阳刚型、阴柔型与中间型。在旅游活动中,如何使不同类型的旅游观光者获得最大限度的审美满足,便成了旅游接待人员(尤其是导游工作者)的主要任务。

首先,受理接待和制订行程计划的旅行社工作人员应当在线路与景点安排上充分考虑游客的需求与提议,尽可能使游览日程和内容符合其基本意愿。要知道,现在的大众传媒十分便利,大部分游客经验丰富,他们的提议大多是经过一定程度的深思熟虑的,因此旅行社计划部门不可先入为主、强行其是。即便是为游客着想而做些合理的调整,也要通过双方的协商,努力达成共识,为一次愉快的旅游打下基础,或者说免得埋下日后诱发摩擦的隐患。

随后,具体执行计划的导游工作者务必根据旅行团队的人员构成与行程安排,一方面仔细研究游客的实际需求、职业、社会背景、民族特性、文化水平、兴趣爱好等相关信息,另一方面参照规定旅行线路中的游览内容,事先确定其审美类型,并像准备讲演稿一样有针对性地做好相关景点的资料筛选或信息提炼工作。在内容的深浅、讲解的格调与用语的雅俗或难易等方面作出适当的调整。对导游工作者来讲,这在某些程度上犹如一位艺术表演家,为了保证演出的成功或为了争取观众的好评,就必须了解一般观众的审美情趣与感知能力,以便知彼知己,有的放矢,取得预想的效果。否则,有可能顾此失彼,事倍功半。

概而论之,根据游客的类型而有针对性地筛选旅游观赏重点及其相关的审美文化信息,可以说是导游工作成败的关键。这一原则基本上适用于各种审美类型的旅游者。譬如,对于游长江三峡的自然审美型游客,应以巫峡的山水地貌为主要对象,在导游讲解中有选择地提供巫峡典型的自然美和人文美(风物传奇、诗词歌赋等)方面的审美信息,以便在游客的游览活动中构成注意的焦点,激发游客的审美想象或期待心理,使游客最终在亲临其境的直接观照中获得真切的感受,留下深刻的印象。接待赏书画、观石刻和游园林的艺术审美型游客,宜从感性形式入手,由浅入深地描述和揭示艺术对象的内在意味、情趣、哲理、意境和艺术特征,等等。对于非专业性的旅行团队或个人,一般不宜过多渲染特种艺术门类的技巧。因为,繁难琐细的讲解有时非但无益于激活或诱发游客的审美情趣,反倒有可能使游客紧张不安,茫然不知所云,甚至还会在焦躁与困惑中产生厌倦之感。譬如,给一般游客讲解中国传统山水画,可就线条的节奏、笔墨的变化、虚实(或黑白)相生的动态与形神兼备的关系等方面来讲解画面的形式结构美,或者讲解其可观、可游、可居等艺术特征。至于技巧性过强的各种用笔(如雨点皴、卷云皴、斧劈皴等)或用墨(如积墨、破墨和泼墨),讲解时通常宜粗不宜细,甚至可以略去不提。讲解京剧这类中国传统表演艺术,也主要突出介绍"念、唱、做、打"的一般表演程式与"生、旦、净、丑"等主要行当及其各种脸谱的象征意义,对于不同表演流派的细节最好浅尝辄止(对少数专门研究者例外)。对于热衷于古今历史、政治经济、民俗风情的社会审美型游客,导游在陪同游览中最好就地取材,言之有物。在谈古论今、陈事析理过程中,力求讲正史严而不疏,插野史善取精华,以免流于庸俗。同时,也要讲究诙谐与生动。涉及社会制度、道德风尚与相关的价值观念时,不妨采取对比反衬方法,抑或以古鉴今,指出时下弊端;抑或以今映古,称颂时代进步。总之,要通过客观的描述,给人以真实而非虚幻之感;这方面要力戒不适当的政治化色彩与意识形态化习惯。对于那些意在品尝美味佳肴的饮食审美型游客,无论是导游人员还是餐厅服务人员,也应遵循重点原则。在宴会桌上,要以风味独特的艺术拼盘和名菜美酒为主要讲解对象,从"色、香、味、形、意"等五个方面向游客讲述中国烹饪艺术的基本特征,使其在一饱口福、享受生理快感的同时,也能不同程度地获得某种精神性的愉悦感受,获得中国式的饮食文化体验。

总之,对旅行社的计划人员、导游人员和饭店餐饮业的服务人员来讲,充分考虑游客的审美需求及其动机,认真研究游客的审美类型,是搞好旅游接待工作的重要环节。在此基础上,旅游接待人员采取投其所好的灵活对应原则,预先选定游客最感兴趣的东西,搜集和加工富含审美价值的信息,并在实际游览中加以详略得当和生动的讲述,以便引起旅游观赏者的共鸣。

四、掌握和运用旅游观赏艺术与导游艺术

在旅游审美活动中,旅游观赏的有关方法对调节旅游审美行为及其效应具有十分积极的作用。这是因为,形态各异的景观对象只有借助不同的观赏方法(如动态观赏、静态观赏、移情观赏、观赏距离、观赏时机、观赏位置与观赏节奏等方法)才会显现其特有的魅力,才会与旅游者的审美心理契合,或者说,才会使旅游者在凝神观照中进入物我交感或物我同一的审美境界,从而获得一定程度的审美体验。

当然,熟练掌握和灵活运用旅游观赏艺术,需要一个循序渐进的学习和实践过程。一般来讲,刚刚从事导游工作的新手首先应从审美角度深入地了解景观对象的周围环境(天时、地理)、内外结构(布局、形式、意味)、文化内容(史料、神话、传奇)与审美形态(阳刚、阴柔或崇高、婉秀之美)等,以期丰富、提高自己的景观知识和审美能力。这方面的道理很简单:要想引导游客欣赏景观对象,自己首先要学会欣赏,实可谓"工欲善其事,必先利其器"。其次,导游工作者作为审美信息的传递者和游客审美行为的协调者,有必要提高自己的美学理论知识,需要多读一些美学书籍,最起码弄清"快感说"、"净化说"、"客观说"、"主观说"、"主客观同一说"、"移情说"、"模仿说"、"距离说"、"表现说"、"原型观念说"、"异质同构说"、"有意味的形式说"以及"美感积淀说"等基本美学原理的主要内涵,并勤于思索,勤于观察,主动联系实际,变通应用,提高导游的质量和游览的审美效应。另外,还需要多读多背一些山水诗歌或游记散文,并在实地考察游览和亲自体验的基础上,试着从审美角度去分析景观对象的审美特征及其价值,反思自身的审美心理与相关体验。这样,导游工作者在具体的导游过程中,就有可能凭借自己的真情实感与艺术化的导游语言,调动游客的审美心理诸要素(即感知力、想象力、理解力和情感),引导他们欣赏和体味景观的形式与意味,丰富和深化他们的审美感受。

值得强调的是,导游工作者在如何把握观赏节奏方面需要懂得一些基本的生理学与心理学知识。如前所述,观赏节奏过快,会使游客疲于奔命,引起生理机制失调,冲淡游览的愉悦感,导致不适感、厌恶感、痛感或丑感。反之,如果观赏节奏过于单调缓慢,也同样会产生消极作用,常会使游客的审美期待指数降低,观赏兴趣减弱。因此,旅游观赏节奏务必同人的生理—心理节奏相互协调统一,形成共振关系,使游客处于良好的审美心境。合理地解决这一问题,就需要导游工作者适时调节,灵活把握,切勿铁板一块,过于拘泥原来的安排或为了个人利益(如购物)而置游客的生理—心理承受能力于不顾。

毋庸讳言,合理地运用导游艺术也是保证旅行成功与游客满意的关键所在。在诸多导游技巧中,"化实为虚"或"虚实相生"具有代表性。我们知道,旅游审美活动的最大特征之一是借物抒情。然而,现实中众多景物是相对静态的,或者说是"僵死"的。譬如山海关孟姜女庙后的"望夫石"与云南石林的"阿诗玛"等自然景

物,从表面上看几乎没有多少形式美可言。但若能化静为动,化实为虚,"化景物为情思",用动情的语言将孟姜女哭长城的传奇或阿诗玛的故事娓娓道来,面前普通的石块就会变成"有意味的形式",就会在游客眼里幻化为如怨如诉、楚楚动人的女子形象,就会在游客的心里激起无限的追忆或有趣的遐想。正如宗白华所言:"以虚为虚,就是完全的虚无;以实为实,景物就是死的,不能动人;唯有以实为虚,化实为虚,就有无穷的意味、幽远的境界。"①

在此类转化过程中,导游工作者如同制取氧气时所使用的催化剂二氧化锰,扮演着中间角色,解释景物的本质内涵,诱发观赏主体的思绪情怀,促成达到物我沟通与相互交融的审美目的。需要指出的是,"化景物为情思"不仅涉及虚实结合的方法问题,而且要求导游工作者具有丰厚的知识和审美理论素养,能够从浩繁的风物传奇、神话故事和古今山水旅游文学中提炼出比较纯净而有效的审美信息,并擅长于讲解艺术。与此同时,导游工作者还需要在导游过程中善于捕捉游客的审美情趣,把握时机,借题发挥,以景抒情或以情托物,在虚虚实实的"客串"中引发游客的审美想象,使其进入情景交融或物与神契的美感体验之中。

五、提高再创造的能力

从旅游观赏角度分析,导游过程实质上是一个艺术性的再创造过程。其间,导游工作者凭借艺术化的语言、故事化的讲解,借鉴前人的相关经验,参照游客的审美需求,运用相应的观赏原理,"化景物为情思",使游客在悠然自得的气氛和随心所欲的游览中得到审美上的满足、情感上的陶冶乃至精神上的升华。

这种再创造过程是提高导游服务质量的保证,它有赖于一种再创造能力。为此,导游工作者首先要提高自己的景观鉴赏能力,一方面对其内在的蕴含(社会历史文化内容)有比较深刻的认识,另一方面对其外在的结构(有意味的形式组合)有审美的感悟。其次,要推敲和精练自己的语言,强化审美敏感性,培养自觉的审美意识和独立的价值判断能力。大家知道,优秀的艺术作品之所以动人,关键在于它所表现的丰富而微妙的思想情感。推而论之,导游作品之所以为人接受,主要在于它所传达的有效审美信息与真情实感。如果导游工作者没有真情实感,或故作多情,或一味重复他人的经验,没有或缺乏个人的直接感受与独到发现,其导游的结果犹如隔雾看花,不见真相,更不用说尽情尽兴了。譬如游览北京故宫,若导游本人鉴赏力高,对宏丽的建筑形式、精巧的木质结构和内含的象征意味等具有深刻的了解和真切的感受,并且用富有情感的导游语言娓娓道来,想必会引发游客的观赏兴趣,从而加深他们对这座古建筑群的历史价值与艺术意味的理解。

提高再创造的能力,导游工作者还应弄清自身与景物对象的相互关系。在这

---

① 宗白华.美学散步.上海:上海人民出版社,1981:34.

里,导游同时扮演着双重角色:一方面是景物对象的观赏主体,另一方面又是景物特色的介绍者,或者说是沟通游客与景观的桥梁。有鉴于此,导游必须导、游兼顾,有导有游;"导"时从阐释角度去揭示景观内在的历史文化意味,"游"时从审美角度去感悟景观对象的审美价值或艺术特征。与此同时,充分利用"化实为虚"或"虚实相生"等讲解技巧,使导游讲解既符合景观本来的蕴含,又有所创新(或独具匠心)而不简单雷同,给人以生动鲜活之感和某种情思意趣上的启迪。

提高再创造的能力,导游工作者还必须明确自身与旅游者的审美关系。如前所述,导游作为旅游者的直接审美对象,就需要按照"美的规律"来塑造自己的形象并且不断完善自己;导游作为审美信息的传递者,就应当研究游客的审美需求与类型,善于筛选富有价值的审美信息,并能在实际导游过程中结合景物予以生动而充分的表述;导游作为游客审美行为的协调者,就必须研究游客的审美心理趋向,学会灵活运用旅游观赏艺术与导游技巧,掌握导与游的主动权,不断创造出具有感染力的导游作品。

最后,导游工作者还应尊重游客固有的审美趣味及习惯,注意在现场导游讲解中为对方留下一定的审美"空白"(aesthetic blank)。也就是说,导游工作者有时要以启发、诱导或制造悬念等方式,鼓励游客本人评价观赏对象,避免自己和盘托出或把话说绝。譬如面对自然景物的某些特殊形态,导游应避免人云亦云地信手一指说"那是'猴子观海'!""那是'天狗望月'!"……因为,旅游审美活动的自由性是非常宽广的,任何强加人意的导游讲解不仅难以为人接受,而且有可能招致游客反感。许多导游作品中出现败笔,主要是由于导游讲解的简单化或强制性所致。

六、管理美学的一般原理

目前,类似旅游饭店这样的企业单位不仅要按照"美的规律"来建造(马克思语),而且要按照相关的美学思想来管理。我国一些旅游饭店依然存在着设施档次高、管理水平低的现象,这就更加突出了研究管理美学的必要性和迫切性。

实际上,现代旅游业发展的现实要求从事旅游饭店管理工作的人员从社会、劳动、生活和个体审美化的大趋势出发,自觉提高管理美学的意识,一方面搞好物业管理,使建筑外部环境、内部装潢陈设、员工服饰、劳动条件、餐具菜肴等皆符合实用和美观的标准;另一方面要搞好人员管理工作,使员工的服务态度、服务技巧、言语行为特别是精神风貌等皆符合职业的规范与要求。

要而言之,运用美学方式来管理人力资源,其终极目的在于培养员工健康的心理,引导他们以"五讲四美"为自我完善的基本标准,进而确立企业共同的价值观念,激发劳动和创造的热情,增强企业发展的活力。按照马克思主义实践美学观,美是人的本质力量的对象化,是自由的象征,是"道德纯洁、精神丰富和体魄健全的强大源泉"(苏霍姆林斯基语)。而且,随着社会的进步与文明的发展,人的爱美之心也愈加强烈、广泛。正像高尔基所说的那样："他无论在什么地方,总希望把'美'带到他的生活中去。"对于管理者来讲,认识到这一现实需求是非常重要的。这样,管理者就不会总以管人的权威或工头自居,反而会理解和尊重人们爱美求美的心理欲望,会明白"社会的进步就是人类对美的追求的结晶"(马克思语),并且会认同人类对美的追求就是社会进步的动力这一要义。

对于具体的服务专业,管理者能够熟练掌握,率先垂范,从技术美和劳动美的角度训练和要求员工,鼓励他们精益求精、标举热情的服务态度,确立以店为荣与宾客至上等共同的价值观念,采取一切可能的措施激发和维系员工的工作积极性和创造性。在这方面,常见的物质与精神激励方式包括评选技术标兵、优秀服务员或劳动模范,因时因地召开表彰会,奖励度假旅游或提供学习深造机会,等等。

针对员工的问题行为(problematic behavior),管理者会遇到大量思想工作要做,因为简单地使用惩罚手段来矫正有些问题行为仅能起到暂时的作用,久而久之反而会搞得物极必反,使企业凝聚力减弱或造成过多的跳槽现象。说到底,思想工作是一种教育手段,能否取得预期的效果,不在于简单粗暴的训斥、威胁或空洞的说教,而在于管理者能否处理好自身与工作对象的关系,能否把自己的工作化作"随风潜入夜,润物细无声"(杜甫诗)的"春雨",使自己的所言所为能够打动对象,进而得到对方的理解、欣赏和接受。要想在这方面如愿以偿,管理者需要注意发掘其中的审美因素,灵活运用下述几个方法原则,努力实现思想工作的审美化。

1. 真诚原则

真诚,就是真实诚恳,不虚假做作。交谈期间,必须实事求是、待人以诚、推心置腹、情真意切,绝不节外生枝,装腔作势。一句话,要讲求"真"而非"假"。中外艺术家和美学家历来均强调"真"的审美价值。譬如,孔子认为:"巧言令色鲜于仁。"罗曼·罗兰断言:"真实的东西才是美,它不会使人失望,而令人对未来充满信心。"别林斯基宣称:"失去了真,同时也就失去了美,与真实对立的就是丑。"他同时还指出:"只有真才美,只有真才可爱。虚假永远无聊乏味,令人生厌。"从实际效果看,只有真诚,才能感人动人,所谓"精诚所至,金石为开",说的就是这个道理。光靠说假、大、空的套话,是难以服人的,更不用说感人动人了。

2. 善意原则

实践证明,思想工作若失去真实,就不能服人;但若缺乏善意,也就不能救人。善,作为重要的伦理范畴,在美学领域也属于最为重要的范畴之一。无论是重人伦教化的中国儒家美学思想,还是重实践理性的西方古典美学思想,均把善与美等同视之。孔子曰:"尽美矣,亦尽善矣。"亚里士多德道:"美是一种善,其所以引起快感正因为它是善。"圣·托马斯亦言:"美与善是不可分割的。"鉴于善与美的互动关系,我们在开展思想工作的过程中应坚持与人为善的原则。对于在工作中出现问题行为的员工,要多些关爱之心,多给人悔过自新的机会,不要揪住把柄不放或者动辄严惩不贷,置人于死地而后快(构成犯罪者例外)。

3. 愉悦原则

积极有效的思想教育工作如同寓教于乐的各种审美活动一样,使人在相对愉悦的气氛中反省、认识问题,悔过自新和振作精神。思想工作应当提倡一种对话交流的形式,讲究生动、活泼、融洽或亲切等愉悦特性。因此,管理者在交谈过程中,要密切注意对方的表情反应和心理状态,掌握和适时调整言谈的分寸、技巧,设法让人感到如坐春风而非如坐针毡,是心心相印而非貌合神离或者芒刺在背,是丢掉思想包袱后明净轻松的心情,而非加重思想包袱后苦不堪言的烦恼。①

4. 情感原则

优秀的艺术作品能令人百看不厌,关键在于它以情动人。思想教育要使人达理,务必以通情为前提。古人云:"感人心者,莫先乎情。"人有理智,亦有七情,是一种异常复杂的社会存在。相应地,做人的思想工作绝非易事。无数事实表明,要想真正使人心悦诚服,真正唤起人求真、向善、爱美的激情,仅诉之于理而不动之以情,仅以理服人而不以情感人,均不能取得良好的效果。因此,思想工作者还需要讲究人情味、温暖感,也就是改变居高临下或冰冷说教的习惯,把自己设身处地地同对象摆在同一层面上,于真情实感的相互交流中发人深思、促人猛省,达到说服教育的目的。

第二节 提高审美修养的主要途径

在旅游接待业中,直接为游客服务的除了导游工作者之外,再就是旅游饭店的员工了。如果说"美是生活"(车尔尼雪夫斯基语),那么,饭店工作的主要性质之一就在于美化游客的生活,使其在优雅舒适的环境中获得物质、审美乃至精神生活的享受。为此,饭店员工的形象仪表、服务态度、言谈举止和劳动技能,以及饭店的建筑形式、室内装潢和饮食宴乐等,必然成为宾客评价的客观对象。所以,提高饭店员工的审美修养与组织相关技能的培训同样重要。根据旅游饭店工作的基本特点,比较适用的美育途径有如下几种:

一、举办美学讲座

饭店员工大多是年轻人,一般具有强烈的爱美心理,特别对服饰和发型之美十分热衷。但由于个人审美修养的层次不同,审美趣味也表现出一定的差异性或盲目性。譬如,有些爱美心切但忽略和谐与个性综合美的人,常常会为了时髦而时髦,被动地效仿他人,把自己打扮得不伦不类,给人一种滑稽可笑之感;有些忽视语

---

① 王柯平. 旅游审美活动论. 北京:旅游教育出版社,1990:239-242.

言艺术修养的人尽管学了不少洋动作、洋手势,可一旦张口讲话,抑或出言不逊,抑或粗俗张狂,令人侧目……因此,在饭店职工中有针对性地举办专题性美学美育讲座,或组织员工阅读相关的美学美育书籍,普及一些有关色彩美、形式美、体态美、服饰美、语言美、行为美和劳动美等方面的基本知识,使员工便于自觉地提高自己的审美意识和审美敏感性,进而按照"美的规律"来不断地塑造和完善自己。

二、开展艺术教育与实践

"艺术对象创造出懂得艺术和能够欣赏美的大众。"(马克思语)艺术教育在提高人的审美趣味与能力方面具有其他教育形式不可企及的功用。这一方面因为,艺术是现实生活的集中反映,其典型化的艺术形象与普遍性的人类情感会给人以似曾相识的震撼与强烈的审美体验,有助于提醒和引导人们辨别真、善、美或假、恶、丑。另一方面因为,这种以审美为目的的艺术教育形式不同于空洞的说教或知识的传授,而是寓教于乐,尽量使人在兴致勃勃的自由观照与沉思默想中,其情感得以陶冶,心灵得以净化,精神得以升华,趣味也随之高雅。譬如,阅读优美动人的诗歌、散文与小说,人们会受到其文辞描写的行动、表现的情操、思想、精神、道德以及塑造的美与和谐的形象的感染。在使读者产生共鸣和作出价值判断的同时,文中所描写和颂扬的那些崇高、庄严、雄伟或婉约、含蓄、阴柔等品行,也会在一定程度上潜移默化读者的性格、情趣、理想、生活与劳动态度,等等。

当然,年轻人喜好艺术是多方面的。旅游企业管理人员若能根据这一特点,经常组织他们听音乐、看舞蹈、参观美术展览、练习绘画书法或安排专题讲座,这一方面有利于丰富员工的业余文化生活,另一方面有利于培养和提高他们的审美情趣与鉴赏能力,这两者对于调整服务业员工的工作情绪和待人接物的态度方式是有相当益处的。国内一家著名的饭店中一批志同道合的青年员工喜爱书画,于是饭店工会与团委出面,主动创造条件,协助他们成立了员工书画会,并邀请名师指导,定期组织活动,同时还举办阶段性成果展览,并在饭店小报上选登优秀作品。这样做不仅促进了员工的艺术实践活动,而且有效地增强和维系了团体内部的凝聚力,融洽了企业内部的人际关系,对个人和团体事业的发展均大为有利。

三、讲究服务语言艺术

在服务业流行着这样一种说法:"一句话可以使人笑,也可以使人跳。"其效果之所以两样,关键在于这句话说得是否得体、巧妙,是否符合语言美的基本要求(如文明、礼貌、准确、风趣、生动等)。总之,说话得体不仅可如实达意,使听者感到愉悦,还可使说话成为有效的社交艺术。

从旅游接待工作的性质看,文明服务"十一字"法不能仅限于本国语,还应扩展到外国语。对于海外游客来讲,没有比语言不通更令人难堪的事了,因此,为员工开办主要语种(如英、日、法、德、俄、西班牙语等)学习班是很有必要的。不少旅游饭店对员工学习外语采取水平测试与相应的奖励制度,不失为一种值得借鉴的方式。

无疑,可使人笑或令人喜闻的服务语言是一门实用艺术。合理运用这门艺术不仅需要熟练掌握相关的文字符号与结构法则,而且需要了解不同服务对象(特别是外国游客)的文化习俗,以便使用得当、不失分寸。目前,常用的语言艺术教授方法主要有角色扮演法(role play)与模拟游戏法(assimilation game)等。可让员工在语言学习过程中扮演主(服务工作者)客(服务对象或游客),轮流互换角色,在模拟性的服务对话中体验语言的实际功效,借此培养员工完善自己语言行为的自觉意识以及提高其语言行为的质量。

四、组织姿态与形体训练

旅游企业的形象塑造,在很大程度上取决于服务的质量与效率。但从直观角度看,企业形象塑造与其员工的形象塑造密切关联。鉴于旅游饭店的工作性质,一线员工的形象塑造除了形体与仪表因素外,应当侧重主要包括站相与步态在内的姿态训练。

优雅的站相要求头部、两肩、双腿、双手呈现出端正而自然的姿态。人们常说的"亭亭玉立"和"昂然挺立"就是两种具有代表性的站相。前者具有阴柔之美,适合女性参照;后者包含阳刚之气,便于男士习仿。经常从事体操和形体等项目的训练,有利于养成优美端庄的站相。当然,在旅游服务业,上述两种站态要根据工作特点灵活运用,适时调整,不可机械照搬。

所谓步态,也就是走路的姿势。对旅游饭店餐厅等部门的员工来讲,自然、轻盈、敏捷是步态美的要领。因此,值班时要穿轻便合脚的工作鞋,不宜蹬嗒嗒作响、行走不便的高跟鞋。有些饭店在训练员工步态方面动了不少脑筋,有的还聘请外籍教官,采用行为模式(behavioral modeling)和自我矫正(self-modification)等方法,借助录像放像设备,传授餐厅员工托盘上菜时的走路姿势,对肩部、腰部与步速进行适当的调整,收到了良好的效果。

有些应用美学家对步态做过实际研究,并上升为一定的理论。譬如,奥夫相尼科夫就曾归纳说:"训练优美的走路姿势,应该注意脚尖不要向内撇,也不要反过来,又向外撇成八字脚。这会使身体姿态显得紧张,步伐蹒跚。走路如果不弯膝盖,像踩着两根棍子走一样;或者相反,拖着脚步,鞋底沙沙作响;或者脚跟乱歪,那么从旁看来,就会显得十分难看。两肩和头部不摇晃或摆动,才能保持优美矫健的步伐。最好两肩略微伸开,但需注意不要凸出胸部,也不要凸出肚子。走路不要驼着背,不要凹胸拱肩,也不要侧着身子。走路如果两肘张开,两臂使劲摆动,或者把手插在衣袋里,同样会显得难看。"①这些比较典型的描述与总结对矫正个人的步态是有指导意义的。

五、推广简易的美容知识

随着物质文明与精神文明的不断发展,人们需要生活环境美化的同时,也追求自我形象的美化。这样一来,美容这一新兴的行业自然受到社会各阶层(特别是年轻人)的广泛欢迎。但是,有些人由于爱美心切可又缺乏美容知识,因此在打扮化妆时往往顾此失彼,没有取得预想的效果。这种现象在旅游行业的一些新员工中同样存在。为此,有些涉外饭店专门邀请外国美容培训公司参与举办员工美容培训班,其效果相当显著。据经过培训的员工反映:"过去只想美,但究竟怎样美并不十分清楚,也从未学过这方面的专业知识。通过培训,使我们增强了美容的意识,学会了美容的技巧,今后能以更美的仪容为宾客提供一流的服务。"

对于那些无缘参加美容培训班的员工,我们不妨推荐帕波罗·曼佐尼的"十分钟美容法",作为自学美容的参照系。这位举世闻名的化妆师为了造福于所有女性,通过反复实践,将复杂的化妆艺术精简为以下12个美容步骤:②

(1)净面——先做好准备工作。用适当的清洁剂洗净脸上的污垢和原来化妆遗留的痕迹,然后根据个人皮肤类型(干性、油性或中性),选用柔性或强性的收缩剂,以便使化妆保持得更久。

(2)湿润剂——随即将湿润剂涂于面部,勿忘嘴唇及颈前部位。如果眼睑很干燥的话,不妨也涂上一些。擦拭湿润剂的最好办法,是先将该剂滴到前额、两颊和下巴上,然后用海绵球或手指均匀抹开。

(3)底彩——先将底彩分别在鼻子、前额、下巴和两颊上各涂一大点,用化妆海绵球将其均匀地抹于整个面部,包括鼻子周围及内眼角,以盖住瑕疵点;然后用面巾纸擦掉多余的油,再用海绵球擦匀。打底彩最关键的是不能在脸上留下任何条痕。

(4)掩饰膏——此膏应涂于眼睛底部、皮肤较细的内眼角,以掩饰天然的暗色。万勿将其擦在眼外角,否则,你在微笑时它会出现裂痕。此膏之色一定要与底彩相同,决不可浅于底彩,这至关重要。否则,眼睛周围会形成一个白圈。

(5)胭脂膏——把胭脂点在颧骨上,用海绵球打匀。选用膏状胭脂会使两颊颇有光彩,还能使胭脂粉保持长久。若把胭脂淡淡地施于头发的轮廓线和鼻梁上,则会使您显得更健康、更活泼。这里,关键在于擦拭均匀。

(6)施粉——用粉刷或粉扑将香粉施于面上。使用粉饼比使用松散的末状香

---

① 奥夫相尼科夫.美学(中译本).上海:上海译文出版社,1982:100.
② 参阅《健与美》杂志,1987年第6期,页10。

粉更为舒适、自然。

（7）胭脂粉——将胭脂粉扑在胭脂膏的同一部位上（在鼻孔与耳垂之间设想出一条线，万勿使胭脂色超过此线之下！），可使胭脂色保持长久些。

（8）眼影粉——眼影粉会使眼睛给人一种模糊、朦胧感。先从眼睑开始，在眼皮折线以下，从内眼角到外眼角施上眼影粉，要使用柔和的色彩，如淡紫色、梅红色、灰色或棕色。在眼皮折线和眉骨之间用红棕色眼影粉，这样会使眼皮部位显得凹深，无肿泡感。最后用海绵球将眼影粉的边缘涂开一些，以便显得更加柔和。

（9）眼线——先用眼线笔在下睫毛下勾出与眼影相协调的眼线，然后在上、下睫毛的根部用深棕色、灰色或黑色眼线笔淡淡地点出一条虚线，再用一潮湿的小刷子将这些点刷成一条柔和的线。这样以点画线的方法比直接画出一条实线要自然得多。

（10）睫毛油——用深棕色或黑色睫毛油施到睫毛端部，先从内向外刷，然后再从下向上刷。勿忘下睫毛。施睫毛油时，应用一把精巧的睫毛梳或睫毛刷将上下睫毛分开。

（11）眉毛——此步骤因人而异，可有可无。若你的眉毛本身就有很好的弧状线，则只需用一支颜色与你的眉毛发色相当的眉笔勾画一下，再用棉花签将眉笔的笔痕涂得柔和一点。

（12）唇膏——用唇膏笔沿嘴唇画出。注意：必须沿着自己的唇形线画齐，不要试图改变嘴唇的自然形状。最后再用唇膏棒或刷把整个嘴唇画好。

不难看出，"十分钟美容法"具有简明易学、迅速完美等特点，给爱美的广大女性带来了福音。当然，在化妆过程中，还可根据自己的时间、情趣与化妆品，利用和谐自然与突出美点等审美原理，进一步删繁就简，达到事半功倍的目的。另外，还可参照电视美容讲座所介绍的不同方法以及他人的实际经验，在相互补充的原则基础上，结合自身条件不断整合与完善，力求在省时节约的同时，取得最佳的美容效果，从而以美好的自我形象和愉快的心情迎接工作、拥抱生活。

第三节 拓宽国际审美文化视野

从事国际旅游接待工作的人员通常会发现，来华观光的西方游客比较关注中国人的社会生活，日本与韩国游客比较侧重中国的历史文化，海外华侨与港澳台同胞比较热衷于欣赏故土的风光胜景。这种倾向性固然与其好奇心、旅游需求和动机有关，但更为重要的因素是他们各自的民族心理特征与审美文化习惯等。因此，要提高旅游接待工作的质量与水平，也需要广大旅游工作者拓宽自己的国际文化视野，对我国主要客源国的大众审美文化心理特征要有一个基本的了解，这样有利于在相互理解的基础上有针对性地搞好旅游接待工作。这里仅就美、英、法、德、日等国的大众审美文化心理特征提供一点粗略的信息,以供参考。

一、美国人的审美文化习惯

众所周知,美国是一个移民国家,是一座兼容并蓄着多种文化传统与价值观念的"大熔炉"(melting pot)。比较而言,影响美国大众意识形态的主要是宗教信仰和实用主义等哲学思想。美国绝大多数人信仰基督教,多种教义和教派并存。据统计,美国教会成员占其总人口的50%以上。不过,人们信教的程度与方式有一定差别,其意识形态也呈现出一种多元的倾向,但讲究实际又不乏幻想、追求民主自由和个性但又具有强烈的国家意识与自豪感则是大部分美国人的显著特点。

在社会生活领域,美国人待人处世比较豁达大度,容易交往。他们一般认为人生应该是快乐的,应该尽情地享受人间的幸福,绝不能自寻烦恼。这种生活观必然会反映在他们的消费行为上:一旦经济条件允许,就去买汽车、建房子、周游世界、品尝美味佳肴、参与文化娱乐活动,等等。在价值观上,美国人一般重视个人的价值与发展,喜欢独立进取,争取个人成就,推崇个人奋斗。在许多场合,美国人大多喜欢标新立异,轻视从众心理,惯于表现自己的独立性和个性,强调个人的权利与自由,即便到国外参加团队旅游,也要求导游人员将他们当作个体对待(treat them as individuals),因此遇事就得征求他们个人的意见,不能想当然。就整体来看,美国人喜欢标举创造性思维与开拓性精神(creative thinking and pioneering spirit)。

了解美国大众审美文化的习惯与心理,不能仅仅局限于从好莱坞的电影风格与西部牛仔传奇故事来分析推断,还应研读美国文学之父马克·吐温的小说代表作《汤姆·索亚历险记》和《哈克贝利·费恩历险记》,以及诗人惠特曼的《草叶集》和罗伯特·福罗斯特、杰克·伦敦、斯坦贝克以及海明威等人的作品。一般来讲,美国人的审美文化习惯表现为四个基本特征:(1)追新猎奇,不拘一格,通常喜欢那些富有新鲜感、娱乐性和刺激性的东西。迪斯尼、冒险者乐园之类的游乐场之所以首先在美国出现,与此审美文化习惯很有关系。(2)讲究场面与视觉感受。美国主要的文体娱乐活动与电影歌剧通常以大场面取胜。在美国洛杉矶举办的奥运会开幕式上的钢琴演奏与电影《泰坦尼克号》就是典型的例证。(3)偏爱壮美,喜欢快节奏、坦率、轻松、自如、诙谐、幽默的表演方式。美国的西部牛仔片与百老汇的有些经典歌剧之所以久演不衰,主要与此有关。(4)厚今薄古,喜欢科幻题材。这和美国历史较短、移民较多、现代科技与经济发达的国情有关。因此,《星球大战》、《外星人》、《蝙蝠侠》等娱乐影片之所以诞生于美国也就不足为奇了。[①]

上述审美文化习惯也在不同程度上影响到美国人的休闲观念与娱乐方式。一般来说,美国人惯于把休闲时间当作发挥和发展个人兴致与才能的机会。他们喜

---

① 陈志学.导游员业务知识与技能.北京:中国旅游出版社,1994:186.

欢体育活动,特别是参与型的群众性体育活动与文化娱乐活动。他们不仅希望从中得到精神的享受和社交的乐趣,而且也希望从中得到某种实际的效益,如锻炼健壮的体魄、掌握某种或某些技能,等等。就娱乐方式而言,大部分美国人喜欢由明星组合的、描写英雄救美人之类的具有浪漫色彩和戏剧性的电影、电视节目,也喜欢音乐与舞蹈等艺术形式。不过,他们通常比较偏爱热情奔放、自由表达情感的爵士乐、摇滚乐,当然也有不少美国人偏爱抒情、优美和吟唱式的乡村音乐。据统计,美国各广播电台每周播放1 500小时的音乐节目,其中也包括古典音乐,古典音乐的听众约占音乐爱好者总数的1/5。另外,轻松活泼的歌舞喜剧(或者闹剧)在美国仍有相当的市场。从娱乐的时空上看,美国人喜欢每年6～9月在露天举办的演出活动,而在日常情况下则喜欢光顾酒吧、舞厅或夜总会等公共娱乐场所。

　　需要注意的是,美国人因居住的地区不同,形成的性格与生活习惯也有一定的差异,这必然会反映到外出旅游时的追求与需要等方面。相对而言,来自美国东部的游客思想比较保守,在旅游中追求优质服务和物质享受,不易接受过于新奇和刺激的旅游项目和旅游产品。而来自美国西部的游客正好相反,他们追新猎奇,追求刺激的东西,更喜欢冒险、探险。来自美国中西部的游客显得比较淳朴、实在,办事稳重、谨慎,在购物时注重产品的质量,讲究货真价实。来自美国南部的游客因富裕阶层的比例较高,所以外出旅游时大多参加豪华旅游团,追求卫生、舒适、享受,同时也富有探险、冒险和征服的精神。①

二、英国人的审美文化习惯

　　英国历史悠久,文化灿烂,自文艺复兴时期特别是工业革命以来,在世界政治、文化、经济等领域一直占有重要的地位。英国地处英伦三岛加北爱尔兰。英国人主要由英格兰人、威尔士人、苏格兰人和北爱尔兰人融合而成,但仍保持着各自的民族意识和传统,因此喜欢称其为不列颠人(British),而非英格兰人(English)。比较而言,英格兰人尊重传统,相对保守,讲究社会等级,同时又注重实际,不尚空谈,维护个人自由。威尔士人性情比较浪漫,而且能言善辩,为人处世比较开朗。苏格兰人严肃诚挚,简朴节俭,热爱自己的文化传统与表现方式。但总体而论,英国人比较讲究绅士风度,尊重女性,遇事保持克制,耐心从容,认为明显流露出烦躁情绪或恼怒发火是缺乏教养与修养的表现。

　　在意识形态领域,英国人主要受宗教信仰与经验主义哲学思想的影响。英国的国教基督教新教,亦称圣公会或圣公教,以国王为教会的世袭领袖,以坎特伯雷大主教为教会的宗教领袖。据统计,该教会有1 386个教区、数百万教徒。不过,现在许多人只是名义上有宗教信仰,而实际上很少参加宗教活动。由于经验主义哲

---

① 王兴斌.中国旅游客源国/地区概况.北京:旅游教育出版社,1996:333.

学在英国有着久远的传统,因此英国人一般偏重实证,凡事喜欢要有证据,要有实践检验的结果。因此,美国思想家爱默生声称英国是"理智和知性的故乡"(England of the senses and the understanding)。在社会交往方面,许多英国人由于传统等级观念比较强,一般对王公贵族怀有根深蒂固的敬重心理,从而使贵族后裔凭借祖先的爵位或头衔而自视清高。这种等级观念的积极效果在于:英国人在社会生活中比较遵守纪律,办事讲究秩序,与人交往讲究礼貌礼节。在价值判断方面,许多英国人显得不那么急功近利,而是有点重名轻利,喜欢悠然自得、清静平和的生活方式,虽然也讲究实际利益但也不忘保持绅士派头。

英国的哲学美学与文学艺术源远流长,孕育了一大批人文巨匠,如文艺复兴初期与后期的诗人乔叟和诗剧作家莎士比亚,18世纪的小说家笛福,18世纪的经验主义哲学家和美学家休谟和博克等,19世纪的湖畔派诗人渥兹渥斯、柯尔律治和拜伦等,小说家狄更斯、哈代和奥斯汀等,文论家和艺术鉴赏家罗嘶金、阿诺德、佩特等,风景画家泰纳和更斯博罗等,20世纪的文学家萧伯纳和"披头士"(或译"甲壳虫")现代乐队创立人列农等。所有这些文化成就必然直接或间接地影响到英国人的大众审美文化心理或习惯,因此喜爱文学艺术与自然美景几乎成为英国人生活中的重要组成部分。

概而论之,英国人的大众审美文化心理有以下特征:其一是欣赏庄严凝重之美。如女王御林军的服饰表演以及换岗仪式、女王的出行、宗教仪式等活动历经百年,仍为英国人喜闻乐见。其二是推崇华丽均衡之美。莎士比亚的戏剧、十四行韵律诗皆以华章丽辞、对仗押韵而闻名于世。白金汉宫的建筑装饰与喷泉设计风格也是如此。其三是喜欢含而不露、文雅机智的幽默。英国人习惯于轻描淡写式的幽默,即就地取材、隽永含蓄、需要琢磨才能领悟的妙语珠言。其四是习惯于重行轻言的表达方式。英国人性格都有点沉默寡言,比较信奉"善辩是银,沉默是金"(Eloquence is silver, but silence is gold)的格言,因此不善随便交际。在审视周围世界尤其是文娱世界时,也时常把个人性格当作审美的尺度之一。这也就是他们喜欢音乐、哑剧这类抽象艺术形式的原因之一。其五是酷爱自然美。这与英国风景优美、英国人热爱大自然的传统有关。他们的确是爱屋及乌,不仅喜爱山水,而且喜爱乡野;不仅喜爱花草,而且喜爱动物,尤其是猫、狗之类的宠物。[1]

就休闲观念而言,英国人最显著的特征是独善其身,讲究尊重个人天地,诚如一句谚语所说:"英国人的家就是他的城堡。"他们休闲时喜欢与家人同行,不欢迎外人插入;有时宁可独处一隅,沉思默想。他们也把休闲时间当作发展自己才能与兴趣的机会,但与众不同的是,他们比较喜欢各行其是,互不干扰。在娱乐方式方面,英国人平常喜欢以家庭为单位,到乡间别墅、公园或自家花园里度过周末或一

---

[1] 陈志学. 导游员业务知识与技能. 北京:中国旅游出版社,1994:189.

般假日。与其他西方人相比,英国人的夜间娱乐活动通常不是很多很晚,只有特殊情况例外。出外旅游时,由于英国人习惯按既定的计划办事,有些墨守成规,因此往往不愿意作出也不愿意看到突然的变更,这需要安排和实施旅行活动日程的导游人员引以为戒。另外,由于英国人一般不喜欢随便交际,因此在随团队旅游时,不喜欢将自己的私事随便告诉别人,也无意打探别人的事情。经常为了避免与他人寒暄或交谈,乘车时喜欢埋头读书看报,这时一般不要打扰。

从娱乐内容看,大多数英国人喜爱体育运动,如踢足球、打网球和板球、打猎和钓鱼等。特别是号称英格兰国球的板球,除了投球、击球、跑垒之外,整个比赛过程显得慢条斯理,球员不慌不忙,衣着整洁、动作优雅,十分讲究运动员的风尚(sportsmanship),最能反映英国人参加体育娱乐的风格与品位。此外,英国人也喜欢音乐、歌剧、舞蹈、绘画、园林、电影和电视。英国伦敦有些剧院专门演出古典作品,较小的城市大都有保留剧目剧院,如莎士比亚的纪念剧院就是典型的代表。在娱乐场所方面,英国人一般喜欢开放性的场所。最早的英国剧场舞台继承了古希腊、古罗马的遗风,主要在露天,这样便于举办露天音乐会或者散步场音乐会,让听众站着欣赏音乐歌舞演出,享受轻松自然的环境气氛。在生活中,英国人注重衣着确是事实。但是,现在的英国人在工作或休闲时也喜欢着便装,只是在重大场合才穿西服、打领带或着礼服、戴首饰。一般英国人喜欢喝啤酒,尤其是带有苦味的啤酒或黑啤酒。纯正的苹果酒也很受欢迎。在去高级酒店或餐厅用餐时,比较讲究穿着和餐桌礼仪,服装不整、刀叉乱响、伸手越位夹菜(应当请临近的同桌用餐者递过来)或吃东西出声等,都被认为是失礼或缺乏修养的表现。

三、法国人的审美文化习惯

法国于5世纪由法兰克部落建立王国。国名法兰西由拉丁文 Francia 演变而来,意指"勇敢、自由的国家"。法国人口中有93.5%是法兰西人,但其成分复杂,可以说是欧洲各民族的国际大融合,因此生活在与英、德、意大利和西班牙等国接壤或邻近地区的法兰西人之间,在外形与心理特征等方面有着一定的差别。

在意识形态领域,由于受法国启蒙运动与法国大革命的影响,"自由、平等与博爱"(Liberté, Equialité, Fraternité)等人权主义观念在法国民众中根深蒂固。在巴黎,这三个词雕刻在许多历史建筑的立面门廊上。虽说有90%的法国人接受天主教的洗礼,但虔诚的教徒不到1/5。有的统计数字表明,54%的人说他们从不忏悔,只有6%的人定期去教堂做礼拜,另有15%的人明确表示不信宗教。因此,以百科全书学派为代表的启蒙运动思想观念、以萨特为代表的存在主义哲学思潮对一般法国人影响较大。以笛卡儿为代表的理性主义虽然诞生于法国,但许多法国人却富有理想色彩以及唯心色彩。他们十分重视个人价值,喜欢与众不同,认定自己的生活方式和理想模式,惯于把自我设计、自我选择和自我创造确立为自己的发展和生活的信条。所以,不少法国人容易给人以夸夸其谈、沉湎于幻想或者不切实际的印象。在政治方面,法国人自由独立,享受公民权利,甚至有些无政府主义倾向,对政府、社团没有多少依赖心理,适合自己口味的就拥护,否则就背离或反对,很少一条路走到黑。在文化方面,法国人普遍有一种优越感,对自己丰富的文学艺术遗产赞不绝口,就连恩格斯也曾以羡慕的口吻承认:法兰西人享有如此精美绝伦的建筑和绘画等艺术作品,的确有其自豪的理由。与此同时,绝大部分法国人认为法语是世界上最优美的语言,有时表现出些许语言沙文主义的倾向。譬如,在巴黎问路用英语或其他语言,一般法国人能听懂也装糊涂。但只要用法语,即便讲得一般,他们也会笑逐颜开,乐意为你服务。在社交方面,法国人显得热情、大方、开朗。交往中表现得既浪漫而又不失文雅,既幽默而又不落俗套。所以,即便是萍水相逢,也会亲热交谈。但是,他们出于礼貌礼节,不便当面回绝他人的请求,因此好许诺却少兑现,显得有些轻诺而寡信的味道。

关于法国大众审美文化的心理或习惯,人们认为有如下几个基本特点:(1)追求独特不凡的风格。法国人一般比较喜欢那些与众不同的风格和出类拔萃的东西。为此,他们会不惜工本,独辟蹊径,不怕流言,甘冒风险等,这在时装美学上表现得尤为突出。(2)注重浪漫情调和印象之美。法国人通常喜欢那些飘逸潇洒的艺术形式,对那些可以随意加入自己见解的抽象艺术尤为钟情。(3)艺术模仿自然但又高于自然。许多法国人认为艺术不仅是反映现实的一面镜子,而且是人们行为举止的典范。人们可以从艺术中受到启发,但很难从自然中得到什么。[1] (4)尊重传统与融合现代趣味和科技的特征。譬如,在法国国庆之夜,法国人经常别出心裁,在巴黎主要景点(如埃菲尔铁塔、凯旋门、协和广场等)通过车辆上装备的现代放音设备播放贝多芬的《欢乐颂》乐典,与燃放在夜空的各种礼花巧妙地融合在一起,形成壮观动人的景象。(5)法国人的艺术品位虽高,但他们一般不去人为地区分高雅与通俗的文化艺术。只要觉得作品吸引人、感动人,具有审美价值,就是好作品,就能够获得不同形式的艺术奖,至于作品的题材内容、品位雅俗、思想内涵的深奥或浅泛等因素则不大考虑。所以,德国与英国的读者或观众认为法国人的艺术品位比较特别,在他们看来属于庸俗或不登大雅之堂的东西,法国人却十分推崇;而他们认为高雅或严肃的作品,法国人可能会不以为然。欣赏艺术作品或者现实生活中的美的事物,在法国人那里就像品尝蛋糕一样,只要好吃好看就行。(6)与中国人相近的是,法国人也把烹饪美食视为艺术,即实(食)用艺术。他们爱美食,也会享受美食,认为个人饮食应当符合自己的教养和社会地位。法国大菜在世界烹饪艺术之林中享有很高的声誉。法国烹饪艺术也讲究色、香、味、形,不仅用料考究,品种繁多,而且注重营养搭配,其主要特点是香浓可口、鲜嫩味美。有人戏

---

[1] 陈志学. 导游员业务知识与技能. 北京:中国旅游出版社,1994:195.

言:世界上也许只有中国美食家与法国美食家最有资格同桌共品佳肴,"青梅煮酒论英雄"。

就休闲观而言,法国人的兴趣爱好正在逐渐脱离习俗,正在摆脱过去那种由身份和工作来决定休闲方式的模式,变得更加多样化和个性化。许多人往往自得其乐,根据自己的喜好或兴致来选择某种休闲活动,而不怎么考虑其他的社会、文化、教育甚至经济等因素。在娱乐方式方面,法国人在业余时间喜欢到公共娱乐场所消遣,如艺术博物馆、运动场、图书馆、剧院等。许多法国人也喜欢一个人坐在路边的酒馆或咖啡馆要一杯葡萄酒或咖啡,悠闲地看上一两个小时的街景。在休闲内容方面,法国人喜欢运动,如打网球、踢足球、练体操、钓鱼、打猎等。全法国约有250万人打网球,每年一次的法国网球公开赛不仅是国际职业网球四大赛事之一,而且是法国或者欧洲网球爱好者的喜庆节日。有关的统计还表明:每10个法国人中,就有3个人喜欢练习体操,2人爱好钓鱼,1人热衷于打猎。法国人也喜欢旅游,喜欢海水、阳光,偏爱大自然。法国人在启蒙思想家卢梭的感召下,最早倡导返回大自然,印象派画家更是回归自然的积极的实践者。法国人除了海滨外最喜欢到乡村旅行度假,其度假时间一般集中在夏季七八月份,占全年假期的85%。在具体的文化娱乐项目上,法国人喜欢跳舞、听音乐、听歌剧、看马戏、看芭蕾舞演出、看电影和电视,等等。法国年轻人比较喜欢流行音乐,在这方面受美国流行音乐的影响甚大,法国流行音乐几乎90%的产权掌握在美国唱片公司的手里,因此不少法国儿童熟悉美国流行歌曲如同熟悉法国催眠曲一样。

有一点需要注意,与法国人交往,送礼是友好的表示或者友谊的象征,因此礼物不一定贵重,但要讲究包装。如果送鲜花,要注意选择品种。一般来说,不宜向法国人送红玫瑰(情人的礼物)、黄色的花(不忠诚的表示)和菊花(葬礼上适用的花)。

四、德国人的审美文化习惯

德国的早期历史可以上溯到古罗马占领时期。公元前113年,有史料记载的只是几个日耳曼族的部落而已。7~8世纪,基督教会在德国建立,这也许是德国真正文明的开端。10世纪初形成德意志国家。德国文化主要以古希腊和基督教文化为源泉。通过文艺复兴时期的影响和酝酿,到了18世纪启蒙运动时期,德国的许多学者(如鲍姆加通、温克尔曼和莱辛等人)一方面研究诞生于邻国法兰西的大陆理性主义以及英国的经验主义,另一方面重新评估包括哲学、美学和艺术在内的希腊文化(Hellenism),从而为德国文化的发展奠定了坚实的基础。这一文化传统在尼采的哲学美学与瓦格纳的音乐歌剧中发挥到了极致。

在意识形态领域,德国人一方面主要受基督教和天主教宗教信仰的影响。16世纪马丁·路德(Martin Luther)所领导的宗教改革也在德国人的精神世界里占有重要的地位。德国公民中约有43%信仰天主教,42%信仰基督教新教。另一方面,康德、谢林、黑格尔以及叔本华和尼采等人的理性主义与意志主义哲学、美学思想对德国人的民族性格和审美意识也产生了深远的影响。所以,德国日耳曼民族具有深沉好学的传统,保持辩证思维的习惯。相对而言,他们对人对事能取发展变化的观点,顺心时不会忘乎所以,逆境中能够忍耐奋进,既严谨、认真、勤奋,又不乏热情、幽默、机敏。所以,美国思想家爱默生把德国描绘成"神秘哲学与梦想的国土"(Germany of mystic philosophy and dreams)。在社会政治方面,德国人对国家和社会的权威有一种理智而实际的服从精神,对法规纪律有着一丝不苟但又能审时调整的务实态度。在价值取向方面,他们能够正视现实,但又抱有理想;既追求物质财富,又重视精神财富,重视个人健康的生活方式,譬如,注意营养、休息、锻炼,为保持强健的体魄,舍得合理的花费。

就德国的大众审美文化心理而论,其主要特征如下:(1)德国人把美视为生活中的重要组成部分。他们注重整洁,钟爱黑白两色,喜欢布置居室,内部装潢设计比较推崇"包豪斯学派"(Bauhaus)的风格。与英美人相比,德国人(瑞士人、法国人和欧洲其他一些国家的人也是如此)尤其喜欢装饰自家的窗户。临街的窗口大都挂有洁白的窗纱或漂亮的窗帘,有的还摆上自己心爱的盆栽花卉,等等。(2)德国人珍视文化传统,注重理性分析。德国的哲学家、美学家、诗人、文学家、音乐家和艺术家人才辈出,闻名世界的大师级人物很多,这是德国人最引以为自豪的。德国人对古典音乐的热情和理解超出常人,这与他们本人的欣赏能力和音乐所表现的哲学底蕴有着密切的关系。曾以卡拉扬为首席指挥的柏林爱乐交响乐团之所以在国际上享有崇高的声誉,与德国人的审美追求是分不开的。(3)庄重、简洁、流畅与实用趋于一体的艺术表现方式,可以说是德国人传统审美心理与现代审美文化交融的结果。在这个"音乐与工程师之乡",人们试图在大众文化娱乐中把抽象玄妙的音乐与具体的现代技术结合在一起,显示出一种凝重但又轻松、精巧但又波普(pop,或译"流行"、"大众化")的特点。[①]

就一般德国人的休闲观而言,其最大的特征就是把休闲当作接受教育、增长知识的机会。德国人有好学好问与全民教育的优良传统,绝大部分人的文化素养较高。在休闲期间,德国人喜欢在运动、旅游、手工制作等实际活动中学习知识、提高技能、增长才干,因此对文化旅游项目兴趣甚浓。即便从事一般的旅游观光,许多人也要大量阅读相关的资料和图书,以便做到有备而来。譬如,到中国旅游的不少德国人在出发之前学习过使用筷子,到中国后还会在餐桌上向导游认真请教,争取成为行家里手。参加体育活动、听音乐、跳舞几乎成为德意志民族文化娱乐活动的基本内容。许多人喜欢足球、网球,偏爱健美运动,能够弹奏乐器。今日的德国青

---

① 陈志学.导游员业务知识与技能.北京:中国旅游出版社,1994:192.

年因受美国通俗文化的影响,也喜欢不拘形式、充满激情和可以自由发挥的摇滚乐和爵士乐。因此,在德国的一些城市,规模不同、内容丰富的文化节相当多,其活动内容涉及音乐、喜剧、电影,等等。光在柏林,每年2月举行"国际电影节",每年9～10月举行"柏林文化月",每年11月初举行"柏林爵士音乐周"以及"柏林戏剧节",等等。此外还有波恩的"贝多芬音乐节"、慕尼黑的"戏剧文化节"、维尔茨堡和奥格斯堡的"莫扎特音乐节"、拜罗伊特的"瓦格纳文化节",等等。需要注意的是,德国虽然于1990年统一,但由于现代经济文化发展的时间差,原东德与原西德的人在娱乐方式上依然存在少许差异。比较而言,许多原东德人喜欢去剧院、音乐厅和电影院等大型的文化娱乐场所,而不少原西德人则习惯光顾餐馆、酒吧、俱乐部和歌舞厅等小型活动场所。值得一提的是,向来严谨的德国人也会在欧洲传统的节日——狂欢节(carnival)一反常态,彻底地轻松和宣泄一下。在德国,狂欢节在重要性和规模上仅次于圣诞节(Christmas)。狂欢节期间,莱茵河畔各大城市都要举行化装游行,人们涌上街头,戴着各式各样滑稽可笑的假面具,身着色彩绚丽的奇装异服,以乐队为先导,表演各种以神话、传说和现实生活为题材的滑稽剧与民间舞蹈,随后是装点得千姿百态的各种造型彩车,人们从彩车上向沿途的观众撒放甜食水果,象征甜蜜和幸福。①

五、日本人的审美文化习惯

邻国日本是中国的主要客源国之一。"日本"的意思是"日出之国"、"太阳升起的地方"。日本作为国名,据说是来自圣德太子呈递给中国隋朝皇帝的国书中提到的"日出处天子"。日本是世界上少有的单一民族国家,大和族占总人口的99.3%。北海道地区目前仍有2万多阿依奴族,但已经失去了其体质上的特征与固有的文化。在意识形态领域,日本主要受宗教信仰与日本式融合主义思想的影响。日本有起源于古代历史和神话的神道,有6世纪从中国经朝鲜传入的佛教,也有于1549年从西方传入的基督教等。不过,一个日本人信仰两种以上的宗教的现象十分常见。在一般家庭里,神龛与佛坛并列。在祭祀活动中,他们既去神社,也去寺院或教堂。结婚仪式大多按神道仪式在神社举行,而葬礼则差不多采用佛教仪式。因此,不少日本人认为信奉神道可以尽情享受人生,不受什么约束;信仰佛教可以在死后进入西方极乐世界,使自己的灵魂有安顿之处。日本民族善于学习,对于东西方文化、风俗、哲学、科技等,通常采取一种拿来主义和为我所用的方法,在学习、模仿、消化和改造的过程中将自己喜欢的东西融合到自己的文化之中,最终发展成为带有日本色彩的东西。日本的文字演变、各种节庆活动、日常的生活方式以及对比性强的建筑环境等,很能反映这方面的成就与特征。日本人一般崇洋而不媚外,

---

① 陈志学. 导游员业务知识与技能. 北京:中国旅游出版社,1994:194.

比较热衷于文化与政治上的国际化。日本人信奉"没有不幸就是幸福"的生活观，追求悠闲、共处的理想境界。现在的日本青年受西方文化影响较大，享乐主义与个人主义等思潮开始呈蔓延之势。

在社交方面，日本人讲礼貌、好寒暄，但有时是外热内冷。崇尚"和"（Wa），讲团结，故标举集团主义（groupism），尊重国家与组织的权威，服从命令，听从指挥，具有"献身热情"。另外，比较好面子（face-consciousness），提倡表里不一，表面上尽量不伤和气，以此维持社会交往或组织内部的融洽表象。① 因此，如果当面征求日本游客的意见，一般总是赞扬声一片，但随后旅行社可能收到对方的投诉信。最好的办法是导游给他们每人发一张意见调查表，这样你会知道他们的真实想法和建议。在职业道德方面，日本人堪称"工作狂"（workaholic），把工作视为生活的目标，把忠诚视为价值判断的基本尺度，通常把上司的批评责罚视为对自己的关切与栽培。

日本的文学艺术最早受中国的影响，随后又受西方的影响，在不断的贯通或磨合中，融会了自己的理解与改造，从而形成了比较独到的日本特色。譬如，日本独特的文学形式有产生于平安时代的"和歌"，其中含短歌、长歌和旋头歌，有产生于江户时代的"俳句"，算得上是世界上最短小精悍的诗歌；还有产生于江户时代的"川柳"，即一种由"5.7.5"共17音组成的带有讽刺和诙谐意味的短诗。另外，日本独特的艺术形式有出现于奈良、平安时代的"大和绘"，出现于江户时代的"浮世绘"，起源于14世纪的古典歌舞剧"能"剧，出现于16世纪末、反映宫廷及武士生活的历史剧目"歌舞伎"，形成于16世纪的木偶戏"文乐"，以及受中国影响但有所本土化的"书道"、"茶道"与"花道"，等等。所有这些对日本大众审美文化习惯的形成与发展均有一定影响。②

据一些日本学者研究，日本大众审美文化心理有这样几个特征：(1)喜欢清明洁白的美。古代日本人的色彩感关系到日本人的审美意识之根本。在古代日本人的世界观中，是以人们所喜爱、所尊敬的白色为中心的，白色所象征的深远意味总是同生命、希望、素雅、清净、纯洁、愉快等联系在一起的。诚如日本美学家今道友信所言："日本人的审美意识就明显地表现出与宗教和道德相结合的性格。在同样重视白色的做法上，有喜爱白色而多方加以利用的倾向，也有敬畏白色而只在祭礼等方面使用的倾向；尽管它们都不过是相对的倾向，但两种不同的态度作为倾向则是一起出现的。不过，在日本，作为'素'的白，正像不饰色彩的木材建筑和清淡的调味那样，多被用于日常生活之中；而作为'色彩'的白，在很大程度上带有神仪的象征意味。白正是联系人与神的色彩。因此，神社前才铺满白沙，神官才穿着白色

---

① Cf. Junichi Mizuno. *Japanese Liking for Circles*. (Kenkyusha Printing Co.,1984),pp.22-28,62-68,94-98.

② 王兴斌. 中国旅游客源国/地区概况. 北京：旅游教育出版社,1996:49-50.

的装束。"①(2)喜爱"幽玄之姿"与"幽玄之趣",也就是说,日本人(特别是文人雅士)崇尚用表面的语言传达难以表现的意境,因此讲究"风的美学"与"姿的美学"(今道友信语)。这"风"一般包含"风情"、"风体"、"艺风"和"风姿"等意,与"气"和"流"相关,无法用语言固定为一个形体,所以不可捉摸,但又能够让人用心感悟和品味其间蕴含的东西。"姿"则与"风"相对,包括"形状"、"形态"、"相貌"、"样子"或者"姿态"、"姿势"、"姿心"等意。如此说来,"姿"是有意做出来的美的体态或应有的样子。一言以蔽之,"姿"可以说是流丽的姿势、身体的造型、有某种倾向的意识自然流露的状态、按照设想做出的身体的美妙造型……但在诗歌里面,"姿"含有格调、表现样式或样体以及超过样体的意思。日本学者定家在《每月抄》里说过:"'姿'于歌中必先言秀逸之体,遗万机而不滞于物,然此十体中无论何体皆不可见,觉'姿'似可挟,余情荡漾,必令人有见心襟坦荡、衣冠整肃者之感。"②(3)追求形式上的小巧凝练,崇尚"闲寂"或"寂"等心理上的神韵,重视一元的、非理性的不平衡的美。所谓"闲寂"或"寂",是难以用语言来界定的心理潜流。有一则传说也许可以帮助我们理解或意会其中的真谛。被称为日本茶道之祖的千理休,有一次来到一个打扫得干干净净的茶院,很不高兴。于是,他便径直走入庭园深处,摇动树干,散落一地枯叶,然后对园主说:"这才是闲寂和寂之心。"③(4)喜欢兼容并蓄的美,既尊重传统的审美意识和格调,也不忘现代的时尚。(5)大部分年轻人受到美国大众文化的影响较大,对快节奏、通俗化、戏剧化、有刺激性、视觉形象多变的东西越来越感兴趣,而对节奏缓慢、动作优雅的传统歌舞形式则敬而远之。

　　就日本人的休闲观来看,他们一般比较推崇"努力工作,尽情游玩"(Work hard, play hard)的信条,所以在工作时尽心竭力,旅游时马不停蹄,喜欢日程紧凑。当然,也不能一概而论。有的日本人仍然是工作至上主义者,休闲对他们来讲只是工作时间和空间的某种补充,认为消遣和娱乐不含有享受人生的积极意义,只起解闷或休养生息的作用。但35岁以下的大部分年轻人则自有主张,认为休闲是发掘自己工作范围之外能力的良机,消遣和娱乐的目的就是积极地表现自我和享受生活。

　　日本人的休闲时间比较集中,一般在每年4月末5月初,这期间节假日较多,有"黄金周"(Golden Week)之称。许多日本人喜欢把年假放在黄金周里一起连休,这样出外旅游的人数最多,通常高达6 000万之众。在文化娱乐方面,日本人喜欢看电影、电视,喜欢听音乐、唱歌,尤其是酒后放歌,喜欢模仿自己崇拜的歌星、影星。每年除夕举办的"全日本红白歌手大赛"吸引了大量的日本观众。另外,他们也喜

---

① 今道友信. 东方的美学(中译本). 北京:三联书店,1991:184.
② 同上书,页211、213。
③ 陈志学. 导游员业务知识与技能. 北京:中国旅游出版社. 1994:182.

欢综合性的文体娱乐场所,如游乐园或公园等。在饮食方面,日本人有其独到之处。一方面喜欢新鲜的配料和色形美观的食品,另一方面重视精美的器皿。至于味道如何,那并不重要,因此不少外国人认为日本饭菜"中看不中吃"。但在注重饮食营养、卫生和形式美感的当今时代,这种受传统口味影响的评价也在发生着某种变化。

俗话说:"千人千面。"即便是一家人或亲兄弟,其性格与爱好也会有一定的差别,更何况一个民族或一个国家的民众呢？上面所述几个主要客源国的大众审美文化心理与习惯,是就总体性的基本特征而论;如果落实到具体的人,就需要具体分析、酌情对待了。另外,域外游客来华观光,重点在于了解中国的社会、文化、艺术与风俗民情。因此,旅游工作者,尤其是导游人员,需要谙悉本国的审美文化,以便更好地扮演自己的职业角色和传播中国文化艺术的精髓,协助和引导八方游客在旅行游览中领略和体认华夏文明的价值特征。

思考与练习

1. 审美敏感性意指什么？审美心理结构的三个组成要素是什么？
2. 举例说明提高再创造能力在导游工作中的意义。
3. 员工思想工作审美化的必要性何在？其基本原则有哪些？其要义是什么？
4. 在旅游业中提高员工审美修养的主要途径是什么？
5. 你认为还有哪些有效的方法可以用来提高旅游工作者的审美修养？为什么？
6. 美国大众审美文化心理的基本特征是什么？请举例说明其中一点。
7. 英国大众审美文化心理的基本特征是什么？你怎么评判？
8. 法国大众审美文化习惯的主要特征是什么？你有什么补充？
9. 德国大众审美文化习惯的主要特征是什么？你有何佐证？
10. 日本大众审美文化习惯的主要特征有哪些？请结合其文化娱乐方式予以说明。

第五编

中国旅游审美文化

　　中国旅游审美文化的构成要素一般包括作为旅游审美对象的传统造型艺术(如绘画、书法和雕塑),传统建筑艺术(如宫廷建筑、宗教建筑、园林建筑、公共建筑与民居等),传统表演艺术(如京剧、地方戏剧和传统歌舞等),山水旅游文学,旅游工艺品和饮食文化、民俗风情、节日庆典,等等。本编从审美文化的角度出发,着重分析和说明有关传统造型艺术、传统建筑艺术、传统表演艺术、山水旅游文学与旅游工艺品的审美价值与观赏方法。为了拓宽和提高跨文化交流的范围与效度,同时为了满足和方便旅游工作者(特别是导游翻译)的实际需要,拓宽其国际文化视野,本编专设了中西造型艺术与建筑艺术比较的章节。旅游工艺品的开发与创新属于审美设计与生产范畴,需要充分考虑审美时尚、民族风格与地域特色等三个关乎产品艺术个性的要素。社会文化生活中的旅游审美活动,需要充分考虑旅游主体的参与行为、平等交流意识与自由对话权利等积极因素。

第十二章

传统造型艺术与旅游

造型艺术是用一定的物质材料塑造可视的平面或立体的形象、反映客观世界具体事物和人类情感的一种艺术。造型艺术主要包括绘画、书法、雕塑、建筑艺术等,亦称"美术"(fine art)或"视觉艺术"(visual art)。

中国绘画、书法与雕塑等传统造型艺术成就显著,众多古代流传下来的代表性作品展现出中华民族文化及其各地域文化的发展进程,成为旅游者审美欣赏的重要对象。其中不少作品与旅游区的自然景观和历史文化景观密切相关,成为旅游景观中的重要组成部分;一些描绘自然景色和历史社会文化的作品展示出古代的自然与社会面貌,具有突出的旅游审美文化价值。本章探讨范围仅限于绘画、书法与古代雕塑。

第一节 中西古典造型艺术比较

为了更好地帮助国内外旅游者欣赏中国传统造型艺术,有必要对中西古典造型艺术进行一番概要性的比较。在比较中,"我们所要求的是能看出异中之同和同中之异"。① 这种比较的目的,不是要分辨出谁高谁低,而是在比较中找出中西造型艺术各自的特点。中西艺术之所以能够比较,因为它们都是人类的创造,有许多相同的地方。首先,中国人和西方人有着共同的审美爱好,中国的秦始皇陵兵马俑,敦煌壁画艺术,黄宾虹、齐白石的绘画西方人能欣赏;希腊雕塑,达·芬奇、安格尔、米勒的油画,米开朗基罗、罗丹的雕塑中国人也能欣赏。其次,中西方有着共同的艺术实践,在造型艺术方面都有雕塑、绘画与工艺美术等艺术门类。第三,中西方还有着相似的美学思想和美学原则,一些基本的美学思想和原则能够在相互间找到相似或近似的讲法,存在着普遍的共同规律。② 但是,由于中西艺术的社会基础和历史背景不同,差异也很大。中国造型艺术正是以其鲜明的民族特色而受到各国旅游者的青睐。旅游事业的迅速发展使人类的跨文化交流进入了一个新时代,

---

① 黑格尔.小逻辑(中译本).北京:商务印书馆,1986:253.
② 蒋孔阳.对中西美学比较研究的一些想法.见:中西美学艺术比较.武汉:湖北人民出版社,1986:38.

了解中西造型艺术的"异中之同和同中之异",对于旅游工作者有着特别的意义。

清末以来,中国学者便开始对中西艺术与美学进行比较研究,其中最有成就的有王国维、蔡元培、胡适和鲁迅等人。蔡元培从审美的角度比较了中西造型艺术的不同风格,认为艺术风格的形成是与一定的政治和伦理道德密切联系在一起的。从美的两大范畴(优美与崇高)来看,"我国文学美术,皆偏重于优美一派,而鸷重神秘之风甚少",这是"吾族数千年守礼法尚实际精神所表示也"。由于我国重礼义道德,而西方重自然与科学,"因此形成了明显不同的艺术风格:中国的艺术多是写意,而西方多是写实;中国的因袭风较重,而西方多是天才的自由创造;中国的艺术受政治、道德制约很突出,而西方的艺术则以科学为理论基础进行自由创造"。蔡元培还比较了当时的各种艺术门类。在绘画方面,他认为在"入手方法"上。"中国画始自临摹,外国始自写实。芥子园画谱,步逐析分,乃视人以临摹"。在韵味上,"中国画,与书法为缘,而含文学之趣味。西人之画,与建筑雕刻为缘,而佐以科学之观察、哲学之思想。故中国之画,以气韵胜,善画多攻书而能诗。西人之画,以技能及意蕴胜,善画者或兼建筑、图画二术。而图画之发达,常与科学与哲学相对也"。①

当代,中西之间的文化交往比以往任何时期更为频繁,中华民族的崛起与振兴使我们能够以平等的心态进行中西方文化、美学与艺术的比较。中西方在这些方面谁优谁劣的问题已经大为淡化,彼此之间在人类文化发展史上呈现出一种相辅相成的互补关系。这主要表现在以下四个方面:

一、精神与科学

中国艺术是传神的,重写意;西方艺术是科学的,重写实。中国美学侧重于精神性的追求,在艺术中把传神作为一个很高的境界。最早在《庄子·外物》中提出"得意忘言",认为言的存在是为了表达意,只要意到,就不必在乎言之如何了,强调意与内在精神的重要。在《列子·说符篇》中讲九方皋相马,只注重马的内在精神本质,而马的"色物、牝牡尚弗能知",这即是"得其精而忘其粗,在其内而忘其外"。这个故事常被借用作为评画的例证,宋代陈去非论画就有"意足不求颜色似,前身相马九方皋"的诗句。被称为画圣的东晋顾恺之最早在绘画中使用"传神"的概念,他在《论画》中提出"以形写神"和"传神写照,正在阿睹之中"等论点,非常重视眼睛的描绘对人物精神面貌表达的重要性。南齐的谢赫又提出绘画的"六法论",把"气韵生动"放在第一位,认为一件作品只要传神,形似略有不足也仍是上乘之作。宋代以苏轼为代表的文人画家提出了"论画以形似,见与儿童邻"。元代画家倪瓒认为作画是"写胸中之逸气"。清代山水画家石涛在他的《画语录》中说:"山川与

---

① 聂振斌.近世学者对中西美学艺术之比较评述.见:中西美学艺术比较:107-108.

予神遇而迹化",把传神的含义转向画家主体精神的表现,即画家自我的表现。

西方艺术从一开始就受到科学观念的影响。早在公元前6世纪末,毕达哥拉斯学派从自然科学的角度去解释艺术,认为数学原则支配着宇宙的一切现象,艺术也不例外。他们把人和一切事物都作为数学和物理研究的对象,认为人"身体美确实在于各部分之间的比例对称";认为数的合理将产生特殊的美感,著名的"黄金分割定律"就是当时发现的。其后的柏拉图、亚里士多德等西方先哲,也一再强调艺术对自然的模仿关系。直至意大利文艺复兴时期,艺术与科学并未完全分开。在文艺复兴的杰出人物中,很多人既是科学家、工程师,又是文学家、艺术家,达·芬奇就是其中的代表。达·芬奇就强调:"画家的心应当像一面镜子……如实摄进摆在面前所有物体的形象。应该晓得,假如你不是一个能够用艺术再现自然一切形态的多才多艺的能手,也就不是一位高明的画家。"[1]西方古典艺术的上述传统,使西方艺术在对客观世界的深入观察和准确描摹上达到了极高的水平。当然,西方艺术也有精神性的追求,但与中国艺术相比,这种精神上的追求脱离不开对客观世界的具体描绘。希腊雕塑的人体比例、结构十分精确,运动姿态也非常生动,可是与中国的传神阿睹恰恰相反,不雕刻出眸子。西方造型艺术从一开始就塑造一个实实在在的、富于量感的模拟自然,这就是西方古典造型艺术写实的渊源。

中国传统造型艺术重写意,与西方艺术不同,创作的立足点不在于对客观物象的准确描摹和科学的把握上,而在于对人们主观意态和思想情感的表达上,因而在绘画上不讲焦点透视(focal perspective),只讲散点透视;不讲块面刻画形成的立体效果,而只讲轮廓勾勒;不讲所描绘对象的物理形态,即既不考虑重心是否准确,也不去分析光影的科学性,而只讲感受结果,描绘意味性的姿态。齐白石画虾从来不画水,把侧重点放在表现虾在水中游弋的意态;霍去病墓前石雕,其人物与动物的结构、比例不及同期的希腊、罗马雕塑准确,但其利用原石自然形态、删繁就简的大写意、大轮廓的艺术处理手法使这些石雕造型浑朴、气派宏大,彰显出雄厚的内在力量。在中国绘画中以线条为魂魄,使描绘对象挣脱物理概念的体、面和光影的约束而得到提炼。甚至在以体型为主的中国雕塑中,也非常重视线的运用。线条的表现是写意的重要手段,是作者情感意态的重要载体,正如有的学者所说:"线条是精神的轨迹、生命的经纬、情感的缆索……"[2]在书法艺术中,线条的表现力显示得更为充分。

二、整体与局部

中国艺术对精神性追求的重视,直接影响着其在表现上对整体性的侧重。中

---

[1] 戴勉编译.芬奇论绘画.北京:人民美术出版社,1997:38.
[2] 余秋雨.关于东方美学.见:上海文化.1994(1).

国古代以绘画为代表的造型艺术,把"气韵生动"作为最重要的美学原则或最高境界。这里的"气"指的是宇宙生命,是有着深远内涵的整体性的存在,不能分割和阻断;在艺术表现中,它"得自天机,出于灵府",是宇宙中的自然生命与艺术家心灵与才性的融合,不仅化解了主体和客体的界限,而且模糊了人与自然的鸿沟,把天地宇宙和生命感应完全融为一体,显现出中国古代哲学的"天人合一"的思想。中国传统造型艺术在人体的解剖结构、风景的透视、物体的质感以及光影与色彩的刻画上,虽不及西方造型艺术那样准确和细微,但都展现出人与自然和谐同一的整体性意识。汉代刘安在《淮南子》中就批判过在绘画中"谨毛而失貌"的创作手法,提醒艺术家不要只在琐碎的细枝末节上下功夫,而丢失整体的精神面貌。与西方绘画的焦点透视不同,中国山水画打破固定视圈的限制,从整体性出发,以移动视点的散点透视来表现高山长河的广阔气势。宋代山水画家郭熙提出的"三远"说("自山下而仰山巅,谓之高远;自山前而窥山后,谓之深远;自近山而望远山,谓之平远"),正是中国山水画整体性处理空间关系的基础。画家的视点也是不固定的,采取俯、平、仰三结合的角度来处理花叶和鸟的位置,突破了空间的约束,这也是中国画重视整体性的一例。对整体性的侧重一直影响到当代艺术,画家傅抱石和关山月为人民大会堂所创作的巨幅山水画《江山如此多娇》,画面上既有白雪皑皑的北国风光,又有春意盎然的江南景色;既有万里长城,又有滔滔黄河;东方旭日初升,西方瑞雪飘扬……把不同空间(地域)、不同时间(季节)的不同的景色组合在同一画面上,以结构宏伟、气势磅礴的画幅展示了中国造型艺术的整体性特征。

三、装饰与模仿

中国艺术家把"传神"作为艺术的最高追求,因而在艺术表现上不拘泥于对自然的模仿与再现,而是对客观自然形象加以精神性的提炼加工,以"妙在似与不似之间"作为艺术表现的主旨,舍去或省略了自然对象的形、色、光影的物理关系,代之以更能表达画家主体精神的装饰形式。装饰手法不同于一般的以真实再现对象为其特点的手法,而是依照画家所要表达的精神内容的需要,按照美的规律,强调造型中的某些因素,有所省略、夸张和变形,与客观物象产生一定的距离,凝练成有鲜明的节奏感和韵律感的既抽象又富有感性的艺术形象。

侧重装饰性是中国艺术解决自身与自然对立的一种巧妙手段。中国艺术家在创作中"外师造化",以自然为师,但不做自然的奴仆,不是照相似的去描绘自然,而是根据自身的情感体验(即"中得心源")去千方百计地创造出"似与不似之间"的第二自然。中国艺术家在对自然形象的深入观察、对形式美的深刻把握的基础上,通过样式化的过程与图案化的手法,将无规律的变为有规律的,将不定型的变为定型的,从而创造出各种造型艺术的表现程式。就中国绘画而言,无论是线条的装饰性、笔墨的装饰性还是色彩与构图的装饰性,都是对客观对象的某种特质加以主观强调的结果,既从属于现实的某些规律,又从属于装饰艺术的规律。中国传统造型艺术的装饰性在很大程度上是艺术表现技法的程式化。中国绘画程式化了的"笔墨"技法(笔以线为主,包括点、面、皴、擦;墨包括色彩,一般指水墨。用笔有方圆正侧、转折顿挫;用墨有浓、淡、干、湿、黑白等)与西方绘画中的"科学的写实"技术(即光影素描法)形成了鲜明的对比。总结人物画线描经验的"十八描",如圆劲沉着、富有弹性的铁线描,轻柔细腻的游丝描,刚柔相济、雄健有力的兰叶描,以及减笔描、枯柴描等,是画家在人物画创作中既状物(描绘对象)又传情(表达情感)的程式化的艺术手法。在山水画创作中的"皴法"、"点法",也是画家在长期的创作中总结的程式化表现语言。荆浩、关仝为表现关中一带雄伟的山川而创造出的小斧劈皴,董源、巨然"写江南真山"中形成的披麻皴,王蒙表现土石相间、草木滋生的浙东风物的解索皴,米芾、米友仁父子描绘烟雾迷蒙、云水浮动所用的"米点"……这些程式化的表现语言几乎都源于客观物象,但在长期的艺术创造过程中,世代的继承与变化使之在不同程度上符号化了,成为中国传统造型艺术特有的审美语言和审美语法。

四、诗画一律与诗画有别

与中国古代一样,西方很早就注意到诗与画这两个姊妹艺术的关系。古希腊诗人西蒙尼德斯曾提出了"画是无声的诗,诗是有声的画"之类的说法,古希腊哲学家亚里士多德根据模仿所用的媒介、对象和方式的不同来进行艺术分类,认为绘画是用颜色来模仿,诗是用语言来模仿,"这一切实际上是模仿"。把模仿自然作为艺术本质也是赫拉克利特、柏拉图等古希腊哲学家共同的思想,这一观点奠定了西方艺术美学的基础。文艺复兴时期,达·芬奇对诗与画的区别作了系统的研究和对比。作为人文主义者,达·芬奇复兴了古希腊关于艺术模仿自然的学说,认为绘画是自然的镜子,也是一门科学,而"诗在诗人心中或想象中产生";"在表现言辞上,诗胜画;在表现事实上,画胜诗。"[1]他认为诗的领域是伦理精神,绘画的领域是自然科学。200多年后,德国启蒙运动思想家莱辛通过研究当时新发现的古希腊拉奥孔雕像群而撰写的美学专著《拉奥孔》(又名《关于诗与画的界限》,这里的"画"指的是包括雕塑等在内的造型艺术)对这一问题作了更为系统而深入的探讨。他指出,诗与画在构思与塑造形象方式上的差别,是因为模仿的对象和所用的媒介不同:诗只能从效果上来描写美,而绘画则能直接描绘物体美;绘画用线条、颜色之类的"自然的符号",它们在空间中并列,诗则用"人为的符号",即在时间中发出的声音;绘画模仿空间中并列的物体静止的行状,诗则适合模仿在时间中展开的动作和情

---

[1] 汪流,等.艺术特征论.北京:文化艺术出版社,1984:34.

节。① 这说明,画作为空间艺术,诗作为时间艺术,因表现方式与所用媒质各自不同,在效果与感知上也彼此存异。其后,黑格尔从艺术史的角度辩证地考察了诗与画的特征。他认为绘画在提供明确的外在形象上占优势,但在表现内心生活方面有欠缺;而"诗的原则一般是精神生活的原则",作为语言艺术,诗既能表现主体的内心生活,又能表现客观世界的具体事物;诗歌不像绘画那样局限于某一空间、某一情节、某一时刻,"这就使其有可能按照所写对象的深度以及时间上发展的广度把它表现出来",能够"统摄许多本质定型于一个统一体"。② 黑格尔从艺术表现人的精神观念的角度,得出了诗胜于画的结论;他还认为艺术愈来愈向人的精神领域延伸,诗成了艺术的最高形式。从古希腊到莱辛,西方艺术理论从"模仿论"的角度来强调诗与画的差异;黑格尔虽然在他的《美学》中首当其冲地批判了"模仿论",但是他仍然认为画是以"感性现实和外在定型"为主旨的,因而与表现人的精神(心灵)观念的诗有着显明的区别。

中国古代最早在《尚书·尧典》中就提出了"诗言志,歌永言"一说,高度概括了诗歌表达思想感情的特点。中国古代艺术家也非常清楚艺术来源于自然,"感物咏志,莫非自然"(刘勰语),但并没有停留在艺术模仿自然的表层结构上,而是深入艺术的深层结构之中,揭开艺术更高一层的本质,即艺术表现情感。唐代画家张璪用"外师造化,中得心源"一说精确地概括了艺术中客体和主体、自然与精神、造化与心灵之间的辩证关系。在以精神追求和抒情达意为主旨的古代艺术美学思想基础上,中国艺术强调诗与画的相似与彼此的渗透。苏轼评论王维(摩诘)诗画的特点是:"诗中有画","画中有诗"。这在整个中国艺术的发展长河中不仅仅是指王维的诗画特征,同时也是指中国大部分诗歌与绘画所具有的共同特征。苏轼还明确提出了"诗画一律"说,这也是为中国古代艺术家所认同的思想。绘画追求"诗情",诗歌追求"画意",整个中国传统造型艺术都蕴含极为深厚的文学性。与西方绘画不同,中国绘画能够表现黑格尔认为只有诗才能表现的"对象的深度以及时间上发展的广度",并"统摄许多本质定型于一个统一体",宋代张择端的《清明上河图》长卷和前面所举的《江山如此多娇》的巨幅国画就是例证。对诗情画意的追求,也使中国传统造型艺术以和谐优美的审美形态为主流,因此见不到类似西方艺术中的悲剧作品。在中国艺术中没有米开朗基罗在雕塑中表现的愤懑与忧郁,也难见到德拉克洛瓦在油画《希阿岛的屠杀》中表现的令观众触目惊心的人类苦难。

中国艺术与西方艺术的上述差异,"只不过是人类精神在不同的方位展现不同的侧面罢了"。当然,对中西方古典造型艺术的比较,其目的并非在于分出孰高孰低,也不是为了在现代艺术的发展流变中让西方选择东方或是让东方选择西方,而

---

① 汪流,等.艺术特征论.北京:文化艺术出版社,1984:51-58.
② 黑格尔.美学(第三卷下册).朱光潜,译.北京:商务印书馆,1981.

是为了"在两方的碰撞、交汇、比较中一起强化全人类的意识,一起来选择艺术和人类的本性,也就是一起来选择现代。"①

第二节 国画艺术欣赏

根据习惯,中国传统绘画亦称"中国画",简称"国画"。欣赏国画,同欣赏其他艺术一样,都涉及由浅入深的探索过程。仅注意绘画作品与现实事物是否形似,这是肤浅的欣赏;若了解国画的品种、门类与技法特点,对作品形式特色有所认识,就会从作品的形式美中获得悦目的审美感受;如果能够了解作品产生的时代、作者的经历与思想,领略作品中所传达的意趣,并与作者在心思意向上产生共鸣,就会使欣赏进入悦心悦意的较深层次;倘若对国画的发展走向及其文化根源、审美特征有所了解,能够把作品放到历史发展的长河中去考察,就会对作品有更深刻的认识。古人之所以不说"看画"而说"读画",就是因为欣赏绘画如同读书,不能只凭眼睛"看",而且需要启用相关的知识和文化底蕴,多用脑袋思索。

一、国画发展概述

国画有着十分悠久的历史,最初来自工艺美术,作为器物的装饰纹样。1978 年在河南临汝阎村发现的陶缸彩画《鹳鱼石斧图》属新石器时期仰韶文化系统,是我国现存最早的绘画作品,距今 60 000 多年。这一彩陶上的绘画以线条刻画和颜色填充作为基本的造型手段,反映出原始人对形式美的认识,为后来国画的发展开辟了道路。此外,在内蒙古狼山、江苏连云港发现的岩画,在漆工艺器上绘制的装饰性漆画,也展示了早期绘画的风貌。现存最早具有独立意义的绘画是湖南长沙出土的战国时期的《人物夔凤帛画》和《人物御龙帛画》,距今已有 2 000 多年。《人物夔凤帛画》绘一长袖细腰女子合掌而立作祝祷状,上有搏斗的凤、夔,象征善战胜恶。此帛画用细利劲简的线条描绘形象,略施单纯的色彩,带有明显的青铜器、漆器装饰纹样痕迹。比此稍晚的长沙马王堆西汉帛画将天上、人间、地下的繁复场景统一于"T"字形构图之中,谨严精细与自由奔放的笔法相结合,写实与浪漫想象相结合。总体而论,中国早期绘画尚未超越工艺装饰的范围,以"错彩镂金,雕缋满眼"为美,注重象征性的想象与创造。无论是对凤、夔的善恶搏斗的表现,抑或是对神人杂糅、天上人间的描绘,都显现出不重写实而重精神性写意的特点。

战国秦汉时代,中国社会处于封建社会前期的发展期,对现实世界的热烈讴歌以及对臆想中的彼岸世界的追求,成为早期国画的主要内容。从这一时代遗存的帛画和漆画、墓室壁画、画像石或画像砖中,可以看到繁密充实的画面,感受到激烈

---

① 余秋雨.关于东方美学.上海文化,1994(1).

的速度感、运动感、恢宏的磅礴气势以及尚未完全脱离原始野性的旺盛生命力。这些因素构成了中国早期绘画以气势、朴拙见长的审美风格。先秦诸子多是从各自主张的道德标准和社会功利观去肯定或否定绘画。汉代儒家则将"文以载道"的原则推行于绘画艺术，人物画大多充满"忠、孝、节、义"的说教，在儒家伦理道德的基础上追求真、善、美的统一。

魏晋南北朝是中国艺术发展史上极其重要的时代。这一时期思想活跃，玄学清谈流行，佛学传入华土，带来了新的外来艺术。这一阶段，书法艺术也取得了长足的发展并影响于绘画。从后汉起，越来越多的文人士大夫进入绘画队伍，出现了一批富于文学修养的画家，顾恺之就是杰出的代表。在理论上，顾恺之的"传神"说和谢赫的"六法"论（气韵生动、骨法用笔、应物象形、随类赋彩、经营位置、传移摹写），在"形"、"神"，统一的基础上强调了精神面貌的表现。另外，士大夫画家受玄学、佛教、道家思想的影响，追求"澄怀观道"的意趣，寄情山水、放逸自适，在绘画中把对自然美的欣赏与抒发主观意趣结合起来，山水画正是在这样的时代氛围中开始萌芽。顾恺之、宗炳、王微不仅从事山水画创作，还留下了最早的山水画理论著作。在佛教艺术的影响下，出现了大量宣传佛教教义的壁画，最著名的是敦煌石窟壁画。

在唐代，中国封建社会进入繁盛期，政治的稳定和经济的繁荣为文学艺术的兴旺提供了条件，使唐代成为中国古代文学艺术发展的黄金时代。唐代绘画立足于民族传统，吸收外来文化，达到了新的高峰。唐代绘画题材广泛，风格多样，技巧更纯熟，其人物画更多地描绘世俗生活场景。存世作品（真迹或摹本）中，张萱的《虢国夫人游春图》、《捣练图》，周昉的《簪花仕女图》等，真实地描绘了贵族妇女的生活，人物体貌丰腴，雍容典雅，衣裳简劲，色彩柔丽，线条流畅，显现出当时华丽精巧的艺术风格。唐时肖像画也很盛行，不仅为帝后王亲写真，如描绘唐太宗亲迎禄东赞的《步辇图》，也为僧道臣民写真。唐代人物画的评价尺度以传神为要，重视描绘人物的"情性言笑之姿"（即人物精神个性外化），在传神写照上比前代又有深化。盛唐时期，山水画也日渐成熟，以李思训、李昭道父子为代表的青绿设色山水，风格与当时的工笔重彩人物画一脉相承，富有贵族气息和浓重的装饰趣味。以王维为代表的文人士大夫厌恶秾丽雕琢的宫廷艺术，提倡"画道之中，水墨为上"，以水墨山水表达清雅洒落、淡泊自然的意趣，把书法品评标准用于绘画，以"逸品"作为绘画的最高境界。后代文人画家视王维为"文人画"之祖。与王维同期的张璪，提出了"外师造化，中得心源"一说，揭示中国传统绘画的奥妙。进入晚唐，"盛唐之音"已成旧响，绘画技巧趋于甜熟，形式趋于僵化，气质越发柔媚，内容愈为褊狭。

五代时期，水墨山水画已蔚然成风，出现了皴、擦、点、染等笔墨技法，更能生动地表现自然景色。隐居北方的荆浩、关仝以全景式构图描绘中原雄浑的层峦叠嶂，南方的宫廷画师董源、巨然着力于表现江南的湖光山色，形成了两大流派。与山水画相似,西蜀宫廷画家黄筌以勾勒填彩的传统技法描绘装点贵族生活的花卉禽鸟,色彩富丽,用笔工细;南唐士大夫画家徐熙则描绘江湖原野的汀花野竹、水鸟游鱼。以墨为之,略施丹粉,画面生意盎然。"黄家富贵,徐熙野逸"之说,代表了中国花鸟画进入成熟阶段时所出现的两大流派。

  宋代实行崇文抑武的政策,建国之初即设置规模宏大的"翰林书画院",广罗艺术人才,重视绘画创作。宋代不少皇帝、大臣文化修养颇高,宋徽宗赵佶工书善画,鉴赏水平很高。由于统治者的提倡,宋代绘画人物、山水、花鸟各门类都相当完备,得到全面发展。为迎合统治者的趣味,花鸟画十分发达。五代黄筌的画风在画院中占统治地位;与此同时,进入画院的徐熙后人开创"没骨法"(不先用墨线勾勒形体轮廓,而直接以色彩浓淡晕染来表现对象)与之抗衡,形成了当时花鸟画的两种基本画法。宋代花鸟画还开始在作品中比附寓意,以物喻人,以物喻德,如松、竹、梅"岁寒三友",梅、兰、竹、菊"四君子",等等。在山水画方面,北宋多继承五代荆、董两大派,中期以郭熙为代表,强调山水画表现"可居可游"的意境。南宋画院画家马远、夏珪等所画山水偏于一角,留出大片空白,画面生动活泼,具抒情诗意而少说教色彩,确立"南宗"山水画特色。宋代可以说是国画写实风格的兴盛时代。以画院画家作品为代表,讲法度,重形似,重物理,致密富丽,与宫殿建筑、室内陈设相协调。在画院画家中,虽有一些高手创作出形神兼备的优秀作品,但更多画家为形似所拘束,缺乏个性,作品板滞柔媚。另外,城市的繁荣促进了新兴市民阶层的活跃,他们的审美爱好对绘画产生了巨大的影响。又由于绘画走出了宫廷府第和寺院庙堂,成为社会不同阶层都喜欢的艺术品类,服务对象的多样化使其表现范围更为扩大,表现城乡生活的风俗画蓬勃兴起。北宋晚期张择端的《清明上河图》是我国传统风俗画的杰出代表。这一绘画长卷充分发挥散点透视、鸟瞰式构图的长处,以广阔的场景详尽描绘了北宋都城汴梁风光。画面人物众多,景象宏伟丰富,全面深刻地反映了12世纪初中国都市的社会、经济与文化风貌。与宫廷院画相对立,文人画重神似而轻形似。以苏轼、文同、米芾等为代表的士人,在诗、书、画上都有极高的造诣,不仅注重主观情绪在绘画中的表达,而且主张绘画与诗歌有共同规律,大都致力于意境和意趣的创造。

  元代许多汉人隐居不仕,往往用绘画抒发情思,"文人画"至此成为国画主流,成熟发达。赵孟頫变革南宋院画格调,致力于文人画的书法化,促进了国画"笔精墨妙"艺术特色的形成。元末的黄公望、吴镇、倪瓒、王蒙被称为"元四家",他们都是江浙籍画家,多描绘江南景色,在作品中追求高逸的人格与画格。黄公望的山水画苍茫简远而气势雄秀,被评为"峰峦浑厚,草木华滋";王蒙的作品则表现出"郁然深秀"、"纵逸多姿";吴镇的画"烂漫惨淡",发挥了水墨氤氲的特性,喜画"渔父图"以表现隐逸的理想;倪瓒中年后流亡太湖,所画湖景萧索凄清,以"天真澹简"的笔墨表达孤傲的性格和不满世俗的悲凉情怀。"元四家"把写意型绘画推向巅峰,对明清绘画影响深远。

明代绘画在继承和弘扬写意手法和笔墨的书法化基础上,推进了文人画的发展。宋、元以后,诗文、书法入画,明以后又兴起在画面加盖印章的风气。诗文不仅可以点题和抒发画面未尽之意,而且其书法的线条美与画面相呼应,与朱色印章相谐和,使国画成为兼容绘画、文学、书法、篆刻为一体的最具中国文化特色的艺术。明代中期,以沈周、文徵明、唐寅、仇英为代表的"吴门画派",以苏州为活动中心。沉湎于平淡冲和的气氛之中,以优雅纤细的风格与精到的笔墨,表现中国封建社会后期的文人士大夫逃避现实、自命清高的隐逸闲适之感。他们把绘画中的文人趣味推向了顶峰,自此之后文人画也就开始由盛而衰。明末董其昌等人力图挽救这种颓势。

清初统治者大力推崇"四王"(王时敏、王鉴、王翚、王原祁)的绘画,但随着封建社会的没落,文人画家复古因袭的倾向非常普遍,致使传统艺术停滞不前、趋于式微。石涛作为当时中国传统绘画的改革家,倡导"搜尽奇峰打草稿","笔墨当随时代",提倡在内容上抒发真实情感,形式上突破陈旧传统的束缚。然而,这只能是空谷足音,未能力挽狂澜。

明清两代写意花鸟画是文人画最后的辉煌。明代画家徐渭一生坎坷,才华横溢,以水墨大写意的花鸟画倾诉满腔悲愤,其作品豪放泼辣、酣畅恣肆、直抒胸臆,把文人画自我表现的艺术主张发展到极致。清初画家朱耷(八大山人)原是明宁王朱权后裔,明亡巨变使他曾剃发为僧,他的花鸟画在继承徐渭的基础上更狂怪奇纵,灵变多姿,也更具寓言性。其作品形象单纯,画面萧条冷落,愤怒之情跃然于纸上。其后活跃于乾隆年间的以郑燮(郑板桥)、金农为代表的"扬州八怪",虽以卖画为生,但在艺术上突破了传统的清高逸迈,形成各自独特的艺术风貌。清末以任伯年、赵之谦、吴昌硕等为代表的"上海画派",继承了上述文人写意画的传统,又受到上海市民审美趣味的影响,偏重于雅俗共赏的审美追求。

五四新文化运动中的新美术运动,在批判古典绘画传统的同时,又汲取外来文化的某些因素,使中国传统绘画有了新的发展,同时还出现了油画、版画、水彩、水粉、漫画等画种,显示出与传统绘画不同的审美特征。

二、国画的分类

国画成熟之后,于风格流派上形成两大类别:一类是"院体画",即"院画"或"院体",指宋代翰林图画院画家及宫廷画家比较工致一路的绘画,也泛指效法南宋画院风格的作品;另一类是"文人画",古称"士大夫画",这是中国古代知识分子以抒发主观感情为特点的绘画流派。有学者认为,文人画有四个要素:人品、学问、才情和思想。具此四者,乃能完善。

国画若按描绘对象划分,唐人张彦远在《历代名画记》中分六门,北宋出版的

《宣和画谱》中分十门,明代陶宗仪在《辍耕录》中又分为"十三科"。现代则将国画按描绘对象分为下列三类:

1. 人物画

人物画是国画中出现最早的大画科。晋顾恺之的《洛神赋图》卷、唐韩滉的《文苑图》、五代南唐顾闳中的《韩熙载夜宴图》、北宋李公麟的《维摩诘像》、南宋梁楷的《李白行吟图》等,都是非常杰出的古代人物画。在人物画中,以道教、释教(释教是佛教在中国的别称)为内容的人物画称为道释画,多为寺院和石窟壁画,如元代的《永乐宫壁画》;也有卷轴画,如武宗元的《朝元仙仗图》。以描绘上层妇女生活为题材的人物绘画被称为仕女画,如唐代周昉的《挥扇仕女图》、张萱的《虢国夫人游春图》。人物画中的肖像画要求形神肖似,亦称"传神写照"。风俗画也是中国人物画中重要的分支,风俗画以社会生活风俗作为描绘题材,北宋张择端的《清明上河图》是风俗画中最有代表性的作品。汉代墓室壁画和画像石,其后的道释洞窟壁画、寺庙壁画,还有一部分以历史故事或宗教故事为题材的绘画,也属于人物画的范畴。

2. 山水画

山水画是描写山川自然景色的国画,五代、北宋山水画大兴,并成为国画中的最大画种。山水画按传统划分,可分为水墨山水、青绿山水、浅绛山水、金碧山水以及用界笔直尺画线、以楼台、屋宇等建筑物为题材的界画。水墨山水以笔法为主又充分发挥墨法的功能,在国画史中占有重要地位。浅绛山水在水墨基础上敷以赭石为主色的淡彩,长于表现江南山水,也称为"吴装"山水。青绿山水以石青石绿为主色,又分为大青绿和小青绿:前者着色浓重,富于装饰性;后者是在水墨淡彩基础上薄罩青绿。金碧山水在大青绿基础上以泥金勾染山形楼台轮廓,画面金碧辉煌,装饰性很强。

3. 花鸟画

花鸟画是古典国画中仅次于山水画的大画种。北宋《宣和画谱》指出:"诗人云义,多识于鸟兽草木之名,而律历四时,亦记其荣枯语默之候,所以绘事之妙,多寓兴于此,与诗人相表里。"这就是说花鸟画与诗一样,其主旨都是表达作者的情感意趣。花鸟画按表现技法,可分为工笔花鸟与意笔花鸟。

三、画体与装裱形式

按画体或表现手法分类,国画可分为工笔画和写意画两大类。工笔画属于工整细致的"密体"画法,笔墨细密严整,色彩绚烂鲜明。写意画"用笔简而意全",以粗疏简练概括的笔墨着重描绘物象的意志神韵,古人称为"疏伴"。写意画又可分为小写意和大写意。小写意也称为半工半写(兼工带写),属于略工细的一种;大写意即文人画,在国画中占据主流。

国画的装裱形式在成熟期后以卷轴画为主,其格式多种多样,一则是适应绘画的主题、内容的需要,二则是配合绘画用途的不同。国画在画家完成之后,都要进行装裱,成为便于收藏与悬挂的卷轴。古典绘画多为直轴,即所谓的"立幅"、"堂幅";大幅挂于正厅的也叫"中堂",小幅随意张挂的又叫"条山"。两张立幅可以组成双幅,四张立幅可配成"四扇屏",如画四季的山水或花鸟,每张内容各不相同,但有关联性。此外,有多至八幅的"八扇屏"。也有把几张立幅连接起来组成一张大画,每张立幅没有独立性,叫作"通景"。横式张挂的卷轴叫作"横幅"。极长的横式卷轴不能张挂,只能用手在案台上展阅,称为"手卷",如《清明上河图》。装裱后不安轴、用于装镜框观赏的画叫"镜片"。把小的画幅装裱成似书一样的册子,谓之"册页",供人翻阅欣赏。

四、国画的技法特点

了解国画的技法特点有助于作品欣赏。国画在艺术表现技法上有如下主要特点:

1. 凭借形象记忆,背离物象进行创作

相传唐玄宗思念嘉陵山水,叫画家吴道子去写生,吴道子游览了嘉陵江空手而回。玄宗问他何故,吴氏答曰:"臣无粉本,并记在心。"后来他在大同殿画壁画,三百里嘉陵一天就画好了。南唐画院待诏顾闳中也是依靠对韩熙载和宾客夜宴的静观默察,凭记忆创作了《韩熙载夜宴图》这幅美术史上的名作。中国画家作画,往往不是在一个视点上观察所要描绘的对象,而是边走、边看、边想(山水画),力求对描绘对象"静而求知,默识于心"(人物画),[①]进行全面深入的观察与体验,在内心积累形象。由于做到胸有成竹,在创作中就能背离所要描绘的对象,根据形象记忆,"闭目如在目前,放笔如在笔底",排开原有对象的细枝末节,"振笔直遂",实现国画"传神"的根本要求。

2. 以笔墨状物传情

国画最基本的造型要素是笔墨。清代画家恽南田说:"有笔有墨谓之画。"笔墨是国画民族风貌形成的一大要素,也是最富形式美魅力的一大表现。笔墨运用作为国画最基本的艺术技巧,既包含了对现实的再现,也包含对画家思想情感的表现,既状物又传情。

笔墨技法包括了笔法和墨法。一般来说,笔法表现形体结构,即古人说的"骨法用笔";墨法是表现物象的浓淡虚实,即表现体积感和质量感。笔法实际上是用线条造型的方法,线条是国画中表现力最强的手段,譬如"曹衣出水"、"吴带当风"

[①] 元代王绎在《写像秘诀》里称:"彼方叫啸谈话之间,本真性情发见,我则静而求之,默识于心。闭目如在目前,放笔如在笔底。"

等艺术效果都是用笔或线条所致。绘画笔法与书法同源,古人把书法用笔移植到绘画上,极大地丰富了绘画的用笔的表现力。墨法包括了用墨浓淡的程度和墨色黑白的变化。古人有"运墨而五色具"的说法,以墨代色或重墨轻色的技法,与国画(特别是文人画)重在传神的艺术理想密不可分。用笔的轻、重、疾、徐,用墨的浓淡、枯湿,笔驱使墨,墨表现笔,使笔、墨以及色三者之间达到高度的调和,共同发挥状物传情的作用。历史上每一个杰出画家由于对生活的感受和思想情感的不同,在笔墨运用上也显现出不同的特色,形成自己的风格。唐的吴道子师承晋代顾恺之,但其风格已非其师"春蚕吐丝"式的巧密纤细,而是"立笔挥扫,势若旋风"般的雄健豪放;北宋李公麟虽师法吴道子,但受时代影响其风格却走向秀丽精致。

3. 散点透视与平面布置的构图原则

国画根据观察方法的特点,采用多视点的散点透视(动视点透视),真实地反映了中国画家边走、边看、边体认客观现实的传统方式,体现了山水画中"可居"、"可游"以及"可赏"的意境追求。散点透视能将不同时空背景中具有内在联系的事物组合在同一画幅里,使作品主题更为完整,同时还能将事件发展过程进行叙述性表现,例如《韩熙载夜宴图》。另外,散点透视还为画面疏密变化的构图处理提供了更大的灵活性。

国画在构图上采用平面布置的原则。常见的有立轴和长卷两种构图形式:前者是近的居下,远的居上,近不挡远,愈远愈高;后者是愈远愈向左或右发展,都是平面布局而非纵深布局。这样的布局原则充分发挥了"置陈布势"、"虚实相生"的作用。国画也非常重视空间纵深感的表现,山水画中的"三远"(高远、深远、平远)追求,正是在平面布置的构图原则中实现的。传统国画构图中特别重视空白的处理,"计白当黑,妙在无处",把空白当作画面形象的组成部分,以衬托画面主体,扩大画面意境,给观者以想象空间。

五、国画的审美特征

国画以其特有的技法在作品中表现出自身的审美特征,显示出画家们的审美标准及其艺术理想。这些特征主要体现在以下方面:

1. 气韵

"气韵生动"侧重表达形象内部的生命,可以说是国画追求的最高境界,也是评价绘画艺术的最高标准。"气"原是中国古代哲学中对构成万物基本元素的指称,而"韵"原是指节奏和谐的声音。"气韵,就是宇宙中鼓动万物的'气'的节奏和谐。绘画有气韵,就给欣赏者一种音乐感。"[①]

绘画的气韵不仅展示了对象的精神实质,而且给欣赏者以高雅的韵致,同时也

---

① 宗白华.美学散步.上海:上海人民出版社,1981:44.

使作品具有了艺术的生命。气韵生动需要画家不仅仅描绘对象的外形,而且要表现其内在的精神。这就要依靠画家内心的体会,把想象迁入到对象的形象中去,表现对象真正的神情,这就叫作"迁想妙得"。从六朝到唐代,气韵主要指对客观对象的精神表现,指绘画展示的整体效果。宋时,气韵被视为画家性灵及其人品的产物。明清两代的优秀画家大都强调主体精神在绘画气韵上的主导作用。石涛在题画中指出:"作书作画,无论老手后学,先以气胜得之者,精神灿烂,出之纸上。意懒则浅薄无神,不能书画。"对于中国绘画中最高原则"气韵"的认识,不同时代有着不同的侧重点,在作品中的表现也不尽相同。南宋以马远、夏珪为代表的山水画表现出雄健张拔之气,元代倪瓒(云林)的山水画表现出和淡静穆之气,明初"浙派山水"画多为纵横之气,而明中叶的"吴派山水"则多为平静之气。

2. 意境

意境是国画也是中国文艺创作与批评的重要的美学范畴之一。什么是意境呢?宗白华认为:"意境是'情'与'景'(意象)的结晶品。"①或者说,意境是作者思想感情——"意"与所创造的画面形象表达的环境、场景——"境"("景")的有机融合。在中国古代画家中,郭熙认为意境鲜明的优秀山水画能使欣赏者感受到"画之景外之意"并"如真在此山中";苏轼则指出诗画意境有共同的规律,诗画表现手段虽有不同,但无论是诗或画,离开意境的创造都会失去生命。国画的文学性也主要体现在意境上,对"诗情画意的意境"的追求,成为自宋以来国画特别是山水画的主流。近代著名画家傅抱石总结说,"将诗的意境移入画面","这是自宋以来山水画家最得意的路线"。对意境的追求与对气韵的强调一样,是国画从强调形似过渡到崇尚写神而取得的艺术突破。诗人画家创造意境的目的就是为了借物抒情,"写此云山绵邈,代致相思"(恽南田语),使画中山川成为画家抒写情思的媒介。画之意境是画家"灵想之所独辟"而"非人间所有"(恽南田语),是艺术家理想的追求。意境不仅仅是画面形象所直观展现出来的东西,"那种一半留在画面上,还有一半留给绘画外的读者去想象的诗的意境"(蔡若虹语),②正是国画意境中最为微妙的特征。

在花鸟画中也同样有着意境的创造。画家齐白石的花卉、草虫作品就有着清新优美、令人回味的意境。例如《蛙声十里出山泉》的条幅,泉水从远处石丛中涓涓流出,一群蝌蚪随波而游,由小变大,化为青蛙,看似一路欢歌,于无声中听有声,画面寓蕴着动人的诗情画意。

3. 画体(风格)与格调

中国古代用"体"表示艺术风格。画家风格的形成往往是画家艺术趋于成熟的

---

① 宗白华. 美学散步. 上海:上海人民出版社,1981:60.
② 葛路. 国画美学范畴体系. 桂林:漓江出版社,1989:52.

标志。每一位画家的风格都受到时代的影响,受到周围艺术环境和所处画派的影响。在国画漫长的发展进程中,影响画家艺术风格的主要因素包括以下三点:

(1)遒媚。遒,刚劲雄健;媚,妍丽秀美。前者是阳刚之美,后者则是阴柔之美。这两者虽有对立的一面,然而又有相济的一面。两晋时期,遒媚被结合而成艺术的理想,并以遒媚为尺度来衡量画的优劣,如:"体韵遒举,风采飘然";"体法雅媚,制置才巧"(谢赫《古画品录》)。唐、五代和两宋之后,时代与画风的变化影响到人们对媚的看法。唐代韩愈认为"姿媚"为俗;杜甫主张"书贵瘦硬",褒遒而贬媚;五代荆浩把媚看作是外表的华丽,断言以华饰实,"苟媚无骨",画格不高。然而,宋代苏轼则以"环肥燕瘦"为喻,认为"短长肥瘦各有态,玉环飞燕谁敢憎?"明确表示两者各有千秋;在苏轼论书法的诗句中有"端庄杂流丽,刚健含婀娜",表露出对遒媚统一的褒奖之意。虽然对遒、媚这两种审美风格有不同的看法,但自唐以后,那种工细拘谨、柔媚造作、华而不实、格调不高的媚俗绘画风格,都受到优秀艺术家的贬斥。

(2)雅俗。雅与俗这对范畴出于先秦,源于孔子的"恶郑声之乱雅乐也"一说。"郑声"即是俗乐,"韶乐"则为雅乐,说明孔子喜雅恶俗。六朝谢赫则认为"雅郑(即俗)兼善",雅与俗两种画风可以并存。宋代文人画家崇雅贬俗,几乎把院体画(特别是院体花鸟画)看作是俗的代表,表现出文人画和宫廷画在风格上的对立。在历代文人画家眼里,俗的主要特征就是以华丽的外在形式技巧夺人,但意境平庸,无"超凡之趣",无内在神韵。然而,自宋代起,由于市民阶层的兴起,绘画要进入市场并要适应社会大众的审美情趣,因此对"雅俗共赏"的追求也就成为国画发展的另一方面,这里"俗"则指一种能为大众所接受的审美趣味。清末的任伯年与近现代的齐白石都是创作雅俗共赏作品的国画大师。

(3)巧拙与甜熟。古代文人画家认为,所谓"巧",就是绘画技术上的做作,是缺少创造性的画匠所追求的东西。因此,绘画艺术带巧则为匠气、俗气。甜熟是以外在华美讨好世俗浅见的庸俗画风,没有意境也缺乏气韵,其浮滑滞腻犹如甜点,会使审美能力低下的欣赏者将其误认为艺术上的成熟。拙与生拙则指浑厚古朴、没有人工雕饰之痕迹、朴素自然几近天真的绘画风格。对拙的追求,与文人画家受道家"大巧若拙"的思想影响有关,也与文人画家以自然朴质为美的审美思想相关。

受宋代哲学思想的影响,书画家特别重视自身的心性人格与艺术风格、艺术情趣之间的关系,由此十分看重艺术格调。所谓格调,就是在绘画中体现出的一种情趣、情调,主要是由作者的思想品格等因素形成,是作者内在心性人格在画面上的体现。画家若无高雅的格调,作画就显得俗气、火气、小气。可见,格调并非是技巧可以解决的问题。陆游称"功夫在诗外"。无论是写诗或作画,都需要有技巧与志趣两方面的修养。章法、构图等技巧问题可以靠功力去解决;而志趣的培养则要通过"读万卷书,行万里路",通过这种办法去滋养画家的气质、胸襟、情感、趣味,使画家品格高雅,创作出气韵生动、意境深厚的高格调作品。

国画以其悠久的历史、深厚的内涵和丰富的遗存在中国文化中有着突出的地位。因此,要欣赏国画,仅有绘画方面的常识是不够的,还应当了解中国文化与哲学的发展变化及其对绘画的影响,需要在不断的探索过程中提高欣赏能力。其间,不能将某一时期、某一画派的评画标准用作衡量所有作品的尺度,而应当历史地、辩证地解析和品评不同时代、不同地域、不同流派与不同风格的作品。

第三节 书法艺术欣赏

中国汉字从诞生时起,就是为了记载事情、传达和交流思想。在漫长的历史过程中,中国汉字的书写逐步发展成为一种艺术,即常说的书法。中国汉字的书写之所以能成为艺术,这首先与汉字含有表象的成分(即象形、指事、会意)有关,因此其形式结构与纯音符的文字不同,富有造型特点;其次,作为汉字书写工具的毛笔与西方古代所用的羽毛笔不同,在书写中有极为丰富的点、线造型能力。这两方面的特点为中国汉字的书写成为艺术奠定了基础。同样使用汉字和毛笔的日本也有书法艺术与理论,他们称之为"书道"。西欧诸国有 penmanship 和 calligraphy 等词,前者指"文字抄写手的态度与品质",后者指"美的或装饰的书写"。但它们与作为一门造型艺术并能表达作者思想情感与艺术个性的书法相比,在性质上是完全不同的。[①]

书法艺术是中国传统文化的重要组成部分。作为体现中国传统文化精神的艺术,书法渗透在各个时代的审美文化当中,成为中国大众生活中不可缺少的内容、随处可见的装点。因此,在任何一个中国旅游名胜区都可以感受到书法艺术的存在与魅力。

一、书体的类别与特征

中国汉字从创始以来,随着社会的发展和应用的需要,逐步形成篆、隶、楷、行、草五大书体,构成了书法艺术的字体基础。

1. 篆书

广义的篆书包括了甲骨文、金文、大篆(籀文)及春秋战国时期通行于六国的小篆。狭义的篆书则是大篆与小篆的统称。

今天能够看到的最早的汉字是商代的甲骨文,刻(少数用漆书写)在龟甲或兽骨之上,多为卜辞和与占卜有关的记事文字,也有表现事物形象特征的象形字,以及表示某种意思的表意字。甲骨文笔画瘦硬方直,线条有粗有细,遒劲而富于立体

[①] 周汝昌.书法艺术答问.北京:文化艺术出版社,1982:2.

感,形成了正方形或长方形字体,奠定了汉字的方块形体。

金文,又叫钟鼎文,指铸、刻在钟鼎彝器等青铜器上的铭文文字。商代中期青铜器就有了铭文,西周金文最有代表性。金文用笔于环转之中略带方势,结体整严而疏朗,字形带有较强的装饰性。

大篆,相传为周宣王时的太史籀所作,又名"籀文"。最著名的大篆是战国时期秦国的石刻《石鼓文》,虽从甲骨文演变而来,但更具线条意味,古朴雄浑,端庄凝重。

小篆,是经过秦始皇统一文字后的新书体,又称为"秦篆",是中国最早的标准字体。小篆是对大篆的整理与简化。字形修长,线条柔顺,有典雅温文的气度。现存的小篆有《泰山刻石》,残存10字保存在山东泰山;《琅琊台刻石》残存一面,藏于中国历史博物馆。篆书行笔藏锋逆入,圆起圆收,没有外拓的笔锋;结体造型遗存有图像文字的成分,显示出一种图案花纹似的装饰美。

2. 隶书

早在周代末期,民间就出现了简化的"草篆",后为低级官吏整理应用于公文之中,因办公文的小官叫"徒隶",因而称之为"隶书"。今天所指的隶书,是汉代隶书成熟时的字体,也称之为八分书。

汉隶是隶书的代表,在结体和用笔上有如下的特征:结构上字形扁方,均衡对称,态势宽博;笔法上藏锋起笔,逆入平出,丰实而有内劲;波磔分明,"燕不双飞"(指横画挑脚不重复)。汉隶表现出的运动韵律、丰满朴实的意境和雄浑厚重的整体气势,显示出汉代艺术的精神气质。隶书的风格是多种多样的,汉简与帛书中的隶书笔画活泼,结构自然,字体凝重。现存的《张迁碑》(山东泰山岱庙)方劲沉雄,《石门颂》宽博奇纵,《礼器碑》(山东曲阜孔庙)瘦劲刚挺,《曹全碑》(西安碑林)飘逸秀美,均具有很高的观赏、研究与临摹价值。

3. 楷书

楷书又称为"真书"或"正书",从隶书、章草演变而来。创始于东汉末年,首先起于民间,因为好辨认,又便于书写,盛行于魏晋六朝,到了唐代臻于成熟。由于楷书用笔平稳、点画清晰、搭配匀称、结体方正,自然也就通篇整齐。初学书法多从楷书入手,将其作为基础。两晋南北朝的楷书多见于碑刻、摩崖刻石与墓志,《瘗鹤铭》、《张猛龙碑》、《龙门四品》与《张黑女(张玄)墓志》等,均为代表作。唐代之后,楷书的风格以唐代的欧阳询、颜真卿、柳公权和元代的赵孟頫等四大家为代表,故有"欧劲、颜筋、柳骨、赵体"的说法。另外,楷书有大楷小楷之别,"大字贵结密","小字贵开阔"(明祝枝山语),在结体上各有特点和规律。

4. 行书

行书是介于楷书与草书之间的书体。行书把楷书的平易性与草书的流畅美集于一身,发挥出独特的艺术效果,因而成为五大书体中使用最广泛的书体。行书有近于楷书但比楷书活泼放纵的"行楷",有近于草书但比草书收敛规范的"行草"。行书与楷书相比,行笔的速度加快,使原来楷书的直线变为弧线,方角变成圆角;相连笔画之间往往出现附钩,相互萦带呼应,笔贯意连,更加活泼流畅。行书不仅在笔意上楷、草相间,而且在体势上变化增多;结构上有时楷、草互用,随意伸缩不受方格限制,通篇布局参差对比,更富生气。

晋代王羲之被历代尊称为"书圣",所作《兰亭序》被誉为"天下第一行书"。唐代的虞世南、李邕、颜真卿,宋代的蔡襄、苏轼、黄庭坚、米芾以及元代赵孟頫等,都是我国历史上的行书大家。

5.草书

草书是为书写便捷而产生的笔画连写的书体。草书完全突破了楷书的格式,比行书更自由活泼,用笔化断为连,一气呵成,变化丰富又气脉贯通,是最有艺术表现力的书体。索靖在《草书状》中如此描述草书:"宛若银钩,飘若惊鸾。舒翼未发,若举复安。"

汉代就有草书。由汉隶发展起来的草书称为章草,①由楷书快写发展起来的草书称为今草。章草字字区别,互不相连;今草钩连变化,笔势连绵。比今草更简练快速、奔腾放纵的草书叫狂草。狂草用笔迅疾跌宕,较难辨认,但却便于抒发作者的激情,"或寄以骋纵横之志,或托以散郁结之怀",②具有很强的艺术表现力。

王羲之的章草遗墨、陆机的《平复帖》以及传为隋代的《出师颂》,均为章草杰作。东汉张芝是今草的开创者,其后的王羲之、桓温、颜真卿等人,都有今草佳作。唐代张旭、怀素则是中国书法史上的狂草大家。

二、书法艺术发展概述

同欣赏国画一样,欣赏书法艺术也应当了解书法艺术的发展历程。从殷商、周、战国时代的甲骨文、金文和大篆(石鼓文),到秦代统一中国后确立的标准字体小篆和后来出现的隶书,作为汉语符号和记事工具已趋完善。金文作为青铜器和其他器物的装饰部分而具有艺术性,石鼓文和小篆虽然脱离了工艺美术的装饰性,但在后世看来似乎富有独立的欣赏价值,尽管在当时其主要功能仍然是记事。历史地看,书法作为一门独立的艺术是汉代以后的事。

汉代中国书法的各种书体已经形成,笔墨技巧逐渐成熟,人们脱离了单纯实用的观念,开始从艺术的角度看待书法,加之统治者的提倡,朝野都崇尚书法艺术。汉代着重从对自然的比拟与联想的角度去探讨书法之美。当时的大书法家蔡邕主

---

① 关于章草名称由来有种种推论:说是西汉元帝时史游作《急就章》(汉儿童识字教材)而书写的草体;说为汉章帝所创始,也有说为汉章帝所爱好的,或说是章帝时杜操所作;说是汉魏之间章表上所用的字体。

② 参阅张怀瓘《议书》。

张"纵横有可象","为书之体,须入其形",从书法外在形式及其势态去论述书法的艺术特征,比较强调线条的动感与力度,崇尚有力度的飞动之美。汉代书法留存最多也最具代表性的是隶书碑刻,总的风格倾向于灵动、古朴、雄强。

魏晋南北朝时期,书法艺术蓬勃发展,东晋时期空前繁荣,形成中国书法的第一个高潮。当时,书法成为上层社会文化生活的组成部分,书法的欣赏与创造活动较为普遍。书法本身已经从汉代写碑为主转为在绢或纸上写帖为主,从而丰富了书法的表现形式。书法所写内容也从政治哲学扩展到文学作品,开始注重表现个人的思想情感,进而促进了书法艺术与诗歌、绘画等其他文学艺术的联系。书法理论也空前繁荣,为后世奠定了基础。这一时期形成了以王羲之为代表的流派与风格,对中国书法艺术的发展影响甚巨,具有里程碑的意义。在这个玄学盛行的时代,书法讲求"势和体均",含蓄蕴藉,刚柔相济,骨丰肉润,追求和谐统一,崇尚中和之美。这也是飘逸潇洒的魏晋风度在书法上的体现。后人用"尚韵"来概括这一时期的书法特点。

唐代是书法美学发展的第二高峰。唐帝国的强盛使立碑刻石纪功纪事重新流行,书法家们在写碑上大显身手,有力推动了书法艺术的发展。虽然唐代书法艺术以魏晋书法为直接出发点,但唐代社会的"豁达闳大之风"(鲁迅语)表现在书法艺术上则形成浑厚雄健的风格。唐代书法提倡的是劲健之骨力、雄强之骨势,追求"丈夫之气",崇尚"锋健"、"雄媚"、"险峻"、"瘦硬"等不同的壮美之风。颜真卿雄强的楷书、张旭飞扬的狂草均是唐代书法壮美理想的典型代表,表现出"肃然巍然"的阳刚之美,对后世产生了深远的影响。唐代还不断探索书法艺术的技巧、规律,总结了一系列的笔法、章法,强调"法"在书法艺术中的重要作用。在此阶段,楷书形式得到了最后的定型,为后世提供了楷书的范例。书法大家们形成了各自的风格,如虞世南的凝练,欧阳询的严谨,褚遂良的疏朗,颜真卿的雄强,柳公权的劲挺,等等。后人认为唐代是书法艺术"尚法"的历史时期。唐代一些书家开始认识到书法抒发内心情感的艺术本质。韩愈以张旭草书为例,强调草书中寄寓抒发"喜怒窘穷"等复杂变化的情感;张怀瓘主张"风神骨气者居上",推崇"以意写之,不在形似"的草书;张旭、怀素则创写出激情奔涌的狂草。这一重情、尚法的书法审美思潮,对后世的书法美学影响颇大。

唐代中日文化交流频繁,晋唐书风流布日本,鉴真和尚东渡还带去了王羲之的真迹。日本的三大书家最澄、空海、橘逸势,都先后来到中国学习。

宋代书法是中国古代书法审美发展进程中的转折点,打破了唐代近于僵化的法度,标志着重情感、重主观、重个性的书法思潮的兴起。后代认为宋代书法"尚意",即重视个人意趣的自由抒发。与魏晋书法推崇中和之美和唐代书法标举阳刚之美不同,宋代书法一方面崇尚阴柔之美,抑或追求萧散之韵、疏淡之味,抑或追求妍媚柔和之趣,倾向于把超脱的胸臆寄托于纯形式美的玩味之中;另一方面出现了追求狂狷的反和谐的审美倾向。理学家朱熹就认为黄庭坚、米芾的书法"欹侧怒张之势极矣",实际就是毫无顾忌地表现书法家自己的个性和情感。宋代影响最大的书法"四大家"为蔡襄、苏轼、黄庭坚与米芾,他们都以行书见长。

元明两代的书法被后人称为"尚态",这"态"主要是形式上的优美之态。元代书法艺术一方面是宋代情趣化书风的延续,另一方面又是唐代书法发愤昂扬之情的淡化与消退。赵孟頫的书法作品,追求以阴柔见胜的美,在妍媚的书法形态中寄寓着自己清淑的襟怀,在艺术上"专以古人为法",并无多大独创。元初的鲜于枢的书风虽较赵体雄强,且自成一格,但影响远小于赵体。

明代初期,帝王对文人笼络控制,垄断文坛的"台阁体"书法仿古泥古并无多大成就。明代中期,随着商品经济的发展、市民文化的兴起,文人书法受到重视,在苏州出现了与"吴门画派"相对应的"吴门书派",以祝允明、文徵明、王宠为代表,追求形式美和抒发个人情怀。明代后期,在思想意识领域李贽冲击程朱理学,文学上"公安派"反对复古、热衷于独抒性灵,戏剧方面的汤显祖主张"以情胜理",书法艺术以徐渭为代表,把宋代以来重主观抒情、张扬个性的审美倾向发展到极致,试图以尚丑的审美倾向去冲决传统。徐渭的狂草纵横跌宕,不拘法度。明代后期,董其昌的书法颇有影响,其风格类似赵孟頫,但气势更为柔弱。

在清代,中国进入封建社会末期,书法艺术进入最后的综合总结期。这一时期书法家颇多,书写的字体甚全,书法艺术出现了热闹、多样的局面。清初,明末过来的书法家以奇崛的书风抒写激越的心绪,以王铎、傅山为其代表。清初由于朝廷的提倡,风行董其昌书体,这种官样书体偏于甜熟柔弱,因循多于创新。其后,官方书体滑入"馆阁体"的程式化窠臼,虽然端庄华丽,但缺乏艺术个性与韵味。民间书风则以"扬州八怪"的书法作品为代表,标新立异,奇崛狂怪,延续明末重个性、尚主观和以丑为美的艺术思潮。随着金石考据学的盛行,碑学兴起,书法艺术崇尚壮美风格,认为"书要兼备阴阳二气",成就了邓石如、伊秉绶、何绍基、翁同龢、吴大澂、赵之谦等有成就的书法家。他们多用心于篆、隶,书风具有沉稳的"金石气"。书法家张裕钊和杨守敬以及其后的吴昌硕的书法作品,对日本书道很有影响。康有为承前启后,对清末民初的书风影响不小。然而,在清代,中国古典书法艺术毕竟已进入末期,清代没有,也不可能产生超越前代、有大创造的书法家。康有为作为最后的书法改革家,也是书不如论。

三、书法艺术欣赏

欣赏中国书法艺术,需要了解书法美的形式特征、独创个性及其基本要点。

1. 书法美的形式特征

书法艺术到底是形象艺术还是抽象艺术?这是人们常常争论的问题。书法不能同绘画一样具体地描绘现实中的事物,因而具有抽象性;书法通过运笔形成的线条形象和结构变化反映现实事物的形体和动态之美,又具有形象性。唐代张怀瓘把书法称为"无声之音,无形之相",前句讲的是文字的语言功能,后句则是指书法的本质特征,概括了书法艺术抽象性与形象性相结合的特点。作为造型艺术,书法是以线条表达作者所创造的意境和所要体现的情趣,属于写意的艺术。不过,写意画以具象造型来创造意境和体现情趣,而书法则以线条造型来创造意境和体现情趣。

线条美是书法美最为突出的形式特征。线条产生的工具技术基础是柔软而富于弹性的锥形毛笔和多种用笔方法。正确的执笔和运腕的方法能使书写得心应手,获得挥毫的乐趣,也有助于书法线条的造型。而笔法依据中锋用笔和"一波三折"(起笔、行笔、收笔)的基本法则有着极为丰富多样的变化,其目的在于创造出表达不同情感内涵、富有生命力度的线条。书法的线条虽然外形各不相同,也有笔画、书体、流派、风格的差异,但因其具有力度与活力,所以能给人以美感。

线条组合成字的结构,加上多个字的布局变化,便可构成一幅书法艺术作品。因此,字形结构与字的布局之妙,是书法美的另一重要形式特征。字形结构必须符合平衡对称的美学法则,不仅隶、楷、行书要做到"平正安稳"(王羲之语),就是结构变化较大的草书也应"险不至崩,危不至失"。当然,字形结构仅有平衡对称是不够的,还应当做到多样统一。王羲之认为"状如算子"的写法"不是书";唐代孙过庭曾言:"既知平正,务追险绝,既能险绝,复归平正",辩证地阐述了结构与布局中平衡与多样统一的关系。此外,结构与布局还必须符合对比照应的法则。对比产生变化,形成节奏和韵律;而照应则使分离的线条或字形气势呼应,形成和谐统一的整体美感。

蔡邕在《笔陈图》中指出:"纵横有可象者,谓之书。"其意是说书法能唤起人们对事物的优美形体与动态的联想。中国书法史上流传着张旭观公孙大娘舞剑器而草书大进;怀素见夏云多奇峰、飞鸟出林、惊蛇入草而悟草书笔法;雷简夫卧"闻江瀑涨声"起而书《江声帖》等故事,生动地说明了由线条及其结构与布局所形成的书法美来自书法家对客观事物形体与动态的感受所进行的艺术创造。

2. 书法美的时代性与独创性

在漫长的历史长河中,中国书法同社会经济文化的发展密切相关,表现出鲜明的时代性。在历史发展的进程中,汉字经历了多次演变,诚如宗白华所说:"商周的篆文、秦人的小篆、汉人的隶书八分、魏晋的行草、唐人的真书、宋明的行草,各有各的姿态和风格。"[①]在这方面,统治者的提倡会产生一定的影响。譬如,唐太宗尊王羲之,初唐大家书法都脱胎于王书;明成祖倡导"台阁体",结果使其长期占据书坛,使明初无大家。相形之下,对书法艺术影响较大的是时代审美观念的变化。譬如,

---

① 宗白华. 美学散步. 上海:上海人民出版社,1981:145.

东晋追求"风流气骨",造就了王羲之行书的"势和体均";唐代社会的"豁达闳大之风"以及雄伟美于精巧、肥硕美于纤细的情趣,成就了颜真卿、张旭、怀素等雄傲数代的大家及其书风。同时也应看到,书法美的时代性并不能掩盖书法家在艺术上的独创性。唐代书法家无论楷书、行书和草书都各有风采,明代"吴门书派"与清代"扬州八怪"的书法作品都各显特色。欣赏明末清初徐渭、傅山、朱耷(八大山人)的书法,更需了解他们所处的时代与他们曲折的个人经历,体会他们冲决传统、反叛潮流的用意,否则难以真正领悟其奇崛狂怪的书风。

3. 书法艺术的欣赏要点

书法艺术欣赏包括如下五个要点:①

(1) 法度。书法作为一门造型艺术,要求用笔的方法、字的造型结构与整篇的布局都包含着历代公认的基本规律或法则,这就是"法度"。连公认的书法规则都没有、一味在旁门左道中自娱的作品难以取得成就。但若拘泥成法,满纸呆相,也同样使人败兴。书法作品应当"出新意于法度之中,寄妙理于豪放之外"(苏轼语),在遵循法度的前提下,作者要推陈出新,创造出独具个性的作品。

(2) 笔力。线条所显现的笔力也是书法家精神的表现,它直接影响着书法作品的艺术生命力。历代评价书法所公认的标准之一就是"多力丰筋者胜,无力无筋者病",要求书法作品"力透纸背"、"入木三分"。这并不是一味追求表面上的张扬外露、剑拔弩张,也不是机械地在笔上加力。这力的表现是笔墨技法与作者思想情感相融合,藏于笔墨之中,展现于纸之上。这样的线条既像"不意百炼钢,化为绕指柔",又似"万岁枯藤",给人以强烈的感染力。

(3) 形美。书法的形美是由前面谈到的书法美的形式特征构成的。它建立在法度与笔力的基础之上,是意境与气韵的外在形式。在欣赏书法时,形美最先触动感知,起着先导作用。

(4) 意境。书法意境与绘画意境一样,也是"情"与"景"的结晶品。但是,这其中的"景"(意象)与绘画完全不同,已非自然万物的"传神写照",而是书法家在自然万物中感悟到的线条与布局,即具有抽象性和意象化的线条与布局。中国古典书法中的名作都有贯穿全幅的意境。欣赏体会这些意境,需要丰富的艺术修养,需要了解作品产生的时代、书法家的生平与思想,也需要调动形象思维和抽象思维的能力。例如,被誉为"天下第二行书"的《祭侄文帖》,是颜真卿为悼念遭安禄山残杀的侄儿颜季明而写。前十几行字还比较遒劲温婉,但写到共同抗击叛军之时,作者感情激越,运笔跌宕起伏,时而如哽咽不止,时而如慷慨悲歌。《祭侄文帖》虽为草稿,涂改颇多,却有大海波涛的气势,以深沉激愤而又刚强壮美的意境给人以巨大的艺术感染力。而《刘中使帖》是颜真卿欣闻前方战事捷报后所写,笔画纵横奔放,

---

① 茹桂. 书法十讲. 西安:陕西人民美术出版社,1980:93-102.

意趣盎然,不由让人联想起杜甫《闻官军收河南河北》一诗中的名句:"白日放歌须纵酒,青春作伴好还乡。"

(5)气韵。气韵生动是书法艺术追求的最高境界。气韵生动的书法艺术作品,不仅线条字形符合美的原则,而且章法布局首尾呼应,上下衔接,疏密相间,错落有致,交织着音乐般的韵律,焕发着奕奕动人的风采,能使观赏者目注神驰,抚心激赏,感到无穷意味。书法作品中气韵的生成不但要笔力遒劲,而且要墨法华滋,气势贯通,与书写的内容和作者的情感统一协调,做到"气韵藏于笔墨,笔墨都成气韵"。书法作品的气韵受书法家思想境界、生活阅历、艺术修养、表现技法等多方面的影响,不同书法家的作品显现出不同的风韵。譬如,同为宋代行书大家,苏轼是"浩然听笔之所之",作品"不失法度"而自然,展现出天成自然的韵味;黄庭坚的作品结构倾斜,用笔锋利,中宫紧缩,八方辐射,给人以强烈的节奏感,在蓄意营造的风韵中表现出"去俗务尽"的个性意趣;米芾的作品则是局部横斜逸出,通体左顾右盼,上下呼应,在整体气韵中显示出超逸入神的情趣。

法度、笔力、形美、意境、气韵这五方面的有机结合,便可构成和谐统一的书法艺术整体;欣赏一幅优秀的书法作品,也应从这五个方面去感受、体验、分析和理解。

四、书法艺术与旅游

书法艺术与旅游有着极为密切的关系。在我国众多的风景名胜旅游区,到处都有书法艺术的踪迹,譬如古建筑和园林中的楹联、匾额,名胜古迹中的碑林、石刻,等等。这些书法作品极大地丰富了旅游区的旅游审美文化内涵。许多景区的楹联、匾额和石刻,是古代名家名人赞颂当地风光或咏物怀事的作品。这些作品对于营造旅游环境的文化氛围、丰富旅游审美的内容、提升观光者的欣赏水平具有重要作用。在江南三大名楼之一的岳阳楼上,有清代书法家张照所书的范仲淹《岳阳楼记》木雕大屏,清代书法家何绍基书、窦序撰的102字长联,以及其他匾额、楹联,它们都是优秀的文学作品与书法艺术的结合,对岳阳楼建筑起到了烘云托月的作用。

在风景区中的碑林、摩崖、石刻,大多是古代留下的宝贵文化遗产,其中有许多是书法艺术发展史上的名作。在"碑碣如林,石刻成群"的泰山,珍藏着李斯所书的《泰山刻石》小篆十字,两大汉隶名作《张迁碑》、《衡方碑》和晋三大丰碑之一的《孙夫人碑》等历史精品。石刻繁多、字大篇宏的经石峪被尊为"榜书之宗"。西安碑林更是书法艺术的宝库,荟萃周、秦以来各代名家书法作品,集藏篆、隶、楷、行、草等各种书体,从秦之《峄山刻石》到汉代隶书名作的《曹全碑》、《仓颉庙碑》,从张旭、怀素的草书《千字文》到怀仁集王羲之字的行书《圣教序》……琳琅满目,美不胜收。这些宝贵的书法艺术遗产直接面向国内外旅游者,有助于扩大中国书法艺术在国际上的影响,有助于提高人民大众书法艺术欣赏的水平,同时也有助于推动当代书法艺术的发展。

在碑林石刻中还有一些并非正统书法的游戏之笔。如到处翻刻的《关帝诗竹》,将"不谢东君意,丹青独立名。莫嫌孤叶淡,终久不凋零"的诗句,用两株竹子的竹叶巧妙组成,反映了当时部分文人世俗化的审美情趣。作为书法这虽无多大艺术性,却可给旅游者带来某些乐趣。

第四节 古代雕塑艺术欣赏

中国古代雕塑是中国传统造型艺术的重要组成部分,以其悠久的历史和多彩的民族艺术风格在世界造型艺术之林中占有独特的地位。虽然由于各种社会历史原因,中国古代雕塑受到很大的损失和破坏,遭到外来列强与探险家的掠夺或盗窃,但从现存遗留的古代雕塑和近几十年考古发现的古代雕塑中,仍然可以见到熠熠照人的艺术光彩。秦始皇陵兵马俑与敦煌千佛洞、大同云冈、洛阳龙门、天水麦积山的石窟雕塑,以及大足石刻、晋祠彩塑、霍去病墓和乾陵的石雕,等等,均以其恒久的艺术魅力吸引着中外旅游者,成为当地旅游观赏的重要内容之一。

一、古代雕塑艺术发展概述

由于自身的特性,中国古代雕塑在发展进程中有着与绘画、书法不同的特点。并且由于中国文化传统及其文化模式的独特性,中国古代雕塑的发展路径也有别于西方古代雕塑的发展路径。

新石器时期,人类在长期的打磨石器和捏造陶坯的生产劳动中,在原始审美意识的影响下制造了具有一定雕塑性质的作品。中国古代雕塑从诞生起就带有较浓的实用性功能,带有原始艺术的古朴特质。

商、周时期的雕塑以青铜器为代表。青铜器以其先进的工艺科学与高度的艺术成就,为世界文化写下了光辉灿烂的篇章。青铜器主要以雕塑的动物、人物为装饰纹样。在商周青铜器中占主导地位的不是日用器皿,而是用于隆重庄严的祭祀活动的庙堂礼器。以饕餮造型为代表的夔龙、夔凤、鸱枭等青铜器纹饰,"完全是变形了的、风格化了的、幻想的、可怖的动物形象。它们呈现给你的感受是一种神秘的威力和狞厉的美"。[①] 商周奴隶制与原始社会毕竟不可能完全分割,其青铜器在狞厉的形象中仍然保留着某种真实的稚气,使这一时期雕塑显现出凝重、淳朴、古拙的整体风格。

春秋战国时期的青铜器显示出地方性和清新感,从故宫博物院藏的《立鹤、莲

---

① 李泽厚.美的历程.北京:文物出版社,1981:37.

瓣龙蟠饰方壶》上可以看到其灵巧的风格,与商周时期的青铜器形成鲜明的对比。从战国时期开始,改用陶俑、陶马作墓葬,这些形式以现实的人和动物为题材,开始与工艺和建筑的装饰性雕塑相分离,推动了古代雕塑艺术向写实性发展,为今后雕塑艺术风格的确立奠定了基础。

秦汉时代,雕塑艺术取得了前所未有的成就,达到了中国历史上的第一个高峰。秦汉统治者基于"非令壮丽,无以重威"的理念,大营宫室、苑囿和陵墓,建立起宏伟的雕刻装饰物。史载秦代咸阳宫前十二金人列像,汉代凤阙的铜凤金雀和未央宫门楼的铜龙之类,都是当时建筑雕塑的巨作。而今遗存的建筑雕饰只有瓦当、画像砖石。陵墓随葬品中最为宏伟壮观的是秦始皇陵兵马俑,其高度写实的造型在中国雕塑史上绝无仅有。写实与写意相结合是秦代雕塑艺术的真正美学特征,这种美学特征在中国雕塑史中起着承上启下的作用。与兵马俑对现实的刻意模仿不同,汉代雕塑趋向于尚简与尚意。西汉霍去病墓表饰的巨型动物石雕群、武威出土的《马踏飞燕》铜雕、四川成都和重庆出土的《说唱俑》等,均是以大体大面的简洁造型与夸张恣肆的动态表现,营造出整体气势。

魏晋南北朝的雕塑艺术进入了多方面的发展时期。多年的分裂动乱局面给人们带来了深重的苦难,也给佛教以兴盛的机会。大同云冈、洛阳龙门、甘肃敦煌和麦积山等佛教石窟造像相继涌现,成为这一时期雕塑的主流。早期佛教石窟造像还保留有印度造像的明显痕迹,但是后来迅速地中国化了。国画中常见的"气韵生动"、"以形写神"和"传神写照"等美学思想也影响着雕塑艺术。到北魏中后期,就出现了外在形象清秀、富有神韵的"秀骨清像"佛像雕塑。这是中国人按自己的审美趣味改造印度佛像的结果。除盛极一时的石窟和寺庙佛教造像外,南朝帝王贵族陵墓的装饰雕塑以及南北两地优异的墓室俑像,汇成了这一时期雕塑艺术的盛况。

隋唐两代是古代雕塑艺术发展的鼎盛时期。佛教石窟和寺庙造像以及陵墓石雕、墓室俑像等,不仅数量多,而且质量精,其成就达到了古代社会雕塑艺术的巅峰,对后世产生了深远的影响。敦煌莫高窟的泥塑、龙门石窟的大卢舍那佛等石雕造像,乐山的摩崖造像,长安帝陵的墓前大型雕塑,唐墓出土的俑和马雕塑,都是前所未见的精品佳作。盛唐时期,佛像雕塑人体比例协调,"对各部像的形象和性格有了更妥帖、更完美、更深入的刻画。佛的庄严,菩萨的慈悲,弟子的善良,以及护法天王、力士等的英武勇猛,无不表现得淋漓尽致"。[1] "秀骨清像"的样式已不存在,陵墓雕塑表现出豪迈的气势和丰实壮丽的美,唐三彩马成为艺术化了的雄健战骑。唐代概括、坚实、生动和刚健雄强的美学风格在雕塑作品中随处可见。

五代、两宋之后,雕塑艺术开始式微。此时的佛教雕塑基本上成了禅宗雕塑,

---

[1] 史岩.中国雕塑史图录.第一卷.上海:上海人民美术出版社,1983:8.

在形式上不拘一格,灵活多样。在少量开凿的石窟中,以大足石刻为代表的佛教造像显现出世俗化倾向。世俗化的倾向一直延续到明清,还出现了不属于佛教的其他造像,如城隍造像、关帝造像等。另外,宋代以后,出现了以僧人圆寂肉身为胎的真身塑像,还有的在泥塑上安装"内脏"和真人毛发。对"真实"的庸俗追求使一些雕塑作品的艺术价值全然消失。尤其从宋至明清,墓葬雕塑和俑塑,或徒具形式,或千篇一律,既无往日的气势,又缺乏艺术特色。此间虽然也有一些优秀作品,如晋祠彩塑侍女像、大足石刻的媚态观音等,但其形象显得纤细松弛,工丽有余而气派不足。在宋元明清能够大放光彩的是工艺雕塑,我们将随后予以论述。

应当看到,从原始社会作为器物的装饰雕塑开始,在其后的整个发展历程中,中国古代雕塑的实用功能与艺术功能未曾分化,始终以实用功利为主要创作目的。从属于中国宗法文化的陵墓雕塑和宗庙雕塑,从属于外来佛教文化和本土道教文化的宗教造像以及装饰性的建筑雕塑,与工艺雕塑构成了中国古代雕塑的主体。中国古代雕塑终究未能像书画一样发展成为独立的艺术。再者,除了晋代的戴逵、唐代的杨惠之等少数成就卓著的雕塑家外,多数雕塑家处于无名的匠人地位。五代两宋之后,中国雕塑逐渐走向衰微,这是历史发展的必然。

二、古代雕塑的分类与简介

中国古代雕塑包括世俗的雕塑造像和宗教的雕塑造像,根据功能可分为如下几类:

1. 明器雕塑

明器也称为冥器、盟器,指古代用于陪葬的代替实物的模型,包括陪葬用的俑、动物造型、建筑模型、器用模型等。明器雕塑在新石器时代就已经产生,秦汉时代是明器雕塑的第一高峰期,最具代表性的是秦始皇陵的兵马俑。汉代明器雕塑不仅量大而且题材广泛,有不少艺术价值颇高的精品,汉阳陵的各种陶塑就是例证。唐代是明器雕塑的第二高峰期,以唐三彩为代表的陶塑明器具有色泽饱满瑰丽和形态优美多姿等特征。

2. 陵墓表饰雕塑

这类雕塑泛指陵墓周围设立的石兽、石人等仪仗或卫队雕塑,具有一定的纪念夸示功能,也称为石象生。早期陵墓表饰雕塑遗迹始见于汉代,霍去病墓石雕代表了当时雕塑的最高水平。唐代墓表石雕规模宏大,代表了墓表雕塑的最高成就。除元代因丧葬风俗不同无墓表石雕外,明清各代都以墓表石雕作为王权与国势的象征。这些石雕多择用一流能工巧匠雕刻而成,能体现出各个时期的雕塑水平。历史上以石为原料的大型圆雕主要见于墓表雕塑,具有重要意义。

3. 宗祠造像

这类作品主要陈设在为祖先和历史上的圣贤人物修建的宗庙或祠堂之内,包括祖先与圣贤人物的纪念像及其仪卫、侍从等人物像。这类造像采用木雕、石雕和彩塑等多种形式。汉代是宗祠雕塑兴起的时代，但留存至今的仅有都江堰的李冰石雕像。宋代宗祠造像有大规模的制作，太原晋祠造像是这一时代的典型代表。由于宗祠造像塑造的是现实中高层次人物的形象，雕塑艺人在造像时受到较多局限，较难发挥艺术才能、因此优秀作品较少。

4. 石窟造像

石窟造像为雕凿和塑绘于石山窟龛中的造像，一般为佛教题材的作品。佛教造像由印度传入，有石雕，也有以黏土为原料的彩塑。石窟造像在中国雕塑史上占有重要地位。从魏晋一直到隋唐时期，中国古代雕塑的鸿篇巨制大多为石窟造像，现在大都成为重要的旅游景点。

5. 寺庙与道观造像

这类造像多为佛教与道教内容，大多陈列于寺庙与道观之中。由于不如石窟造像那样具有存留的恒久性，早期寺庙与道观造像的遗存很少。宋代以后，这类造像仍有大量制作。总体而论，尽管寺庙与道观造像的历史比石窟造像悠久，但其艺术性则远不如后者。

6. 建筑装饰雕塑

建筑装饰雕塑主要是指附属于实用建筑的装饰性和寓意性雕塑。建筑装饰雕塑的题材和形式与中华民族的信仰、习俗与传统观念密切相关，从诸多方面反映出中华民族的宇宙意识、宗教信仰、生死观念与审美情趣。作为人们居住环境中的视觉艺术，建筑雕塑对人们的审美文化起到了不可低估的影响。历代的建筑雕塑艺匠对中国雕塑的发展也起到了促进的作用。遗留下来的古建雕塑是现存的古代建筑的有机组成部分，部分遗存的瓦当、砖雕等则收藏于博物馆中。

7. 工艺雕塑

工艺雕塑主要指工艺技巧性的具有实用和观赏功能的泥塑、陶瓷雕塑、金属雕塑、木雕、漆雕、竹雕、石雕、玉雕、骨雕、根雕等，大都为小品性的雕塑。各地博物馆都藏有不少具有高度艺术性的工艺雕塑精品。

在雕塑形式上，古代雕塑主要有圆雕和浮雕。圆雕并不附着予任何背景，是完全立体的和独立的雕塑形式。秦始皇陵兵马俑，霍去病墓雕塑都属于圆雕作品。浮雕则附着于一定的背景，属于部分或大部分立体的雕塑形式。著名的昭陵六骏、赵州桥栏板石雕都属于浮雕作品，具有很强的装饰性。

三、古代雕塑艺术的审美特征

中国古代雕塑艺术在历史发展过程中形成了自身的审美特征。这些特征主要

表现在以下三个方面:①

1. 突出神似的写意艺术效果

强调精神性是中国古代造型艺术的共性。与绘画艺术一样,中国古代雕塑亦把神似作为创作的第一要旨,十分注重形象的内在精神表现,而不太注重外在形体的准确塑造。按照以形写神的原则造型,中国古代雕塑作品具有明显的写意艺术效果。这主要是通过感性的空间处理、直觉式的联想与抒情和象征等表现方式形成的。因此,中国古代雕塑不同于西方雕塑,不是科学地处理空间,不讲究精确的体积与比例概念,也无意真实地模仿自然外物,而是依据个体的情感意愿去处理空间,表现物象,旨在为了传神而塑造一个情感化的开放性空间形式。譬如,敦煌莫高窟、龙门石窟的佛教造像以及汉唐的陶俑,都没有把重点放在形体比例的准确塑造之上,而是在不离大体真实的基础上,侧重情感意趣的表现,把塑造的重点放在表达内在精神的面部表情以及动态姿势之上。

与写意绘画一样,中国古代雕塑也蕴涵着艺术家直觉的联想与抒情的因素。例如,霍去病墓前的石兽就是汉代无名的雕塑大师凭着自己的直觉联想,在天然的石块上因势象形地雕凿了几处勾勒性的粗犷线条而形成的。敦煌莫高窟盛唐菩萨塑像S形的优美身姿、花瓣般清晰的嘴唇、丰腴细腻的肌肤与"出水"的衣裙,均是雕塑家将直觉中的情绪体验通过手的感触捏塑而成的杰作。

象征与借代是古代雕塑创造写意性形象的另一表现方法。商周青铜器中的饕餮、夔龙、夔凤等装饰雕塑象征着王权。昭陵六骏雕像借马的雄健来表示主人的武功高绝。这些手法赋予作品以含蓄而深厚的意蕴。

2. 与自然息息相通的整体风貌

中国文化与自然相通融的特点,明显地体现在中国古代雕塑艺术之中。物质材料作为雕塑的创作媒体,直接关系到表现的效果。与西方雕塑以石材为主要的物质材料不同,中国雕塑用料多样,以土、木、竹、石、金属、漆、玉、骨、角等材料进行雕塑创作;与西方以人体作为主要的表现对象相异,中国雕塑取材较广,以人物、动物、山水景物等题材为创作内容。另外,中国雕塑充分利用天然材料的形状和色泽,借助自然形态、依据天然特点进行雕塑加工。例如玉雕中的"巧色",就是借助大自然的造化之功,充分发挥想象和技艺,最终创造出丰富多彩、形神兼备的雕塑作品。

3. 侧重圆融贯通的表现方法

中国古代雕塑艺术讲究圆融贯通地使用多种表现手法。譬如,雕塑与彩绘相结合,使古代雕塑既有立体形象的体积感,又有绘画的色彩美感。在宋代之前,许多艺术家是绘画与雕塑相兼的高手,其中的代表人物就有吴道子和杨惠之等。另

---

① 王可平.华夏审美文化的集结——中国的雕塑艺术.杭州:浙江美术出版社,1992:90-134.

外,线条在雕塑中的充分应用,极大地增加了其写意表现能力,使中国古代雕塑更具有情感韵味。在唐代的菩萨泥塑和贵妇俑上,那"出水"与飘荡的衣纹通过线条的表现更显露出特殊的韵律与魅力。在佛窟造像中,也可以看到线条的概括表现作用所形成的空灵空间。

总之,在中国古代雕塑的创作中,圆雕、浮雕、线刻以及彩绘等多种表现方法往往不拘一格地运用在一件作品上。多种造型方法共同运用,既发挥着各自的表现特长,又形成统一的整体造型效果。

四、古代雕塑与旅游观光

中国古代雕塑的艺术魅力吸引着广大的旅游者。从原始社会新石器时代直到清代,有许多遗存的古代雕塑杰作和最近出土的雕塑精品,或收藏在中央和地方的博物馆中,或留存于原来的陵墓、石窟和寺庙之中,成为中外游客的观赏对象。

对名胜旅游区现存雕塑作品的欣赏,能够让参观者感受到历史的沧桑感,体验到古代雕塑所创造的艺术氛围,唤起他们的思旧怀古之情。秦始皇陵兵马俑以磅礴的气势生动地再现了"秦王扫六合,虎视何雄哉!"的威武场面,以其高度写实的艺术魅力和深沉的历史意识吸引和震撼着当今的中外旅游观赏者。云冈石窟第20窟13.7米高的石雕佛坐像,以北魏早期典型的石雕艺术风格,展现了面形饱满、高鼻深目、肩宽胸挺的形象,被佛家誉为"挺然有大丈夫之相",给旅游参观者留下深刻的印象。龙门石窟中由武则天资助开凿的大卢舍那佛,是完全中国化了的佛像,由婉转流畅的圆润线条雕刻而成的方额广颐、睿智慈祥的佛像面容,让参观者感受到佛家普度众生的形态和古代贤明君主的气派。敦煌莫高窟盛唐彩塑"菩萨似宫娃"的俊逸、典雅、优美的女性形象,晋祠彩塑中容貌娟秀的盛装侍女,大足石刻中裙带飘举的水月观音和媚态观音,都给慕名来访的游客以特有的审美体验。

需要指出的是,在旅游观光过程中,对古代雕塑的欣赏如同对古代书画的欣赏一样,也要历史地、辩证地了解和体悟不同时代、不同地域、不同风格流派的作品及其蕴含的文化与哲理意味。

思考与练习

1. 举例说明中国传统造型艺术重写意、西方古典造型艺术重写实的特点。
2. 为什么说中国艺术对装饰性的侧重是解决艺术与自然对立的一种巧妙手段?
3. 简述中国古典绘画的技法特点。
4. 中国古典绘画的审美特征有哪些?你是怎样评价的?
5. 宋元两代的文人画各有什么样的风格特征?

6. 为什么说意境的提出是中国古典绘画在艺术与审美上的突破？
7. 中国书法艺术的欣赏要点是什么？试举例说明。
8. 为什么说唐代是书法艺术发展的第二高峰？
9. 书法艺术是形象的艺术还是抽象的艺术？你的看法如何？
10. 简述魏晋南北朝雕塑艺术的特点。
11. 举例说明古代雕塑艺术以线条辅助造型的特点。

第十三章

传统建筑艺术与旅游

建筑可以说是创设和堆置在地面上的物质块体,其物理外形或空间形象对人的视知觉来讲具有很大的强迫性。就是说,无论你是随意地浏览,还是审美地观赏,或者是技术地分析,外在的建筑形式总是迫使你进行不同程度的审视和评价。对于外出观光或搜奇览胜的广大旅游者来说,情况更是如此。因此,了解一些有关建筑艺术的基本特征,有益于深化旅游观光的文化或审美体验。

第一节 中西古典建筑艺术

一、建筑与建筑的美

简单地说,建筑就是一片被柱子或承重墙覆盖、围拢起来的空间,用于满足人的居住需求。但从很早的时候起,建筑就不再是简单地满足人们居住需要的事物了,人们也把它当作艺术品来营造。古代希腊人甚至认为建筑师比画家、雕塑家更符合艺术家的定义,因为希腊的艺术概念相当于我们今天说的技艺,建筑师模仿房屋的理念,造出实实在在的城市和广场、民居和神殿,而画家对其所作的描绘只是对这些建筑物或人文景观的再模仿。[1]

被认为是人类最早的建筑学家、古罗马的维特鲁威(Vitruvius)在其最重要的著作《建筑十书》中就提出了建筑设计的三个基本原则,即实用、坚固和美观。[2] 这就是说,建筑,不仅要具有特定的使用功能而给人以方便,也不仅要以严谨的结构和尺度保证其使用的安全,而且还要有美丽的外观与内部装饰,以使人赏心悦目。

在西方建筑史上,针对过度装饰甚至不惜损害结构而进行雕饰的巴洛克、罗可可风格,曾兴起过功能主义思潮,这无疑有其一定的合理性。但是,功能主义者将其理论推到极端,仅仅强调简洁和实用,将一切美化都视为奢侈、浪费,结果陷入解

---

[1] 塔达基维奇.西方美学概念史.北京:学苑出版社,1990:14-15、342、347.
[2] 托伯特·哈姆林.建筑形式美的原则.北京:中国建筑工业出版社,1982:1;陈志华.外国建筑史.北京:中国建筑工业出版社,1997:56.

释的困境。譬如,他们无法确切地回答诸如"一个房间要多大?"或"一个门应该有多高?"之类的问题,只能说"这样一种用途的房间,不能比这再窄了"。人们有理由认为,一个建筑是一片天地、一个境界,什么都以"最小"或"最低标准"为尺度是令人沮丧、压抑和无趣的;人类的精神有特殊的需要,也需要在建筑的空间中施展和表现自己,将自己的能力和想象、情感和才华客观化。① 如今,亿万游客徜徉在千姿百态的古代建筑中,借此穿越了历史的时空,让美的甘霖滋润着他们在日常生活中变得麻木、干枯的心田,从而证实了在建筑设计中需要表现自身尊严与审美追求的必要性。

的确,人是符号性的存在。人的所有创造物都会有比纯粹实用功利更多一点的内容,建筑也不例外。在这个呼之欲出的、多出的部分中渴望表达并有待解释的东西,也许正是人们的生活理想或对生活意义的理解。黑格尔不仅把建筑当成各种艺术的初阶,还把它定义为一种象征型艺术。② 除了其中的历史唯心论和形而上学以外,这的确昭示了一个富含智慧的思路。无论是单体的建筑,还是建筑群甚至城市,都不仅要方便人们的居住与劳作,还必然会表达出人的尊严与相互尊重,体现出寄居在这些建筑当中的人们的自信、意志、友情和对未来的憧憬。这种表达在最初是晦涩、朦胧的,要不然怎么能称其为象征呢!建筑的这种符号特征也许在历史的回顾中表现得最清楚,因此我们不妨认为建筑设计还有第四条原则,即表现某种历史的或文化的内涵。这也许是古代建筑师在不期然当中做到的,也许是现代建筑设计师有意去追求的。事实上,这样一条原则是整个建筑设计的基础,无论是适用、坚固、还是美观,其最终的衡量与批评的尺度都是人。

二、建筑美学的主要理论传统

与建筑设计的这些特征相关,就有了建筑美学的主要观念。

人们在古代建筑审美的过程中究竟看到了什么?又为什么久久不肯离去呢?在这里并没有直接的个人功利目的,人们甚至也不考虑其现在安全与否。一些理论强调:古代建筑的美在于各部分之间匀称、均衡的尺度和比例关系,犹如凝固的、无声的音乐。例如,罗马万神庙带穹顶的四方建筑主体部分恰好可以放入一个以其屋顶高度为直径的内接圆球,因此其穹顶恰似放置在开盖的箱子中的一颗珍珠。③ 人们还发现,在那些伟大建筑作品的各个部分的尺寸之间存在着整倍数的所谓"算术比",即遵循黄金分割率,等等。例如古希腊建筑中常见的陶立克柱式的柱高总是柱径的 4~6 倍,柱身有 20 个尖齿凹槽,柱头由方块和圆盘组成;而爱奥尼柱

---

① 托伯特·哈姆林.建筑形式美的原则.北京:中国建筑工业出版社,1982:6.
② 黑格尔.美学.第一卷.北京:商务印书馆,1979:106.
③ 托伯特·哈姆林.建筑形式美的原则.北京:中国建筑工业出版社,1982:17.

式的柱高总是柱径的 9~10 倍,柱身有 24 个平齿凹槽,柱头带有 2 个涡卷。正是这些精确的数字关系,使建筑的各个部分在光线照射下产生了丰富的明暗和光影变化。当人们从不同的角度、沿着不同的路线围绕这些建筑作品观赏时,恰如听到按精确数量关系构成的乐音音符组合成的各种美妙动人的旋律。这种理论一般被称为形式主义。

另一种重要的建筑美学理论则认为,一座美的建筑,无论雄浑还是精丽,都势必有所表现。哲学家们偏爱强调建筑中表现的观念内容。如柏拉图和黑格尔都认为它们表现了完美的"理念";而叔本华则认为,艺术是通过意志和行动之间不可避免的斗争而具有价值的,建筑作品的美来自不同强度的材料与其荷重之间的冲突。其他一些思想家则认为建筑也要表达某种伦理或宗教的观念。许多基督教思想家会认为,只有哥特式建筑才是最美的,因为它与基督教的精神"同等卓越"。这种理论传统被称为表现主义。

移情心理学(以及格式塔心理学和内模仿的理论)则提供了表现主义的又一侧面。根据这种理论,人们欣赏建筑的美,实际上是以拟人的方式将自己的情感移入到建筑之中。如看到巨大、高耸的建筑物,人们总情不自禁地产生了一种升腾、向上的情绪;而面对建筑上修长的水平线时,便可体会到宁静和轻松的愉悦。这样一些理论对建筑作品的审美鉴赏提供了有益的帮助和说明。

三、中西古典建筑艺术比较

当旅游者从世界各地进入其他文明的地域时,他们在不同文化的建筑形式上看到了一些更奇特的东西。不同民族在各自独立的发展过程中创造出了形态各异的古代文明,造就了各自的经典系列。这除了说明人在与自然的关系上具有很大的自由度之外,几乎找不到关于这些差异的必然性说明。但是,要真正理解和欣赏不同文化中的建筑精品中蕴含的美,除了找到其中不同的比例与尺度范例、发现新的形式美原则以外,显然应该考虑其中隐含着的观念差异或不同的世界观。

针对旅游专业的需求,我们在进行中西建筑比较时有必要引进"古典"的尺度,只有这样我们才能更清晰地看到它们之间的差异。

古典有这样几层意思:首先,它是一个历史的尺度。人们在国际旅游途中饶有兴致地观赏的对象是各文明早年间独立发展的遗存。一般说,所谓古典建筑是指前现代社会或前工业社会的重要建筑;在西方建筑史上,它也指由包豪斯和格罗皮乌斯开创的现代建筑艺术诸流派诞生之前的经典建筑。更重要的是,古典作为历史的尺度还具有典范的含义,意味着特定文明发展中的高级阶段,或因形成条件一去不返而不可复得并再难企及的高峰。古典作品因其形式的完美而具有永久的魅力,因其偶然却深刻地揭示了真理内容而构成了对人类此后长久发展的一种参照,尤其对人们相对平淡的日常生活构成了一种警示和评判。简言之,它们是一种超浓缩的人生智慧和经验。在这里，人们可以想起西文中"architecture"和"building"这两个表示建筑的词的分别：前者有一种"伟大"的含义，而后者只强调了"建造"的意思。在古代，"伟大"既有体积巨大、宏伟的意思，又具有美与善的含义。因此，一座古典建筑当然只能是"architecture"，而不仅仅是"building"。通常，只有古典建筑才更能成为旅游审美的对象。

　　古典与古典主义是不同的两件事。各种古典主义的艺术思潮或艺术流派往往把古典作品形式化，变成一些抽象的教条，因此断送了古典的生命力。即使是在古典时期，罗马人在学习古希腊的建筑成就时，就将希腊式的柱头、线脚等刻板地予以数量化、规整化，使希腊柱式那种自然的、刚劲的风格变得华美而雕琢。当然，对古典的不断重返，意味着通过观照古代遗存来不断反思人的存在及其生活的真谛，同时也意味着对文明的整饬。

　　具体到建筑上，古典也意味着将最好的、最典型的作品挑选出来，以利比较。对比中西古典建筑，我们可以发现这样一些差别：

　　（1）就像文字的使用，西方人很早起就进入了拼音化的阶段；而中国人始终没有彻底摆脱象形文字，于是把表意文字发展到了极致。在建筑史的早期，西方人就开始大量使用石头，建造巨大的单体建筑；而中国人长期没有改变以木材为主要建筑材料的做法，因此将精巧的砖木结构建筑推向了极致。

　　早在古王国时期的埃及，一些巨大的纪念性建筑物就是用石材砌造的，在没有风化的地方，砌缝至今连刀片都插不进去。国王哈弗拉祀庙入口处有一整块石材长达5.45米，重达42吨。而在库富的金字塔里，大墓室的门口安置了50多吨重的大石块；在神庙大门前竖起了二三十米高的方尖碑；在神庙主殿里架设了几十吨重的石梁。古代埃及这种使用大块石料的传统长时间地影响了整个西方的建筑史。相对于西方，中国的古典建筑直到明清时期仍然是木架构的，这只要看一看故宫就一目了然了。

　　（2）与巨大石材的使用有关，也与基督教的信仰有关，西方的古典建筑多是高耸的和集中式的。古罗马人发明的券拱和穹顶技术，以及后来欧洲人用于哥特式教堂的尖拱和尖券技术，使西方古典建筑迅速在垂直方向上发展。著名的意大利文艺复兴时期的纪念碑性的建筑——圣彼得大教堂，从地面到穹顶高达43.5米，其垂直高度（从地面到教堂圆顶上的十字架顶端）约132米，几乎有40层楼高。相形之下，天安门只有33.7米高，处在山顶的北海的白塔有58.6米高，颐和园的佛香阁也只有83.5米高。另外，圣彼得大教堂的建筑面积近5万平方米，圆顶直径有42米，其集中式结构更使得它内部空间扩大、宽敞、恢宏。所谓集中式建筑，不仅是多个单体建筑的相加，其不同部分在结构上的相互依存（以消解巨大穹顶的侧推力），而且在内部空间上是通透一体的。

　　相对于此，单体建筑面积不大、造型也比较简单的中国古典木架构建筑主要依靠其平面组合上的灵活性,在水平面上发展起阔大的建筑群。故宫就是范例。其建筑群内部空间的分割与曲折、迂回的沟通与照应方式,造就了中国古典建筑的审美特性。至于早期中国王朝建造的高大宫殿,一般是以建筑物之下较高的夯土台为基础而形成的,其单体建筑物本身的体量并不大。

(3)从重要单体建筑(以希腊的神庙与故宫的太和殿为例)的形制上看,西方建筑的主立面是在建筑物矩形平面较窄的一边,它把人的视线与想象力吸引到纵深的方向。文艺复兴以后,尤其是城市有了长足发展以后,大型公共建筑如市政厅、议会大厦、图书馆、大学等,尽管体量很大,正立面很宽阔,甚至有几个主要立面,但只要是古典主义的建筑,就总是要突出其门廊的设计。而中国建筑的主立面总是设在建筑物矩形平面较宽阔的一面,让人就在它的面前驻足,体会它的宽广胸怀。

(4)与第三点相应的是,由于西方建筑的纵轴线与其屋脊平行,所以其正立面突出的是门廊的柱式与山花;而中国建筑的纵轴线与其屋脊刚好垂直,它的屋顶和瓦面、屋檐和门窗成了重要的表现部位。从视觉的角度看,中国建筑屋顶可以占到整个建筑正面形象的一半左右;其式样又有"硬山"、"悬山"、"歇山"、"卷棚"、"庑殿"、"重檐庑殿"等分别。中国建筑在建筑材料方面,瓦的质地及其色彩的使用也有很大的讲究。中国建筑在重要建筑屋脊的不同部位还分别有背兽、戗兽、垂兽、套兽等吻兽装饰。倘若中国古典建筑体量也像西方建筑那样又大又高,这些屋顶上的装饰趣味又有谁能欣赏得了呢?

(5)在一定意义上说,中国的园林艺术是独一无二的。这种建筑形式并不等于一种有独特审美特色的宫廷花园或私宅庭院,而是中国古典建筑艺术中一个重要分支。作为中国建筑文化的另一种传统,我们将在本章第四节中对其作专门讨论。

如果要追溯一下中西古典建筑差异的根本原因,最值得注意的因素也许是中西两种文化关于"天"的不同感受与不同观念。对于西方人来说,"天"是神的居所,也是每个善良人的灵魂所归,因此活着的人都应该尽量地感触它、贴近它。这就使西方古典建筑有较浓重的彼岸色彩,建筑形象努力营造出一种升腾感。而对于中国人来说,尽管"天"也是有威严的,但人并非要进入天国。实际上,中国古代学者关心的只是人们在天地之间怎样和谐、幸福、本真地生活,他们甚至不谈论死后的问题(有所谓"子不语怪力乱神"之说)。这就使中国古典建筑具有更多的世俗与人情味道,其空间形象也比较温文尔雅。这样的差别也势必给这两种建筑的鉴赏心理带来力度和情调上的差异。

第二节 宫廷建筑与宗教建筑观赏

一、宫殿和塔

中国传统的单体建筑有几十种名称,但基本的形制大概有三种:殿堂、亭子和廊子。传统中国建筑的组合性极强。所谓组合可分三种形式:(1)基本建筑形制的叠加形成新的单体建筑形式。如殿堂或亭子上下相叠就成了楼、阁或塔,廊子上下相叠就成为阁道。(2)各种建筑形式组合成建筑群。在一定程度上,任何一座孤立的建筑都不能构成完整的艺术形象,因为这种建筑的艺术效果主要是依靠群体序列来表现的。如故宫中单体建筑式样并不多,但通过不同体量的建筑在不同的空间序列中的转换,各个单体建筑就显示出各自的特性和在整体中的含义。(3)人工建筑与自然山水相融合,营造出意境独具的人文景观;甚至在城市中叠石理水,构筑出山野气息浓郁的艺术园林。① 在一定意义上说,中国重要的古典建筑总是一个建筑群,是一组建筑的组合。

当然,中国又是一个讲究礼制的国家。其封建等级制也要通过可见可闻的典章制度与符号形式得以落实,要求人们随时随地都懂得自己行为的分寸与规矩。相应地,建筑也就成为切实表现等级制的手段之一。例如,无论哪一种古建筑,都是由台基、屋身和屋顶三部分组成,其体量、使用建材、装饰标准、色彩等因素都由于表达着礼的内容而形成差异,甚至在一定程度上影响了建筑名称的使用,同时也造就了古典的单体建筑。

例如"宫",本来与室同义,②但宫已不是一般的室或建筑,而是指高等级的单体建筑,尤其被用来指皇帝的住所。进而,它被用来指整个皇宫或皇宫的部分,如故宫、后宫;而宫内重要的单体建筑则被叫作殿,如故宫的太和殿、中和殿与保和殿。

这个既可以指单体建筑又可以指建筑群的汉字"宫",实际上还有着与西文"palace"(宫殿)不同的含义。"palace"源于拉丁文"Palatium",指罗马城七丘之心的帕拉丢姆。这里是罗马城最早的发祥地,也是日后罗马的市中心。在罗马文化的鼎盛期,围绕着这一块地方建有大批宏伟建筑和带大理石敞廊的公共广场。后来"Palatium"被古典文化的推崇者用来指皇宫或豪华、显赫的建筑。而"宫"这个汉字,不仅由其"宝盖头"象征房屋建筑,还由下面的"吕"字象征人的脊椎骨,引申为"中"或"正"的意思,示意住在这所建筑或这片建筑群中的不是个一般的人,而是个

---

① 杨辛. 青年美育手册. 石家庄:河北人民出版社,1987:240、237.
② 语言学家也发现了二者的细微差异。宫是指建筑的外观,而室则指其内部。清段玉裁对"宫"字注释时还提到:"五音宫商角徵羽。刘歆云:宫,中也。居中央,唱四方,唱始施生。为四声纲也。"这说明"宫"具有"中"的意思。见:说文解字注. 上海:上海古籍出版社,1981:342.

高贵的人。① 这就是说,西方的宫殿是因其建筑本身的雄伟而显赫,中国的宫殿建筑体量并不大,却因"宫"中居住的重要人物而显赫。西方古典建筑的含义更多是技术性的,而中国古典建筑的含义却更多是道德性、社会性的。

作为中国古典建筑的代表,按照礼的原则,"宫(殿)"的面阔(即间数)最宽,台基更高,层次更丰富,建筑用料更考究,雕饰更精美。为此,在屋顶与屋身的过渡部位使用斗拱,屋顶使用黄琉璃瓦甚至鎏金铜瓦,内外檐绘制特定主题的精美彩画(所谓"雕梁画栋"),等等。于是,无论宫廷建筑还是宗教建筑,总是以一组宫殿为中心的。

塔在中国古典建筑中是一种例外。首先它是在垂直方向上发展的,具有一种出世的意味。② 从功能上说,塔来自佛教的"窣堵婆"(stupa),为埋葬佛舍利之用。在中国,塔几乎成为宗教寺庙的标志和象征。实际上,这种外来的建筑形式进入中国不久就充分地本地化了,甚至变得面目全非:曼陀罗母题的基座、覆钵式塔身和一串圆盘叠摞在一起的刹,都消失或变得微不足道;而在中国建造最多的楼阁式塔,与其说是来自印度的石制实心佛教建筑,不如说是中国古代木构亭台或望楼连续重叠的结果。登临望远会使人心胸开阔、超然物外,流连其中会使人感受到醇厚的人情味。塔在中国寺庙里的位置也不像其在印度寺庙里那样中正,往往被放在大殿的后面或寺庙中轴线的一侧。

总之,宫殿和塔可以说是中国古典建筑的代表,而它们首先代表的就是宫廷建筑和宗教建筑。让我们不妨看看一些具体的范例。

二、明清故宫

故宫又名紫禁城。这圈城墙只是北京城四道城垣最里面的一层,里边就是所谓的大内。从很早的时候起,天子或诸侯的都城就被几道城墙和城壕层层围起来。这一方面是防御来自外部的进攻,另一方面也是防止百姓造反。据认为自战国时期就已开始流传、记录各种手工艺技术的官书《考工记》中,有关都城制度的记载如下:"匠人营国。方九里,旁三门。国中九经九纬,经涂九轨。左祖右社,面朝后市。"从目前所掌握的资料看,还没有一座城市是完全按这种模式建造的。我们知道,不同等级的诸侯的都城面积也肯定是有差别的,但上述都城模式的确是我国古代城市规划的理想。我们可以把这种模式中的具体数字当作一种象征的说法,如

---

① 语言学家也发现了二者的细微差异。宫是指建筑的外观,而室则指其内部。清段玉裁对"宫"字注释时还提到:"五音宫商角徵羽。刘歆云:宫,中也。居中央,唱四方,唱始施生。为四声纲也。"这说明"宫"具有"中"的意思。见:说文解字注. 上海:上海古籍出版社,1981:342.

② 有岑参诗为证:"塔势如涌出,孤高耸天宫。登临出世界,蹬道盘虚空。突兀压神州,峥嵘如鬼工。四角碍白日,七层摩苍穹……净理了可悟,胜因夙所宗。誓将挂冠去,觉道资无穷。"(《与高适薛据登慈恩寺浮图》,见:唐诗三百首. 北京:中华书局,1959:14 – 15.)

"三"言其多,而"九"言其极,明、清时期的北京内城无疑是一个与其较为接近的典型。

北京内城南面有3座城门,北面却因总与战事有关只设出征时走的德胜门和凯旋时进的安定门。东西两面现各有两门,这是因为明、清北京是在元大都基础上向南收缩而成的,元代都城东西两侧最北面的城门后来被放弃了。以后增设外城之后又相应地在内城西南、东南角各辟一门,即东便门和西便门。

北京内城街道的方向多很端正,一条纵轴线从前门(正阳门)经天安门、午门、地安门直抵鼓楼、钟楼。出紫禁城南门左有太庙(即今劳动人民文化宫),右有社稷坛(今中山公园)。围绕宫城故宫的原曾有一道砖垣的皇城,而皇城南面(今人大会堂和历史博物馆一带)是各个衙署,东、西、北几面则是各种集市行肆。其具体分布可以从遗留至今的地名中辨认出来。

明中叶,因蒙古骑兵屡屡南下,北京城遂在南面加筑外城,将本属于郊祭范畴的建筑天坛、先农坛①和一大片稠密居民区圈进城里。这样,城市纵轴线的南端便起自永定门,全长增加到7.5公里;商业区也就从四面包围了皇城。

像《考工记》之类的官书,不仅是记录工艺技巧的,同时也具有礼制规范的意义。中国古典建筑的兴建不仅是为了满足使用功能的要求,还尤其要满足表征等级制的需要。故宫的主要建筑就是如此。宫城前东侧是太庙,西侧有社稷坛,从而满足了"左祖右社"的要求;太和、中和、保和三殿附会"三朝"(大朝、日朝、常朝)制度;大清门到太和门之间的五座门附会"五门"制度;前三殿和后三殿的关系体现"前朝后寝"的制度。故宫里面共有大小几百所宫室建筑,其主要建筑都严格对称地布置在中轴线上,且以外朝三殿为中心。在前三殿中,太和殿是重中之重,是整个故宫的中心。

太和殿和明长陵被恩殿并列为我国现存最大的木构建筑。明代时它是重檐庑殿九间殿,属于最高级殿宇;清代改建为十一间,面阔等级显然是无以复加了。太和殿通面阔63.93米,进深37.17米,高26.92米,台基高8.13米。如此巨大体量的建筑安置在3万多平方米的广场对面,显得崇高、威严。在三重汉白玉台基上,重檐庑殿的屋顶部分占总殿高度一半以上,从而使其具有一种正梯形的外表,显得格外稳定、端庄。

太和殿的一切构件规格均属最高级。一般只能用于宫式建筑的斗拱到了太和殿里更是登峰造极。上檐斗拱11踩,下檐斗拱9踩,屋脊上的正吻高达3.4米,外檐绘龙凤主题的和玺彩画。由于太和殿用于举行朝廷最高级礼仪如登极、元日、庆寿、颁诏等,所以不仅殿前有宽阔的月台,台基下还有可容万人聚集和各色仪仗陈设的大型广场。月台上置铜龟、铜鹤、日晷、嘉量等。皇宫建筑大面积闪闪发亮的

---

① 至今,地坛、日坛和月坛依然规规矩矩地位于北京城墙之外。

黄琉璃瓦更突出了建筑总体的效果。

　　太和殿给人这种至高无上的感觉,并非是自身体量的绝对巨大造成的,而是靠整个皇宫建筑的布局及大量相对小的建筑衬托来营造的。当年的文武官员从正阳门至太和殿就要通过5道门、6个闭合空间,步行1500米以上。这便使人对于见到那个神一般的人物有了足够的想象力和心理期待时间。

　　首先是大清门(今已不存)。进入大清门,是狭长逼仄的千步廊。经历了冗长的狭窄空间之后,出现了一座横向展开的广场,迎面矗立着高大的天安门城楼,天安门前还有外金水河上5座桥上的汉白玉栏杆、华表、石狮的衬托,给人心灵以第一次震撼。

　　天安门与端门之间又是一个相对较小的空间,置身其中的人们的情感也相对内敛。穿过端门是一个狭长而具纵深感的空间,走到尽头便抵达具有肃杀与压抑气氛的午门。这座宫阙合一的午门以三面红墙封闭着人的视线,使人感到自身的无比渺小,心理上体会到第二次震撼。

　　午门与太和门之间又变为横向广庭,加上蜿蜒的金水河横贯中央,更使人感到舒展而开旷。再经过体量近乎一座宫殿的太和门,终于进入太和殿前广场,人们顿觉宏伟庄严,迎面则是巍峨崇高、凌驾一切的太和殿,来者心灵便会受到第三次震撼。

　　建筑尺度的变化不仅严格地表现着等级制度,也有效地烘托了主体建筑,并满足了审美心理对多样变化的需求。譬如,与太和殿同处于一"工"字形三重须弥座台基之上的中和殿与保和殿,相形之下要小得多,尤其是中和殿,作为皇帝大朝前临时休息的场所,只是一个面阔3间、单檐攒尖顶的方形殿。经过它的过渡,后面是次于太和殿一个等级的保和殿——重檐歇山九间殿,殿试进士的场所。

　　过了保和殿后的庭院和乾清门,进入宫城的内廷,即帝王的生活区。内廷也以位于中轴线上的三座宫殿为主体。前面是乾清宫,皇帝的寝宫;后面是坤宁宫,皇后的寝宫;中间是一座类似前三殿中中和殿的小建筑——交泰殿,由于是清代增建,空间颇显狭促。后三殿在形制上模仿前三殿,但尺度上要小得多。前后三殿两组庭院的宽度比为2:1。乾清宫也仅为重檐庑殿七间殿。这种体量更具有生活气氛,也有效地衬托了前三殿的重要地位。

　　与前后三殿相比,故宫中的其他建筑及其院落都更小更简单,因此生活气息更重些。即使如此,宫中总的气氛过于庄重、压抑,御花园也不足以减缓那里过于严肃、紧张的气氛。因此,清代皇帝经常住在颐和园、圆明园或避暑山庄里,让这座金碧辉煌的宫殿空作他们的人格面具与权力象征。

三、北京天坛

　　天地、社稷、宗庙是中国古代帝王最重要的祭祀对象。其中,天是第一位的,天坛便是中国古代最重要的宗教建筑。长期以来,皇帝每年冬至例行祭天,正如《周礼·大司乐》所云:"冬至日祀天于地上之圜丘。"此外,皇帝即位,尤其改朝换代之后,也要祭告天地,以示"受命于天",取得合法性依据。譬如,从秦始皇到宋真宗,共有5个朝代、12位皇帝或皇后曾先后到泰山封禅。[1]

北京天坛的位置在元代就已设定,当时是位于元大都的南郊,明代加修北京外城时,使其南垣与外城南墙邻接。天坛的祭祀功能原是多重的,不仅天地合祭,而且还祈祷丰年。明代在此初建圆形大祀殿时,三重屋檐的颜色分别为青、黄、绿,象征天、地、万物。天坛的双重墙垣均是北面抹去两角成圆形,而南面为两直角,象征天圆地方。可见,最初在此进行的仪式是天地合祭的。明嘉靖年间,改大祀殿称祈谷坛,降为雩祭场所(求雨、祈丰年),另设圜丘为祭天之坛;还在城北增设地坛,[2]实行天地分祭。清乾隆时,改建天坛,加大圜丘尺度,重做地面、台基、栏杆等;易祈谷坛名为祈年殿,三重檐均改为青色,使其获得纯净统一的色调,也使天坛具有了今日的格局。[3]

天坛共占地4 000亩,东西宽1 700米,南北长1 600米,垣内满植柏树,气氛格外肃穆。天坛只在西面开门,主要祭祀建筑分布在内垣里一条南北向的纵轴线上,其建筑平面均为圆形以象征天,包括北面祈求丰年的祈年殿及附属建筑、南面祭天的圜丘及附属建筑(主要是平日供奉"昊天上帝"牌位的皇穹宇)。它们之间由丹陛桥相联结,此桥实为一条长约400米、宽30米、高出地面4米多、夹在柏树林中的甬道。在内垣的西侧,还有一组斋宫建筑,供皇帝祭祀前居住持斋之用,其正殿为砖结构无梁殿。在西侧内外垣之间,也仅有神乐署和牺牲所两组建筑。人们置身天坛之中,满目林海与苍穹,敬畏之情油然而生。

祈年殿,这座三重檐攒尖顶圆形建筑立于三层汉白玉须弥座台基上,底层直径约190米,殿身高38米,在高度上已超过故宫太和殿,可见其地位之高。殿内两层柱分别为4根和12根,外檐柱12根,这28根柱子分别附会着四时、四季、十二时辰、十二个月和二十八星宿等。在朱红色的柱枋拱扇之上经过金碧辉煌的檐下彩绘的过渡是三重青色琉璃瓦檐,顶尖以鎏金宝顶结束。整个建筑色彩纯净,造型庄严典雅。由于天坛中的建筑比较少,尤其是在祈年殿周围的建筑都相对低矮,人们在此看到的只是天际下一座升腾着的殿宇,感受着天无所不在、无所不能的权威。因此专家们认为,在中国境内以单体建筑能动人心魄的非祈年殿莫属。

如果说祈年殿是实实在在、向上高举的,那么位于天坛南端的圜丘恰好与之形成对比。圜丘主要在水平方向展开,以虚代实,给人以威严和神秘感。其本身只有

---

[1] 班固的《白虎通》把这个道理说得很充分:"王者易姓受命而起,必升封泰山何? 教告之义也。始受命之时,改制应天。天下太平,功成封禅以告太平也。"
[2] 同时还分别在城东西各设朝日坛(今日坛)和夕月坛(今月坛)。
[3] 清光绪十五年(1889)祈年殿被雷火焚毁,次年按原形制重建,现祈年殿为重建。

3层白石圆台,像一座没有主建筑的空台基。其外有低矮的两重围墙,外方内圆,四面分设白石棂星门共8座,一是通过自身尺度印证圜丘尺度的合理性,二是从视觉上把祭祀空间扩展到四周的林野之中。圜丘最上层地面的石块中央一块略高,每一圈石块的数字都是9的整倍数,一共9圈,以附会天为"阳"、为奇数的要求;使用的石料也是汉白玉中品位最高的"艾叶青"。

从中国传统宗教观念的角度说,圜丘是比祈年殿更重要的祭祀场所,但由于天帝一方面至高无上,另一方面又无形无迹(儒家学者从不想将其形象拟人化或具体化),所以其殿宇不仅要至尊至贵,而且要至大无外。这样的要求怎样才能满足呢?怎样才能使这个神位既虚又实呢?圜丘的做法是:以数字九象征其至高无上;以圆这种无形之形体现其至大无外;以最高品位石料的白颜色使这座建筑若有若无——一方面显示人间对天国信念的坚定,另一方面向人间显示天国的虚无缥缈。只有在这里,才能完成人与天的联结、人与神的沟通。应该说,这对建筑技术的要求也许并不高,但从设计思想的角度来看却是无与伦比的。

从春秋战国时期开始,中国的宫殿或宗庙建筑往往构筑在一个夯土高台上。这与其说是为了防潮等实用功能,不如说更主要是为了一种象征意义。唐代时期,有的宫殿的夯土台就高达10余米。最终,中国人还是放弃了这种向高处发展的努力,代之以象征的方式,采用绝对值并不高、但雕饰却极为精美的汉白玉三重须弥座来象征最高极限。天坛的圜丘可以说是最好的例证。

四、从秦始皇陵到明十三陵

虽然中国历史上改朝换代之事多有发生,但一直有家天下的传统。这表现在两个方面,其一是国家权力的世袭制——父子相传,其二是儒家伦理总希望把家庭亲属关系推广成为普遍的等级社会关系,并以治家方式来治国。因此,中国人既重天也重祖。这种尊重表现在礼制上,便形成厚葬的传统,一些皇帝活着的时候就开始为自己修建陵墓,当然这与他们祈求"死后如生前"的观念相关联。于是,人们至今还可以看到巨大的皇陵。皇陵与宫殿、苑囿、祭坛一起构成宫廷建筑的主体。由于陵墓要服务于当朝帝王随时借助先王权威的需要,其建筑格局必然包括地下与地上两部分,其奢华与气派让活人叹服。但是,从封建王朝实际可以调动的建陵资源总量上看,中国封建社会晚期的要比早期的少,这也部分地导致了陵墓建筑制式的改变。中国封建社会晚期的陵墓虽然看上去不那么霸道,却仍然显得匠心独运、气度非凡。

秦始皇陵史称"骊山",位于陕西临潼骊山主峰北麓原地上。陵南正对骊山主峰,山势崇峻连亘;陵北为渭河平原,极目苍茫,旷达开阔。这与秦始皇修建咸阳都城时要与天地"比德"的思路一样,秦始皇也希望通过修建陵墓来保证秦王朝地久天长。该陵墓自秦始皇即位时动工,至公元前210年秦始皇入葬,营造约30年,最多时动用人力达 70 万,终于修建了中国历史上最大的陵墓。地上部分现存三层方锥形夯土陵体(所谓"方上"),南北长 350 米,东西宽 345 米,高 47 米,很难想象这样高的土丘竟是人工堆砌而成。陵的四周有夯土城垣两重,内垣周长 3 公里,外垣周长 6 公里。陵区内还发现大量陶片瓦砾等,表明曾有规模宏大的地面建筑,但今天已荡然无存。

史书曾记载说:秦始皇陵地下部分"以铜为椁,……上画天文景宿之备,下以水银为四渎百川五岳九州,具地理之势。宫观百官,奇珍异宝,充满其中"。看来,秦始皇不仅要使其陵墓外部景象与天地同在,而且要使其内部景象与人间同春。专家用地球化学方法测定,墓内确有大量汞贮存,而近年发现的兵马俑及铜马车大概就是"宫观百官"的一部分。陶制兵马俑的尺寸比真人真马略大,分为弓卒、步兵、骑兵、战车兵四种,另外还有将军俑。它们被分数组埋入陵东 1.5 公里处,其中最大一坑的面积达 62×230 米,兵马俑估计达 6 400 件,数组总计达 8 000 件。这些兵俑所持兵器皆为实物,由铜锡合金制成。这样壮观的地下军阵场面是世界文化史上所罕见的,它清晰地反映了秦始皇个人权力与封建礼制之间的转换。

到了明代,帝王陵的营建方式已不同于秦汉时期。陵墓不再构筑大规模的夯土方上,而是更多地借助山势形成圆形宝城宝顶,并通过周围大面积柏树林使陵区的气氛、意境延伸到附近的山峦间。原来位于四方神墙内的献殿("上宫")已与享殿("下宫")合并,并在陵园外布置了漫长的引导部分,更显得礼制化、形式化了。

明代迁都北京后,在昌平天寿山营造集中陵区,先后有十三位皇帝埋葬于此,后称"十三陵"。整个陵区的入口起点是山口外一座五间石牌坊,正好遥对天寿主峰。然后神道进入大宫门,左右两边分为蟒山和虎峪山,象征青龙、白虎两将军守护门前。门内依次有碑亭和 18 对石象生(马、骆驼、大象、武将、文臣等全套仪仗),直至 2.6 公里外的龙凤门。从龙凤门到长陵约 4 公里,途经山洪冲刷而成的河滩地段,一路无所布置。但细心体察可以发现,这微有曲折的神道设计是大有深意的:走在这条道上,左右两侧的远山在视觉感受上的体量总是大致均衡,因此路总是有意靠近较小的山峦而避开大山。这就使走在神道上的人心情不会有大的起伏,而逐渐接近山坳中的陵园时,山的高度平稳增加,使人的心情渐感压抑。

长陵是十三陵中最宏伟的一座,其规模甚至超过了南京的明孝陵,因此可以被视为明清各陵的代表。十三陵整条神路原来也是为长陵设计修建的,只不过后来各陵均借用其神道、石象生,使其成为整个陵区的引导部分。长陵与其他各陵一样,由城垣环绕,南面一座三孔方门,入门庭院内设神帛炉;北为祾恩门,五间歇山殿,入门后是祾恩殿,即陵区地面最重要的建筑;最后是方城明楼(碑亭)和封土宝城(坟丘)。长陵的祾恩殿为十三陵之冠:重檐庑殿,面阔 9 间,计 66.75 米,进深 5 间,计 29.31 米;其面积稍逊于故宫太和殿,而正面面阔则超过太和殿,所以体量感觉比太和殿还大,属我国现存最大木构古建之一。此殿前庭院远比故宫太和殿的庭院要小,台基也低矮一些,故气势上不及作为现实权力中心的太和殿。但裬恩殿内有32根整料金丝楠木柱子,其中最大四柱的直径达1.17米,高12米,为历史仅见。这使此殿的用料和工程质量超过了太和殿,这说明按照礼的等级和孝的观念,先帝甚至高于当朝皇帝。

长陵地宫至今未开启,但20世纪50年代发掘的定陵地宫大致可揭示明陵墓室的概貌。地宫平面以一个主室和两个配室为主,由三室之间的三重前室与最后一室十字形相交的两个隧道所组成。显然,这是对地上庭院式布局的模仿。主室和配室就是正殿和配殿,三个前室代表三进院子。墓室俨然地下宫廷。

五、佛光寺大殿和佛宫寺木塔

一般来说,中国的封建统治者对儒学以外的宗教多少都有一种压制的倾向。但由于儒教缺少超越的内容,故难以彻底禁止各种可给人精神慰藉的宗教,封建权力便恩威并用,力图使各种宗教的发展纳入自己的控制之下。因此,在一些重要寺庙的山门上,都会看到庙名前冠有"敕建"的字样。

具体就建筑而论,寺庙建筑一方面被纳入礼制等级系列,其主要殿堂的规模受到限制;另一方面由于广大信众文化程度不高,寺庙建筑的风格慢慢融入了中国人的审美方式,所以各种宗教寺庙的建筑风格很快就中国化了。以佛教为例,其寺庙格局很快从以塔为中心或所谓"前塔后殿"的格局,演变成"前殿后塔"的格局,有时甚至将塔或塔院摆到了中轴线的一侧,小寺庙里则根本无塔;二是塔的样式也很快由覆钵式变成了楼阁式。[①] 正是由于这样的原因,我们反而可以从今日尚存的一些宗教寺庙中,看到中古时期中国建筑的范型。

五台山是唐代佛教华严宗的重要基地,而佛光寺是当时五台山"十大寺"之一。该寺大殿建于唐大中十一年(857),后世修葺中改动极少,是现存唐代木构殿堂不多的范例之一。大殿面阔7间,进深4间,单檐四阿顶,粗看上去古朴沉雄,貌不惊人,尤其不能和太和殿等建筑媲美;但细看一阵,会发现它在很大程度上表现了汉唐宏大的气象,同时还传递了中国木构建筑演变的信息。

大殿平面柱网由内外两圈柱组成,使大殿内部形成两层空间,这正是在宋代《营造法式》中称为"金厢斗底槽"的样式。面阔5间、进深2间的内槽后半部建有一座巨大佛坛,对着开间正中置3尊主佛及胁侍菩萨,坛上还有散置菩萨、力士等20余尊。为了突出这几组佛像,精心组织了内外槽两层天花,使外槽空间显得狭小,而让内槽空间显得高大、宽敞,令人身不由己地向内槽空间运动。而内槽空间不仅将左、右、后三面用墙封闭,强调佛像群的重要地位,而且还让佛台适当降低,

---

[①] 甚至从很早的时候起,城市近郊的寺庙就同时成了市民郊游的场所,而以一些重要寺庙为场所形成的庙会更是与市民出游相辅相成,促成了宗教寺庙的世俗化和寺庙经济的发展。

佛像高于柱子,让佛像的"背光"微微弯曲,与后柱上面的出跳及天花抹斜部分平行,于是不仅突出了佛像的主导地位,还使整个内槽建筑雄浑、简洁的部件与佛像雕塑高度统一起来。相对而言,明清之后建筑内部更为雕琢的木构部件反倒难以真正衬托出佛像的伟岸与慈祥。

  从外部看,大殿建在低矮的砖台基上,立面每间比例近于正方。柱子比后代殿堂建筑有更明显的升起和侧脚,圆形直柱上端略有卷杀。人们曾发现古希腊的巴特农神庙柱式有一定卷杀,并认为这样会使建筑显得更为高大;人们也曾提到古罗马的穹顶建筑要在技术上克服巨大的侧推力,从而形成了集中式建筑。实际上,中国人也早就懂得这些道理,佛光寺大殿就是明证。如果说该殿的柱上端有卷杀仅仅是出于美观的考虑,那么檐柱的侧脚和升起一定是有力学上的考虑。简单地说,侧脚使一圈外檐柱都微微向殿中心倾斜,而升起使建筑四角的檐柱要比立面中心的两棵柱子高,这之间的柱子依次递减,使建筑的檐部形成一条向两端升起的曲线。这样做可有效地化解整个屋顶结构的侧推力(或叫剪力),使建筑更坚固耐用。我们也说过,中国古典建筑注重与屋脊平行的立面,注重屋顶的造型。这座大殿的正脊就有一条微微翘起的曲线。这样一来,再加上造型遒劲的鸱尾,整个建筑正立面也就显得格外庄重稳定。这种特点在晚期建筑中反而不常见了。

  斗拱与柱高的比例较大、而补间铺作较少是宋代前建筑的重大特点之一。佛光寺大殿的斗拱与柱高的比例为1:2,但因为出跳接连有4个,使整个屋檐跳出约近4米(相当于檐口至台基面高度的二分之一),所以感觉斗拱的尺度特别大,加之柱头铺作与补间铺作有明显的差别,更突出了斗拱在结构和艺术形象上的重要地位,给人以雄健有力的感觉;而在正立面相对粗放的5间板门和灰色瓦顶之间,这一结构性的过渡部分又起着非常精致的装饰作用,一旦缺少了这个相对细腻的部分,整个建筑的恢宏气势是凸显不出来的。

  位于山西应县佛宫寺的木塔(即释迦塔)建于辽清宁二年(1056),是现存最古的一座木塔。在佛宫寺内,塔的位置处于大殿之前,保持了南北朝时期佛寺平面布局的传统。塔的平面为八角形,高9层,但其中有4个暗层,所以从外部看只有5层;又由于最下层采用了重檐,所以5层的塔有6层檐。这座楼阁式木塔高达67.3米,底层直径30.27米,体形庞大,但由于各层屋檐上配以向外挑出的平坐和走廊,辅以攒尖的塔顶和造型优美而富有向上感的铁刹,使人感觉塔不但不笨重,反而雄壮华美。

  在中国传统木构建筑中,要将主体向高举起是比较特殊的,在技术上也有着特殊的要求。古典的礼制建筑要求使用斗拱,但斗拱上应承载的是梁架与屋顶。而在塔的形制中,多数斗拱之上还要连接上层柱子,整座木塔确实像是一层层搭上去的。这样的建筑方式能保证塔的安全吗?在塔建成后的900多年中,它曾经历过多次地震乃至炮轰,迄今巍然屹立,历史对这个问题已经给出了肯定的回答。那么它是怎样做到这一点的呢？

　　塔的结构使用了"叉柱造"，即上层柱总是插在下层柱头斗拱之中。为了保证塔身的稳定，每个明层的外圈柱虽与其下的暗层柱位于同一轴心上，却比下一个明层的柱子缩进半个柱径，而且各层的柱子都向中心略有倾斜，使塔的外形逐层递收。这不仅保证了塔的坚固性要求，也增加了它的挺拔感。当时，中小型术塔的稳定性通常是靠塔心一根上下贯通的中心柱来保障的，而应县木塔在这方面也有过人之处。它一方面将塔的平面从四方形改为八角形，使之更加稳定；另一方面又将中心柱以一圈内柱取代，不但增加了塔内空间，而且增强了塔的刚度。这样，塔内就有了两圈空间：内槽供奉佛像，外槽为走廊。其底层的佛像尤其高大，不仅利用了本来就高的底层层距，还突入了它与第二个明层间的暗层空间。

　　塔的立面也是经过精心设计的。塔身的变化随着层高的增加而逐渐递收，各层屋檐的长度、坡度也有不同的处理。由于灵活地运用了华拱和下昂予以调整，使檐下部分平添了许多变化，也克服了由一定算术比造成的节奏单一带来的单调感，满足了人们在审美上对多样统一的要求。可见，中国古代的建筑师们不仅有足够的智慧和技术来建筑高耸的建筑，而且也有足够的智慧使建筑服务于礼制或宗教象征的刻板要求，另外还有充分的实践经验与灵活的建筑手法来营造建筑物的视觉鉴赏效果。

第三节　民间建筑与公共建筑观赏

一、北京四合院与福建土楼

　　儒家的社会理想是将家庭关系及其管理方式放大到整个社会。于是，家庭作为社会的一个细胞，其中较多温情的关系也充分礼制化了。礼制化了的家庭关系，当然也要通过家庭住宅建筑模式反映出来。总体而论，普通人的住宅（甚至一般官员的私宅）在规模和装饰水平上无法与皇家的宫廷建筑或重要的宗教寺庙相媲美，但仍然要全面显示封建等级制的人际关系与伦理原则。具体说来，住宅以某种方式将整个家庭封闭起来，然后在这个相对独立的空间内对不同单体建筑做符合礼制要求的功能性安排。在一定的意义上，一个大家庭的住宅建筑可以说是一个封国或皇宫建筑的缩影。因此，当社会经济、人际关系乃至整个城市面貌和建筑技术发生巨变之后，在历史进程中形成的各地传统民居建筑在保持其使用功能的同时，还具有典范意义，成为古典建筑的组成部分，也成为民俗旅游的重要内容之一。

　　城市民居建筑早就是在封建制度和都城建设的大框架下作出的安排。譬如在汉代以后，都城的普通百姓被安排住在面积不等的封闭里坊之中，这些里坊有高大夯土墙围绕，普通人家不许向坊外街道开门，晚间实行宵禁。随着商业的发展和城市管理水平的提高,自北宋中期以后,封闭的里坊和市场被打破了,临街兴建的店铺、作坊、娱乐场所使城市变得更繁华、更世俗化。所谓坊,已经变成了行政管理单位的称谓,但作为传统文化基本单位的家庭,其居住范围仍是由封闭院落环绕着。北京的四合院无疑是一种极为成熟的代表。

  为了使外人看不到各家各户的内部活动,四合院由各座房屋的后墙及围墙封闭,一般不对外开窗。四合院各房的屋顶普遍是硬山,厢房也用单坡或平顶。从外面看,四合院貌不惊人。从里面看,四合院均为南北纵轴线对称设计,与京城建设规划和礼制的要求相符。住宅大门多位于院的东南角上,大门正对的街侧应设一影壁,独立如屏风,是为了不让外人看到院内的活动。大门两侧还设一字或八字排开的影壁或门墙;入大门,迎面还是一面影壁。这些影壁多为清水砌水磨砖,加以线脚、雕花、图案或福禧字装饰,含蓄地表达着某些排场。有了这些影壁,外人好奇的视线基本被屏蔽殆尽。

  人们进了大门向西折,这时只是来到四合院的前院。前院通常很浅,南面是倒座的门房、客房、书房或杂物间。前院与内院以院墙及中门(二门)相隔,中门总比大门精美、华丽,通常为有檐柱不落地的垂花门,有时还采用两卷棚相连的屋顶,门内外有抱鼓石等装饰。内院面积较大,是主人的主要居住空间。院北南向的正房属于长辈,东西厢房晚辈居住;四周有走廊沟通,称抄手廊;庭院中十字形方砖甬道连接各房,其余空间植有花草树木,陈设鱼缸盆景等,既调节了空气和家庭关系,又表达了主人的心曲与情趣。正房两侧有时还有耳房,后面有杂用罩房一排。大的宅院首先是在轴线的纵深方向发展,增加几进院子,这时正房总是不断向后院退,表现了中国人内向的性格。更大的宅院还横向扩展,增加平行的一组或多组纵轴,称为跨院,在厢房处开门相通,而决不对院外开门。

  四合院的大小有时也是由正房开间的多少决定的。明代曾制定过严格的住宅等级制度,如"一品、二品厅堂五间九架……三品至五品厅堂五间七架……六品至九品厅堂三间七架……","庶民庐舍不过三间五架,不许用斗拱,饰彩色",等等。① 在讲究的四合院里,正房屋内的分间用各种形式的罩、博古架、槅扇等,顶棚用天花顶格,墙壁上饰以书画,这都是表现主人社会地位、人生理想和艺术趣味的重要部位。这种由封闭院墙和南向正房、东西厢房构成的四合院落,在汉文化区具有相当的普遍性。这种建筑模式在北方广大农村地区十分常见,甚至在受中原文化影响较多的云南昆明、大理、建水、昭通等地,所谓"一颗印"式的民居也属这种模式的一个变体。

  历史上从北方迁徙到两广、福建等省边远地区的汉族居民被称为客家人。他

---

① 原见(清)王鸿绪,张廷玉.明史.卷六十八,舆服志四,室屋制度;转引自刘敦桢.中国古代建筑史(第二版).北京:中国建筑工业出版社,1984:316.

们的居住模式与建筑风格与都市中的方式有些不同。这些较大的群体在融入当地居民及其文化的过程中也许有着相当的困难,甚至遇到较多的冲突,反映在其建筑风格上,则产生了形体巨大的群体住宅,福建永定县土楼是其突出的代表。最大的土楼,如承启楼,直径达70余米,3层环形房屋相套,房间达300余间。这里面居住的显然是一个巨大的家族。外环房屋高4层,每层有60几个房间。外墙是厚达1米以上的夯土承重墙,与内部木构架相结合,有良好的防御功能。外环底层做厨房和杂用,二层储藏粮食,均不开窗;南向有一不宽的门供出入,东西两侧的门更窄小。整座建筑看上去就像一座堡垒。院内就有两眼水井,供这几百间房子里的居民吃用。中间的两环房屋为住房,仅高1层,以保证土楼内部的采光和通风良好。外环的三、四两层也做住房,向外开窗,内侧为廊,连通各间。土楼的中心是南向的平屋祠堂,有宽敞的通道、门廊与大门及两侧门相通。这里显然是整个土楼的控制和交通中心,也可供族人议事、婚丧礼仪之用。与这样宏大、封闭、组织严密的建筑相比,散居在山林中的南方各少数民族民居甚至村寨则要简洁、开放、自然得多。

二、长城与赵州桥

如果说,封建王朝的最高统治者被一重重墙垣逐渐围拢在其核心里,那么长城就是它最外围的一重城墙。而所谓的等级制在一定意义上说,也就是用不同层次的城墙将不同的人隔离开,使其与外部和核心分别保持不同的距离,各自通行不尽相同的规则。因此,如果说故宫是封建皇帝的私宅的话,那么也可以说,长城是中国最广义的公共建筑,它护卫着墙内所有的平民百姓。当然,这座城垣并不是封闭的,它向北抵御着那些比较剽悍的游牧民族。

现存的长城是不同历史朝代的共同遗产。战国时代兵火频仍,秦、齐、燕、赵、魏、楚各国均筑城自卫,北部的秦、赵、燕三国为防御匈奴的骚扰,又在其北部修筑长城。秦统一中国后,又大兴土木,将北部的各段长城连成一体,西起甘肃临洮,东至辽东,长达3 000余公里。西汉时又在修葺秦长城的基础上,加建了东西两段长城,西经甘肃敦煌一直建至新疆,东经内蒙古的狼山、阴山、赤峰延伸进吉林。秦汉长城今仍有遗址存在。明代为了防御鞑靼、瓦剌族的侵袭,自洪武至万历年间先后18次修筑长城,东起山海关,西至嘉峪关,称为"边墙";在宣化、大同两镇之南与直隶、山西界上,筑有内长城,称为"次边";两者总长约6 700公里。15—16世纪,位于河北、山西两省的千余公里长城大部分被改造成雄厚的砖城。据说,在航天飞行器上,宇航员能用肉眼观察到的地球表面人工建筑物仅有中国的长城和埃及的金字塔。

长城蜿蜒建在崇山峻岭当中,随着山势起伏跌宕,加之相隔不远就建有敌台与烽堠(烽火台、烟墩),进而强化了嶙峋、峭立的山脊。长城又多沿山脉分水岭的稍外侧建造,其外墙立面总显得比内墙立面更高,加之外侧有高1米左右的锯齿形女墙,更显示了一种毫不退让的巨大决心。

居庸关长城属京北重要关隘,其城高8.5米,厚6.5米,有明显收分,顶部厚5.7米;每隔30~100米建有实心或空心的敌台一座,相距约1.5公里有烽堠一座,日夜用烟火迅速通报敌情;一些重要城段附近还建有可以设置火炮的墩台,每500米一座,可形成交叉火力。关隘是重要的军事孔道,防御更为严密,往往不仅纵深配置营堡,而且建有多重城墙,以备交战时灵活进退,相互掩护。居庸关一带两山夹峙长约25公里的山道中就设立城堡4座,可层层阻击来犯之敌。

其他一些城段的建筑相对简易一些。有的地方城高仅3米多;有的地段因山崖本身已陡峭如墙,一落千丈,长城也就干脆不再叠床架屋,而只为守边将士开凿出一条山道,并在山顶视野开阔处建起敌台或烽堠。在一些条件适合的地段,长城实际只要将陡峭、狭窄的山脊外侧用巨石垒起并加筑女墙即可,城的内侧刚好与山脊等高,简直就像一条盘桓在山脊上的坦途。

秦汉长城的修建还因地制宜,更多利用长城经过地域特有的建材。在黄土高原一般用土版筑或土坯垒,现存临洮秦长城就是版筑而成。玉门关一带的汉长城则用沙砾石与红柳或芦苇层层叠压,目前残垣仍有5~6米高,层次清晰可辨。无土地带则垒石为墙,如赤峰附近一段,石块砌成的长城底宽6米,残高2米,顶宽2米,有明显的收分。这些因地制宜的做法使万里长城在不同的地形地貌中显示了各具特色的奇特风貌,充分展现了中华民族执著的家园意识和善于变通的实践灵活性。

如果说城墙是封闭、隔离的象征,那么路桥则是沟通、开放的象征。当年的封建王朝也都把修桥筑路视为"王政之一端",把修建这种公共设施作为自己的政绩来宣扬。路是平地上的桥,桥是凌驾于水上的路。在一重重的宫墙与城门之间还有一重重的壕堑,因此也需要桥和路的沟通。强调天子身份的皇帝甚至在皇宫和陵墓建筑中,也都要设置水系与桥梁。但无论是桥还是路,都不仅是实现沟通的必要手段,而且是实现控制的要塞、咽喉;在这一点上,桥比路表现得更明显。实现九州方圆之内的有序往来和有效沟通,就保障了等级制社会的稳定和有序流动。因此,无论桥的修建还是路的铺设,除去技术上的要求,都有礼制的规范,同时还执行某种社会关系协调的功能。也只有这样,我们今天才能看到古人留下的一座座精美绝伦的桥。

位于河北赵县南门外约3公里的洨水之上,有一座著名的安济桥,俗称赵州桥。此桥建于隋大业年间(605—617),由著名工匠李春主持建造。1 400年来,该桥一直为南来北往的商贾旅人与川流不息的货物服务,已成为世界上现存的最古老、最著名的敞肩石拱桥,在人类建桥史上具有里程碑般的重要地位。赵州桥长50米略多,桥面微微拱起,坦拱石券净跨度为37.37米,拱矢高7.23米,两肩又各有两个小石拱券。作为一件艺术作品看,这六条不同弧线的相互关系处理得恰到好处,使整个桥身显得轻盈利索,如白虹贯日。

据说,在赵州桥前的石拱桥多为单跨半圆形拱。对于洨水的汛期水量来说,这种处理方式势必要求桥高大大增加,提高到 20 米以上。这不仅会增加建造的用料和工作量,而且还会造成未来桥上交通的不便。李春等匠人创造性地采用了弓形坦拱,并增加了 4 个小拱,极大地拓宽了桥拱下有效过水截面,降低了桥面高度,还相应减少了建桥用料和桥身自重,真可谓巧夺天工。①

赵州桥以 28 道石券紧密并列而成,由于石料间没有榫卯,所以从结构上说受力有些缺陷,容易向两侧倾倒。为了解决这个问题,工匠们在拱形石券上以横向石板加了一层伏,在券与伏之间加了若干横向铁条,借此将这些券拉扯在一起,并将桥面宽度逐渐收缩,使两边的各道券都微微向内倾斜,有效地克服了结构上的缺陷。

赵州桥石构件的加工非常精细,每一块都加工得方正平直,后人有"磨垅密致如削焉"的赞语,这不仅保证了桥梁的质量,而且使其形式显得更为精美。此外,桥身上布满各种雕饰,更增添了其审美内涵。拱券正中的拱冠石不仅体量大,而且用高浮雕的手法雕一龙头,它怒目圆睁,龙口大张,仿佛紧张地注视着桥下的流水,令其顺从地向下游淌去。桥身的栏板、望柱等部位雕满龙纹,使这座桥风格雄伟而不乏秀气,造型简洁而不乏精细,故此令人徜徉桥上,流连忘返。

第四节 中国古典园林观赏

一、"壶中天地"和"孔、颜乐处"

园林是一类颇为特殊的建筑,非同一般的庭院或住宅。在很大程度上,园林是从住宅中发展、分化出来的,其中诸如叠山、理水的内容也许可以被视为特殊的雕塑作品,类似于大地艺术或抽象表现主义的石雕。园林特别注重的部分是楹联、匾额等,这又与中国传统的山水诗及书法密切相关。在中国古典建筑中如果不讲园林,那显然是不完整的。虽然园林建筑主要不是居住场所,但在中国历史上,可居是对任何一件山水艺术极品的最高赞誉。这个"居"字可以看作是整个隐逸文化的代名词;更何况只有在园林中,中国木构建筑的众多品种才会那样集中而精致地展现出来。

中国古典园林有四类:皇家苑囿、宗教园林、私家园林和公共园林。不过,中国古典园林最成熟的代表应是江南那些属于文人士大夫的私家园林。从秦汉早期到明清晚期,皇家苑囿在向皇家园林转变的过程中,文人园林的审美趣味和观念形态已成为皇家园林规划设计的主导。因此可以说,皇家园林是大一些的私家园林,或者说是若干私家园林的组合。

---

① 於贤德.中国桥梁.广州:广东旅游出版社,1996:105.

从表现方式上看,中国古典园林与以法国古典主义为代表的西方园林有着明显的差别。西方园林有着明显的纵轴线,各种建筑如水池、喷泉、雕塑、绿地、甬路等均做几何式对称安排,甚至连树冠都修剪成规整的几何形体。中国古典私家园林则不然,其体量一般不大,设计上尽量避免人为的痕迹,追求自然天成的效果。仔细玩味则会发现中国古典园林的幽深意境中独具的匠心,看上去宛似天开的山水之中有着多样统一、动态均衡的审美原则,那咫尺空间中微缩了无数良辰美景,那峰回路转之中隐含着深刻的人生哲学和社会理想,而一切又都在言不尽意、稍纵即逝当中。

实际上,江南私家园林的成熟一直是中国封建知识分子与封建王朝的权力与意识形态相对立的结果,反映了中国封建知识分子与封建权力之间持久的冲突与较量。士大夫私家园林原受皇家苑囿的启发,希望叠山理水以配天地,寄托自己的政治抱负。但社会的动荡和政治的腐败总令信奉礼教的中国知识分子屡屡失望,一部分士大夫受老庄思想影响,崇尚自然,形成以无为为核心的天地观念,园林中的山水不再是茫茫九派、东海三山。又由于封建权力和礼制的压制,私家园林的规模与建筑样式受到诸多限制,这正好又与庄子齐万物的思想相吻合。于是从南北朝时期起,私家园林就自觉地尚小巧而贵情趣。一些文士甚至借方士们编造的故事,将园林称作"壶中天",①要人们在小中见大。希腊的犬儒主义者住进瓦罐里,以人所不齿为荣,但人们并未因此发现瓦罐里留下什么智慧的标记。而中国文人雅士的"壶中天地"却真正给这个民族留下了一整套审美趣味和构园传统,留下了一大批极为宝贵的文化遗产与游览胜地。

儒家知识分子虽不像道家知识分子那样消极遁世,却也有"道不明则隐"的清醒选择。于是,他们也需要一个能与封建权力分庭抗礼的环境。这个环境无须很大,无须奢侈,无须过多的建筑,而是要在城市的喧闹中造就一种隐居的氛围,使他们在简朴的生活中继续磨炼自己的意志和德行,世道一旦清明,明君一旦出现,他们就可即刻复出。更重要的是,在这里他们可直接与天道相通,而不必假皇权为中介了。因此,园林也是符合他们人生社会理想的好去处。他们以孔子对颜回的赞誉为鉴,在小小的园林("勺园"、"壶园"、"芥子园"、"残粒园"等)中"一瓢饮,一箪食",乐而不改其志,坚定地等待着,正所谓"身在山林,心存魏阙"。这时的半亩方园就成了"孔颜乐处",失意的士大夫们便可"文酒聚三楹,晤对间,今今古古;烟霞藏十笏,卧游边,山山水水"了。② 在这种情况下,园林不仅建筑面积所占比例很小,

---

① 据《后汉书·方术传下》中记载:"市中有老翁卖药,悬一壶于肆头,及市罢,辄跳入壶中。市人莫之见,唯(费)长房于楼上睹之,异焉……长房旦日复诣翁,翁乃与俱入壶中。唯见玉堂严丽,旨酒甘肴盈衍其中……"。(后汉书.第10卷.北京:中华书局,1965:2743.)

② 楹联引自北京东城黄米胡同清初一座很小的半亩园主厅云荫堂;转引自刘天华.画境文心.北京:三联书店,1994:10.

单体建筑体量也不大,而且一般不用斗拱,屋面常用灰瓦卷棚顶,装修简洁,不施彩画。但这样一来,园林却显得淡雅精深,其中所含的文学艺术作品(匾额、楹联、勒石、诗词书画)之多是皇家建筑所不能比的。

隐逸固然是一种不合作甚至批评的态度,因而不能为权力当局所接受,但私家园林的审美趣味后来却为皇家所吸纳。中国一些宗教寺庙尤其是汉传佛教寺庙的建设在很大程度上也受其影响。一些儒家知识分子一旦当了地方官,也适时修建一些郊野公共园林或少量园林式建筑,供市民踏青、登高、赏景之用。这种园林或建筑与私家园林气味更为相投。例如,杭州西湖风景区的形成就与著名诗人苏轼两度在此为官有关。他曾先后组织人力疏浚西湖、筑苏堤、修石灯塔、造各种亭台,并留下大量赞美西湖的诗词。因此,能鉴赏江南私家园林之美,就算懂得了中国园林之妙,同时也直观地了解到中国传统文化中与官方意识形态有所区别的重要方面。

一个优秀的古典园林大致具有这样几个特征:第一,全园被分成若干景区,各有特色又相互贯通,相互间通过漏窗、风洞、竹林、假山等保持一种若断若续的关系,相互成为借景,为游览中景区的转换作出铺垫。当然,诸景区之中也有主次之分,常有一稍大景区为全园重点,这样才能形成空间疏密的对比和游览节奏的变化。一般说,主要景区在刚一进入园门时是看不见的,总要经过若干曲折的小空间之后,才会于不经意间进入空间较开阔、景致更绮丽的主景区。园内各景区往往被一条恰如其分的观赏路线串联起来,其中开阔空间总是水面,往往环湖而设。第二,水面处理也有主次,即使不大的池塘也有聚有分。譬如,在较小的水面略置一二水口,略添一二岛桥,便会让人觉得迂回深远,耐人寻味。第三,假山是分割视觉空间的良好手段,更何况一件"瘦、绉、漏、透"的山石本身就令人百看不厌。但石头堆砌过多,难免适得其反,让人感到烦琐、重复。① 第四,园内建筑虽规格不高,体量不大,但设计更灵活、巧妙、精美、有趣味。如四面开窗的厅堂、依山而建的爬山廊、水边或旱地上的舫等在其他场合均难得一见。这样一来,建筑之间或建筑与周围山石之间的联系沟通极为方便,其中门、廊、楼梯常给人以柳暗花明之感。第五,花木在园林中以单株欣赏为主。除了一般的花草树木,园内若有几株名贵古木,错落着些许竹影、芭蕉,布上几件盆景、花台,那历史的沧桑、人世的凄凉与生命的顽强便历历在目,均有见证。第六,美的园林需有雅的名称,要有几副精彩的对联传世。儒家学者向来讲究"微言大义",雅的名称可以意味深长,品尝不尽。如苏州网师园,所谓"网师"乃渔父之别称,而渔父在中国古代文化中既有隐居山林的含义,又有高明政治家的含义。下面让我们看看几个经典范例。

---

① 我国江南园林中常有大面积叠石的运用,但这往往是由于园林面积太小,而为了遮挡园外市井喧闹的高大院墙又不易掩饰,实属不得已而绝非可以赞许的事。

二、苏州留园

留园占地50亩,其兴建经过了几个阶段。起初是明嘉靖年间徐泰时的东园,其中的假山为当时的叠山名手周秉忠所筑。清嘉庆年间园归刘恕所有,有所改造,更名为寒碧庄(亦称寒碧山庄),其时园内列奇石十二峰,称为当时的名园之一。光绪初,园归官僚富豪盛康,面积扩大,建筑增加,改称"留园"。全园可分四个部分:中部是徐氏东园和寒碧庄的原有基础,经营最久,为全园精华;东、北、西三个部分则是光绪年间所增。

寒碧山庄部分又可分东西两个景区,东部主要是建筑,由一组庭院构成;西部则以山池为主,别有一番情趣。游客自南面入园后,先面对一个小小的前厅,见厅右侧一无窗小廊可入,经三四折,又入一面对窄小天井的半明半暗的便厅,厅壁有画,以使游人舒展停留片刻。再行又入一狭小暗廊,转折数次,眼前才渐渐亮起来。这段时间内,游人的视觉一直极为收敛,待到达"古木交柯"一带,才稍事放大。南面以小院采光,布置小景二三处;北面透过漏窗隐约可见园中山池亭阁,一切如在画中。经过这一序幕,绕至"绿荫轩"一带,则豁然开朗,人也进到画中游。然后向东经"曲溪楼"等曲折紧凑的室内空间,过渡到达主厅"五峰仙馆",视野顿觉开阔明亮。

"五峰仙馆"用楠木梁柱,宏敞精丽;庭院内叠湖石峰和花台,规模之大为苏州各园厅山之首。然而,从这里到达下一个较高大的景点"冠云峰":之前的几十米距离中,又要经过一系列的曲折盘桓。人们穿过一个又一个的小院,宛如置身庭院小景的万花筒中,有看不尽的建筑细节、园艺小品与花木盆景,其中"石林小院"构思更为精妙。从功能上看,这里是两间书斋,为了追求"安静闲适,深邃无尽"的立意,最有效的办法就是使它既曲且藏。整个小院建筑无多,仅一轩("揖峰轩")一亭("石林小室")一所("鹤所")而已;但经曲廊勾连,小品点缀,终于使从"五峰仙馆"到"揖峰轩"的咫尺间,小径曲折五次;小轩至对面"石林小室"不过六七米,游廊竟回环四五次;这一区域长仅29米,宽仅17米,却包容了38个形状、大小不一的天井与角院。它们环环相扣,且分且连,变化无穷,堪称古典园林院落建筑中空间处理的典范。

到了"冠云峰"一带,景色尺度放大。石峰北有冠云楼作为屏障,而登楼又可凭窗远眺虎丘风光,人们的眼睛终于可以松弛一下,在观赏借景中浮想联翩了。西区中央为大块水面,池水东南成湾。池中偏东有小岛("小蓬莱")及平桥,将水面分出一小块,使之与东侧的"濠濮间"、"清风池馆"组成一小景区。以前这里有古木斜出临池,意境幽闭,与大水面恰成对比。但遗憾的是,小岛的位置过于逼近池心,有点平分秋色的味道。

西部的北面为土山,是全园的最高处。小山上枫树成林,秋叶如醉,映之以园中银杏,色彩绚烂无比。这大面积的绿树不仅在高度和体量上可与东部建筑群相均衡,而且其间还布置有几件小巧亭轩,与东部建筑形成呼应。加上大块黄石叠作池岸蹬道,气势颇显浑厚。总之,寒碧山庄整体设计完整细腻,山水建筑高低错落、虚实相间、层次丰富、引人入胜,一直被视为江南园林的经典之作。

三、扬州个园的四季假山

叠石筑山是中国古典园林的特色之一。明清江南私家园林都大量运用这种手段,尤其当园林面积窘迫、希望掩饰赤裸裸的院墙时,更是在垂直方向大量叠石造山。虽然实践表明大面积的堆石造山未必有好的效果,但必须承认其中不乏成功佳作。扬州个园中的四季假山显然是别出心裁的一例。

个园建于清嘉庆、道光年间。园主黄应泰别号个园,园内又多修竹,竹叶入画时多三片一组,恰似"个"字,故名。个园面积不大,但主要院落中一圈假山在中国园林中独一无二,其他部分如池塘、树木、建筑均围绕着这四季假山予以安排。

一年四季春为先。春山就在园门入口处。这是一组山石花台造景:但见台上修竹亭亭,竹间石笋点缀,显见得春意萌动。竹林后是漏窗粉墙,疏影日移其上,更显得春光明媚。

经春山花台过四面厅西侧竹林至池边,在蓝天的映衬下一片太湖石假山临水而立,宛若堆云,这便是夏山。山顶有台,侧接7间长楼,游人行走其上,大有天上人间之感。山间有洞,下达池边,洞口有小石桥可达对岸,池水因此桥洞藏起水尾更显幽深,再加上池中映日荷花怒放,更突出了夏的主题。

循夏山倚靠着的长楼一直向东,过一架空的复道廊,人们就到了园东头以黄石堆砌的秋山。黄石本身颜色偏暖,逢夕阳西下,晚霞尽染,这秋山便真的如秋天般热烈。与夏山相比,这秋山更险峻,山石嶙峋,青松傲骨,若游人此时对坐山顶的亭间,远眺绿杨城郭、平山堂高塔,定会在夕照中产生那种壮心不已之感。秋山间还有复杂的蹬道、洞穴、幽室,室内石桌石凳俱备,可容十余人避风把酒,秋色山光自山谷中射下,更有晚晴的乐趣。

秋山南边三楹小楼之西,别有一幽静景区,其主体建筑为题有"透风漏月"的小厅。厅南有一用宣石平叠的花台,直抵花园南墙,台上有几峰宣石倚壁而立,这便是冬山。宣石产于安徽宣城,其色洁白如雪,又称雪石。这一区原是围炉赏雪的去处。宣石被置于墙下背阴处,从厅中望去,如山中残雪之未消,使人的灵魂正得以澡雪。宣石冬山的西侧墙外便又是个园入口。为使冬意更浓,这面墙上开设了有规律地排列着的24个圆形窗洞,西风袭来,这墙上便传来如笛如箫、如泣如诉的呜咽声,好不传神。而当人们循声望去,漏窗外竟又看到了竹影和石笋,不免又生出对春的祈盼了。

个园里面不仅生活起居条件齐备,而且连天地四季都一应俱全,怪不得那些封建士大夫们能在其间长久隐逸,苦苦等待。

四、北京颐和园

颐和园是现存最大、最完好的清代皇家园林,占地3.4平方公里,相当于100余个苏州留园的面积。

颐和园所在的北京西北部海淀一带原来就有泉水和草甸,至明代时,这里已有一批行宫、园林。颐和园的前身是好山园,山名瓮山,湖曰西湖。清乾隆十五年,皇帝为其母60寿辰于此大兴土木,在山顶建"大报恩延寿寺",改瓮山名为万寿山;同时,以兴水利、练水军为名,筑堤围地,拓展湖面,更名昆明湖,最终建成大规模园林,称清漪园。1860年(咸丰十年)毁于英法联军之手。1886年慈禧太后挪用海军经费重建,取意"颐养冲和",改名为颐和园,1893年完工,1900年再次毁于八国联军的兵火。1903年,慈禧下令修复,还添建了不少建筑物,今颐和园的大部分建筑就是此时的遗物。

皇家苑囿历来规模很大,早期苑囿在很大程度上是皇家的猎场或动植物园。到了清代,苑囿造景的指导思想就是要将各地(尤其是江南名园)胜迹齐集园中,致使人造景观(包括叠造假山石)的分量大大增加,园景的审美理想也大量吸纳了文人园林的成分。但皇家园林的规模、气魄要大得多,在一定程度上使江南私家园林的精华得以放大和升华。

整个颐和园可分为四个部分。首先是东宫门、仁寿殿一带,这里是朝廷宫室,用于皇帝召见群臣,处理朝政。仁寿殿坐西朝东,其建筑基座也不高大,于礼制有所不合。其居住部分的建筑体量更小,卷棚式屋顶也不用琉璃瓦,房前屋后又点缀着湖石、花木,显得随和、闲散。据说清代多位皇帝不喜欢长住宫中,除在少数大典期间之外,总是住在苑囿之中。可见,礼制文化与人之常情多有乖戾。

从仁寿殿侧穿过几个林木茂密的小丘来到昆明湖畔的知春亭一带,眼前湖光潋滟,万寿山前的景色历历在目。这就是颐和园的第二个部分。这里以体形高大的排云殿和佛香阁为重心,周围绿树丛中布置十几组小建筑群。佛香阁八角四层,建于高大的石台上,地位突出,气势恢宏,与山脚金碧辉煌的排云殿建筑群连成一片,构成万寿山的立轴线,也把前山大小建筑统一起来。山下长达700余米的长廊(共273间)以及连绵不断的白石栏杆及驳岸自德和园、乐寿堂向西直到听鹂馆、清晏舫(石舫),这条横轴线加强了统一的效果。长廊的每一根梁上还都绘有花鸟园林、历史故事等彩画,漫步其中常令人目不暇接。颐和园园林的皇家特色非常突出,总体布局与风格好大喜功、富丽堂皇、包罗万象,尤其是清代皇室雕琢烦琐的审美趣味在这里充分展示了出来。但由于颐和园坐落在山水之间,又有花木点缀,人们倒也不会感到过多的威严与呆板。

第三个部分可以说是万寿山的后山后湖。后山以一组喇嘛教庙宇为主,包括许多富有藏族建筑特色的台、塔等。与前山相比,这里建筑物更少,但林木繁茂,显得更为幽静。后湖实际是一段蜿蜒的河道。中段接近北宫门的两侧,曾模仿苏州临水街道,在两岸建有连续驳岸及店铺商肆等,于寂静处略置些市井场面。从休闲养生的角度说,这里更为宜人。后山转回到东面尽头,还有一座仿照无锡寄畅园所造的园中园——谐趣园。它以水面荷塘为中心,以游廊相勾连,组织起一连串的楼阁馆堂、亭轩桥榭,手法细腻,景致可人,更清晰地反映出清朝皇室对于汉文化中士大夫情怀的私下认同与嘉许。

　　第四部分是昆明湖的南湖和西湖。这里主要是水面,水上点缀些岛屿,岛上又有不同形式的建筑,其中龙王庙岛、十七孔桥与万寿山遥遥相对,控制着开阔的湖面。湖西一条长堤,分别建有6座不同风格的桥,其中最著名的应数玉带桥,洁白的桥身轻盈、流畅地跃向另一端堤岸,近乎半圆的桥拱加上倒影①在湖柳如烟的西堤中画出一个美丽的圆。再加上远处玉泉山、西山群峰叠印,蓝天、绿野与湖面同样开阔,这样秀丽恬淡、辽远空灵的意境,的确是多少文人士大夫在其私家园林的经营中所苦苦追求而终不可企及的。

　　一般说,园林中各式建筑多属小品建筑,而皇家园林的阔大的确给造园艺匠们出了很多难题,甚至也对中国古典木构建筑的体量极限构成了冲击。但事实证明,颐和园的营造者们出色地解决了所有这些难题,成功地留下了一件古典园林的精品佳作。如为了使万寿山前山那么多组建筑被统一起来,为了与广阔的湖面相称,并使整个占地约5 000亩的园林有个中心,就在山顶建起了高约30米的佛香阁及其下面的高大石台。②而如此一来,南面湖心的小岛及联结岛岸的桥也就需要相应增加体量,这样才能维持整个园子的构图平衡。尤其是十七孔桥,长150米,宽6米,桥身微微拱起,气势颇为感人。走在桥东时,人们甚至还看不到西面的岛上建筑,而桥下17个桥洞从远处看去却显得通透、轻灵。仿佛有了龙王庙岛和十七孔桥还不足以压住万寿山、佛香阁的分量,十七孔桥东侧又修建了一座硕大的八角亭,它的面积要比当时的许多戏台还大。这座巨亭既参与了南面湖心岛建筑群对北面万寿山前山建筑主体的衬托与呼应,又在这组建筑群之中起到勾勒、刻画十七孔桥东桥头的作用。像这样的处理手段,极充分地显示出中国古典建筑在平面展开当中悉心照顾整体关系、体现多样统一的内在审美原则。

　　我们已经进入世界的现代时期甚至后现代时期。人们的生活在变,技术在变,建筑的形式和工艺都在变,但源远流长的中国古典建筑传统对中国人的建筑审美趣味和标准产生了潜移默化的影响,因此也对中国的现代建筑具有潜在的影响。譬如,今天中国城市中的不少新式建筑,也希望保留某些传统建筑风格或装饰特

---

① 严格地说,玉带桥的拱是蛋形尖拱,见:於贤德.中国桥梁.广州:广东旅游出版社,1996:91-92.
② 佛香阁位置上曾是一座9层大塔,似更高大。

色。于是,有一些建筑师首先想到的就是部分地保留琉璃瓦大屋顶。遗憾的是,他们只注意设计屋檐部分,却忘记了檐下部分的呼应和过渡,于是其作品看上去总觉得少了点什么。虽然也花费了大量资金,但却没有产生华贵、典雅的效果。仔细观察就会发现,即使北京城里那些普通百姓的灰砖瓦房,其背面屋檐下也好歹要用砖头做出一两圈迭涩,否则怎么好意思见人呢!

以有限的篇幅讲中国古典建筑,其结果只能是挂一而漏万。譬如,在我们这里,中国少数民族的古代建筑经典就被割爱了。此外,为了突出木架构建筑的特色,我们只介绍了一座木塔,而中国古代各式砖塔、石塔,也只好暂付阙如了。但只要我们了解了中国古典建筑的精神,在旅游审美活动中反复地比较、品味,有关的知识就会慢慢地丰富起来,久而久之我们也就成为鉴赏的行家里手了。

思考与练习

1. 什么样的建筑能够成为旅游审美的对象?为什么?
2. 中西古典建筑上表现出来的文化差异有哪些?审美感受上的差异如何?
3. 故宫太和殿的哪些方面表现了权力上的至高无上意识?
4. 天坛的圜丘以怎样的审美形式表达了古人对天的敬畏感?
5. 明十三陵的神道设计有什么特点?是何用意?
6. 以宫殿为例,说明唐宋建筑和明清建筑的区别及审美感受上的异同。
7. 传统四合院民居所反映出的文化内涵是什么?
8. 赵州桥美在哪里?
9. 为什么说江南私家园林是中国古典园林的代表?
10. 试比较(明清)皇家园林与江南私家园林的异同。
11. 中国现代建筑怎样才能弘扬古典建筑文化的传统?

第十四章

传统表演艺术与旅游

中国的传统表演艺术源远流长。从言志、道情或表现理论的角度来看,《毛诗序》中提出的有关说法,譬如"在心为志,发言为诗。情动于中而形于言。言之不足,故嗟叹之。嗟叹之不足,故永歌之。永歌之不足,故手之舞之、足之蹈之",等等,可谓最早揭示诗文语言艺术和歌舞表演艺术生成的基本原因。古往今来,人们无论是出于欣赏技艺或自我参与的目的,还是出于陶情冶性或托物寄情的愿望,观看和品味歌舞戏剧等表演艺术一直是文化娱乐生活中必不可少的组成部分。在现代旅游活动中,观赏传统表演艺术也几乎成为旅游日程中常见的重要内容,因为它以其特殊的魅力在当代大众审美文化中占有十分突出的地位。

第一节 中国传统表演艺术的民族特色

表演艺术是指最终通过表演(包括演奏、演唱)来实现的艺术类别,包括戏剧、电影、音乐、舞蹈、杂技等。中国传统的表演艺术,是指中国自古有之、世代相传的各种表演艺术,主要有戏曲、曲艺、音乐、舞蹈、杂技、武术等。传统表演艺术与其他古代艺术品有很大的不同,传统表演艺术不是凝固不变、不可再生的古文物,而是动态的、不断再生的"活化石"。一幅古画、一座古建筑、一件玉雕,永远是完成它们的那个时代的产物;而一出老戏、一支古曲、一套古典舞,则绝对不可能原装原样再现出来,如今的表演只能是程度不同的"仿制品"。但是,中华民族是一个重传统的民族,流传于民间的许多表演艺术仍然相当完整地保留着古老的形态,即使变化较大的表演艺术品种也不可能脱尽历史的形貌和神韵。总之,传统表演艺术的源远流长使它积存了丰富的历史文化底蕴,动态的表现形式又使这些存量巨大的文化信息活生生地呈现出来。因此,它不仅能产生不言而喻的娱乐功能,而且能生动地发挥传递文化信息的交流作用。它所具有的特殊认识价值和审美价值,对于猎奇探胜的旅游者有着特殊的诱惑力。因此,它在旅游审美文化中占有重要一席。

中国幅员辽阔,民族众多,传统表演艺术品类繁多、姿态万千,表现出独特的精神风貌和艺术风采。戏曲堪称中国传统表演艺术的代表,最集中地体现了中国传统表演艺术的民族特色。本章就以戏曲为主干,对中国传统表演艺术的民族特色作一概要性的探讨和评介。

一、融合性

中国传统表演艺术在各自的形成和发展过程中互相影响和吸纳，呈现出你中有我、我中有你的形态。譬如，许多地方特色鲜明的民歌小调不是被戏曲改造成为唱腔，就是被曲艺采用为主调；曲艺对戏曲的形成和成熟起过重要的作用，而后来戏曲又反过来影响到曲艺的发展，以至于演变为新的戏曲剧种。即便是在各传统表演艺术自身的不同品种之间也存在着诸多的渊源和联系。例如，流行于东北的二人转除受当地民间歌舞影响外，与另一种曲艺形式莲花落也有很深的渊源。这些都体现出很强的融合性。

戏曲是最为典型的例证。中国戏曲的成熟虽然比希腊悲、喜剧和印度梵剧晚了很多，但正像有的学者所说，它的诞生虽是足月的婴孩，但具有极强的生命力，能健康正常地发展至今。[①] 换言之，中国戏曲是当今世界上现存的最古老的戏剧文化。在将近900年从未间断的发展历程中，它几乎将所有的传统表演艺术以及其他艺术聚敛荟萃，熔于一炉，成为具有高度综合性和风貌独特的艺术品类。从文学方面看，戏曲采用中国传统诗歌方式，使之具备严格的韵律和浓重的抒情意味，其绝大多数剧本大多取材于古典小说和说唱文学；从音乐方面看，戏曲唱腔来源广泛，常常是从非一时、非一地的多种声腔曲调演化而成，伴奏器乐也是取自多方而为我所用；从舞台表演方面看，戏曲通过音乐化、舞蹈化、技巧化的途径，把歌舞与生活动作、武术、杂技等糅合在一起，形成了独有的艺术表演体系。按照西方的戏剧分类（如歌剧、舞剧、话剧、诗剧、哑剧等），中国戏曲很难对号入座地归入哪一类，这主要是因为戏曲所综合的艺术手段较之西洋诸剧种都要广泛得多。

融合性特点的产生与中国传统表演艺术传承古代各种表演艺术以及经常同场竞技有密切的关系。中国的各种传统表演艺术若寻根探源，都可以追溯到古老的时代。秦汉时期，表演艺术业已相当兴盛，当时各种表演技艺统称为"百戏"，包括歌舞、杂技、魔术、武术、摔跤等。节庆之时，政府便召集各地艺人进京，集中表演。这种传统一直延续下来，而"百戏"的内容越来越丰富多彩。宋元时代更出现了专供"百戏"集中表演的固定场所"勾栏"、"瓦肆"。在那里，各种表演艺术聚集一处，争奇斗胜，为相互借鉴、取长补短提供了更大的方便。

二、程式性

程式，原意为规程、法式；在表演艺术中是指形式上符合一定标准和格式的那些比较固定的范式。多样化的中国传统表演艺术都不同程度地采用了一些规范化

[①] 唐文标.中国古代戏剧史.北京：中国戏剧出版社,1958.

的创作和表演法式,其很强的规定性和约束力形成一个显著的特点,那就是我们所说的"程式性"。程式性体现在诸多方面,尤以戏曲体现得最为集中和突出。

古老形态的戏曲(宋元南戏、元杂剧),在文学、音乐、表演、舞美等方面已然明显呈现出程式化的趋向。其脚本结构、角色行当、音乐谱式、科介要求、化装服装等,都有很强的规定性。譬如元杂剧,剧本有四折加一楔子的定式,一折既是一个剧情段落,又是一套曲牌组成的音乐单元,楔子则为类似序幕或过场戏的短小片段(不一定每剧必有),由一人主唱;角色固定为正末、正旦、副末、贴旦、净、杂等,分工明确,各有偏重;音乐上,主要用九种宫调,各自有若干曲牌(旋律固定的曲调),供作家按谱选用填写(略似填词);其他如念白中的套话、化装中的脸谱、一衣多用的服装等,皆具程式化的意味。南戏、传奇等表演形式,也大体与此相似,均有种种法式和规定。

戏曲发展到近代,其程式性的特点不仅没有消失,反而更加显著。在这个时期,板腔体取代联曲体,成为戏曲声腔的主流。在文学方面,其规定性大为松懈,不必再遵曲谱倚声填词了,但大多数剧种仍须严守音律。在音乐方面,联曲体的一些曲牌并未完全摈弃,其唱腔和板式均有极其严密的构成形式,伴奏有固定的牌子,打击乐有锣鼓经。在表演上,程式化的动作和套路愈趋丰富,更加细腻,如"起霸"、"趟马"、"走边"、"整冠"、"抖袖"、"卧鱼",等等,不胜枚举;各种行当也分工细密,各有各的表演范式,并且被广泛用于不同的人物和剧目。因此可以说,若无程式动作,就没有戏曲表演。在化装上,脸谱有一定的谱式,代表一定的人物性格(红色代表忠诚勇武,黑色代表粗率刚直,白色代表奸邪狡诈);就是所戴的髯口(假胡须)也构成系列,形成定制。在服装(行话叫"行头")上,分盔、帽、蟒、靠、褶、帔、靴等,根据人物身份、地位、性格穿用,并不专为某一剧中的某一人物而设。以上这些方方面面,无不显示出戏曲的程式化特点。在西方戏剧中,也并非完全没有程式性,歌剧中的音乐结构、舞剧中的舞蹈语汇组合都有一些共同遵循的范式,只不过它们不像中国戏曲那样固定,因此表现得并不怎么明显。

其实,歌舞、曲艺等传统表演艺术,也都多少带有程式性的特点。古之宫廷歌舞今多失传,但考诸文献可知,其体制严密、结构整饬是不容置疑的。[①] 现今流传各地的民间传统歌舞,其歌必遵一些固定的曲调,其舞必踏固定节奏而换步移形,舞步动作和队形变化均有一定之规可循,程式性的特点显而易见。曲艺的文学体制、音乐体制、表演体制虽因不同品种而各不相同,但其比较严密的范式则基本相同。

中国传统表演艺术所表现出的程式性特点,根源在于艺术形式上注重法度的古代美学思想。自古以来,在中国文艺创作中,无论是诗词歌赋还是书画舞乐,无不讲求一定的规则和方法,并在不断的总结发展中日臻周密。一般来说,大到全局

---

① 参阅《汉书·礼乐志》等。

的结构布置,小到字句笔画的设计运用,都追求中规中矩的完美形式。中国传统表演艺术最直接的源头是乐,乐的兴起和发展与礼密不可分,乐乃礼仪活动中必不可少的内容。不管是敬神还是娱人,古代的礼仪均具备严格的制度和程序。这样,礼的严密法度就从根本上影响了中国传统表演艺术,根植下程式性的遗传基因。程式性的实现主要通过三个途径:一是格律化,主要是用加强节奏来达到多样性的统一和整体上的和谐。中国传统表演艺术广泛使用各种打击乐以增强节奏、唱词和说白讲究音律等都是明证。二是规范化,就是形成共同遵守的比较固定的常规和范式。它们大多是约定俗成的,造成艺术形式的规则性和严整性。比如戏曲、曲艺音乐上的联曲体或板腔都有严密的诸多定式,戏曲、歌舞形体表演上有许多基本定型的套路和动作便是规范化的产物。三是象征化,通过夸张、变形、假设等手段,将生活中的自然形态升华为艺术形态,使之具有明显的象征意味。比如戏曲中的骑马、乘船,在舞台上仅用一条马鞭、一只船桨来表示,而马鞭的不同颜色代表不同毛色的马匹,船桨上扎上红绸便表示船只豪华。民间歌舞中的旱船、竹马也与此相似。至于戏曲演出中以桌椅代大山高台、以四个龙套代千军万马,就更具典型性了。

当然,在理解程式性特点的时候,绝不能把它与凝固不变、呆板机械、陈陈相因和千人一面等说法简单地画等号,因为,程式性也存在着灵活、变通、发展、出新的一面。首先,各种程式本身便是艺术创作的结果,大多经过了积累性的创造过程。这些创造的根本动因在于社会生活的变化和发展,这就注定了程式的固定性只能是相对的。明显的例子就是,用传统表演艺术反映现代题材,完全照搬老程式,便觉格格不入。其次,程式即便已成定型,它仍然是艺术再创造的手段,不同程式之间可有不同组合,同一程式动作也可用于不同人物或不同情景;另外,艺术家个人的表演中也有差异,因为驾驭程式并非是纯技巧的活动,其中也蕴含着演员的情感体验。

三、写意性

写意本指国画的一种技法,即用简练的笔墨描绘出物象的形神,以表达一种意境。其不求形似、追求神似以便唤起观赏者的联想和想象的美学特点,对中国传统表演艺术(尤其是戏曲艺术)产生了直接而重大的影响,并形成了民族特色十分鲜明的艺术特点。具体说来,表现在中国传统表演艺术中的写意性艺术特点,主要有以下几个方面:

1. 注重抒情

从某种意义上讲,写意就是一种特殊的抒情方式,笔墨纵放正是情感冲动的体现。也可以说,写意之作所传达出的情感信息是最明显、最易于感知的。在表演艺术中,歌舞、音乐纯属抒情艺术,不必费词;而其他表演形式仅把抒情作为一种辅助手段。中国传统表演艺术即便是在叙事性、技巧性的种类中,都非常注重抒情手法的运用,使之具有浓厚的抒情色彩。戏曲唱词的首要任务便是抒情,故此常常借用诗歌的各种修辞手法,或融情于景,或借事兴叹,或直抒胸臆,或婉吐心曲。古典名剧大多是富于诗情画意的精美曲词,近代作品虽然趋向通俗,但抒情色彩依然浓烈。戏曲音乐自古就感情色彩鲜明,譬如元曲之宫调,正宫"惆怅雄壮",南吕"感叹伤悲",商调"凄怆怨慕"……①近代流行的板腔体,其声腔板式各具感情基调,为抒发各种情绪的唱词提供了翱翔的翅膀。曲艺的唱词和音乐与戏曲相近,只不过作为叙述体(也常运用代言体),抒情感叹显得更为便捷。中国杂技首重技巧,险、难、奇、巧为其重大观赏价值之所在。除了这些方面有着极高的造诣外,中国杂技艺术突出民族风格,追求情韵之美,整体上讲求流畅而富于节奏,张弛有致,产生出具有抒情意味的韵律感;在具体的表演动作上,中国杂技吸取糅合舞蹈、雕塑等艺术表现方法,刚柔相济,技巧中加重了艺术成分,同时也濡染了舞蹈、雕塑的抒情因素。传统表演艺术的抒情意味在更高层次上表现为营造意境。

2. 营造意境

意境是中国古典文学艺术普遍追求的审美境界,要求在文艺创作中实现主体情感意趣与客体物象景况的交融结合。在这一点上,中国传统表演艺术与古典诗文书画是一脉相通的,在艺术创造中所追求的不是逼真地模仿和再现生活现实,而是通过以虚化实、以形表神的手段,建构与生活现实相契合的"合情合理"。王国维在《宋元戏曲考》中指出:"何以谓之有意境? 曰:写情则沁人心脾,写景则在人耳目,述事则如其口出是也。"此说大致总结了戏曲文学营造意境的三个方面,同样也适宜予其他文学性较强的表演艺术(如曲艺中的鼓书、弹词等)。优秀的文学脚本均非皮相地写景叙事或盲目地敷衍离奇,而是以人物的内心世界(当然也寄托了作者的意念和情感)为依据,融情于景,借景抒情,事为人设,事中见志。如果我们把视角扩展开来,对戏曲艺术乃至传统表演艺术整体地加以观照,就会发现其艺术创作上显示出营造意境的倾向。最明显的例子莫过于音乐(特别是器乐)了。历史上流传着许多故事,譬如俞伯牙鼓琴,志在高山流水;司马相如抚琴奏《凤求凰》,令卓文君动情等。这些都是音乐达到融彻境界的例证,可惜这些古乐久已失传,无法领略。现在留存的古曲足资取证。如琵琶大曲《十面埋伏》,四弦十指,挑抹扫滚,营造出何许丰富的意象:那战云密布、杀机四伏的阴森氛围,那铁马奔突、金戈交击的激战景象,那英雄失势、走投无路的悲怆情怀……引人浮想联翩,令人情思翻涌。另一支琵琶曲《梅花三弄》则情韵悠然,为你铺展出梅花傲雪怒放、月下弄影、临风飘落,最后迎来百花争艳的春天等一系列启人遐想的意境。笛曲《放风筝》、《江南春》,二胡曲《二泉映月》、《病中吟》,唢呐曲《百鸟朝凤》以及特色独具的广东音乐

---

① 周德清. 中原音韵. 见:中国古典戏曲论著集成(一). 北京:中国戏剧出版社,1959:231.

如《饿马摇铃》《雨打芭蕉》《彩云追月》《旱天雷》《步步高》,等等,都是用奇妙的一连串音符营造一种让人驰骋想象于物外的意境。在不同社会背景和文化底蕴的历史条件下产生和发展的西洋古典音乐若与中国传统民族音乐相比,二者之间存在着诸多明显的差异。但在营造意境上,它们却有着异曲同工之妙。也就是说,无论中西,精妙的音乐都可以把听众带入诗情画意之中。但就整体而言,西方古典音乐显得色彩更浓烈厚重,而传统民乐则显得恬淡空灵;前者闻之如饮烈酒,后者闻之似品清茶。通常,中国传统表演艺术营造意境主要是运用虚实相生的方法来完成的。

3. 虚实相生

虚与实是中国古典美学中的一对范畴,其内涵和外延都十分宽泛。探讨它们之间的关系,阐发二者的相互为用,是文学艺术领域里具有普遍意义的重要命题。在传统表演艺术中,虚与实的艺术效用一方面存在着跟诗歌、绘画、书法等相通的地方,另一方面又呈现出不同的特点。我们更多的是从表演上着眼,探寻其中的特殊性。我们所说的虚实相生,是指在表演中虚化现实生活的自然形态、而后反过来更自由地表现生活的过程。戏曲表演中充分运用了以虚代实、以虚化实的手段来引发观众的联想和想象,营造超越生活自然形态的、更富审美价值的意境,这就是虚拟。

虚拟包括三种方式:一是时空虚拟,可以根据需要随意伸缩时间和变换地点,演员伏案片刻就算是度过了漫漫长夜,一串筋斗就可表示腾云驾雾到了天宫……二是场景虚拟,无须设置什么硬景软景,按照需要,舞台就可以或是江面海底,或是山间岭上,或是金闺绣楼,或是破屋废窑……同样只要需要,台上可以或朝或暮,或寒或暑,或大雪纷飞,或风雨交加……三是动作虚拟,即通过形体表演(有时借助象征性的小道具)表现某一行为。舞台上无门,却可敲门、开门和关门;舞台上无梯,却可上楼、下楼;舞台上无船,却可越江渡河……虚拟的假设性之所以能够为观众接受,首先是它以生活为依据,假中见真,观众通过演员的表演能明白是怎么回事;其次是它美化了生活,比生活原状显得夸张、凝练、鲜明、优美。虚拟效果的实现主要是通过演员的表演,这中间需要施展高超的技巧,虽假却美,观众乐于观赏而不排斥;另外,时间跳跃、地点转移实际是一种有话则长、无话则短的省略手法,与观众急于想了解下文的心理是不矛盾的。

虚拟打破了舞台表演的种种局限,大大丰富了表现生活的可操作性,具有极大的美学价值。同时,它也是中国戏曲表演体系最核心亦最富特色的组成部分。如果我们在这一点上与欧洲古典戏剧做一下对比,就会体味到二者之间的大异其趣之处。西方古典戏剧曾严守"三整一律"(也称"三一律")的创作原则,即每剧演一个单一的故事,事件必须发生在一个地点,并在一天内完成。这一过于拘束的规则后来虽被打破,但每幕依然是地点固定,时间连续,也就是说,地点变换或时间跳跃只能通过换幕、暗转等方法来解决。在表演上，除了舞剧不可避免地运用到一些虚拟动作外，基本上都是采用模仿的手段来表现生活的，其中话剧就是典型的代表。

以上所述的融合性、程式性、写意性三大艺术特点在中国传统表演艺术中是相互交织的一个有机整体，拆解开来只不过为了便于表述而已。融合性一方面给程式性和写意性提供了形成的可能性，另一方面也是指以丰富程式、有益于营造意境为目的的融合；写意性则为融合性和程式性提供了美学依据；程式性又是写意性的外在的表现形式。当然，整体把握不能替代具体分析，在具体到某一种传统表演艺术时，不可能都很全面、很鲜明地反映出以上所述的各个特点。这一点应当予以注意。

第二节　京剧与地方戏

京剧经常被视为国粹。就其历史而言，京剧的发展与完善与某些其他剧种有着千丝万缕的联系。要欣赏京剧与地方戏曲，应有一定的知识准备，特别需要了解相关的艺术体制、经典剧目以及各种唱腔等因素。

一、京剧

京剧是一种流行全国的戏曲剧种，大约200年前开始逐渐形成。京剧唱腔以西皮和二黄为主，旧时也称"皮黄"。民国北京称北平，京剧被称作"平剧"（现今我国台湾地区仍沿用此称）。它以湖北的汉调（也叫楚调）和安徽的徽调为基础，广泛吸收、融合各种戏曲剧种的优势长处，演化发展而定型为一种新剧种。由于京剧博采众长，荟萃群精，又经过发展出新，故而取得体制完美、技艺超凡的优势，如今独具高格，定于一尊，成为中国戏曲中最具代表性的剧种，因此也被推许为"国剧"。

1. 京剧体制

京剧采用上下场形式的分场体制，即以人物登场为一场之始，以人物全部下场为一场之终，各场连贯构成全剧。在具体演出中，可分为整本戏（包括连台戏）、折子戏和清唱三种形式。这与绝大多数戏曲剧种是一致的。

戏曲唱腔音乐大体有三种结构形式，即联曲体、板腔体和民歌体。联曲体的唱腔由同一宫调（即调式）的若干曲牌连缀组成，各曲均有固定谱式，曲词须按谱填写，曲词的句式长短错落。这种形式在古代戏曲中被普遍采用，现今流传的昆腔、高腔剧种和一些曲艺形式仍有存留。板腔体的唱腔由同一腔调的各种板式组合而成，唱词句式基本上是七字句和十字句，采用上下对句的结构形式。它具有更灵活自由的表现力，故而后来居上，晚出占优，成为传统戏剧唱腔的主流。民歌体的唱腔并无严格的组织结构，采用地方民歌曲调，往往较为接近歌剧形式。京剧的唱腔音乐基本属于板腔体，以徽调的西皮和汉调的二黄为主。这两种腔调不仅优美动听,而且感情色彩浓烈。大致而言,西皮适合表现活泼昂扬的情感,二黄则宜于表现苍凉深沉的情感。同时,这两种腔调具有各式各样极为完备的板式,如一板一眼、节奏中速的原板,一板三眼、节奏舒缓的慢板,节奏介于原板和慢板之间的快三板,节奏比原板稍快的二六板,节奏急促的流水板,节奏更快的快板,还有紧打慢唱的摇板以及节奏伸缩自由的散板,等等。除了西皮、二黄外,京剧还创制了四平调、反四平调、南梆子、反西皮、反二黄等曲调,适合于细腻地表现各种不同的情绪。丰富的曲调与完备的板式相辅相成,从不同的搭配中产生变化,在一定程度上克服了程式性带来的单一板滞之弊。戏曲音乐还包括器乐,其主要功能是为歌唱伴奏、节制形体表演和烘托环境气氛。器乐由管弦乐和打击乐两部分组成。传统京剧的管弦乐器以胡琴(俗称京胡)、二胡、月琴、阮为主,被称作四大件;在特定情况下辅以笛、唢呐、海笛等。这些乐器的演奏大多由其他乐手兼司其职。打击乐有板、鼓、锣、铙钹、堂鼓、星等。两部器乐有分有合,相辅而行。

京剧具备完善的角色配置,根据男女老少、俊丑正邪分为生、旦、净、丑四大类,行话称"四大行当"。各行之中,分工细密,同中见异。扮演一般男子的角色称"生",下分"老生"(扮演壮年男子,也称"须生")、"小生"(扮演青年男子)、"武生"(扮演以武艺见长的男子)等专行。扮演女性角色的称为"旦",下分"青衣"(扮演端庄持重的中青年妇女,也称"正旦")、"花旦"(扮演天真活泼或泼辣放浪的青年妇女)、"小旦"(扮演剧中次要旦角,也称"贴旦")、"武旦"(扮演勇武女性)、"刀马旦"(扮演擅长武艺的中青年妇女)、"老旦"(扮演老年妇女)、"彩旦"(扮演刁钻奸诈或滑稽的女性,也称"丑旦"、"丑婆子")等。"净"这个角色行当在化装上十分独特,就是面部勾画脸谱,因此也称为"花脸"、"花面"。"净"扮演具有比较独特的性格、品质或相貌的男性人物。下分"正净"(俗称"大花脸",也常以"黑头"、"铜锤"称之;一般扮演地位较高、举止稳重的人物,表演上偏重于唱功)、"副净"(俗称"二花脸"、"二面"、"架子花脸";扮演性格鲁莽豪爽的人物,表演上偏重做功和念功)、"武净"(也称"武花脸",扮演武将,表演上以武打为主)等专行。"丑"行在化装上也很有特色,鼻梁上涂抹着一块白粉是其标志,因此也被称为"小花脸"、"三花脸"。"丑"一般扮演身份不高的人物,性格上或滑稽风趣,或险诈刁钻,或吝啬卑鄙,或迂阔酸腐,所包括的人物类型极广,根据人物的身份分为"文丑"和"武丑"两个专行。生、旦、净、丑的各个专行还有更为细密的分工,这里不再详述。除"四大行当",京剧舞台上还常出现一种特殊的角色,即"龙套",扮演剧中大队人马,如士兵、夫役、仪仗队等,因穿着特殊的龙套衣而得名。"龙套"传统上也叫"文堂"、"流行"。"龙套"一般四人一组,称为一堂,舞台上通常用一堂或两堂代表千军万马或众多随从。他们通过变换、排列各种队形或齐声吆喝和齐唱曲牌等表演,造成气势,烘托场面。

2. 京剧表演

京剧表演最集中、最鲜明地体现出中国传统戏曲艺术体系的民族特色,同时也是最具观赏性的部分。京剧表演讲究"唱、念、做、打"的有机结合。

(1)唱,即声乐演唱。中国戏曲以唱为最重要的表演艺术手段,京剧也是如此,首重唱功。京剧中众多的流派,最主要的是由各种歌唱艺术独特风格的形成而产生的。京剧的演唱大致分为真声和假声两种唱法,老旦、老生、净等采用真声唱法,大多数旦角和小生采用假声唱法,有时也采用两相结合的唱法。京剧的唱要求字正腔圆,有板有眼,声情并茂,富于韵味。字正腔圆和有板有眼是要求歌唱咬字清晰,吐音圆转,不黄腔跑调,而且要节奏准确,轻重得当。这是最基本的要求。而声情并茂、富于韵味则是更高层次的要求,也是更高的艺术境界。达到这样的高度,京剧歌唱才升华为真正的艺术,才能令观众陶醉其中。为此,演员的演唱务必恰如其分而又淋漓酣畅地表达出剧中人内心的情感,而这种表达不仅要真切、细腻,而且要内在、含蓄,以期产生回肠荡气、撼人心魄的艺术魅力。

(2)念,即念白,唱词以外的道白。京剧艺诀有"千斤念白四两唱"的夸张说法,但也道出了念白独占一席的重要性。事实上,传统戏中也曾有过特别偏重念功的剧目,被称作"白口戏"。当然,京剧艺术家们更趋于一致的观点是唱白并重。京剧的念白大体分为京白和韵白两种。京白就是按照北京方言咬字归韵、带有节奏性的朗诵式念白。京剧的韵白比京白节奏感更强,且抑扬顿挫,轻重起伏,具有明显的音乐性。更重要的是,它与口语的距离更大。它以"中州韵"为读音、咬字、归韵的标准,现实中找不到与它完全对应的语言。所谓"中州韵",源于元代戏曲理论家周德清总结杂剧音韵规律撰著的《中原音韵》,它反映了元代北方语音的特点和规律,并对后世戏曲的音韵产生重大而又深远的影响。当然,随着历史的推移,语音也发生着变化,各地方言差异日显,戏曲音韵为适应这一变化,也就同源异流了。京剧所融合的汉调和徽调都遵依"中州韵",京剧韵白的形成便是受其影响的结果。京剧韵白的咬字、用韵、四声调值都有许多特殊的讲究,因此造成与普通话较大的隔碍,若非耳熟能详的票友,也很难知其所云。但借助现代化手段,如幻灯字幕、同步翻译等,韵白也不是不可逾越的观赏障碍。从角色行当上看,小生、青衣、老旦和绝大部分的老生、花脸都说韵白,花旦、丑、丑婆子基本上说京白。大体上,有身份的人物说韵白,社会地位低下的人物说京白。

(3)做,即舞台表演。也是京剧表演的极为重要的艺术手段,许多演员以擅长做功而著称,许多京剧剧目以做功为主,被称为"做功戏"。京剧表演具备一整套严密的程式,演员必须具有扎实的基本功和高超的技能,因此要从幼年开始进行严格训练。练功与其艺术生涯始终相伴,不能有所懈怠。在长期的艺术实践过程中,艺人们把京剧表演总结为"五法",即"手、眼、身、发、步"。手,指手部的表演动作;眼,指眼神;身,指身段,即形体表演动作;发,指甩发表演技能;步,指台步,即舞台上行走移动的步子。"五法"对各种角色行当有不同的具体要求,以表现不同年龄、不同身份的人物的特点。"做"最集中地体现出中国民族戏剧表演中程式化、虚拟化的美学情趣,也是与西洋戏剧写实性的表演大异其趣的地方。

(4)打,即武打表演。中国戏曲诞生伊始便与武术结下不解之缘,并同时吸纳了杂技的表演技艺,二者又熔合于舞蹈化之炉,形成一种独特的戏曲武打表演。京剧的武打表演完成了戏曲武打完善的历程,达到了精美浑成的境界。京剧成熟后,逐渐出现了突出武打表演的"武戏"与以唱功为主的"文戏",形成京剧两大部类。武戏可以分为"长靠戏"和"短打戏",前者表现身着铠甲(戏曲服装称为"靠")的武将马战的场面,后者表现步战、贴身格斗的场面;前者长枪大戟、奔突盘旋,后者短兵相接或赤手相搏、跌扑翻滚。此外,根据剧情的需要,除一对一作对厮杀之外,还有一对二以上或群斗等武打场面。京剧武打演员必须具备扎实的"把子功"和"毯子功"。"把子功"是指舞弄刀枪剑戟等兵器(这类道具戏曲中称为"把子")的基本功,"毯子功"是指跌摔扑跳翻筋斗等技巧(因在毯子上练习而得名)。武打表演场面火爆,气氛热烈,技艺精彩,又不受语言隔碍,旅游开发者注意到此,已经将其引入旅游市场,当作娱乐的主要内容之一。京剧剧目中武戏十分丰富,对其发掘利用仍有较大的空间。

"唱、念、做、打"作为四种基本表演技能虽然各行当有所偏重,演员亦往往各擅其长,但它们并不互相排斥,而是相互为用的有机艺术整体,任何一方面的缺漏都会破坏表演的艺术效果。比如《挑滑车》一剧,表现岳飞手下大将高宠酣战牛头山下、连挑敌军多辆铁滑车、力战而死的故事。在表演上,演员须运用一系列难度极大的武功动作,旋舞腾挪,同时还要唱一段吹腔曲牌,抒发内心的豪情。倘若演员仅能把武功动作表演得非常精彩,而唱起来气喘吁吁,甚至有气无力,那样不利于表现高宠的神勇豪壮。

京剧表演的艺术特点可以概括为:充分音乐化、充分舞蹈化、充分技巧化。

(1)京剧表演的充分音乐化,首先体现在其强烈的节奏感上。我们知道,节奏和节拍是音乐的重要表现手段,是乐曲结构的基本因素之一。在京剧表演中,哪怕是举手投足、行走坐立,都无不具有节奏性。可以说,京剧中没有无节奏的表演。观赏京剧,这一点是很容易体会到的。其次,京剧表演强烈的表情性也是它充分音乐化的表现。音乐是一种以声表情的听觉艺术,它通过无影无形无色彩的乐音来表达情感,引起人们对一定生活情景的联想。在京剧的念白中,尤其是韵白,其咬字讲究尖团,其音调讲究起伏,整体上讲究轻重缓急、抑扬顿挫,仿佛隐含着某种旋律,为语言增添了巨大的表情功能。京剧中的许多形体表演都是押着锣鼓点进行的。以走台步为例,紧锣密鼓配以花脸的蹉步,焦躁慌乱之情立现;小锣缓敲伴着花旦的莲步,平和轻松之感顿生。假若把二者拆开,形体表演的表情作用会极大削弱,锣鼓点更谈不上表情作用了。这里有似于打击乐配合音乐旋律以加强表情作用。

(2)京剧表演的充分舞蹈化是显而易见的,这在"做"和"打"中体现得最为突出。京剧的"做",不是对生活的动作直接的模仿和简单的提炼,而是依据生活中的动作进行夸张性、舞蹈式的美化,由此形成一定的程式。"起霸"即为一个典型的例子,它用以表现武将整装上阵的情景。在生活中,戴盔束甲并没有什么美感可言。但在京剧表演中,通过一连串的舞蹈动作,披挂整装被赋予了可观赏性,并生动地渲染出临阵前的战斗气氛,从而成为戏迷们百看不厌的一套程式动作。京剧的"打",吸收了武术招式和杂技技巧,但也不是照搬挪用,而是进行了写意性的舞蹈化改造。"打出手"是武旦专擅的特技表演,《白蛇传》里《盗仙草》一出中就用到这个表演程式。主要演员占据舞台中心,连续不断地用脚踢或用身体其他身体部位撞击,将四面飞来的花枪送回,不仅准确无误,而且伴着锣鼓点翩翩起舞,节奏分明。这是京剧武打舞蹈化的典型例证。

(3) 京剧表演的充分技巧化,是指无论唱、念、做、打都必须具有高度的技巧。俗语说,"十年能出一个状元,十年难出一个戏子",由此可见京剧演员成才之难,同时也说明京剧表演技艺要求之高。京剧的歌唱从发声、气息、共鸣到行腔吐字,都有独特的方法,其技巧极难把握。技巧性于舞台形体表演可说是无处不在,书生手里的折扇、丫鬟手里的帕子、小姐衣上的水袖、县官帽上的帽翅、武将冠上的翎子……都可以舞弄出令人难以置信的花样。那作腔拿调、如歌似唱的念白,那繁复高难叫人眼花缭乱的武打招式和筋斗跌扑,无不表现出高度的技巧性。

3. 京剧的经典剧目

京剧剧目非常丰富,传统剧目多达1 300多个,[①]常演的也在三四百种以上。京剧传统戏基本上都取材于历史故事,大多能从古代剧目、明清小说中寻绎到渊源,其中有相当数量的剧目移植自其他剧种。下面我们有选择地简要介绍一些经久不衰、常现舞台的剧目。

《三岔口》取材于古代小说《杨家将演义》。演杨家将焦赞获罪发配沙门岛,杨六郎派任惠堂暗中保护。焦赞被押解行至三岔口,投宿旅店。任惠堂也随后赶到店中。店主刘利华误以为任是刺客,决定杀任护焦。黑暗中二人展开搏斗,险象环生,难解难分。这时,焦赞闻声,提灯赶来,误会才被解除。这个剧目是一出典型的短打武戏,摸黑打斗的表演堪称绝妙。在体现戏曲虚拟性特点上,该剧称得上是典型范例。与《三岔口》相类似的还有《挡马》(亦杨家将故事,演杨八姐、焦光普误会打斗之事)、《十字坡》(水浒故事,演武松与孙二娘不打不相识之事),也各有千秋,技艺不凡。

《玉堂春》取材明代小说集《警世通言》中的《玉堂春落难逢夫》。演名妓苏三(玉堂春)与贵公子王金龙悲欢离合的爱情故事。全剧情节曲折,引人入胜。现在整本上演已不多见,而经常演出的是《苏三起解》(也名《女起解》)和《三堂会审》两

---

① 陶君起.京剧剧目初探.北京:中国戏剧出版社,1980.

出。前者演苏三遭陷害，问成死罪，老差人崇公道押解她从洪洞县到太原府复审，途中苏三诉说冤情，引起崇公道深切同情，并认为义女。旦角的唱腔流利华美，因此脍炙人口，广为流传。后者演苏三在太原由巡按（王金龙）和藩司、臬司三堂会审，冤狱得以平反，苏王二人破镜重圆。此出旦角唱功繁重，也以唱腔华丽酣畅著称，并且在刻画人物心理上，如王金龙之左右为难、潘必正（藩司）之老谋深算，甚为真切生动、妙趣横生。

《霸王别姬》和《贵妃醉酒》——前剧演秦末楚汉相争，项羽被围困垓下，四面楚歌，与爱妃虞姬饮酒作别，虞姬悲歌起舞，自刎身死。项羽突围迷路，也自刎乌江之畔。后剧演杨贵妃设酒百花亭，欲与唐明皇同乐，久等不至，又得知已驾临他宫，怨愤自伤，独自痛饮大醉。二剧都是经过京剧艺术大师梅兰芳精心整理加工的京剧艺术珍品。它们的共同特点是歌舞并重，歌则声情并茂，舞则形神兼备，歌舞相辅，相得益彰。

《铡美案》是京剧"包公戏"中最优秀的作品。演书生陈世美考中状元后，贪图富贵，休妻再娶，招为驸马，甚至要杀害妻子儿女，以保荣华，包公劝说无用，按律铡死陈世美。一般常演的是包公审判陈世美一段，因为它冲突激烈，尤其包公（由净角中的黑头扮演）的唱腔节奏铿锵，气势如虹，淋漓尽致地表现出包青天大义凛然、刚正不阿的品性，闻之令人热血沸腾。

《群英会》和《空城计》源自三国故事。在京剧中，有关三国演义的剧目多达150余种，其中《击鼓骂曹》、《长坂坡》、《借东风》、《龙凤呈祥》、《定军山》、《哭祖庙》等都是可圈可点、各有特色的剧目。《群英会》包含蒋干盗书、草船借箭、苦肉计黄盖诈降、庞统献连环计等情节，剧情紧凑跌宕，人物性格鲜明，而且行当齐全，唱做念打并重。剧中群英聚会，台上技艺纷呈，具有极大的艺术包容量。《空城计》是《失空斩》（即《失街亭》、《空城计》、《斩马谡》）中的一个片段，演在大兵压境而无军守护的紧急情势下，诸葛亮却洞开城门、抚琴城头、吓退多疑的司马懿的故事。此剧塑造诸葛亮大智大勇的形象极为成功，且老生（饰诸葛亮）的唱腔情韵绵远，听来如品佳茗。

《闹天宫》取材于古典名著《西游记》，演孙悟空大闹天宫的故事，剧情与小说情节大体相同。场面热闹，演员须得武功技艺超绝。"猴戏"（俗称孙悟空为主角的剧目）中尚有《十八罗汉斗悟空》，场面更是热烈，神仙斗法中大量吸收了杂技技巧，花样迭出，近乎纯粹的技巧表演。

《钟馗嫁妹》取材于古代民间传说，相传唐代书生钟馗与同里杜平进京赶考，误入鬼窟，面容变得非常丑陋，并因此而落第，于是愤然自尽。天帝怜之而封他为斩祟之神。他为报杜平埋骨之恩，将妹妹嫁给杜平，吉日亲率小鬼送妹到杜平家。京剧一般只演送妹完婚片段。此剧的舞蹈表演吸收了宋代舞判（又称"跳判官"、"跳钟馗"）的艺术精华，存留了珍贵的古代舞蹈历史资料。它的表演古朴中透出率真之气,以勾魂索命之鬼行嫁娶大喜之事,收到化丑为美的艺术效果,故而虽满台群魔乱舞,却毫无阴森恐怖之感。

京剧中艺术成就高的佳作尚多,如《宇宙锋》、《萧何月下追韩信》、《野猪林》、《乌龙院》、《打渔杀家》、《四进士》、《白蛇传》、《姚期》、《将相和》、《搜孤救孤》、《徐策跑城》、《穆桂英挂帅》、《天门阵》,等等,实在难以数说。

二、地方戏

地方戏是指流行于一定地域的戏曲剧种。在历史上,它相对于居于正统地位的昆曲(当时称为"雅部")而言,是现代戏曲史家用以取代原来"花部"、"乱弹"、"杂调"等带有贬抑意味名称的称法。现在所说的地方戏,主要是相对于流行全国的京剧而言。另外,少数民族戏剧也包括在地方戏内。

地方戏最大的特点是具有鲜明浓烈的地方乡土色彩,语用方言,乐采乡音,艺术品质中明显地融入了各自不同的民情风貌。在这个意义上来看,它是一个藏量极富的旅游人文资源,有待开掘。据统计,全国的地方戏多达300种以上,①大致分属五大声腔系统,下面分别作以简要介绍。

1. 皮黄腔

有关皮黄腔的情况,前面已作介绍。除了京剧之外,粤剧、汉剧、湘剧、徽剧、桂剧等属于这一声腔系统。此系统的各剧种均以胡琴为主奏乐器,在其他乐器的组合上大同小异。行当唱腔的分类及发声方法除少数剧种外也大体相近,不同之处主要表现在旋律上的差异。笼统地说,它们都不像京剧那么细腻、华彩。

粤剧流行于广东、广西的粤语(俗称白话)地区和香港、澳门,外国许多华侨聚居的地方也常有演出。清初开始形成,在不断发展中成为特色鲜明的一大剧种。其声腔以皮黄为基础,融会弋阳、昆山诸腔,并吸收广东音乐及流行曲调而独创一格,委婉流转,优美动听。伴奏乐器也与其他皮黄戏有较大区别,主要采用高胡、二弦、月琴、扬琴、喉管、笛、箫和沙鼓、高边锣等,并且较早引入西洋乐器,如提琴、萨克斯管等。在唱腔音乐的体式上,采取板腔与曲牌混用的方式。传统剧目有1 500多种,其中《六国大封相》、《嫦娥奔月》、《苏武牧羊》、《昭君出塞》、《甘露寺》、《木兰从军》、《太白和番》、《打金枝》、《李陵碑》、《梁天来》、《寸金桥》、《黄萧养回头》、《王彦章撑渡》、《帝女花》等较为著名;新编剧目《关汉卿》和《搜书院》艺术较完美,影响更大。《关汉卿》据田汉同名话剧改编,成功地塑造了元代伟大戏剧家关汉卿的艺术形象。《搜书院》演海南岛镇台家的丫鬟翠莲到琼台书院找取小姐所放的断线风筝,遇拾得风筝的书生张逸民,张题诗于风筝之上,表达爱慕之情。镇台夫人见诗疑翠莲有不端之行,决定将翠莲赠给道台为妾。翠莲男装逃走,遁入书院,求

---

① 张庚. 中国大百科全书(戏曲曲艺卷). 中国戏曲剧种. 北京:中国大百科全书出版社,1998:587-605.

助于张。镇台领兵围住书院,要进行搜查。在张的老师谢宝的同情帮助下,巧计安排,二人终于逃出围困,双双远走高飞。此剧情节紧凑,扣人心弦,唱段文辞雅洁,曲调优美,20世纪50年代就已搬上银幕。另有广东汉剧(旧称外江戏)也属皮黄系统,它流行于广东的梅县、汕头和粤东北、粤闽赣边区各地。音乐以丰富、优美著称,唱腔亦用板腔、曲牌相结合的体式。值得注意的是,它存留了很多古老的曲牌。较著名的传统剧目有《百里奚认妻》、《齐王求将》、《红书宝剑》。

汉剧流行于湖北以及湖南、河南、陕西、广东、福建等省的部分地区。清初陕西梆子传入鄂西北,演变成"襄阳腔",也就是后来所称的西皮;随后又吸收徽调的二黄,形成了最初的汉剧——楚调(也叫"汉调")。在迅速发展的进程中,逐渐分流为荆河、襄河、府河、汉河四支。汉剧除了对京剧形成有着直接影响外,对湘剧、川剧、赣剧、滇剧、桂剧等剧种的形成和发展都产生了重要影响。汉剧的唱腔较朴实,但句尾往往延伸旋律,拖腔跌宕婉转,很有特色。常演剧目有《西施》、《黄金印》、《鸿门宴》、《百日缘》、《回荆州》、《临潼山》、《美良川》、《罗成叫关》、《探寒窑》、《二度梅》、《洪羊洞》、《生死板》、《燕青打擂》、《秋江》、《游西湖》、《奇双会》、《宇宙锋》、《柜中缘》、《打花鼓》等。《打花鼓》系取明传奇《红梅记》"调婢"一出中的片段敷衍而成,演贵公子曹某游手好闲,街头遇一对夫妇,从凤阳逃荒到杭州,打花鼓卖艺求生,便恣意加以戏弄。它是一个滑稽闹剧,汉剧名丑李春森出色的表演使之名著一时。

湘剧流行于湖南的长沙和湘潭一带。渊源可追溯到明代。发展过程中兼收并蓄,逐渐形成高(高腔)、低(低牌子)、昆(昆腔)、乱(乱弹)四大声腔,并存分用,成为极有特色的剧种,历史上曾出现过不少名班。高、低二腔来自弋阳腔,昆腔来自昆山腔,乱弹就是西皮和二黄。高、低、昆三腔为联曲体,乱弹为板腔体。各腔所用伴奏乐器也各有不同。湘剧传统剧目逾千,绝大多数为高腔和乱弹演唱的。高腔演唱的传统剧目最著名的是"六大记",即《金印记》、《投笔记》、《白兔记》、《荆钗记》、《拜月记》、《琵琶记》,都来自宋元南戏。乱弹演唱的传统剧目是包括《四进士》、《温凉盏》、《奇双会》等三十六个公案戏的"三十六按院"。另外,《昊天塔》、《天齐庙》、《醉打山门》、《铁弓缘》、《金沙滩》、《金马门》、《祭风台》等也是湘剧常演剧目。其中《琵琶记》中的《琵琶上路》唱腔尤具特色,《白兔记》中的《打猎回书》更是唱做并重,表演技艺令人称绝。

滇剧流行于云南及贵州、四川的部分地区。唱腔包括丝弦腔、襄阳腔、胡琴腔三种声腔,各腔虽自有渊源、特色相异,但板式一致。丝弦腔出自秦腔,唱腔保留了梆子高亢激越的特点,并融合民歌创出细腻柔婉的曲调以补其不足。它是滇剧最主要的腔调。重要剧目有《春秋配》、《花田猎》、《梅降雪》、《梵王宫》等。襄阳腔来源于汉剧,音调流畅,旋律轻快,传世剧目有《荷珠配》、《牧虎关》、《十美图》等。胡琴腔来自徽调,曲调沉稳凝重,名剧目有《牛皋扯诏》、《五台会兄》等。

桂剧流行于广西东部和北部以及湖南南部等地区。唱腔以弹腔(即皮黄)为主,兼用高腔、昆腔、吹腔、杂调。伴奏乐器略同京剧。尤其注重做功。著名剧目如《拾玉镯》、《抢伞》、《桂枝写状》、《烤火下山》、《绣楼赠塔》等,均以做功见长。

2.梆子腔

梆子腔渊源于明代陕西、甘肃一带粗犷豪放的民歌,同时受到昆腔、弋阳腔、青阳腔的影响而形成,是对中国北方地方戏曲中用木梆子作打击乐以按节拍的剧种的统称。最早形成剧种的是陕西梆子(即秦腔),后来不断向东发展,并与各地民间曲调结合,陆续形成与当地方言相适应的新剧种。梆子腔遍布北方广大地区,可谓曲坛之泱泱大国。属此声腔系统的剧种有这些共同特点,即:主奏乐器都用板胡(形制不尽相同),音乐节奏弦急音繁,唱腔风格高亢激越;唱词主要用七言和十言句式,上下对句结构,歌唱中喜用闪板(前半拍休止的节奏型)。下面简单介绍几种影响较大的剧种。

秦腔流行于陕西、甘肃、宁夏、青海、新疆等地。秦腔分为四路:东路为同州梆子,也称老秦腔,历史最为久远,清初流传各地,影响甚大。此腔在音乐上保留了古秦声的风格,拖腔用假嗓,韵味独特;在表演上长于文武唱功和长靠武戏。西路为西府秦腔,也称西路梆子、西秦腔。是秦腔向西发展的一个支派,因凤翔旧称西府而得名。流行西北各省区的秦腔均属此派。剧目中许多取材于皮影戏。南路为汉调桄桄,也称汉调秦腔、桄桄戏。由老秦腔南渐演变而成,传演于汉中、安康一带。唱腔较多吸收了当地的民歌小调,旦角和花脸的腔调特别高昂,行腔与其他秦腔剧种明显不同。中路为西安乱弹,原以西安为活动中心,20世纪60年代后,东、西、南三路秦腔濒临衰亡,西安乱弹起而代之,流布陕西各地。它的表演以朴实明快、夸张性强为特点,唱腔和伴奏有"花音"(欢音、硬音)和"哭音"(软音)两种情调,用以表现不同的情感。四路秦腔总计有传统剧目4 700多个,常演剧目不下三四百个。其中《碧游宫》、《赵氏孤儿》、《金台将》、《红拂传》、《花打朝》、《淤泥河》、《刀劈杨藩》、《红鬃烈马》、《打瓜园》、《李陵碑》、《清官册》、《八大锤》、《火焰驹》、《战太平》、《日月图》、《三滴血》、《石佛寺》、《斩韩信》、《破洪州》、《游龟山》、《游西湖》、《铡美案》、《帝王珠》、《水灌晋阳》等,影响较大。

山西梆子流行于山西以及内蒙古、河北、陕西、甘肃、河南等省的部分地区。山西梆子与秦腔有几乎同样久远的历史,二者关系甚为密切,其整体的艺术风貌与秦腔相当接近,粗犷豪放,古朴浑厚,但又有自己的特色。山西梆子也分为四个支派,称"四大梆子"。蒲剧,原称"蒲州梆子",也叫"南路梆子",当地戏称"乱弹戏"。它与上面说过的秦腔同州梆子被认为是"一母双胎",并称"山陕梆子"。下面要说到的其他三种山西梆子,都是由蒲州梆子派生而出,故称它为山西梆子之祖。其流行地域为晋南及陕、甘、豫的部分地区。其表演技巧性极强,尤以髯口功、帽翅功、翎子功、甩发功见长。传统剧目有500多个,《窦娥冤》、《薛刚反唐》、《麟骨床》、《杀驿》、《挂画》等影响较大。晋剧,原叫"中路梆子",有时山西梆子专指晋剧,可见它是山西戏曲的代表剧种,流行于山西、内蒙古和冀北、陕北等地,系蒲剧传入晋中后融合当地民歌、秧歌而形成的新剧种。主奏乐器用呼胡,比板胡要柔和一些。其唱腔也相对和婉一些。《满床笏》、《卖画劈门》、《杀宫》、《小宴》、《算粮》等为其代表剧目。上党梆子,也称"东路梆子"、"上党宫调",流行于晋东南古上党郡地区。唱腔较为独特,在主要用梆子腔外,还并用昆腔、罗罗腔、皮黄、赚戏四种声腔,且互不掺和。剧目以演出"杨家戏"(杨家将故事)和"岳家戏"(岳家军故事)而著名,如《三关排宴》、《东门会》、《送印杀差》等。北路梆子,流行于晋西北和河北、内蒙古的部分地区。艺术特点与晋剧相近,但唱腔音调更为高亢。表演尤其注重唱功,创制了许多很有特色的花腔。著名的剧目有《王宝钏》、《血手印》、《金水桥》、《访白袍》等。

河北梆子也称"京梆子"或"直隶梆子",流行地域为河北、东北三省和山东的部分地区。河北梆子在清中叶受秦腔和山西梆子的影响而形成,彼此风格也很接近,长于表现慷慨悲壮的情绪与表演铁马金戈的故事。清末民初为其巅峰时期,曾出现一批驰名剧坛的优秀演员。主奏乐器除板胡,还用梆笛。唱腔最有特色的是尾腔,曲回起伏,气势奔腾。《武家坡》、《牧羊圈》、《烛影记》、《辕门斩子》、《寇准背靴》、《铡郭槐》、《宝莲灯》、《杀子报》、《小放牛》等都是传演不衰的剧目,而《蝴蝶杯》、《金水桥》、《辛安驿》、《杜十娘》诸剧影响更大。

山东梆子也称"高调梆子"、"高梆",流行于山东菏泽、济宁、泰安及河北、河南的部分地区。菏泽为古曹州,故而旧称"曹州梆子",亦为山陕梆子传入的产物,有近300年历史。唱腔板头特别繁复,有80余种之多,表演动作粗犷。著名剧目有《墙头记》、《两狼山》等。发祥于山东境内重要的梆子戏还有莱芜梆子(也称"莱芜讴"),流行于莱芜、新汶、泰安、蒙阴一带。声腔由梆子和徽调、昆腔、乱弹、罗罗腔等两部分组成,主奏乐器为独特的大胡琴(长筒短杆),音响宽厚而尖亮。剧目以梆子戏居多,《桃符板》、《王魁征西》等一些剧目为其独有的梆子戏。

豫剧旧称"河南梆子"、"河南高调",流布地域相当广泛,除河南全境外,周边邻省的许多地区都有传演。豫剧来源迄无定论,或言形成于山陕梆子与当地民歌小调的合流,或云由北曲弦索调演变而成。同源分流,演化为豫东调(以开封、商丘为中心)和豫西调(以洛阳为中心)两大支脉,艺术风格各有千秋。豫东调发声多用假嗓,男声高亢激越,女声活泼洒脱,擅长表演喜剧性剧目;豫西调发声全用真嗓,男声苍凉悲壮,女声低回婉转,擅长表演悲剧性剧目。1949年以后,两派渐趋合流,取长补短,表现力进一步加强。其唱腔板式全备而富于变化,特点显著。传统剧目近800种,尤以《卧龙吊孝》、《穆桂英挂帅》、《唐知县审诰命》(《七品芝麻官》)、《红娘》、《花木兰》著名。

3. 昆山腔

昆山腔简称"昆腔",又称"昆剧"、"昆曲",因初始流行于江苏昆山一带得名。此腔于元末开始形成,至明中叶臻于成熟,随后风靡全国,主导剧坛近200年之久。在音乐上,昆腔曲牌丰富,曲调舒徐悠扬,唱腔缠绵委婉,有"水磨调"之称。伴奏器乐用曲笛、箫、笙、琵琶及鼓、板、锣等,优美和谐,将联曲体的戏曲音乐发展到完美的境地。在表演上,昆腔全面推进并初步完成了中国民族戏曲音乐化、舞蹈化、技巧化的进程,基本形成了中国民族戏曲独特的表演艺术体系,不仅有力地推动了中国戏曲发展史上第二次大繁荣的到来,而且还为后来地方戏的勃兴提供了必不可少的前提。清中叶,昆腔走向衰落,有的在流传地演变为地方性的新剧种,如北昆、湘昆、川昆等;有的遗存于其他声腔系统的地方剧种中,如京剧中有不少折子戏是保留昆曲演法,许多剧种都吸收了昆腔曲调;至新中国成立前夕,纯正的昆曲已几成绝响。新中国成立后,经大力抢救,这一古色古香且情韵优雅的剧种才得以幸免灭绝。

北昆流行于北京。昆腔流传冀中与当地高腔戏融合而成的昆曲支派艺术风格开朗、豪放,演出剧目也偏重历史剧和武戏,如《安天会》、《刀会》、《麒麟阁》、《夜奔》、《探庄》等为其特色剧目。

南昆流行于江南地区,以苏州、上海为中心。声腔基本保留了昆曲原来柔婉缠绵、细腻圆润的情味,剧目也多为来自明清传奇的折子戏,如《牡丹亭》中的《游园》、《惊梦》、《叫画》,《烂柯山》中的《痴梦》,《跃鲤记》中的《芦林》,《连环记》中的《小宴》,《长生殿》中的《惊变》、《弹词》、《埋玉》,《南西厢》中的《惠明》、《佳期》,《白兔计》中的《出猎》、《回猎》,等等,对观众仍颇具吸引力,改编后搬上银幕的《十五贯》更是名噪一时。湘昆和川昆已不复独存,分别并入湘剧和川剧之中。

4. 高腔

高腔起源于元代弋阳的弋阳腔,在昆腔兴盛之前流布最广。在昆腔称霸剧坛后,弋阳腔的影响虽有所削弱,但仍具有足以与昆腔分庭抗礼的势力。弋阳腔与同由其演变而成的青阳腔在流传的过程中,同当地方言、曲调结合,形成了一些新剧种,或者成为当地剧种的组成部分。这一同出自弋阳腔的声腔系统便是"高腔"。高腔的特点非常显著,一是只用打击乐,不用管弦乐伴奏;二是台前一人独唱,台后众人帮腔;三是唱法独特,音调高亢,富于朗诵意味;四是唱腔中常运用"滚唱",就是打破曲牌的固定格式,插入一些五言、七言的整齐对句,用更接近朗诵的唱法快节奏地唱出,以便更有力地表现激动、紧张、奔放的情绪。

川剧流行于四川及云贵的部分地区,包括外省传入的昆腔、高腔、胡琴腔、乱弹腔和本省的灯戏五种声腔艺术。原先各种声腔都是单独在四川各地演出,后经常同台演出,风格渐趋一致,被统称为"川剧"。但各地川剧所用声腔仍有偏重,逐渐形成川西派、资阳河派、川北河派、川东派四个支脉。川剧表演极富特色,细腻真切,有一整套自成体系的程式,还有一些独特的技巧,人们熟知的变脸就以川剧最为著名。川剧的语言较有文采,且幽默风趣。高腔部分遗产最丰,艺术特色也最显著,一般将其归入高腔系统。川剧高腔的帮腔形式多样,运用也很普遍。川剧传统剧目现存2 000多种,常演的有《赠绨袍》、《黄金印》、《鸿门宴》、《议剑献剑》、《单刀会》、《甘露寺》、《阳和摘印》、《汾阳富贵》、《烤火下山》、《龙虎斗》、《雁门关》、《彩楼记》、《马房放奎》、《醉打山门》、《林冲夜奔》、《翠屏山》、《抢伞》、《归舟投江》、《柴市节》、《反徐州》、《白水滩》、《打红台》、《一只鞋》、《拉郎配》、《夫妻桥》、《芙奴传》、《乔老爷上轿》、《柳荫记》、《秋江》、《望娘滩》,等等。

婺剧也称"金华戏",流行于浙江金华一带,金华古为婺州,故有此称。与川剧相似,高腔与昆腔、乱弹、徽戏、滩黄、时调始分后合,因同班演出风格逐步趋一,被统称为婺剧。婺剧各个声腔来源不同,特色各异。高腔有"西安高腔"、"侯阳高腔"、"西吴高腔"、"松阳高腔"之分,后两种高腔用管弦乐伴奏,是高腔戏中的特殊现象。高腔剧目丰富,以《槐荫记》、《合珠记》、《白兔记》较为著名。昆腔经演变,风格比较平实,有"草昆"之称。常演剧目只有一些明清传奇,如《琵琶记》、《浣纱记》、《鸣凤记》、《白蛇传》等中的折子戏,在婺剧中分量渐轻。乱弹在婺剧中是指"三五七"、"芦花调"、"二凡"、"拨子"四个声腔,非指皮黄。前两腔受徽剧吹腔影响而形成,曲调华丽流畅,以笛为主奏乐器;后两腔源于秦腔,曲调高亢激越,以板胡为主奏乐器。剧目众多,《芦花絮》、《桂枝写状》、《雪里梅》、《珍珠衫》等较著名。徽戏唱西皮、二黄,表演上风格粗犷泼辣,主要剧目有《二进宫》、《法门寺》、《青龙会》等,其中《火烧子都》、《水擒庞德》表演风格尤具特色。滩黄源于江南曲艺,风格柔婉舒曼,剧目中《僧尼会》、《断桥》、《牡丹对课》影响较大。时调取用当地流行民歌小调演化而来,剧目基本是反映农村生活的小戏,如《走广东》、《卖棉纱》、《王婆骂鸡》等。

赣剧流行于江西东北部,渊源于明代的弋阳腔,后以演唱高腔为主,兼唱昆腔、乱弹。音乐曲调较为朴实。分为饶河班、广信班等支派。至近代,乱弹则成为主要声腔,但仍保留了不少高腔戏,如《百花记》、《珍珠记》、《还魂记》、《卖水记》、《西域记》等。

5. 民歌俗曲

这个声腔系统是指由流行于各地的民歌小调、俗曲乡讴以及曲艺曲调发展演化而成的戏曲剧种。它们大多历史不长,流布不广,但形式千姿百态,风格异彩纷呈,具有更浓重的乡土气息和更通俗的艺术风貌。下面择要略作介绍。

曲剧流行于北京,从曲艺单弦发展而成,曲调活泼明快,常演剧目有《杨乃武与小白菜》、《啼笑因缘》等。类似的剧种还有河南曲剧,流行于河南和湖北西北地区,曲牌较为丰富,唱调柔和婉转,活泼轻快。重要剧目有《卖瓦盆》、《祭塔》、《花庭会》、《陈三两》、《风雪配》等。

山西道情戏流行于山西各地,从曲艺道情(因说唱道教故事得名)演化而成,分晋北、晋西、晋南三路,伴奏用简板、渔鼓、笛、二胡等。重要剧目有《湘子传》、《李翠莲》、《三渡林英》、《韩公走雪山》等。道情戏在陕、甘、豫、鲁、宁夏、内蒙古等地也有流传,因用渔鼓伴奏,或称"渔鼓戏"。

评剧流行于北京、天津等城市与华北、东北、内蒙古等地区。由冀东滦县一带的"对口莲花落"演化而成,受京剧、梆子、大鼓影响,形成曲调流畅、表演自然的艺术风格。代表剧目为《花为媒》、《杨三姐告状》、《秦香莲》、《刘巧儿》等。

柳子戏旧称"柳子腔",也叫"弦子戏",流行于山东及江苏、河南的部分地区,于明末清初形成,是由流传于河南、山东一带的弦索小调发展而成。柳子戏以三弦、笛、笙、琵琶为主奏乐器,曲调明朗轻快,还采用加滚的唱法。剧目佳作有《黄桑店》、《挂龙灯》、《玩会跳船》、《孙安动本》等。

吉剧是流行于吉林省的一个新兴剧种,以曲艺二人转为基础吸收东北民间艺术而成。其伴奏乐器以唢呐、板胡为主,曲调流畅开朗,情味独特,表演舒展自然,程式性不强。传世剧目有《兰怨河》、《桃李梅》、《搬窑》、《包公赔情》、《燕青卖线》等。

越剧流行于浙江、上海及江苏、江西、安徽等地区,从浙江嵊州的曲艺"落地唱书调"发展而成。其最初形式简单,因伴奏用檀板、笃鼓,故称"的笃班";又因仅演生活小戏,而称"小歌班"。后吸收绍剧唱腔和京剧表演技艺,成为名噪一时的地方剧种,又有"绍兴文戏"之称。新中国成立后更广泛融会各种音乐舞蹈和表演方法,艺术上更加精美,影响更大。20 世纪 30 年代,出现全部由女演员演出的"女子文班",成为越剧的一大特色。所用曲调主要有四工调、尺调、弦下调等,柔和婉转,细腻缠绵,有浓重的抒情性。因此,剧目也以爱情剧《梁山伯与祝英台》、《白蛇传》、《碧玉簪》、《红楼梦》、《柳毅传书》等最为著名。

黄梅戏旧称"黄梅调",流行于安徽及江西、湖北的部分地区,起源于湖北黄梅一带的采茶歌。初始仅演两三个角色的小戏,后吸收青阳腔和徽剧的音乐及表演艺术,成为风貌独特的一大剧种。它以唱腔优美、表演细腻著称,《女驸马》、《牛郎织女》、《夫妻观灯》、《打猪草》等剧目流行较广,《天仙配》一剧更是脍炙人口。

湖南花鼓戏是流行于湖南境内各地的花鼓、灯戏之总称。按流行地分,有长沙花鼓戏、常德花鼓戏、岳阳花鼓戏、衡阳花鼓戏、邵阳花鼓戏、零陵花鼓戏等,语操各地方言,乐用各处小调,乡土气息浓郁。但是,花鼓戏均以演出民间生活为主,表演朴实,风格明快活泼。传统剧目有《刘海砍樵》、《打鸟》等。

彩调旧称"调子",也称"采茶",为广西独有剧种,起源于民间歌舞和说唱艺术,与湖南花鼓戏、江西采茶戏、云南花灯戏互有影响。彩调的音乐唱腔流转优美,情韵独具,表演时载歌载舞,生活气息较浓。传统剧目有《王二报喜》、《王三打鸟》、《阿三戏公爷》、《跑菜园》等,《刘三姐》更是蜚声海内外的成功之作。

采茶戏、花鼓戏、花灯戏、秧歌戏是四种情况相近的地方戏曲类别，它们均起源于各地的民间歌舞，各自不同程度地受到某些剧种的影响，形成形态各异的新剧种。采茶戏起源起于采茶灯，在江西、湖北、湖南、安徽、福建、广东、广西等地的许多地方广泛流传，尤以江西为盛。南昌采茶戏、赣东采茶戏、赣南采茶戏、高安采茶戏等都有较大影响。花鼓戏由花鼓灯发展而成，流行于湖北、湖南、安徽、陕西、广东等地，湖北最盛，如天沔花鼓、襄阳花鼓、郧阳花鼓等，都很有名。花灯戏源于花灯，主要流行地为云南，贵州、湖南、湖北、四川、江西等地也有传演。昆明花灯、玉溪花灯、姚安花灯等均驰名剧坛。秧歌戏源自各种秧歌，以山西和河北最为繁盛，也流行于陕西、河南、内蒙古等北方地区。山西各地流行有沁源秧歌、繁峙秧歌、朔县秧歌、襄垣秧歌、壶关秧歌、泽州秧歌、祁太秧歌等。这些剧种因发展历程不同，唱腔体制可分为民歌组合体、民歌组合兼板腔体和板腔体三类。早期剧目多为风趣的生活小戏，大多取材于民间生活故事。后来经改造发展，也大量移植、编演大戏。从开发旅游资源的角度看，那些早期的"三小"（由小生、小旦、小丑扮演）戏较多保留了载歌载舞、风趣欢快的古朴风格和浓郁的乡土气息，更具独特的观赏价值。

6. 少数民族戏曲

中国有五十多个少数民族，其中有本民族戏曲（不包括话剧、歌剧、舞剧等戏剧形式）的为数不多。少数民族戏曲特色鲜明，也具有一定影响，了解它们不失为领略少数民族地区风土人情的一个途径。下面略作介绍。

藏戏流行于西藏及青海、四川、甘肃、云南等藏族聚居地区。藏戏历史久远，相传14世纪由高僧汤东杰布所创，以宣扬佛教教义为宗旨，后与宗教仪式分离，成为独立的艺术形式。藏戏经发展形成固定体制，演出分"顿"（开场式）、"雄"（正戏）、"扎西"（正戏结束后的集体歌舞，表示祝福）。音乐曲调有"达仁"（用于表达欢乐愉快的情绪）、"教鲁"（用于表达忧伤痛苦的情绪）、"当罗"（用于表达起伏较大的情绪）、"达通"（用于一般的叙述）等十多种，唱中用帮腔。伴奏以鼓、镲为主。舞蹈动作有六种固定程式，表现不同的情景。化装上，有的戴面具（多为神魔一类角色），有的勾画脸谱。藏戏剧目民族色彩浓郁，并带有一定的神话和宗教色彩。藏语称剧本为"扯卜雄"，最著名的有八大名剧，其中的《文成公主》、《诺桑王子》、《朗萨姑娘》、《赤美滚登》最具代表性。

白剧流行于云南西部白族聚居地区，原称"吹吹腔"，来源于明代弋阳腔。白剧何时形成戏剧尚难确定，至少清乾隆年间已有演出，而光绪年间曾盛极一时。其艺术形态与古典戏曲相近，角色行当亦为生、旦、净、丑，表演也有固定的程式，等等。唱词按白族诗歌"山花体"句式，汉语与白族语夹杂使用。伴奏乐器锣鼓齐备，但伴唱仅用唢呐，并且只吹奏过门。整体的艺术风格古朴粗犷。新中国成立以后，白族曲艺"大本曲"发展为大本曲剧，与吹吹腔合流，称为"白剧"。这一新生剧种的音乐曲调、板式得以充实和丰富,艺术风格也因多样化而出现不同流派。白剧剧目较为丰富,除了反映白族生活的众多剧目外,还有为数不少描写汉族历史故事的剧目。前者的著名剧目如《牟伽陀开辟鹤阳》《火烧松明楼》《上关花》《杜朝选》《火烧磨房》等,后者有《窦仪下科》《杨家将》《木兰从军》等。

　　壮剧流行于广西和云南文山自治州的富宁、广南等地,由壮族说唱艺术和民间歌舞等发展而成,清同治、光绪年间已有演出。广西壮剧分为南路、北路、壮师戏三支。南路以德保壮剧为代表,始初唱邕剧曲调,用台前表演、台后代唱(操汉语)的双簧方式演出,后改用当地民歌及木偶戏曲调,操壮语演唱。传统剧目有《张四姐下凡》《红铜鼓》《宝葫芦》《百鸟衣》等。北路壮剧以隆林、田林二县壮剧为代表,声腔相近,主奏乐器都用马骨胡、葫芦胡、月琴等。这二者的表演风格有一些差别。传统剧目有《卜牙》《侬智高》《文龙与肖尼》等。壮师戏即师公戏,流行于河池、柳州、南宁等地区。壮族地方用壮语唱的称"壮师"或"调师",与巫师(当地称作"币公")跳神的"师公舞"密切相关,早期形态极似傩戏,后经发展,角色逐渐行当化。其音乐曲调比较简单,伴奏仅用打击乐。剧目中根据壮族民间传说编演的有《莫六鱼洞》《莫一大王》《顺知戽海》《白马姑娘》等,富于民间特色。云南壮剧分为富宁、广南二支,都与广西北路壮剧比较接近。富宁壮剧唱腔曲调丰富,主要来自民歌、说唱。表演程式独特,尤重扇子功。语言兼用壮话、白话(粤语)和当地官话(通行汉语),夹杂而出。剧目丰富,除大量移植改编汉族戏曲剧目外,《双采莲》《双看相》《卖花嫁女》《换酒牛》《温大林》《螺蛳姑娘》等剧目取材于壮族生活、民间传说和历史故事,内容生动活泼,特色鲜明。广南壮剧受汉族戏曲影响较深,生、旦、净、丑齐全,唱、做、念、打俱备,文武戏并重,但音乐曲调仍民歌风味十足,服装打扮民族色彩浓烈。剧目也有大量移植改编之作,民间小戏则有《瞎子闹店》《李玉庆春碓》等。

　　傣剧流行于云南德宏傣族景颇族自治州的盈江、潞西等地的傣族聚居区,以本民族歌舞、说唱为基础,吸收汉族戏曲艺术发展而成。唱腔曲调比较简单,以二胡领奏,最有特色的乐器是象脚鼓、葫芦笙和木叶。表演舞蹈性强,融合了许多民族舞中的优美舞姿。传统剧目很多,最富特色的剧目是取材于民间传说、民间叙事长诗的作品,如《千瓣莲花》《帕慕鸾》《岩佐弄》《娥并与桑洛》等。

　　侗剧流行于黔、桂、湘交界侗族聚居地区,起源于侗族说唱艺术叙事大歌"嘎窘"和"嘎节卜",最早的形成地为贵州。侗剧舞蹈性不强,以唱为主,唱腔婉转柔和,比较平稳,曲调不多,主奏乐器为二胡,最有名的剧目是《珠郎娘美》。另外,苗、彝、布依等少数民族也都有本民族的戏曲剧种,各具艺术光彩,这里不一一介绍了。

第三节　其他传统表演艺术

一、曲艺

曲艺也就是中国传统说唱艺术的现代称呼。其特点之一是以说和唱为主,辅以形体动作来进行表演。说和唱,在不同的曲艺品种中往往各有偏重,有主有次,甚至有的只说不唱或只唱不说。而形体动作也因不同曲种而作用大小不同,有的曲种舞蹈性很强,于是形体动作成为举足轻重的表演手段。其特点之二是演员数量少,使用道具简单,演出场地小。曲艺大多只有两三个人登场表演,甚至一人独演。所用道具常为手帕、扇子之类。演出无须什么特殊灯光布景,表演无须占用很大空间,因此演出场地一般只限于数尺方圆。其特点之三是表演灵活,可叙事,可抒情,可塑造人物,可状物写景,可评说议论。从形式上看,演员可以以第三人称身份讲述评说,必要时还可以进入角色,以第一人称身份进行表演;还可以"一人多角",即分别扮演男女老幼不同人物。曲艺中,演员还往往一身二任兼做乐手,甚至自弹自唱。

中国曲艺艺术历史悠久,唐代已有说唱故事的"说话"、"转变"等。宋代曲艺有了更大的发展,"说话"、"鼓词"、"唱赚"等十分流行。元明清时期更是勃然而兴,十分繁盛。新中国成立后,在政府大力扶持下,曲艺出现前所未有的繁荣。据《中国大百科全书·戏曲曲艺卷》的统计,现在流行各地的曲艺有341种,深受广大人民群众喜爱。其中许多历代传唱的名段子不仅凝聚了数辈艺人的心血,而且蕴含着丰富的历史文化信息。下面我们略举一些曲种,并作简单介绍,以管窥豹,见其一斑。

1. 京韵大鼓

京韵大鼓亦称"京音大鼓",属于曲艺大鼓的一个曲种,广泛流传于华北、东北地区。一人演唱,采用站唱的形式,或只唱不说。演员自操鼓板,伴奏乐器多用三弦、四胡、琵琶等。音乐为板腔结构,腔调介于戏曲与民歌之间,高亢厚重,极富特色。演唱特别讲究行腔吐字,于抑扬顿挫中表现出独有的韵味。传统曲目主要采自《三国演义》、《水浒传》、《红楼梦》等古典名著和戏曲故事,如《闹江州》、《长坂坡》、《黛玉焚稿》、《大西厢》等。

2. 苏州弹词

弹词这种说唱形式在明清时期已广泛流行,后来主要盛行于江南地区,苏州弹词可为其代表。演员可男可女,由一人或二人、三人演唱。乐器用三弦、琵琶,自弹自唱。表演形式活泼,以说、噱、弹、唱为主要艺术手段,其中"说"最显功力,叙事、代言交错而出,叙事则语音抑扬顿挫,代言则语气肖似其人。"噱"有类戏曲中的插科打诨,轻松诙谐,极富机趣。弹奏乐器用于融合说唱,烘托气氛。其唱腔从古诗吟诵曲调发展而来,韵味独特。曲本多为长篇故事,传统名篇有《描金凤》、《玉蜻蜓》、《三笑》、《珍珠塔》等。

3. 二人转

二人转俗称"蹦蹦"、"双玩艺儿",流行于东北三省和内蒙古的部分地区,约有200年的历史。由一男一女两人表演,一般手拿扇子、手帕,舞弄出种种花样。音乐曲调喧腾奔放,地方特色鲜明,以板胡与唢呐为主要伴奏乐器。表演"唱、说、做、舞"并用,以唱为主,场面活泼热烈。所扮演的角色出入自由,常常一人多角,非常灵活,饶有趣味。传统曲以《杨八姐游春》、《包公赔情》、《蓝桥》、《西厢》最为著名。

4. 山东快书

山东快书属于快板书类曲种。快板书大多用竹板伴奏,山东快书则用金属片制成的梨花板(取自梨花大鼓)击节,其声叮当,清脆悦耳。书词以节奏鲜明的韵文为主,偶然穿插散体说白。由一人演出,均操山东方言,语言诙谐风趣。山东快书向来以演说武松故事为主,其他传统书目也多为英雄传奇故事。

5. 广西文场

广西文场简称"文场",俗称"文玩子",流行于广西桂林、柳州等桂北地区。它是一种古色古香、偏于典雅的曲种。采用曲牌联体的音乐体制,曲调丰富,多采自戏曲中昆、弋诸腔,旋律柔婉。伴奏乐器讲究,以扬琴为主,辅以琵琶、三弦、胡琴、竹笛等,击节乐器除鼓板外,还常用酒盅、碟子。表演则根据需要,可一人立唱,可二人走唱,也可多人坐唱,甚至可以化装穿戴戏服进行表演,近乎戏曲。演唱曲目多从戏曲、小说改编而成,传统长篇唱本有《琵琶记》、《西厢记》、《红楼梦》等,单本和段子有《双下山》、《王婆骂鸡》、《武二探兄》等。

6. 好来宝

好来宝为蒙古族传统说唱艺术,其意为"连起来唱",广泛流传于内蒙古地区。表演形式十分灵活,可以一人自拉自唱,可以二人一问一答对歌,也可以多人登场,运用独唱、合唱、重唱、轮唱等形式。音乐曲调丰富、优美而富情韵。演唱内容可长可短,有历史故事、民间传说,也有抒情、评议的小段子。优秀演员还常常现编现唱,即兴表演。传统曲目有《燕丹公主》、《僧格仁亲》、《英雄陶克套》、《醉鬼》、《懒婆娘》等。

二、传统舞蹈

在中华民族源远流长的文化史上,舞蹈占据着极为重要的一席。它不仅是最古老的艺术品类之一,而且绵延至今,从未间断,与宗教活动、宫廷礼仪、民间节庆等文化传统有着密不可分的关系。虽然随着历史的推移,古老的舞蹈大多已经失传,流传下来的传统舞蹈也不可能完整保留其古老形态,但许多传统舞蹈并没有在发展过程中面目全非,有的舞蹈基本存留了其古朴原貌。就是变化较大的传统舞蹈,古老的质朴韵律也并非消泯殆尽,它们与现代舞与外国舞蹈存在着不同的审美趣味。中国传统舞蹈由地域辽阔、民族众多、历史悠久等原因所决定,形式和风格多姿多彩,不仅具有极大的观赏性,而且饱含着厚重的文化意蕴。这里只能简略介绍几种传统舞蹈以供参考。

1. 傩舞

这是一种用于驱鬼逐疫的祭祀仪式,其渊源可上溯到原始的图腾崇拜,在商代已然固定成形,并在宫廷和民间同时流行,至今仍流行于江西、湖南、广西、贵州、山东、西藏等地的一些乡村。对于这一古老舞蹈艺术,学术界有"活化石"的说法。当然,它还是在不断发展变化中传承下来的,有些地方的傩舞受戏曲影响,演化成了傩戏,尽失宗教色彩,仅具某些形式特点,但其神秘色彩仍不难领略得到。傩舞最明显的特点就是面具,即演员戴着木制面具进行表演。面具非常夸张,大多浓墨重彩,有的可称得上面目狰狞。在表演中,无论是舞蹈动作,还是伴奏音乐,都透着一股古拙简朴的气息。

2. 秧歌

来源于农民插秧时所唱的歌曲,后来舞蹈化,并吸纳融合了武术、技艺等形体动作,形成一种特色显著的民间舞蹈形式,成为农历正月民间社火活动中的固定节目。如今,这一群众性舞蹈普遍用于节庆假日,深受人民群众喜爱。其中东北秧歌、陕北秧歌、山东鼓子秧歌、河北秧歌,号称"四大秧歌"。各地秧歌虽特点不一,但都具有情绪欢快热烈、动作舒展劲健、节奏明快强烈的共同特征。秧歌表演一般采用集体队列的方式,每个表演者按照统一的节拍,手上挥舞长绸或彩扇、花伞等道具,脚下踏着各种舞步,互相穿插游走,不断变换队形,略似团体操表演。有些地方的秧歌表演还踩着高跷,有些地方的秧歌表演装扮成人们熟知的人物角色点缀在大队之中……总之,各地秧歌异彩纷呈,展现出不同的风格特点。

3. 花灯

花灯也称"跳灯"、"耍灯"、"灯戏",流行于云南、贵州和四川、湖南、湖北等省的部分地区。源于古代闹元宵中载歌载舞的活动,现今成为用于欢庆的群众性节目。各地花灯跳法不一,但一般都提灯执扇(用折扇),男女成对,组合为队,通过舞步变化、花样繁复的耍扇及有规则的队形变换进行表演。花灯虽不似秧歌那样粗犷亢奋,却显现出一种轻灵欢快的风格。花灯中也有表现故事情节的表演,那已经是戏曲化的歌舞剧了,其中存留着花灯舞的表演技巧和艺术韵味。

4. 狮子舞

此舞历史相当久远。据文献记载,汉代即已流行,且与远古图腾崇拜有着渊源关系。狮子在古代被认为是吉祥而具有驱邪避灾神力的动物,狮子舞之所以长盛不衰于民间,这恐怕是主要原因。如今,狮子舞仍广泛流行于很多地区,受各地民情风俗的影响而各具特色。一般由一个大狮子(二人合舞)、一个小狮子(一人独舞)配合表演,另由一人扮成武士,手持彩球,逗引狮子。表演上有"文狮"、"武狮"之分,前者表现狮子驯良情态,如舔毛、抖毛、搔痒等;后者则表现狮子威猛的性格,常采用跳跃跌扑、登高上险等高难度的动作。狮子舞中,锣鼓不仅节制拍点,而且起营造气氛的重要作用,本身也颇具欣赏价值。

5. 蒙古安代舞

蒙古族人能歌善舞,舞蹈形式甚多,安代舞则为其特有的传统歌舞。此舞产生于明末清初,起源说法不一,最初用为祈求老天保佑拯救病人的一种仪式。此舞参加人数可多可少,亦不限男女老幼。舞者两手各执一巾,或撩起袍子大襟,随着节拍而甩动。一人领唱,众人相和,边歌边舞,歌词即兴而编。动作古朴而热情奔放,节奏强烈而比较固定。

6. 藏族锅庄

藏族亦为擅长歌舞的民族,其舞蹈形式也是多种多样,锅庄是影响较大的传统民间舞之一。锅庄的起源难于详考,现在仍流行于西藏、青海、四川、云南等藏族居住地区。在藏语里,锅庄称为"卓",意为"圆圈舞"。舞时不限人数,男女各排列成弧形相对而立,围成圆圈,随歌起舞。每段开始由一人领唱,然后众人齐唱相和。起舞时平稳缓慢,舞姿矫健,曲调深情;随后节奏渐快,舞姿也变得粗犷奔放起来;临到结束,节拍急迫,舞姿狂烈恣肆。锅庄常以胡琴伴奏,歌词多为歌颂爱情与大自然或表现劳动场面。

7. 维吾尔族萨玛舞

维吾尔族人民也以擅长歌舞而著称,舞蹈形式繁多。萨玛舞是维吾尔族古老的传统舞蹈,是一种伊斯兰教苏非派的祭祀仪式。现今,其宗教色彩已不再那么浓烈,舞蹈艺术家把它搬上舞台后,使其在艺术上得到升华。此舞典型的动作是模仿飞鸟的形态,身体俯仰摇晃。双膝有控制地伸曲,两臂分张,上下挥拍,相互配合,表现飞鸟凌空翱翔,形神兼备。萨玛舞也用于群众性的自娱自乐,人们可以自由加入,大多没有固定动作,只要跟上节拍,便可随意手舞足蹈。

三、传统音乐

中国自古即为礼仪之邦,礼乐的教化作用为历代统治者所重视。乐,在古代含义非常宽泛,但音乐为其重要内容是没有疑义的。中国很早就有了相当精密的音乐理论(包括音乐美学和乐理)体系。[①] 大量的历史文献表明,音乐在宫廷礼仪和儒

[①] 先秦诸子多有有关音乐的论述,汉代以后成书的《乐经》、《乐记》、《乐元语》、《乐书》等更是音乐方面的专著。

家教育中占据着特别重要的地位。民间音乐永具勃勃生机,不断给"雅乐"提供新鲜养分。在国际交往和民族融合中,中国古代音乐得到不断丰富和发展。总之,中国的传统音乐文化积淀厚重,美学底蕴丰沛。但是,由于种种原因,中国的传统音乐流失情况非常严重,幸得政府多年大力组织发掘整理,许多久已失传的古曲、古歌、古乐得以再现重出,有的被作为旅游资源加以开发利用(如编钟)。中国传统音乐可分为器乐和声乐两大部分,下面分别作简略介绍。

(一)传统器乐

中国古代统称乐器为"八音",即金、石、土、革、丝、木、匏、竹。① 这实际上是以制造乐器所用材料来分类,从中可以看出古代乐器的丰富性。现在常见的民族乐器如笙、笛、箫、唢呐、三弦、琵琶、阮、胡琴、筝、琴等无一不是经过了漫长的流传和发展历程,虽然制作材料多有改进,但基本上依然保留了古代的形制。演奏的技巧也是在传统技法的基础上加以发展变化。中国传统器乐文化十分丰富,这里只能略作介绍,可谓曲海一勺。

1. 独奏器乐

中国传统乐器可用于独奏的很多,上面列举的那些乐器都是常见的独奏乐器。各种乐器具有不同的特点,吹、拉、弹、拨之间呈现出各自的奇妙之处。

琴可以说是中国最古老的乐器了,相传为上古三皇中的神农氏所创。② 至少在周代,琴的使用已很普遍;到了魏晋时期,已基本定型,一直流传至今。因此,人们现在习惯于称其为"古琴"。琴以窄长形木质音箱为底座,上安7弦,横放身前,右手拨弦,左手按弦,进行演奏。琴的音域较宽,音色变化丰富,技法多样,有很强的艺术表现力。在古代,琴不仅是雅乐的主要乐器之一,而且善操琴还是表示文人雅士文化素养的重要内容(所谓"琴棋书画");独自抚琴,自我陶冶,娱己情志以修身养性,更是隐士高人常有的生活内容。正因为此,琴曲便形成了其最显著的特色:古雅安详。也正因为此,体味中国传统音乐,欣赏这种令人油然而生思古之幽情的琴韵,是特别宜人惬意的。中国传世的琴谱相当全备,国家已经组织专家进行了全面整理,这给开发利用古老而珍贵的古琴艺术提供了极大的便利。现在流传的琴曲有《良宵引》、《猗兰操》、《高山流水》等。与琴相近的另一种古乐器筝,其形制比琴大,弦更多,经较大改造,成为相当现代化的古乐器,大大增强了其表现力。从审美趣味上说,筝更适合现代人,因此流传也更为广泛。现如今,筝经常演奏的曲目多取用古琴曲和琵琶曲。

琵琶也是种古老乐器,起源难于详考,秦汉时期已有,至唐宋形制固定下来,传承到现在,仍然是非常广泛使用的弹拨乐器。其演奏技巧丰富,表现力极强。唐代

---

① 参阅《周礼·春官·大师》。
② 参阅《太平御览》卷五七九引桓谭《新论》。

大诗人白居易的名诗《琵琶行》对这种乐器的艺术表现力进行了生动的描写,如"大弦嘈嘈如急雨,小弦切切如私语。嘈嘈切切错杂弹,大珠小珠落玉盘","银瓶乍破水浆迸,铁骑突出刀枪鸣"等。如今,琵琶形制更臻完善,演奏技艺更趋精湛,国内不乏高水平的琵琶演奏家。中国的古典琵琶作品存留也十分丰富,流传更为普遍,名曲有《武林逸韵》、《十面埋伏》、《霸王卸甲》、《月儿高》、《将军令》、《阳春白雪》等。

竹笛、二胡、唢呐、笙等都是常用于独奏的传统乐器,各具特色,民族风味均浓郁而鲜明。另外,很多少数民族都有自己独特的传统乐器,如宁夏回族的口弦、云南彝族的大三弦、蒙古族的马头琴、藏族的札木聂、哈萨克族的冬不拉、南方许多少数民族都流行的芦笙,等等,也常用于独奏,均富于浓烈的民族情韵。

2. 合奏器乐

中国合奏器乐也同样历史悠久,内容丰富,特色独具。它是从歌、舞、戏曲等艺术中分离出来发展而成,来源于伴奏音乐。由于没有遇上充分发展的历史机遇,中国传统的合奏器乐在整体上不如西方古典音乐那样发达。但是,我们没有理由妄自菲薄而否定其独特的审美价值,相反我们还应该积极开掘这份宝贵的文化遗产。这里仅择取一二为例,略作介绍。

丝竹是流行全国的传统器乐合奏,以二胡、三弦、琵琶、扬琴等弦乐器(古称为丝)和笛、笙等竹制管乐器(古称为竹)为主要乐器,辅以板鼓而不用锣鼓。演奏乐器多为洋溢着地方风情的轻音乐,传统乐曲有《云庆》、《四合》、《欢乐歌》、《春江花月夜》、《平沙落雁》、《紫竹调》等。

吹打是流行全国的传统器乐合奏,以唢呐、笙、笛、管子等吹奏乐器和打击乐器大鼓为主要乐器,间或辅以铙、钹、铛以及弦乐器。各地名目不一,种类繁多,乐曲也各呈乡土之情韵,但气氛热烈,情绪高昂,旋律奔放,节奏欢快,音响洪亮,则大体一致。传统曲目有《满庭芳》、《大辕门》等。

十番又称"十番锣鼓"、"十欢"、"十样锦"等,是一种吹打与丝竹相结合的传统民间器乐合奏。这种器乐合奏形式起源于明朝末年,用于节庆之时,主要流行于福建、江苏、浙江等地。现在流行已不太广泛,福建的一些地方尚有流传。演奏用10种乐器(古今略有变化,各地不尽相同),其曲由若干曲牌与锣鼓段连缀而成,曲调颇多起伏变化,但不离欢乐喜庆的基调。传统曲目有《五凤吟》、《秦楼月》、《太平鼓》等。

广东音乐属于丝竹类音乐,发祥于广东,源于戏曲伴奏音乐,因特色鲜明而深受人们喜爱,后渐传至全国各地,乃至蜚声于国外。其主奏乐器为椰胡、二胡、扬琴、秦琴、箫等,乐曲柔美悠扬,婉转流利,韵厚味绵,意境幽远。广东音乐名曲很多,如《雨打芭蕉》、《旱天雷》、《彩云追月》、《饿马摇铃》、《步步高》等。

（二）传统声乐

广义地说,戏曲、曲艺、歌舞等艺术形式中的歌唱部分都属于声乐范围,这里我们仅指歌曲。中国历来比较注重声乐,古有"丝不如竹,竹不如肉"的说法,这里所谓"肉",是指人声歌唱的表现方式。历代善歌者史籍多有记载,"响遏行云"、"余音绕梁"等都是古时形容歌声而遗留下来的成语。

中国的声乐古今传承而自成体系,发声讲究气息的调理,行腔注意与吐字相谐,唱法追求顺应自然。当前,声乐的唱法通常被分为民族、美声、通俗三大类。其中,民族唱法基本上就是中国传统的声乐唱法,有别于西洋的美声唱法、流行歌曲的通俗唱法。

这里,应该特别说到流传于全国各地(当然包括各少数民族地区)的民歌。民歌犹如浑金璞玉,具有原始性的朴拙之美,比之于那些经过音乐家加工后的作品,它的韵味更为地道。民歌又具有鲜明的地域色彩,是一地独有的文化"土特产",对异地游人有着特殊的魅力。中国地域辽阔,民族众多,自然环境不同,风土人情各异,这就使得民歌的百花园中姹紫嫣红,群芳争艳,多姿多彩,美不胜收。总之,民歌是一个非常值得开发而又取之不尽、用之不竭的旅游资源。民歌的情况十分复杂,这里只能简略介绍其大致风貌。[1]

1. 汉族民歌

依据音乐体裁,汉族民歌可分为号子、山歌、小调三类。号子是伴随集体性重体力劳动唱的民歌,经常用于搬运、拉纤、打夯等劳动过程之中。号子一领众和,亦歌亦呼,其歌旋律简单,节奏鲜明,洋溢着粗犷质朴、刚健雄浑的情韵,可以协调整体,振奋精神,有组织劳动的实用功能。山歌产生在野外的劳动、生活中,多根据环境即兴而发,具有直抒胸臆、顺口成歌、曲调高亢、节奏自由等特点。从内容上看,山歌广泛涉及生活的方方面面,但最主要的是情歌。山歌在中国分布非常广泛,流行于各地的山歌具有鲜明的地域色彩,如西北地区的山歌信天游、爬山调、花儿等均情韵独具,特色突出。小调是在休息、娱乐、节庆等场合演唱的民歌,歌手还包括那些半职业化和职业化的民间艺人。小调的特点是形式较为规整,旋律性较强,比之号子和山歌要细腻含蓄,在唱法上也常用独唱、对唱、齐唱等形式,内容往往是在抒情中融入更多的叙事成分。辽宁的《孟姜女》、云南的《绣荷包》、河北的《小白菜》、江苏的《紫竹调》等都是因独领风情而风传全国的小调。

2. 少数民族民歌

中国的少数民族多达55个,在中华民族文化的共同基础上,各少数民族由于自然地理环境、社会经济结构、历史文化传承等诸方面的因素,从而形成了各自的文化个性,这也造就了少数民族民歌格外分明的特色,并使之成为民歌宝库中耀眼的

---

[1] 以下内容主要参考周青青.中国民歌.北京:人民音乐出版社,1993.

明珠。蒙古、哈萨克、维吾尔、藏、壮、苗、瑶、侗、布依、毛南、仫佬、高山等少数民族都有着各自风情浓郁、音调独特的民歌,其中蒙古长调就是典型代表。

四、传统杂技

中国杂技是传统表演艺术中又一朵奇葩。据古文献和出土文物断定,早在汉代就已经出现了戴杆走索、吞刀吐火之类的杂技表演节目,这说明杂技在当时已是一种成熟的表演艺术了。若进一步追本溯源,杂技可以说是萌发于远古人类的生产劳动、宗教祭祀、娱乐游戏以及战争等社会活动。从整个发展历程来看,中国杂技大致经过了三个阶段:汉以降迄于唐,杂技主要为宫廷艺术,是统治阶级奢华生活的一部分,同时也是杂技奠定基础和迅速发展繁荣的时期。宋代以后至近代,杂技回归民间;杂技艺术步入商业化之途,由于激烈竞争而促进了新的发展,但随着社会环境的变化,杂技也兴衰起伏不定。近代以后,杂技开始了现代化的进程,在日益繁荣的都市中杂技找到安身立命之地,在不断增加的中外交流中杂技有了新的发展机遇。新中国成立后,在政府的扶持下,杂技艺术得到长足发展,达到前所未有的水平。如今,中国杂技已名扬海外,在国际上享有盛誉。

杂技是一种纯粹的观赏表演艺术,不存在任何的观赏障碍,真正称得上雅俗共赏、老少咸宜,完全是一个无疆无界的艺术天地。当然,在古老的华夏文化土壤中孕育出来的中国杂技仍然有着自身的文化意蕴和艺术特征。概而言之,中国杂技的第一个审美特征是高度的技巧化。中国杂技传统节目的表演都是靠实打实的硬功夫,难中显奇、稳中见巧。比如从古代走索发展而来的走钢丝,演员在一根细细的钢丝上走如履平地,已属不易,许多演员还能在上面翻筋斗、踩高车,等等,这中间不可能有任何投机取巧的做法,全凭超凡的功力和过人的技能。其他如"耍花坛"、"顶碗"、"咬花"等无不如此。中国杂技的第二个美学特征是充分的艺术化。中国杂技表演并不满足于单纯地展现高超的技能,而是对每一个动作都精雕细刻,调动舞蹈、武术、美术、音乐等的一些手段,使其得到尽量的美化,赋予其浓烈的抒情意味和张弛有致的韵律感。中国传统的杂技节目"转碟"就是一个充满着诗情画意、具有高度艺术品位的佳作。

广义的杂技还包括口技、魔术。前者是中国独有的表演艺术形式,饶有情趣,堪称绝技;后者在中国旧称"变戏法",已经较多地吸收了外国魔术的技法,当然,也有不少节目保留了中国的民族风格。

以上是对中国传统表演艺术各大门类及其基本特征的简要综述。对旅游观光这项综合性审美活动而言,中国传统表演艺术是其重要的组成部分,或者说是旅游过程中娱(乐)的主要内容。通常,游客通过观看中国传统表演艺术的精品佳作,不仅从中获得丰富的审美文化享受,而且借此了解和体认风格多样的民族文化风情。因此,科学地开发和利用这方面的资源,对丰富旅游审美活动的内容和调节游客的心理环境具有不可忽视的作用。

思考与练习

1. 中国传统的表演艺术有何独特的审美价值？
2. 你的家乡有哪些地方特色显著的传统表演艺术？
3. 传统表演艺术对发展旅游业有何作用？应该如何进行开发利用？
4. 京剧为什么被推许为"国剧"？
5. 京剧艺术的基本体制与表演特点是什么？
6. 流行于你所在城镇的地方戏是什么剧种？其表演艺术有何特点？
7. 以你观看过的一个曲艺节目为例，谈谈曲艺表演形式灵活的特点。
8. 中国传统舞蹈艺术的观赏性体现在哪些方面？
9. 谈谈你对传统民族音乐的审美感受。结合某一部乐曲加以分析。
10. 中国杂技艺术表现了怎样的民族个性？试举例说明。

第十五章

山水旅游文学与旅游

古往今来,中国人对大自然抱有特殊的情怀,与大自然结有异乎寻常的亲和关系(affinity)。究其本质,这首先与传统的"天人合一"思想有关。这种思想认为,自然界是一个有机的整体,人是自然界的一部分,自然界是人的庇护所或养育者,而人是自然界的"立心"者或协助者。因此,儒道所言的天人关系,一方面倡导"天行乾,君子以自强不息;地势坤,君子以厚德载物",即标举天地之道为君子之道的参照框架;另一方面要求人应"知天"、"用天"和"事天",负有"赞天地之化育"和"曲成万物而不遗"的责任,同时还享有"与天为徒"和"与物为春"的自由,据此方可跃入"与天地参"或者"原天地之美,达万物之理"的境界。

其次,这种亲和关系产生的要因之一是中国山水旅游文学的滋养。特别是从孔子提出悦山乐水的"仁智说"和庄子推崇"逍遥游"的生存方式以来,名士优游、恣情山水与吟咏风物几乎成了中国历史文化长河中历久弥新的社会时尚。从"山川之美,古来共谈"(陶弘景)之文到"刚柔共古今,仁智恣潇洒"(魏源)之诗,历经魏晋六朝特别是唐宋明清直到近代现代,自然山水作为观赏与寄情的对象、言志与畅神的凭借、吟咏与明道的题材、表白政治态度与生活方式的途径,结出了丰硕的山水旅游文学之果,进而滋养着国人的山水意识或旅游审美意识,塑造着民族的文化心理结构,同时还丰富着中国自然山水或广义上的旅游景观的文化内涵或审美意味,等等,从而构成一种我们所说的审美增值(aesthetic plus)现象。因此,人们现在外出旅游,与景致相关的山水旅游文学内容已经成了观赏过程中不可缺少的组成部分。

"山水旅游文学"的提法肇始于20世纪80年代,认同于90年代。作为一个新的学科或文学门类,"它包容着传统所说的山水文学和当代所说的旅游文学,是将两者融为一体的新概念",具有"兼容古今,时代适应性强"和能够鲜明地体现出"人与自然、山水与旅游的统一,突出山水在旅游和文学中的地位与作用"等特点。[①] 不过,也有一些学者沿用"旅游文学"这一称谓,将山水文学融合其中,并在功用和范

---

① 臧维熙.中国山水的艺术精神.北京:学林出版社,1994:4.

围等方面对其作了不同的界定。① 按照通常的理解,山水旅游文学的基本内容一般包括描写或记叙山水景象和旅游活动的诗词、歌赋、游记、名胜楹联、小说、报告文学和风光影片、电视片,等等。我们认为,在实际的旅游观赏过程中,有益于引导旅游者审美注意和深化其审美体验的主要因素,是那些与山水景致相得益彰的诗歌、游记、楹联和传说,因为它们各自具有以典型的艺术表现手法写景、构景、抒情、明道、言志、"画龙点睛"、灌注活力和人伦教化等作用。

第一节 山水诗歌与旅游审美

存在主义哲学家海德格尔在沉思人类的生存状况与"此在"(Dasein)的本质时,曾借用过荷尔德林的一行诗:"人建功立业,但诗意地栖居在这个大地上。"② 这里所言的"诗意"与"大地",均具有各自特定的内涵。从形而上或形而下的立场来看,前者一般表示人生的态度、"此在"的意义或生存的最佳方式等,后者大致是指"此在"或生存的基础、场所与可能性等。这主要是针对过度机械化和商业化所导致的人生异化及其困境而言的。当然,我们无法以三言两语来破解(decode)海氏的真正用意,也许本身就无须这样做,因为每个读者都会以自己的方式去解悟,都会从中得出带有个人色彩的结论。

颇为有趣的是,对于大多数有一定文化修养的中国人来讲,这句话无论是纳入日常的生活范围还是引向玄远的精神领域,都具有不同寻常的应用性含义。这主要是因为中国人生活在一个诗的国度里。尤其是具有悠久历史和辉煌成就的山水诗,若从曹操的《观沧海》算起,距今已有1 790余年,中经唐、宋发展时期和成果阶段到后来的继承或翻新阶段,享有盛名的诗人达千家之多。这其中有许多诗人浪迹山水、遍访名胜、见景生情,其诗作内容与相关景物交融互补,不可分割。另外,多数中国人从儿时的学语、识字、唱歌,到后来的读书、练字、作文、吟诵、看画、听戏以及今日从事广泛的社会化旅游观光活动,都与诗(特别是山水诗)结下了不解之缘。所以说,即便思想家们把"诗意地栖居"划分出什么样的层次,我们都始终认为基于日常功用性的"诗意地栖居"总不失为其中一个层次,否则,上述诗化的陈述不就成为一个过于抽象而且等于挂空的理念玄思了吗? 我们所说的"日常功用性",就包括旅游审美活动中对相关的山水诗歌的欣赏以及通过这些诗歌对相关景致的理解。

众所周知,国内的旅游者不管是到江海湖泊、五岳黄山观光,还是到历史古迹、园林花圃览胜;不管是听涛观潮,还是赏月看花……他们都会读到、听到或者联想

---

① 冯乃康.中国旅游文学论稿.北京:旅游教育出版社,1995:4-19.
② 海德格尔.诗·语言·思(彭富春译).北京:文化艺术出版社,1991:185-291.

到描写相关景物对象的诗句。这些诗句中有许多是流传已久、脍炙人口的佳作,是中国传统山水诗歌中的精华。通常,人们在亲临其境的旅游审美过程中,在凝神观照眼前景物的同时,潜心品味相关的诗词歌赋,不仅能够助兴或提高游兴,而且能够丰富景观对象的审美价值和提高观赏者的审美理解水平。因为,从旅游审美的角度分析,山水诗歌至少在以下四个方面会对旅游者产生积极的影响:典型形象美、诗情画意美、哲理内涵美与历史沧桑感。

一、凸显景物的典型形象美

在山水诗歌中,对相关景物形象的描写大多都艺术化了或典型化了。因此,我们从中所感悟和想象出的景观形象是艺术化了的典型形象。这种典型形象既包括景观在一定时空背景中所显现出的富有个性的客观特征,又包括连同周围环境在内的综合性客观特征,当然也凝结着诗人的审美视界与感性认识(aesthetic perspective and perceptual knowledge)等主观因素。在现代旅游活动中,人们亲临特定的景观,重温相关的诗句,会从所描写的典型形象中得到一定量度的指向性审美信息,在增加人们游兴的同时强化人们的审美感受。

譬如,去河北昌黎县登碣石山远观渤海,或者到北戴河海滨的鹰角石观看海上日出,自然会联想到曹操的《观沧海》这首被认为是我国文学史上较早并且较完整的山水诗:"东临碣石,以观沧海。水何澹澹,山岛竦峙。树木丛生,百草丰茂。秋风萧瑟,洪波涌起。日月之行,若出其中;星汉灿烂,若出其里。"这首史称"碣石"篇的绝唱,据明末清初的朱嘉征和乾隆年间的朱乾所说,是"魏公北征乌桓时作"。[①] 余冠英在注释中亦称:"建安十二年(207)夏五月曹操出兵征乌桓,七月出卢龙塞,九月胜利班师,经过碣石山",登山观海,吟写此诗,为《步出夏门行》篇中的首章。[②] 诗中对秋风阵吹和波涛摇荡的动态写照、对群山耸立和植被葱茏的静态描绘,构成了一种动静结合的景观。随后对日月银河出没大海的描写,生动而形象地展现出沧海博大的胸怀和天地交融的壮观景象。此情此景令现代旅游者还会联想起毛泽东的《浪淘沙》一词:"大雨落幽燕,白浪滔天,秦皇岛外打鱼船,一片汪洋都不见,知向谁边?往事越千年,魏武挥鞭,东临碣石有遗篇。萧瑟秋风今又是,换了人间。"显然,上阕重在再现实景,下阕重在怀古喻今;前者展现的是雨中的海景或海上的雨景,后者强调的是魏武的功业文才与作者欣然自得的感慨。对旅游者来讲,如果在置身其境的同时联想当年秦皇汉武碣石观海的事迹,吟咏魏王毛公描写海景的诗作,一定会有新的感悟。当然,在具体的游览活动中,由于时空背景的变迁,我们可能看不到那样典型的景致;但诗化的描写会在积极的意义上起一种补偿的作用,

---

① 朱嘉征.乐府广序;与朱乾.乐府正义.
② 余冠英选注.汉魏六朝诗选.北京:人民文学出版社,1979:97.

会在一定程度上拓宽我们的审美空间或想象力。

再譬如,若游长江三峡,自然会联想到李白的《早发白帝城》:"朝辞白帝彩云间,千里江陵一日还。两岸猿声啼不住,轻舟已过万重山";若观钱塘大潮,自然会联想到陈师道的《十七日观潮》:"漫漫平沙走白虹,瑶台失手玉杯空。晴天摇动清江底,晚日浮沉急浪中";若春游杭州西湖白堤,自然会联想到白居易的《钱塘湖春行》:"孤山寺北贾亭西,水面初平云脚低。几处早莺争暖树,谁家新燕啄春泥。乱花渐欲迷人眼,浅草才能没马蹄。最爱湖东行不足,绿杨阴里白沙堤";若于农历六月临观"曲院风荷",自然会联想到杨万里的《晓出慈净寺》:"毕竟西湖六月中,风光不与四时同。接天莲叶无穷碧,映日荷花别样红";若泛舟漓江游桂林山水,自然会联想到韩愈的名句:"江作青罗带,山如碧玉簪"……另外,若松下赏月,自然会联想到王维的诗句:"明月松间照,清泉石上流";若游园观白牡丹,兴许会联想到徐寅的描写:"蓓蕾初开素练囊,琼葩熏出白龙香。裁分楚女朝云片,剪破嫦娥夜月光。雪句岂须征柳絮,粉腮应恨贴梅妆。槛边几笑东篱菊,冷折金风待霜降";以及刘禹锡的绝句:"庭前芍药妖无格,池上芙蓉净少情。唯有牡丹真国色,花开时节动京城"……

总之,在所有与景物相关的诗歌中,诗人基于自己的观察和感受,以比兴、夸张、联想等艺术手法再现和丰富了景物的典型形象美,为现代旅游者或观赏者提供了用之不竭的旅游文化资源。

二、描绘景物的诗情画意美

自魏晋以降,自然山水不仅是人们自由游赏的对象,而且是其抒情感怀的凭借。事实上,中国山水诗人历来有触景生情的文化心理习惯与托物寄情的艺术创作传统。前者如陆机所言:"遵四时以叹逝,瞻万物而思纷;悲落叶于劲秋,喜柔条于芳春。心懔懔以怀霜,志眇眇而临云……"[1]后者如刘勰所言:"昔诗人什篇,为情而造文。"[2]因此,"物色之动,心亦摇焉……是以献岁发春,悦豫之情畅;滔滔孟夏,郁陶之心凝;天高气清,阴沈之志远;霰雪无垠,矜肃之虑深;岁有其物,物有其容;情以物迁,辞以情发"。[3] 于是,恣情山水的诗人,其情不仅为物所动,而且常以物迁;其诗不仅写景抒情,而且追求情景交融的境界。诚如辛弃疾所言:"我看青山多妩媚,料青山,见我应如是。情与貌,略相似"(《贺新郎》)。这显然下启王国维"一切景语皆情语"的说法。另外,中国山水诗与山水画是彼此相通的。山水诗人一般都具有山水画家的眼力,习惯于从画家取景的视界出发来写景,从而使诗歌表现出

---

[1] 北京大学哲学系美学教研室.中国美学史资料选编.北京:中华书局,1980:155.
[2] 同上书,页201。
[3] 同上书,页205。

画意;反之亦然。故有"诗中有画,画中有诗"的定论,同时也有许多以诗作画或为画题诗的实践,如柳宗元的《江雪》一诗与马远的《寒江独钓图》一画便是范例。这样,许多山水诗便基于客观的景物、作者的情感和音乐般的节奏,采用特殊的艺术描写方法彰显了相关景物的诗情画意美,从而也为当今的旅游者创造了观赏景外之景的可能性。再则,山水诗人大多"才高词盛",在主观上惯于"窥情风景之上,钻貌草木之心"(刘勰),在赋诗时讲求"情必极貌以写物,辞必穷力而追新",其辞采之美与景物之美契合为一(如谢灵运的"池塘生春草,园柳变鸣禽"等),从而进一步丰富和美化了景观的审美价值。

在我国诸多楼台中,最著名的莫过于黄鹤楼。此楼相传创建于三国吴黄武年间,后于各代屡毁屡修。据六朝和唐代的文字记载、宋元明各朝绘图与清朝丝织品图案及清末所摄照片所示,昔日的黄鹤楼重檐翼舒,耸天峭地,轩昂壮观,峥嵘缥缈,几疑仙宫,附会着王子安乘鹤由此经过和费文祎驾鹤返憩于此等民间传说。1884年毁于火灾后,其遗址仍为人们流连。随着我国现代旅游业的发展,20世纪80年代于武昌蛇山顶新复原的黄鹤楼旧观气势宏伟,高标瑰丽,来访的各地旅游者络绎不绝。这其中的重要原因之一在于历代山水诗人对其的吟唱,最为驰名的当推崔颢的绝句《黄鹤楼》:

  昔人已乘黄鹤去,此地空余黄鹤楼。
  黄鹤一去不复返,白云千载空悠悠。
  晴川历历汉阳树,芳草萋萋鹦鹉洲。
  日暮乡关何处是?烟波江上使人愁。①

此诗作者借神气拂拂的民间传说,先从仙人野鹤着笔,后写所见的景物,再抒不尽的乡愁,以行云流水般的诗句和怀恋惆怅的情调,把传说、景物与乡愁自然而然地交织在一起,意象扑朔迷离,令人无限遐想。前四句主要写鹤去楼空的传说与空荡悠远的白云,似乎全然叙事状物,而两个"空"字却使人朦胧地感受到其中潜含着满腔遗憾眷念之情。"晴川历历汉阳树,芳草萋萋鹦鹉洲",不仅画面清晰旷远、色彩富丽,而且遣词真切雅致、诗韵和谐流畅,令人赏心悦目。联系"白云千载空悠悠"一句中所描绘的浮云,再看"日暮乡关何处是"一句中西下的落日,不禁使人想起"浮云游子意,落日故人情"的心理写照。而"烟波江上使人愁"则以江波浩渺的空阔背景把难于言表的乡愁烘托了出来,使人不免顿生恻隐之心,一方面会敏悟到"游子悲故乡"的家园意识,另一方面会感发出"愿君乘黄鹤,高飞还故乡"的希冀。总之,诗中所表现出的诗情画意,会引导游人欣赏眼前直观的景象,而且更重要

---

  ① 据《唐才子传》所载:"崔颢游武昌,登黄鹤楼,感慨赋诗。及李白来,曰:'眼前有景道不得,崔颢题诗在上头。'无作而去……"后来,李白遭变相放逐,于漫游金陵时依照此诗原韵写下了吊古伤今的《登金陵凤凰台》,亦成千古绝唱。

是让人不同程度地体悟到一种"景外之景"和"情外之情"。这后者可以说是意境，是景观深层的东西，当然也是吸引八方游客的真正魅力所在。除崔诗之外，其他诗人有关黄鹤楼的描绘，如黄庭坚的《鄂州南楼书事》、范成大的《鄂州南楼》与陈孚的《鄂渚晚眺》等，都会对前来黄鹤楼的游客产生积极的影响，并且有助于丰富黄鹤楼景观的诗情画意或意境之美。

在旅游名胜繁多的祖国大地上，山水诗歌所表现出的诗情画意美随处可见。譬如，登万里长城，人们会从"鞭石千峰上云汉，连天万里压幽并。东穷碧海群山立，西带黄河落日明"（康有为）这雄阔深沉的诗篇中窥见出一幅浓缩了的气势磅礴的长城万里图。若去地处大西北的陇上旅行或到嘉峪关外的戈壁漫游，人们会从"黄河远上白云间，一片孤城万仞山。羌笛何须怨杨柳，春风不度玉门关"（王之涣）等诗句中感受到一种雄浑高迈的气势与哀怨凄然的情愫，会从"征蓬出汉塞，归雁入胡天。大漠孤烟直，长河落日圆"（王维）等诗句中领略到大漠那空阔茫茫、苍凉洪荒的诗情画意之美。若登临中岳嵩山，人们会从"日暮北风吹雨去，数峰清瘦出云来"（张耒）等诗句中欣赏到水墨画般的雨后山景。若游览八百里洞庭湖，人们会从"气蒸云梦泽，波撼岳阳城"（孟浩然），"淡扫明湖开玉镜，丹青画出是君山"（李白）和"遥望洞庭山水翠，白银盘里一青螺"（刘禹锡）等著名诗句中感受到体态万端的景观形象。若去扬州看二十四桥，人们自然会联想到诗人杜牧的绝唱："青山隐隐水迢迢，秋尽江南草未凋。二十四桥明月夜，玉人何处教吹箫？"这种诗情画意般的描写与奇妙丰富的想象会使人从中幻化出一幅江南秋景中、明月拂照下的桥上玉人吹箫图。若去苏州枫桥镇访寒山寺，人们自然会联想到诗人张继的清唱："月落乌啼霜满天，江枫渔火对愁眠。姑苏城外寒山寺，夜半钟声到客船。"这首诗没有一句直白或直写，而是以一幅幅荒疏寂寥的画面伴随着空悠回荡的钟声，委婉而深沉地表现出羁旅他乡的客愁。若在春明雨后天晴时分沿岸环游杭州西湖，以苏轼的诗画描写——"水光潋滟晴方好，山色空濛雨亦奇。欲把西湖比西子，淡妆浓抹总相宜"——来应对眼前柔美绮丽、欢快多变的景致，那便是另外一种感受，一种欣然而乐的感受了。

三、彰显景物的哲理内涵美

如前所述，孔子悦山乐水，倡导比德之说，即以山水的静动特征比拟君子的仁智之德。若根据中国山水文化意识、天人感应思想与西方的异质同构理论来看，这其中蕴含着人对山水的哲学、伦理以及美学思考的契机。据传孔子有"见大水必观"的爱好，一是从中联想到飞速流逝的时间，由此思考客观的自然法则，故发"逝者如斯夫"的感叹；二是从中得到关乎道德功利的理性启发，由此思考人如何能在模山范水过程中提高自身的品性修养和维系社会的正常秩序。据《荀子》一书所载：一曰"孔子观于东流之水"，子贡问："君子之所见大水必观焉者，是何？"子曰：

"夫水大,遍于诸生而无为也,似德;其流也埤下,裾拘必循其理,似义;其洸洸乎不淈尽,似道;若有决行之,其应佚若声响,其赴百仞之谷不惧,似勇;主量必平,似法;盈不求概,似正;淖约微达,似察;以出以入,以就鲜洁,似善化;其万折也必东,似志。是故君子见大水,必观焉。"① 可见,先秦时代的山水尽管已经开始人化或圣人化,但依然在人们的意识中保持着令人崇敬的神秘、威严乃至超然等品格特性。魏晋之后,自然山水已经成为人们游乐欣赏的对象,上列品性相继淡化,但原先的观念则积淀和凝结在人们的山水意识和文化心理结构中。于是,人们在观照或描摹自然山水景观时,仍然遗存着哲思玄悟的习惯,即自觉或不自觉地根据人与景之间的异质同构等心理感应,或从山水中得到富有哲理的启示,或将自然的哲理思考寄寓于山水之中,也就是魏晋以来为纵意丘壑的文人雅士所推崇的那种以玄对山水的优游态度。这种态度实际上是在很大程度上遵循"文以载道"、"文以明理"以及"诗言志"等惯例或法则,凭借描摹自然山水而达到载道、明理、言志与知性等更高一层的目的。诚如朱庭珍所概括的那样,诗人"以人之性情通山水之性情,以人之精神合山水之精神,并与天地之性情、精神相通合矣!"在这种神与物游或物我同一的状态中,诗家"以其灵思,结为纯意,撰为明理,发为精词"。② 如此一来,许多中国山水诗歌中便表现出一定的融合情理和伦理等因素的哲理内涵。作为旅游文化或旅游审美文化的丰富资源,这些具有哲理内涵美的山水诗歌有益于提高旅游景观的审美文化价值和深化旅游活动的审美教育意义。

一般来说,山水诗歌表现哲理内涵的主要形态约有两种。即引理出景和寓理于景。就前者言,是指人按照自己的理解,从写景咏物的诗句中引申出富有哲理的内涵,日后则根据具体的情景或需要而加以借用,借此取得委婉或含蓄表达自己意思的特殊效果。常见的范例有描写秋日江景的"无边落木萧萧下,不尽长江滚滚来"(杜甫);描写日落景色的"夕阳无限好,只是近黄昏"(李商隐);描写赣江景致的"青山遮不住,毕竟东流去"(辛弃疾);再现旅游经历的"山重水复疑无路,柳暗花明又一村"(陆游)和"昨夜西风凋碧树,独上高楼,望尽天涯路"(晏殊);等等。另外,也有吟咏野草的"离离原上草,一岁一枯荣。野火烧不尽,春风吹又生"(白居易);吟咏晚秋枯荷的"秋阴不散霜飞晚,留得残荷听雨声"(李商隐);赞许早春杏花的"春色满园关不住,一枝红杏出墙来"(叶绍翁)以及标举寒冬梅花的"墙角数枝梅,凌寒独自开"(王安石);等等。当然,这些诗句本身是景语,在相关的景致中,也同样有益于增强观赏者的游兴和深化他们对风景的感悟。

关于寓理于景,那是作者有意而为,也就是说作者以摹景咏物为凭借或手段,通过艺术化了的、具体可感的和生动鲜活的自然景象来明理言志,即表现自己所体

---

① 参阅《荀子》一书中的《宥坐》篇。
② 参阅朱庭珍.筱园诗话.转引自李遵进,沈松勤.风景美欣赏.上海:上海人民出版社,1987:93.

悟到的道理、意趣、志向、抱负以及政治和生活态度等内容。这种寓理于景的表现形态虽是将上述哲理内涵寄托在自然景观或物象之中,借艺术化的诗歌话语将其传达给读者,但在实际上至少会产生三重效果:一方面使哲理因自然景象而彰,另一方面使自然景象因哲理而显,最终"使作品形理兼备,别具情趣"。① 这方面的范例很多,譬如陶渊明的《饮酒诗》:

> 结庐在人境,而无车马喧。
> 问君何能尔,心远地自偏。
> 采菊东篱下,悠然见南山。
> 山气日夕佳,飞鸟相与还。
> 此中有真意,欲辩已忘言。

此诗可谓庄子"得意忘言"这一思想的绝妙阐释,的确体现了如何"诗意地栖居在这大地上"的可能途径。诗人悠然自得,以目观景,以心会景,深解"真意",但却不予言表。那"真意"就包容在那秀丽幽寂而充满生机的景色中,在那"悠然"而自由的静观默照中,在那追求遗世独立的理想人格中,在那"与物为春"、超然物外的生活方式中……所有这些都是难以言说的,只能靠自己的修养水平和体悟能力了。

值得指出的是,陶潜的表现方式十分含蓄。相形之下,杜甫的《望岳》、王之涣的《登鹳雀楼》、黄巢的《不第后赋菊花》、苏轼的《题西林壁》和陆游的《卜算子·咏梅》等诗词中的有些句子在明理言志方面则要清晰得多。如以"会当凌绝顶,一览众山小"来寄寓或彰显"登泰山而小天下"之意;以"欲穷千里目,更上一层楼"来表示"登高壮观天地间"和"登高能赋"等意;以"不识庐山真面目,只缘身在此山中"来暗喻应当"入乎其内"并"出乎其外"等全面看待事物的道理及其必要性……这些似乎有些漫不经意的吟唱,实为诗人在观赏山水景物中得到启发而借题发挥,道出个人的志趣、情怀、宇宙、人生等方面的深刻哲理,用以提醒和激励自己与他人。

四、再现景物的历史沧桑感

旅游者在游览古迹名胜时,往往会回顾与景物相关的文化历史。这种旅游现象在中国尤为普遍和必要。众所周知,由于自身文化和历史等原因,中国人的文化心理结构中积淀着浓厚的历史意识。相应地,中国的山水名胜大多具有"时间的立体性"与"历史舞台的色彩"。我们登泰山,会缅怀秦皇汉武等古代帝王封禅的盛况;我们访秦陵,会遥想"秦王扫六合"的壮举与"焚书坑儒"的暴行;我们看华清池,会联想到唐玄宗与杨贵妃的爱情故事及其悲剧结局……此情此景,使我们感受到历史的沧桑,产生思旧怀古之情,会极大地丰富旅游观赏活动的内容及其审美体验。

---

① 徐应佩.山水文学的哲理性.见:藏维熙主编.中国山水的艺术精神.北京:学林出版社,1994:252.

在中国的山水诗歌中,有许多是以怀古为题的,是凭借描摹名胜古迹的景色来抒发作者的历史情怀的。这类诗歌抑或吊古伤今,抑或借古喻今与借古讽今,因此其中的历史沧桑感表现得特别突出。譬如陈子昂这首脍炙人口的《登幽州台歌》("前不见古人,后不见来者。念天地之悠悠,独怆然而涕下。"),可以说是一首最为简短的怀古诗,其慷慨悲愤的情怀与悠远苍凉的历史氛围感人至深。

目前,在旅游景观和旅游市场的深度开发中,与山水名胜相关的怀古诗作在丰富景观内涵、吸引客源和深化旅游审美体验与文化历史体验等方面具有不可忽视的积极作用。譬如,在长江中下游沿岸开辟"三国旅游线路"和促销"看三国,游赤壁"旅游产品等活动中,与三国历史事件相关的怀古诗作便是必不可缺的旅游审美文化资源。比较起来,这其中将山水描写与吊古伤今十分巧妙地交融在一起的当推苏东坡的《念奴娇·赤壁怀古》:

> 大江东去,浪淘尽,千古风流人物。
> 故垒西边,人道是,三国周郎赤壁。
> 乱石穿空,惊涛拍岸,卷起千堆雪。
> 江山如画,一时多少豪杰!
> 遥想公瑾当年,小乔初嫁了,雄姿英发。
> 羽扇纶巾,谈笑间,樯橹灰飞烟灭。
> 故国神游,多情应笑我,早生华发。
> 人生如梦,一尊还酹江月。

这是年已47岁的苏轼在谪居黄州(今湖北黄冈县)游赤壁时所作。作者触景生情,借思旧怀古来感发自己的志意和抒写自己的胸襟。全词可分三部分:先写赤壁古战场雄奇壮观的景色,次写周瑜的英雄形象与赫赫战功并借以言志,后写作者怀才不遇、无可奈何的感叹,但似乎又欲罢不能,掩盖不住渴望实现建功立业等理想抱负的豪迈情怀。通览全篇,景观与人物的典型形象和诗情画意、历史的沧桑与人生的态度以衔接自然的层递方式像一幅幅栩栩如生的画面展现在读者的面前。同类的代表性作品很多,譬如辛弃疾的《永遇乐·京口北固亭怀古》[1]和《南乡子·登京口北固亭有怀》[2]。这两首词是年高66岁的作者在镇江任知府时于同年、同地所作,可以并读。通过思旧怀古,论人议事,贴切用典,借古讽今,表达了作者为了国家安危而主张抗金、光复河山的决心与以史为鉴,反对冒进的正确思想,同时从字里行间流露出作者本人"烈士暮年,壮心不已"的英雄情怀及其坚强不屈、老当益

---

[1] "千古江山,英雄无觅,孙仲谋处。舞榭歌台,风流总被,雨打风吹去。斜阳草树,寻常巷陌,人道寄奴曾住。想当年,金戈铁马,气吞万里如虎。元嘉草草,封狼居胥,赢得仓皇北顾。四十三年,望中犹记,烽火扬州路。可堪回首,佛狸祠下,一片神鸦社鼓!凭谁问,廉颇老矣,尚能饭否?"

[2] "何处望神州?满目风光北固楼。千古兴亡多少事,悠悠。不尽长江滚滚流。年少万兜鍪,坐断东南战未休。天下英雄谁敌手?曹、刘。生子当如孙仲谋。"

壮的战斗意志。今日读来,会令人在回顾历史沧桑巨变的心境中心旌摇曳、感念至深。这对现在凭吊古迹、身临其境的旅游者来讲,或许更是如此。

在此,需要强调的是,山水诗歌的上述审美价值——即典型形象美、诗情画意美、哲理内涵美和历史沧桑感——均离不开诗化了的山水景观的感性形象这一基础,否则就不能有效地感动人、激励人或教育人。另外,有些山水诗歌是融上述审美价值于一体的。譬如今人毛泽东的词《沁园春·雪》,也同东坡、稼轩的有些怀古之作一样,既摹景绘色,写自然风光;又抒情言志,写江山英雄;而且还思接千载,吊古论今,评秦皇汉武、唐宗宋祖到今朝的风流人物。不过,与他人相比,毛泽东胜出一筹,不仅壮怀神州、天马行空,而且风华正茂、厚今薄古,因而其词意境更为高迈深广,这同他自己集诗人、领袖、思想家和革命家于一身的特殊人格、品性与气度不无关系。

第二节 山水游记与旅游审美

在华夏古典文学发展史上,山水游记与山水诗歌作为相对独立的文体,其生成过程都经历了一个相当长的时期。一般来说,山水游记的形成阶段可上溯至魏晋南北朝,受早先汉赋[①]与当时"纵意丘壑,优游山水"的隐逸之风影响较大,从鲍照的《登大雷岸与妹书》、陶弘景的《答谢中书书》与吴均的《与朱元思书》等篇可以窥知其雏形。山水游记的定型阶段为唐代,以元结的《元次山文集》和柳宗元的《永州八记》为主要代表作。山水游记的巩固和发展阶段为宋代,名作甚多,如欧阳修的《醉翁亭记》,范仲淹的《岳阳楼记》,王安石的《游褒禅山记》,苏轼的前、后《赤壁赋》,苏辙的《黄州快哉亭记》和范成大的《峨眉山行记》,等等。山水游记创作经过萧条的金、元时期之后,于明、清再度复兴繁荣,名家荟萃,如徐霞客、"公安派"的袁氏三兄弟和"桐城派"的方苞、姚鼐等人创作的山水游记。简而言之,山水游记通常以游踪为骨架,以景物描写为主体,是一种兼叙事、议论和抒情的文学性散文。[②]

从旅游者的角度看,山水游记同山水诗歌一样,其基本功能也在于表现景物的典型形象美、诗情画意美和哲理内涵美等方面。譬如去登岳阳楼,游洞庭湖,书写在木雕屏上的《岳阳楼记》则为必读之物:

若夫霪雨霏霏,连月不开,阴风怒号,浊浪排空;日星隐耀,山岳潜形;商旅不行,樯倾楫摧;薄暮冥冥,虎啸猿啼。登斯楼也,则有去国怀乡,忧谗畏讥,满目萧然,感极而悲者矣。至若春和景明,波澜不惊,上下天光,

---

① 章沧授.论汉赋对山水旅游文学的贡献.见:藏维熙主编.中国山水的艺术精神.北京:学林出版社,1994:366-377.

② 王立群.论游记文体的形成;崔承运.古代山水游记述略.见:藏维熙主编.中国山水的艺术精神.北京:学林出版社,1994:305-321.

一碧万顷;沙鸥翔集,锦鳞游泳;岸芷汀兰,郁郁青青。而或长烟一空,皓月千里,浮光跃金,静影沉璧,渔歌互答,此乐何极!登斯楼也,则有心旷神怡,宠辱偕忘,把酒临风,其喜洋洋者矣。

不难看出,文中所记的是两种景象,所抒的是两种情思,所表的是两种心境。"霪雨霏霏"中的氛围景象与"春和景明"时的湖光山色都具有各自的典型特征,从而形成鲜明的对照。相应地,观于前者,则生心灰意冷、凄然苍凉的情感,于是表现出厌政思乡或辞官还乡的政治与生活态度;观于后者,则生心旷神怡、其乐融融的怀抱,于是表达了一种轻松明净、超然物外的生活志趣。这情与景交相辉映,这意与趣彼此对应,其诗情画意与哲理内涵溢于言表,超然象外,对渲染眼前直观的景致、激发来访者的游兴或深化旅游者的审美体验具有特殊的作用。

不过,体式玲珑、手法灵活、篇幅自由的山水游记还表现出如下一些特征与功能:(1)在摹写方面比较细腻。譬如柳宗元在《至小丘西小石潭记》中对水中鱼儿的描绘:"潭中,鱼可百许头,皆若空游无所依。日光下澈,影布石上,怡然不动。俶尔远逝,往来翕忽,似与游者相乐。"对触景所生之情的描写也是如此:"坐潭上,四面竹树环合,寂寥无人,凄神寒骨,悄怆幽邃。以其境过清,不可久居,乃记之而去。"这里没有一般山水诗歌在抒情方面所常见的那种时空背景的跳跃性,其直接的因果关系比较明晰可辨,至于文外的缘由和字里行间的寓意则要另当别论了。(2)在内容方面富有知识性。与山水诗歌比,山水游记所提供的信息量较大且具体,在状物叙事中展现了相关的地理地貌、人文历史和民间传说,等等,因此具有丰富的知识性。范成大的《过三峡记》和陆游的《入蜀记》等篇便是例证。(3)在游道方面具有启发性。游记的作者大多经验丰富,在搜奇览胜或旅游观赏活动中善于考察研究,并且惯于将自己的心得体会融贯在模山范水之中。譬如,王安石在《游褒禅山记》中表述了寻访奇伟瑰怪景观的可能途径与相关条件,今天读来依然不失其启发意义:"古人之观于天地、山川、草木、虫鱼、鸟兽,往往有得,以其求思之深而无不在也。夫夷以近,则游者众;险以远,则至者少。而世之奇伟瑰怪非常之观,常在于险远,而人之所罕至焉。故非有志者,不能至也。有志矣,不随以止也,然力不足者,亦不能至也。有志与力,而又不随以怠,至于幽暗昏惑,而无物以相之,亦不能至也。然力足以至焉,于人为可讥,而在己为有悔;尽吾志也而不能至者,可以无悔矣,其孰能讥之乎?此予之所得也。"另外,袁宏道在《游盘山记》中对景中下盘水胜、中盘石胜和上盘松胜的描写,对有效的旅游观赏活动具有方法论似的引导作用。郑日奎在《游钓台记》中对"以为游,则亦游矣"这一命题的阐述,以及对"目游"足不及游之景、"鼻游"随风飘来之香、"舌游"甘甜清冽之泉、"神游"四围雄秀之山、"梦游"空蒙滴沥之状、"耳游"远近景物之声等游道或旅游观赏方法的推举,均有助于人们从事全方位的游赏活动。(4)在旅游开发方面具有构景的功能。在华夏旅游景观的形成与发展过程中,比较普遍的做法是因人(历史人物)设景和因物（客观景物）设景，而最具特色的是因文（摹景华章）设景。前两者取决于历史人物的功业德行与客观景物的价值特征，而后者则取决于摹景华章的优美境界。譬如湖南的旅游名胜桃花源与武陵旅游景区便是择善地附会于陶渊明的《桃花源记》："晋太元中，武陵人捕鱼为业，缘溪行，忘路之远近。忽逢桃花林，夹岸数百步，中无杂树，芳草鲜美，落英缤纷。渔人甚异之。复前行，欲穷其林。林尽水源，便得一山。山有小口，仿佛若有光。便舍船，从口入。初极狭，才通人，复行数十步，豁然开朗。土地平旷，屋舍俨然，有良田美池桑竹之属。阡陌交通，鸡犬相闻。其中往来种作，男女衣着，悉如外人。黄发垂髫，并怡然自乐。见渔人，乃大惊，问所从来。具答之。便要还家，设酒杀鸡作食。村中闻有此人，咸来问讯。自云先世避秦时乱，率妻子邑人来此绝境，不复出焉，遂与外人间隔。问今是何世，乃不知有汉，无论魏晋……"桃花源自唐代始建寺观，后代不断修缮扩建成其格局，而武陵旅游景区则是新近旅游开发建设的结果。在我国繁多的旅游胜地中，因文设景并成为名胜的先例不少，譬如湖北宜昌附近临江的风景名胜"三游洞"便是因白居易、白行简和元稹同游此洞并作《三游洞序》及咏景诗文而设。湖北黄冈的旅游景点"东坡赤壁"也是因苏轼的前、后《赤壁赋》与《赤壁怀古》等美文华章而建。

需要说明的是，无论是因人设景与因物设景，还是因文设景，不仅在许多情况下是相互关联的，而且都以一定的自然或人文条件为基础。另外，景与人与文相彰，人因景因文而名，文以景以人而显，彼此互动，交相辉映，故有人杰地灵之誉与山秀文明之风。诚如许多先贤所言："山川之秀，实出人才；人才之出，益显山川"（王鏊《洞庭西山赋》）；"山川虽灵秀，非人不显"（桂冲云《小营山记》）；"一元之气融结于亘古，归气于山泽而有孕灵育秀。僻在荒陬，不经名贤游览，遂寂寥无闻，江阴诸山是矣"（朱德润《游江阴三山记》）；"仁贤昔时经履之地，山川草木光采犹存，表而出之以昭来世"（张栻《武侯祠记》）；特别是屠隆在谈及苏轼时所说："一代文章万古稀，山川赖而亦增辉。"所有这些说法不仅深刻地揭示了景、人、文之间的相互关系，而且也简要地道出了华夏民族的旅游审美文化心理的某些特征。

第三节　名胜楹联与旅游审美

西方美学家赫西（Hussey）认为：与风景美相关的是一种审视"画境"（picturesque）景色的习惯。这种审视习惯一般把眼前的景色看作可以入画或绘画的素材，所以常以素描家的眼光来看待自然美。[①] 这一见解在中西方都有其普遍性。所不同的是，在中国和亚洲一些受中国文化影响的国家（如日本、韩国和新加坡等），众多山水名胜处或风景园林中均设有牌坊门楼、亭台阁榭或石碑摩崖，等等，其上通

---

① Cf F. E. Sparshott. *Structure of Aesthetics*（University of Toronto Press, 1963）, p.96.

常书写或镌刻着与景物相关的楹联或题词。这种表现形式就像中国传统绘画中的题诗或题名一样,对景物起一种画龙点睛的作用,对观赏者则起一种引导的作用,因此成为景物中不可或缺的组成部分。《红楼梦》中专有一章是写大观园建成后贾政约人在游赏中为亭台楼阁题词撰联,并在兴酣之时归纳说:"若大景致,若干亭榭,无字标题,任是花柳山水,也断不能生色。"此说虽有言过其实之嫌,但却也道出了楹联作为如画风景之"标题"的重要作用。

楹联又叫对联、联语,俗称对子。兴于五代,盛于明清。作为统称,楹联可划分成不同类别。在内容上分述事、状景、抒情、晓理、论评等;在文字上分长短两种;在写法上分自拟与集句等;在应用上分春联、喜联、寿联、挽联、题画和胜迹联等。人们在许多旅游胜地的牌坊门楼或山石崖壁上经常看到的主要是一些状景抒情的胜迹联,也就是我们通常所说的名胜楹联,它实际上是山水诗歌的一种变体,是山水旅游文学中的一个特殊门类。

从旅游观赏的角度看,名胜楹联也像山水诗歌一样,具有与景物相关的典型形象美、诗情画意美、哲理内涵美和历史沧桑感。譬如云南昆明湖大观楼上的180字长联就是一个范例。上联为:

　　五百里滇池,奔来眼底。披襟岸帻,喜茫茫空阔无边。看:东骧神骏,西翥灵仪,北走蜿蜒,南翔缟素。高人韵士,何妨选胜登临,趁蟹屿螺洲,梳裹就风鬟雾鬓,更苹天苇地,点缀些翠羽丹霞。莫辜负四围香稻,万顷晴沙,九夏芙蓉,三春杨柳。

下联为:

　　数千年往事,注到心头。把酒凌虚,叹滚滚英雄谁在?想:汉习楼船,唐标铁柱,宋挥玉斧,元跨革囊。伟烈丰功,费尽移山心力,尽珠帘画栋,卷不及暮雨朝云,便断碣残碑,都付与苍烟落照。只赢得几杵疏钟,半江渔火,两行秋雁,一枕清霜。

这副长联出自清代诗人孙髯翁之手,被誉为"古今第一长联"或"海内长联第一佳者"。上联纵情放歌烟波浩渺的滇池,以比兴的手法与华美的辞采将四周的山峦形态和风光胜景描绘得活灵活现。绮丽的山水田园在翠羽丹霞、芙蓉杨柳的点缀下,层次丰富,如诗如画,充分表现出景物的典型形象美和诗情画意美。下联笔锋一转,怀古伤今,一方面怀着激奋与悲凉交织的复杂心情缅怀汉、唐、宋、元等朝代的风云人物及其伟大壮举,另一方面又以无奈的语调感叹朝代的更替与历史的兴衰,寓意深远,发人深省,使人从中看到历史长河中来去匆匆的过客和往事如烟般的人世功业。若将上下联一起参照,我们感到作者似乎是以永恒的大自然来比照显赫一时的人世功业,以悦山乐水的欣喜之感来凸显自己对社会现状的忧愁,或以无限的时空来反衬有限的人生,从而流露出一种喻世、醒世和警世的玄理,充分表现了与景物相关的哲理内涵美和历史沧桑感。

当然,名胜楹联有长有短,其审美功能各有侧重。有的主要表现相关景物的典型形象与特征,如题江西庐山瀑布的"白鸟远行树,玉虹孤饮潭";题泰山南天门的"门辟九霄,仰步三天胜迹;阶崇万级,俯临千嶂奇观";等等。有的主要是摹景抒情,如题云南通海海潮寺的"海色澄清,云雾荡开天地撼;潮声汹涌,波涛洗尽古今愁";题海南天涯海角的"万里蓝空,几片闲云浮海角;一湾碧水,八方游子恋天涯";等等。有的则借写景而寓玄理,如题浙江天台赤城山紫云洞的"洞口有尘风自扫,禅门无锁月常来";题福建漳浦海月亭的"海气凝云,云气结成罗汉泪;月光映水,水光返照菩提心";题浙江天台国清寺清心亭的"石上清泉,松间明月;山光鸟性,潭影人心";题湖南长沙天心阁的"何止路三千,上摘星辰,万丈高楼从地起;不容尘半点,只谈风月,一江秋水映天心";等等。有的则主要以写景来言志,如题山西太原晋祠公园不系舟的"碧水名泉,不舍昼夜;古松老柏,能耐风霜";题陕西华山的"破雾穿云,丽日作吾珠矣;锥天铆地,狂风其奈我何";等等。有的则主要抒发思古幽情,如题长城的"一脉贯神州,沧桑几度烽烟里;两关连海域,锦绣依旧怀抱中"和"阅古今,历沧桑,千年秋月寒金阙;跋山海,涉嘉峪,一脉春光叩玉门";等等。也有的在观赏方法上给游人以某种提示,如题江苏扬州个园的"雨后静观山意思,风前闲看月精神"与题浙江杭州西湖迎翠轩的"笑隔荷花共人语,坐看孤月到天心",等等。也有的叠字联以一字连用的方式表现景色的多变性、奇异性和丰富性,如题杭州西湖中山公园的"山山水水,处处明明秀秀;晴晴雨雨,时时好好奇奇"和题苏州网师园的"风风雨雨,暖暖寒寒,处处寻寻觅觅;莺莺燕燕,花花叶叶,卿卿暮暮朝朝",等等。而有的谐音联利用汉语一字多音、一音多字或同音歧义的特点写成,多用来吊人胃口,不失为一种文字游戏或幽默之笔,比较著名的是题山海关孟姜女庙的"海水朝朝朝朝朝朝朝落,浮云长长长长长长长消",这副一字多音联的实际意思是指"海水潮,朝朝(音召)潮,朝潮朝落;浮云涨,长长(音常)涨,长涨长消"。

需要补充的是,名胜楹联的书写和制作工艺也会构成旅游者的观赏对象。如上述昆明大观楼的长联是清光绪十四年(1888)云贵总督岑毓英托赵藩以工笔楷书刻成的木制联,蓝地金字,书法遒劲,形体优美,具有很高的艺术价值和审美韵味。

第四节 风物传说与旅游审美

现代人去世界各地旅游观光,每到名山胜水处,通常会接触到一些依丽于景物的神话故事。对生活在科学时代的大部分旅游者来讲,这些故事在逻辑上显然荒诞不经,但在情理上又那么津津有味,为人乐道。这其中必有心理与文化的缘故。

在神话学(mythology)研究人员中,有的认为"古代人的神话(myth)是人类精神最深刻的成就之一,是天才的创作智慧所产生的充满灵感之作——这种创作智慧……为深邃的宇宙领悟开了方便之门"。有的则认为"古老的神话同仪礼和仪典紧密相关,神话无非是'有声的仪礼',神话和仪礼无异于一枚奖章的两面"。有的则认为神话原为一种"纯属虚构的叙述(invented narration),最初具有释源功能",旨在阐释世界的本质、人类的境遇、当时的习俗、信仰和举措的缘起以及神圣处所和显赫人物的由来,等等。也有的心理学家把神话视为原始心理、原型观念或原型动机的沉积,其功用是对集体下意识或集体无意识予以揭示和诠释。而有的语言学家则认为神话是"语言的弊病",是人们试图表达无法表达的东西或者试图表述无法表述的东西时,于徒劳无益乃至流于谬误的结果中导致了神话的生成。① 马克思则认为,神话是人类在童年时代于"幻想中经过不自觉的艺术方式所加工过的自然界和社会形态"。② 可见,神话虽是幻想中的神化和人格化了的自然现象与社会形态,但也是具有艺术意味的审美对象。因此,恩格斯则进而指出,这种对象在功能上能阐明人的"精神品质,使他认识自己的力量、自己的权力、自己的自由,激起他对祖国的热爱"。上述说法各有侧重,对生活在科学时代的现代人来讲,在某些方面仍不失其启发作用与现实意义(relevance)。因为,现代人的有些话语交往与思维活动总是多多少少地隐含着神话意识的痕迹,诚如西方学者米勒(Max Muller)所言:"神话是语言投射在思维上的阴影。这道阴影永远不会消失……在人类思想史的早期阶段,神话曾经放射出更为夺目的光辉,但它永远不会失去其光彩。我们完全可以相信,一如荷马时代,今天依然存在着神话,只不过我们对其视而不见罢了;因为我们自己就生活在它的阴影之中……"③

其实,在现代旅游活动中,人们不仅仅生活在神话的阴影之中,而且亲领神受以自然山水为时空背景的神话传说与其特殊的人文氛围。这种情况在中国更为普遍。譬如,人们游长江三峡,会津津乐道巫山神女的传说;游云南石林,会为阿诗玛的爱情故事所感动;登黄鹤楼,会沉浸在描绘仙人野鹤的诗情画意之中……具体说来,这些传说故事是神话的一部分,是附丽于山水景物的,大多运用想象、幻想与神化的表现手法,侧重于描写自然的奥秘和叙述景物的产生及其名称的来源,等等,因此被习惯地称为风物传说。这些传说是民间口头文学的重要组成部分,其中有一些已被整理成文字传布于世,有不少仍散流于民间。就其总体意义而言,"它将给有名的景观带来新的生机,给旅游者增加精神食粮;它将对人们的认识产生影响,扩大文化视野,并有利于作家的创作;它将使一些边缘地区开发中的景观得到重视,在熟悉名山胜水的人们面前展现出崭新的视界"。④ 但从旅游审美角度来看,附丽于山水景观的风物传说将会勾连起积淀在人们心理结构深层中的"神话制作

---

① 克雷默.世界古代神话.魏庆征,译.北京:华夏出版社,1989:Ⅲ-Ⅳ。
② 参阅马克思.政治经济学批判·导言。
③ 转引自卡西尔.语言与神话.于晓等,译.北京:三联书店,1988:33.
④ 陆坚,孙秀华.神话传说与旅游文学.见:藏维熙主编.中国山水的艺术精神.北京:学林出版社,1994:293.

意识"(myth-making consciousness)、"集体无意识"或"原型观念",从而激发人们回味起大自然原始的神秘力量;将会把某种神秘的、超自然的或人文的生气与活力灌注到静态的景物之中,从而构成动态的、富有文化、情感和精神内涵的景物形象;将会通过表现惩恶扬善的主题与歌颂追求仁爱自由的精神,对广大旅游者产生某种人伦教化或潜移默化的作用,最终不同程度地深化旅游审美体验和达到美育德育的目的。风物传说的上述作用概括起来就是:超越自然的神秘感、灌注活力的生动感和人伦教化的道德美。

一、超越自然的神秘感

在自然崇拜时期,人类生产力与认识水平的低下使他们在崇山伟岳、浩江瀚海和风雨雷电等自然现象所呈现出的巨大威力面前显得无能为力,于是将这一切都归于神灵所为。这些神灵作为想象的存在,不仅具有超越自然的力量、意志和智慧,而且寄托着人的情感、追求或理想,因此是人格化的神灵,是体现人的思想观念与美好愿望的化身或超人。传说中的主要人物往往神通广大,谙悉人情,建有伟烈丰功。有的"力拔山兮气盖世",可以移山倒海,降龙伏虎。如西岳华山传说中协助大禹治理黄河的"巨灵神","身躯不知有多么高,力气不知有多么大。只见他走上前去,伸出两只巨手,紧紧抓住南面华山的山顶,顺势用脚使劲去蹬北面中条山的山根,要把两座连在一起的山硬分开来。他这一鼓劲,中条山倒给他蹬开了,黄河也顺利地从他蹬开的缺口流过去了。可是由于用力过猛,好端端的华山也被他掰裂,一高一低,成了两半。高一些的就是现在的华山,又叫太华山(原名"花山",因其形若花状而得名);低一些的就是现在的少华山"。故李白有诗为证:"巨灵咆哮劈两山,洪波喷流射东海。"①再如台湾日月潭的传说:"台湾日月潭,古有雌雄恶龙,分别吞食日月沉潭底,使世界变为黑暗。青年渔民大尖哥与水社姐夫妇舍己为人,依靠众人,用金斧与金剪除去恶龙,从龙腹中救出日月。又设计用大棕榈树托住日月,致使升天。大尖与水社因食龙睛,身忽高峨,分踞潭旁,化为大山,永守于此。后人遂名此二山为大尖山与水社山,此潭因曾出没日月,遂亦名之曰日月潭。"②

另外,也有一些风物传说中的主人翁悲天悯人,为民造福而牺牲自己。如桂林山水传说中的"三公主",为引仙泉操劳过度而死。死后又将双眼化为一汪流水,汇入仙泉,使泉水清澈见底。人们为了纪念她而将这汪流水称为相思江,将这股仙泉称为漓江。还有一些传说中的人物为尽孝慈,不畏艰险,敢于向恶神挑战,如"劈山救母"中的小沉香,等等。所有这些光怪陆离的故事、冥冥莫测的巨灵、超越自然的力量、神气拂拂的作为……一方面反映出原始先民的泛神意识和"神话制作意识",

---

① 柳萃.中国山川掌故与传说.北京:中国展望出版社,1984:91-93.
② 参阅榕树文学丛刊.转引自:藏维熙主编.中国山水的艺术精神.北京:学林出版社,1994:294.

另一方面也给山水草木注入了神秘的色彩,罩上了神性的光环,激发了人们的幻想,使人们在实地游览过程中体验到一种惬意而奇幻的神秘感受。

二、灌注活力的生动性

去过云南石林的旅游者大都观看过那座称为"阿诗玛"的天然石像。在他们的眼中,那不是一块僵硬的、没有生命的石峰,而是一位含愁带恨的、如怨如诉的少女的"化身"。从心理学方面看,这种景物转化现象通常被视为联想或幻觉的结果。但从神话学的角度看,这可以说是一种"原型现象"(archetypal phenomenon),是人的"神话制作意识"和神话传说相互作用的结果。而在美学范围内,这种景物转化现象,被认为是人的审美意识在神话传说的刺激下向对象灌注生气或活力的结果。这种化静为动、化死为活或化无情为有情的旅游审美现象,正是风物传说的生动性所致。

正是由于这种生动性,有些风物传说便能把人们带到一个超然物表的境界,一种使人看到景外之景和情景交融的审美境界。这样,人们会从原本普通的景物中感知到特殊的内涵、意味甚至生命力。游石林观看"阿诗玛"是如此,过巫峡遥望"神女峰"也是如此。相关的传说使景物活了、高大了和丰富了。这些原本属于"虚"的东西与眼前"实"的景物通过人的主观想象交融在一起,彼此互动,相得益彰。也正是由于这种生动性,人们无论是游浙江的瑶琳洞,还是观贵州的织金洞;无论是探北京地区的石花洞,还是访宜昌的白马洞……总习惯于以虚化实,用人所编造的传说(如唐僧师徒取经等)或著名历史人物的器物(如西楚霸王盔等)来描绘洞中的景物,赋予原本天然形成的石笋石钟等以传说中的人物形貌乃至人的某些情感或愿望等,以期增加景物的观赏意义,提高游人的兴致或审美情趣。值得指出的是,不顾景观所处的地域性和人文环境,以简单雷同的方式利用某些传说(如唐僧取经)在洞中造景是不可取的,那样就不能彰显出洞景的个性,也不能给旅游者以审美震撼作用(aesthetic shudder),因为这有悖于新奇为美的美学原则。

三、人伦教化的道德美

古人论"诗教",认为其功能在于"经夫妇,成孝敬,厚人伦,美教化,移风俗"(《毛诗序》)。总体而论,风物传说的大部分内容也具有类似的特点,均是通过表现惩恶扬善或仁民爱物的主题,以期达到人伦教化和移风易俗的社会目的,使人在寓教于乐的艺术化交际形式中受到相应的道德启示与教育。譬如,歌颂忠贞善良之德的石林阿诗玛传说、歌颂母子孝慈之德的华山劈山救母传说、歌颂舍己为人之德的桂林三公主传说、歌颂仁民爱物之德的巫山神女传说,等等,都表现出一种倡导人伦教化的道德之美,具有明显的道德目的性或伦理功利性。

若从美学角度进一步分析,我们发现由于风格和内容的差异,有的风物传说偏于表现一种悲壮的阳刚之美。譬如《鬼斧神工龙门成》传说,说的是滇池岸边一位心灵手巧的石匠在他心爱的姑娘被有钱有势的强人抢走逼死之后,悲痛欲绝,只有拿起石錾子,凿刻着姑娘生前喜爱的花鸟,只有在这时,才能暂时忘掉人间的不平和不幸。他决定不再成家,一生从事艺术创作。他带着工具和简单的行装来到滇池西山高峰上最险峻的罗汉崖,参加了一项大型的石雕工程。他不畏艰辛,日复一日,精心雕刻,把全部心血化在石雕上,直到额纹累累,鬓角霜白,终于在龙门洞窟中凿出了栩栩如生的文昌像、关胜像、魁星像……那天,老石匠看着自己多年心血的结晶,怀着无限喜悦的心情,最后开始雕凿魁星手中那支笔。他轻轻地、精心地凿着、雕着,一支笔的形状很快地显现出来了,眼前只要稍一加工就可大功告成。可是,不知是因为心情过于激动,还是因为年迈眼花,就在刹那间,"叭"的一声笔头断了。老石匠顿时浑身发抖,无法相信这件凝聚着几十年心血的完整作品竟会在最后时刻留下瑕疵,心里受到沉重的打击。在痛苦的沉思默想中,如烟的往事再次浮现脑际,涌注心头:现实世界的遭遇与艺术世界的失败使他感到人生中的一切是那样的冷酷、无情和不幸,于是热泪盈眶,伤心无比,长叹一声,纵身一跳,跳进了百丈悬崖下面的滇池中……①这一惨痛悲壮的故事感人肺腑,动人魂魄,不亚于一出真正意义上的悲剧作品所给人的审美震撼与道德启示。同类的风物传说还包括表现不畏强暴、宁死不屈精神的《留园奇石有遗恨》②,等等。

    相形之下,有的风物传说偏于表现哀婉的阴柔之美。譬如北京香山卧佛寺东边的万花山一直流传着万花娘娘的动人故事,该故事讲的是一家财主的女儿爱女,天真美丽,心地善良,曾是父母的掌上明珠。不幸的是,母亲死后,父亲娶了后妈,生了小妹,爱女却备受虐待。她从小同情早出晚归但经常遭打挨饿的放牛娃,两人渐渐长大、相爱,后被后母发现,唆使其父将放牛娃远卖,无情地拆散了这对鸳鸯。爱女十分感伤,于绝望之余离家出走,跋山涉水来到万花山的小庙里。她又饿又累,坐在小庙供桌上歇脚,结果"立地成仙"。③ 同类的传说很多,如家喻户晓的西湖断桥《白蛇传》和洞庭湖《君山斑竹泪一人》,等等。

    当然,鉴于中国传统文化中刚柔并济的审美趣味,有的风物传说集悲壮的阳刚之气与哀婉的阴柔之情于一体,表现出一种刚柔相谐之美。譬如,在洛阳龙门石窟这一著名景点就流传着这样一个故事:很久以前,洛阳城南有一座巍峨的大山。大山北面有家财主,雇有放羊娃山娃和打杂丫头水秀。有一天,山娃放羊时听到大山肚子里爆发出轰隆轰隆的响声,好像在问"开不开?开不开?"后听人说千万不能回答说"开",否则大山就会裂开,山洪就会喷射出来。财主贪财,看到山娃与水秀相

---

① 李晨.中国名胜古迹掌故与传说.北京:中国展望出版社,1983:80-82.
② 同上书,页72-74。
③ 金受申.北京的传说.北京:北京出版社,1981:106-109.

爱,就许诺山娃若能把羊放得满山满坡,就把水秀配给他成婚。山娃拼死拼活,起早摸黑,四处放牧,真把羊放得满山满坡,要与水秀完婚。未料财主不仅翻脸不认账,而且还把山娃赶出门,连夜将水秀卖给别人。山娃发疯一样跑到山上,望着水秀远去的地方,心痛如刀割,悲愤满胸膛。就在这时,再次听到大山肚子里发出轰隆轰隆的响声,"开不开?"的问话又传到他的耳边,于是大喊一声:"开吧!"结果一声巨响,大山开裂,洪水喷射,转眼间淹没了老财主的家和狠心的老财主,也卷走了奋勇去救水秀的山娃。后来洪水退走,出现了一个山口,远看像一座大门,人们称其为龙门。山口两边的悬崖峭壁上出现了许多石洞,里面有大大小小的石佛像,也就是我们现在所看到的石窟艺术。而在当地的山洼里也长出了许多奇花异草,其中有一株鲜红耀眼的并蒂莲花,人们说那是山娃和水秀变的。这种把悲壮与柔情、激烈与平静、贪婪与善良等对立因素糅合在一起的风物传说,一方面给人以刚柔并济的审美感受,另一方面也从不同的侧面反映了人们惩恶扬善的心理与好事多磨的感叹。

常言道:"山不在高,有仙则名;水不在深,有龙则灵。"这显然与风物传说密切相关。但需要说明的是,旅游者在实地游览过程中要想比较充分地欣赏风物传说的上述功能,就得悬置起逻辑思维(logical thinking)方式,启用隐喻思维(metaphorical thinking)方式,充分利用自己的审美想象力,抛开日常的实用功利心,在"似与不似"之间观照景物的形象和感悟传说的内涵。倘若一味求"实"较"真",那只能是缘木求鱼而已。

思考与练习

1. 旅游审美活动与山水旅游文学在总体上有何相互关系?
2. 在旅游过程中,山水诗歌的基本作用主要有哪些?
3. 试析毛泽东的《沁园春·雪》一词。
4. 山水游记在旅游审美活动中有何效用?与山水诗歌有何异同?
5. 举例说明山水游记的旅游审美价值。
6. 名胜楹联在旅游审美活动中起何作用?试举例说明。
7. 你如何看待神话与"神话制作意识"在现代社会生活中的地位与作用?
8. 从旅游审美角度看,风物传说对景观对象有什么影响?
9. 你认为导游(翻译)应当如何对待和利用山水旅游文学资源?举例说明。
10. 根据一般旅游者的审美意识或山水意识,你认为在旅游景观的深层开发中应当如何有效地利用山水旅游文学资源?举例说明。

第十六章

文物与旅游工艺品

丰富浩繁的历史文物不仅是中华民族历史发展进程的见证,而且积淀了中华民族的智慧、精神与情趣。这些文物以其迷人的魅力吸引着中外旅游者,是重要的旅游审美文化资源之一。在某种意义上说,旅游工艺品是旅游区文化的一种象征,具有独特的审美功能与纪念功能。因此,提高文物的鉴赏水平,发挥旅游工艺品的特色,不仅有助于促进旅游工艺品的创新与开发,而且有助于搞好旅游商品促销工作和推动旅游事业的发展。

第一节 中国文物的品类与鉴赏

在生成意义上,文物可谓历史文化的产物。对文物的鉴赏,必须了解其概念与品类,弄清其鉴赏的意义与原则,并通过对常见旅游文物的赏析,提高鉴赏的水平。

一、文物的概念与品类

在古代,"文物"是礼乐和典章制度的统称。在现代,"文物"则是指遗存在社会上或埋藏在地下的历史文化遗物。从基本范围讲,文物一般包括:(1)与重大的历史事件以及重要历史人物有关的、具有纪念意义与历史价值的建筑、遗址、纪念物;(2)具有历史、艺术、科学价值的文化遗址,如古墓、古建筑、石窟、石刻等;(3)各个时代有价值的艺术品、工艺美术品;(4)具有历史、艺术和科学价值的历史文献资料;(5)反映各个时代社会制度、社会生产、社会生活的代表性的实物。[①] 中国的历史文物品类繁盛,既包括宏大雄伟的万里长城,也包括西安法门寺的佛指舍利;既包括形式极为简单、但代表人类当时生产力水平的新旧石器时代的石器,也包括制作精密复杂、装饰繁缛、反映工艺制作水平的清宫自鸣报时钟;既包括历代藏入帝王与官宦密室的大师书画,也包括散落民间、代表时代审美风尚的无名工匠制作的工艺品……

另据文物的器质、器形及社会功能,中国文物可按不同的专题分出以下类别:

---

① 辞海.上海:上海辞书出版社,1989:4024.

青铜器(也有将其中的铜镜、铜鼓单独划分为一类的)、金银器、瓷器、陶器、漆器、玉器、竹、木、牙、角器(即小型竹雕、木雕及牙雕、角雕)、古代绘画、古代书法(又分为法书墨迹和铭刻碑帖)、古代版画、石雕、砖雕(砖刻)、瓦当、封泥、符节、玺印、古代刺绣、古代服饰、古代家具、古兵器、古钱币、古邮票信函、古代文房用具、古代书籍版本、历史与文化名人手稿、遗物、古代民间工艺美术品,等等。

若按文物的价值,中国文物亦可分为参考品、一般文物与珍贵文物等三个类别。其中,珍贵文物又分为一级文物、二级文物、三级文物。一级文物为国宝级文物。国家文物保护法明确规定:"中华人民共和国地下、内水和领海中遗存的一切文物属于国家所有。"另外,国家对文物的出口有着严格的规定。

二、文物鉴赏的意义

历史文物是人类宝贵的社会遗产,是研究人类在漫长的历史时期中如何生存、发展的最为可靠且不可取代的证据。历史文物一般包含着一定的历史文化信息。文物材质的选择,形象的塑造,技术的处理以及装饰、色彩的应用,都受到特定历史时代政治心理、审美心理、宗教心理、职业心理以及生活环境、生产水平与社会习惯的影响和制约。这些古代物品的外在因素和内在因素几乎都是人类在不同地域、不同时代的生存方式的记载。一把极为简单的旧石器时代的石斧,是人类开始学会制造工具和使用工具的象征,是人类最初的古朴实用之美的创造,是原始审美意识萌发的始基,也是人之为人的尊严的开始。造型厚重典雅、气势宏大、纹饰美观庄重、工艺精巧的司母戊鼎,显现了殷商前期经济、政治、社会的状况,同时还最为直观地向我们展示出当时的生产技术水平与审美观念。细洁净润的宋代瓷器,是神、趣、韵、味的艺术追求与高超的生产工艺的完美结合,同时也是追求平淡自然的生活理想的物态再现。清代瓷器,其工艺技术无比卓越,然而从所遗存的古彩、粉彩和珐琅彩瓷器中见到的是艳丽的色彩、繁缛堆饰的纹样,对宋明瓷器的模仿也显得矫揉造作,使人感受到封建社会末期那浮华与没落的气息。

自古以来,文物鉴赏能给人以丰富、多彩而又深沉、隽永的审美感受,并给人以历史、文化、经济和科学技术的多种知识,使人从感性与理性两方面去认识相关的历史文化,认识先祖的才智、理想与喜怒哀乐。当然,对文物的鉴赏,不能一味沉浸在祖辈们往日的辉煌之中,而更应当去寻求这辉煌的延续,把目光引向未来的创新,这才是我们鉴赏文物的最终目的。

文物所蕴含的文化与精神价值,既是相关民族的宝贵财富,也是属于全人类的宝贵财富。保存文物的价值,让其永久地保存下去可以说是文物鉴赏与收藏的另一重大意义与目的。中国许多文物收藏家毕其终生精力与财富收藏文物,最终将文物捐赠给国家,反映出中国收藏家的高尚品格。

如今,随着人民文化生活水平的提高与可支配收入的增加,文物的收藏与鉴赏成为当代社会文化生活中不可缺少的组成部分,这对于提高民族的历史意识和审美修养无疑是有益的。

三、文物鉴定的原则与方法

对文物的鉴赏分为鉴定与欣赏两部分。对于一件文物,首先有一个鉴定的问题。"对于发掘的遗存来说,鉴定是指所属文化年代、地域等的判定。对于非发掘的物品而言,还有更重要的真伪问题,是全真、全伪,或是部分真、部分伪。"①除此之外,鉴定的另一目的是判定文物的品质和等级。

文物也是一种财富或特殊商品,会随着时代变迁不断增值,有的价值连城,甚至是无价之宝。古今中外都有为了牟利或收藏要求而伪造文物、仿制文物的现象。在中国,《汉书》中就记载西汉文帝时新垣平伪造玉环和周鼎,"冀欺人主而取富贵"的故事。从唐、宋以来,随着收藏文物风气的兴盛,文物作伪的范围越来越宽,作伪的技术也越来越高,一些作伪的文物甚至达到以假乱真的程度。例如,宋瓷不仅有民间私坊作伪,还有明清官窑的作伪;不仅有商人作伪,也有文人作伪。因此,文物鉴定对维护历史的尊严有着重要的意义。目前,文物鉴定已经成为专门学科,历史上和现代都有著名的文物鉴定专家。基于长期实践的文物鉴定原则和方法主要是:

1. 根据文物所产生时代的礼仪制度与社会风尚分析真伪

任何一件文物作为相关时代的精神或物质产品,都与当时的礼仪制度和社会风俗习惯相一致。作伪的文物多为后人所作,常会出现与礼仪制度和社会风尚不相符的蛛丝马迹。唐代史学家刘知幾结合服饰考察,依据"芒屩出入水乡,非京华所有"以及"帷帽创于隋代,非汉宫所作"等,鉴定传为张僧繇画的《群公祖二疎》和阎立本画的《明君人匈奴》为伪作。②

2. 以考古学成果作真伪鉴定的标尺,对文物进行辨伪比较

当代中国考古学取得了长足的进展,新的发掘和研究成果更新了对许多文物的认识。通过考古学的类型学方法,逐步建立起各种文物的演变系列,形成鉴定文物的可靠标尺。用这个标尺进行对照比较,主要着重在三个方面:其一是材料质地、特征的比较。例如,汉、唐、宋三代铜镜的铜合金比例不同,宋代仿制的铜镜合金比例中锡含量降低,铅增多而且掺入了锌,使之呈褐黄色,质软粗糙。只要了解了各期铜镜的合金比例特征和锈色的不同,就有助于鉴别真伪。其二是形制与纹饰特征的比较。例如,汉武帝之前的钱币铸成后不锉磨边部,周边呈毛口状,而伪造的先秦钱币锉得光滑平整。又如,伪造的青铜器上的纹饰常与当时纹样体制不

---

① 李学勤.中国文物鉴赏丛书·总序.桂林:漓江出版社,1993:序页3.
② 宋伯胤.珍宝鉴别指南·序.上海:上海文化出版社,1992:序页9.

符,而且铭文差错多,行文体例与字体结构不符,多现错字。其三是工艺制作特征与品质特征的比较。伪文物由于为后代所作,工艺制作方法已不相同。如唐三彩,真品多为捏塑手制或轮制兼用,同类产品大小不一,而仿制品大多用模注浆而成,同类产品规范统一;在施釉上真品多为刷釉,自然、流淌、渲染,而仿制品采用喷釉,形成套色;在釉色品质上,真品窑变美妙,釉色莹润,而仿制品釉色艳丽、刺目,带有"火气"。对于名家书画和民间手工艺巨匠制作的工艺品,更要参照真迹、真作就笔墨、章法与工艺技法风格进行细腻而全面的比较、对照、辨别。著名文物鉴定家王世襄以其对历代竹刻研究的丰富知识,通过题字题名款识、画面风格、运刀技巧、刀痕特点等多方面的真伪对照,准确地鉴定出几件模仿清初竹刻工艺大师作品的竹刻笔筒的作伪特点,即"惟细惟谨,亦步亦趋"的乱真手法。

3. 掌握文物仿制的方法和文物赝品的特征,以此作为识别其他文物的依据

由于时代的变换,仿制或作伪的方法与原文物的生产方法有或大或小的差异,形成的赝品也就有其自身的特征。了解和掌握这些方法和特征,可以作为识别伪品的依据。文物仿制品都不免带有仿制时代及其仿制方法的痕迹。例如,清代仿制明代宣德青花瓷器,青花发色欠佳,有浮于器表的感觉;加之刻意求真,纹饰线条呆板、拘谨,所仿的黑疵也不似真品那样沁入胎面。又如古钱币伪造的途径主要有翻铸、改刻、挖补三种。翻铸由于范型收缩,伪钱小于真钱;改刻是将普通真钱改刻成真罕钱,改刻处一般做伪锈或涂上泥土、颜料;挖补是将两种钱文相互拼凑。了解这些伪造手段的遗留特征,有助于辨别真伪,以免上当。

4. 充分运用科学技术作为鉴定的方法

近几十年来,科学技术的迅速发展为文物的鉴定创造了条件,把自然科学手段运用到文物考古和辨伪工作上已取得不少成果。如用碳 14、热释光一类的年代测定技术以及各种无创伤的检查技术,等等,都为文物的鉴定提供了科学而准确的方法。

"操千曲而后晓声,观千剑而后识器。"对文物的鉴定不仅需要丰富的经验、广博的见闻,而且需要深厚的历史文化知识与敏锐的审美能力,要对所鉴赏的文物品类的产生与发展以及留传有深入的研究和分析。文物的专门鉴定自然是考古、文博专家和专业工作者从事的事业。但是,旅游工作者了解文物鉴定的基本原则和方法,无疑有助于更好地向旅游者介绍文物,提高其对文物的观赏水平。

四、文物的欣赏方法

前面几章中已对造型艺术(绘画、书法、雕塑、建筑与园林等)分别进行了论述。其中,关于中国文化艺术总体特征和中国传统审美趣味及各个时代审美风尚的论述,对于我们欣赏其他文物(特别是有较强艺术性的文物)有着直接与间接的参照意义。在文物中,除了一部分是艺术类文物外,还有相当多的是非艺术类的实用性

文物和带有一定艺术性的实用性文物。因此,对文物的欣赏应当是多层次、多角度的。

1. 从造型艺术的角度欣赏文物

无论是艺术性的文物(如绘画、书法与碑帖石刻、雕塑等)或实用与艺术相结合的文物(如商、周、先秦时期的青铜器:实用工艺美术),还是以实用为主的文物(如兵器、量衡器、家具、茶具等),都可以从造型艺术的角度或形象塑造的审美角度进行欣赏。任何一件文物都或多或少地向我们展现出那一时代与相关地域的审美时尚。旧石器时代的石器工具是人类出于实用目的最早创造的器形,其诞生与发展过程与人类美感的生成过程有着密切的关系。我们之所以欣赏在今天看来似乎形式简单的远古时代的石器文物,大多是因为它们蕴含着内在效用与技艺的美和外在形式韵律的美。[1]

我们可以从仰韶文化的彩陶工艺文物中看出早期实用与美的最为完善的结合。譬如,半坡型彩陶的人面鱼纹图案有着我们今天尚未理解的神秘意味。马家窑型的舞蹈彩纹陶盆上手牵手的舞蹈表演活泼生动,陶盆盛水之后可以见到舞蹈人的倒影,这富于诗情画意的纹饰显示了我们祖先高超的工艺设计意趣。彩陶纹样从模拟动物形象逐渐抽象化、符号化的过程是由内容到形式的积淀过程,也是美作为"有意味的形式"的演化过程。[2] 从回旋勾连纹、欲飞的乌纹、强烈动感的螺旋纹以及上述的人面鱼身纹和舞蹈纹等纹饰中,可以看到自由舒畅、活泼愉快的装饰风格以及那一时代人类的精神面貌。

明代家具作为实用器物类文物,其造型也包含着极高的审美价值。明代家具的艺术风格可以概括为简、厚、精、雅四字,即造型结构简练,形制敦厚庄重大方,做工精巧,风格气质典雅,是我国古代工艺品中"工有巧,材有美"的典型。明代家具所选用的紫檀、黄花梨等优质木材充分展示出木质的肌理品质而不髹漆,给人以"天然去雕饰,清水出芙蓉"的美感;其结构比例适度,符合人体功能,适应当时人们正襟危坐、稳重端庄、温文尔雅等行为品格的需要;其技术水平炉火纯青,榫卯严丝合缝,经数百年仍完好如初;室内陈设不求堆砌,疏落有致,潇洒脱俗。

文物中的书籍版本(特别是宋代刻本)不仅是文化与印刷技术的重要历史文献,而且也富有审美价值。其中,四川刻本校勘精审,雕印十分精美,具有疏朗明快的风格。大字版字大如钱,墨色如漆,字体秀挺有力,棱骨坚劲,充分体现了宋代文化的儒雅之风。

文物中小小的古钱也不无形式美感。譬如,先秦布币、刀币上古拙生动的文字,开元通宝上传为杨贵妃的甲痕、实为炉别标记的星月纹装饰,宋徽宗时期秀丽

---

[1] 刘骁纯. 从动物快感到人的美感. 济南:山东文艺出版社,1986:124-191.
[2] 李泽厚. 美的历程. 北京:文物出版社,1981:18.

工致的钱文书法以及富有对称美的对钱……均给人以丰富隽永的装饰美感。

2. 从历史、文化的角度去欣赏文物

许多文物可以视为历史事件以及历史阶段的典型标志。西周初年的青铜器天亡簋上的铭文,为我们研究当时的祭祀制度提供了珍贵的史料。青铜器禹鼎上的铭文,记录了西周末年的重大战役,对研究西周与各诸侯国的关系及其军事制度具有重要价值,因此有的学者称其抵得上一篇《尚书》文献。湖北随县出土的战国曾国国王曾侯乙墓葬中的 124 件乐器中的 65 件巨型编钟,在埋藏了 2 400 年之后,音乐性能仍然完好,而且钟上铭文反映了公元前 5 世纪中国乐律所达到的高度,让我们透视到战国时期音乐文化的盛况。北长城、南灵渠、秦始皇陵兵马俑等,展现了实现古代中国统一伟业的秦帝国形象。可见,从历史、文化的角度欣赏文物,使我们对文物自身及其所标志的文化与历史时期会产生更深刻的理解与认识。

3. 从科学技术的角度去欣赏文物

古代文物代表了那一时代先进的科学水平和工艺技术。从商周到秦汉的青铜文物中,可以看到青铜冶炼铸造加工技术达到了非常先进的水平。秦俑二号坑出土的 19 把青铜剑,剑身 8 个棱面极为对称,相互间的误差不到 10 丝(1 丝 $= 10^{-5}$ 米)。剑身迄今无蚀无锈甚至能断发。经现代科学检验,在剑的表面有一层约 1/100 毫米的含铬氧化膜,是这层膜起到防腐防锈作用,使宝剑历经 2 000 多年仍寒气逼人。而铬氧化处理金属表面是近代才出现的先进工艺,德国在 1937 年、美国在 1950 年先后因此发明申请专利。[①] 在漆器、金银器、陶瓷、织锦、刺绣与小型工艺雕刻等文物中,可以欣赏到古代高超的工艺技术水平,其中有相当一部分工艺技术迄今也难以企及。还有一些重要文物究竟如何制成,现在仍是难解之谜。

第二节　中国旅游工艺品欣赏

工艺美术是造型艺术之一。对一定的物质材料进行艺术加工制成的各种与实用相结合并有欣赏价值的工艺美术品,就是我们常说的工艺品。工艺品一般分为两类:日用工艺品与陈设工艺品。前者是指经过装饰加工的生活实用品,如日用陶瓷工艺品、染织工艺品、家具等;后者是指专供欣赏的陈设品,如玉器、木雕、角雕、景泰蓝、泥塑等。

要而言之,畅销于旅游产品市场、受到广大旅游者的喜爱、便于旅游者购买和携带的中国工艺品,也可以称之为中国旅游工艺品。这二者之间并无实质性差别。对中国旅游工艺品的欣赏,不仅要了解其审美特征,而且应当较全面地认识其历史成就和发展创新。

---

① 柯汀.青铜宝剑之谜今揭开.见:南方日报,1995 – 12 – 15.

一、旅游工艺品的审美特征

旅游工艺品具有明显的实用功能。历史上,工艺品的生产从古代起就是社会生产的一部分。当商品交换出现之后,工艺品进入市场,成为商品,并具有一般商品的特征。据此,现代旅游工艺品具有如下审美特征:

1. 旅游工艺品的艺术风格较多地受到社会习尚和市场需求的影响

无论是古代的工艺美术匠人,还是现代的工艺美术家,都是在适应社会和市场的审美需求的前提下,发挥自己的艺术创造才能进行工艺品的创造。一般的工艺品不能像书画那样抒发胸中逸气,寄寓喜怒哀乐的情感,而是更多地反映时代的审美文化时尚,反映人们在一定的生活方式和科学技术水平下的文化心理和审美趣味。在一般情况下,工艺匠师或工艺美术家在创作过程中,更侧重于形式意态的新颖与审美趣味的独到,将自身的情思意趣融化在"有意味的形式"之中。

2. 实用性与艺术性的有机结合,以美化生活为主要目的

工艺品从古代起就具有为生活服务的目的性,这是它与其他艺术的基本区别。但在适应具体的生活需要的同时,工艺品也具有美化人们生活的作用。如家具用于坐卧,也美化居所;服饰用于穿戴蔽体保暖,也美化人体。两者均是功能性和审美性有机结合的产物。陈设工艺品直接用于生活环境的美化,增添日常生活的情趣,它的实用目的是美化生活,而非单纯的情感寄托物。据此,工艺品更多是以和谐统一的形式表现美好、明快、完整和幸福的精神追求。譬如,从体现宋代文化气质的汝窑、官窑、哥窑的瓷器中,可以明显地感觉到这一点。

3. 突出材质之美和工艺技巧之美

战国时期的工艺理论专著《考工记》提出了"工有巧,材有美"的说法,十分强调材质与工艺技巧在工艺品整体美中的重要作用。如同美学家乔治·桑塔耶纳所言:材料效果加强了形式效果,给予事物的美以某种强烈性和彻底性;"假如雅典的巴特农神殿不是大理石筑成,王冠不是黄金制造的,星星没有火光,它们将是平淡无力的东西"。[①] 中国工艺品制作中常用的材料,如翡翠、玛瑙、田黄石、鸡血石和玉石等,皆以晶莹细润的材质强化了玉石雕刻美的品质。出于同样的道理,明代家具如果不是紫檀、黄花梨等质实而密、纹理丰富、色泽深沉的优质硬木所造,也不会有如此典雅隽永的美感。在工艺品中,工艺技巧之美增加了工艺的观赏性,许多优秀的手工艺品展现了工艺匠师的精湛技艺。玉雕中独具匠心的"巧色","劈丝细过于发,针如毫"的明代顾绣,针法细腻多变的现代苏绣,双面异色、异形、异针的"三异绣",明代"嘉定三朱"竹雕的刀无虚笔之妙,清代陈祖章在长3.4厘米的橄榄核上雕刻苏东坡八人乘舟夜游赤壁的微雕,均以精巧的工艺制作强化了作品的审美价

---

① 乔治·桑塔耶纳.美感(中译本).北京:中国社会科学出版社,1982:52.

值。宋瓷哥窑烧制冷却时形成的"开片",景德镇薄如蛋壳、透如纸的薄胎瓷,宣德炉以铜经精炼形成的葡萄斑、石绿斑、石青斑、朱砂斑、黑漆古斑等色泽,蜡染和绞缬所产生的裂纹,等等,构成了各自独特的装饰风格与迷离的装饰效果,这都是工艺生产制作中"工有巧"的范例。

4.旅游工艺品的纪念性与旅游者的体验相联系

通常,旅游者所选择的工艺品大多是与这一文化环境氛围相关联的、具有纪念性的产品。例如,参观秦皇陵兵马俑购买兵马俑的仿制工艺品,游黄山购买迎客松的铁画,观看工艺制作过程后购买内画鼻烟壶等。这类工艺品蕴含着旅游者的亲身体验,旅游者从中可以回味起难以忘怀的记忆。

二、古代工艺品的历史成就

中国古代工艺美术有着与其他造型艺术相媲美的辉煌成就。仰韶文化时期的彩陶和龙山文化时期的黑陶,是新石器时代实用与审美尚未分离的杰作。商周和春秋战国时期的青铜器,无论是在生产制作的科学技术水平上,还是在艺术造型的精美上,都堪称那一时代的工艺高峰。新石器时期的玉制工艺,春秋时期的漆器工艺和织绣工艺,都达到了较高水平。秦汉时期,兵马俑显示了陶工艺的高超水平;青铜器向日用器皿发展,出现了被称为"魔镜"的透光镜;织绣工艺品种更为丰富,图案更为多彩。汉代是漆器发展的鼎盛时期;画像石与画像砖是汉代绘画工艺的珍品。魏晋南北朝时期,产生了著名的瓷器、蜀锦等。唐代工艺美术获得了前所未有的全面发展,陶瓷有"九秋风露越窑开,夺得千峰翠色来"的青瓷以及白瓷、花瓷和前文已介绍过的唐三彩。该时期的染织工艺也十分发达,有着华美、富丽的唐锦和经过多种技术手段处理的印染工艺,使纺织品成为主要的出口产品;铜镜与金银器无论装饰、造型还是制作工艺,都达到了极高的水平,并且摆脱了原始的神秘与宗教的制约,一反过去那种奇异拘谨、威严的气氛,表现出舒展的情趣。宋代是瓷的时代,瓷工艺几乎达到了前无古人、后无来者的高度。当时,瓷器工艺呈现出各不相同的风格特色,如定窑与景德镇窑的清秀,官窑与哥窑的典雅,钧窑的绚丽,建窑的淳朴,汝窑、耀州窑与龙泉窑的浑厚,瓷州窑与吉州窑的朴实,等等。元代青花瓷和釉里红的烧成,开辟了瓷器工艺的新纪元。明代海外经贸的开拓,促进了工艺美术的全面提高和发展,形成了景德镇的陶瓷、苏杭的丝织、北京的景泰蓝、芜湖的印染等著名的工艺生产中心。另外,明代家具工艺也达到了中国封建社会时期的顶峰。到了清代,工艺品种类增多,比较著名的有陶瓷、染织、刺绣、漆器、金属工艺、玉器、各类小品雕刻等,其工艺制作技术达到了很高的水平。不过,整个清代工艺品在艺术格调上似乎失去了淳朴和高雅,大多流于堆饰和烦琐,唯有民间工艺依然保持着质朴与清新的流韵。

值得一提的是,元、明、清三代的工艺雕塑作品,在古代雕塑走向衰微之后再次取得杰出的成就。这些工艺雕塑作品继承了唐、宋雕塑的写实传统,又汲取了宋、元绘画重意境的审美倾向,工艺制作十分精巧,是古代工艺品中的瑰宝。例如,元代朱碧山的银槎杯(酒具)构思独具匠心,整体形象富有诗意,表现出乘槎者怡然安详的神态;明代德化窑何朝宗作的渡海观音瓷塑造型素雅洁净,雍容大度,庄严神妙而又慈祥和蔼,达到了外观形象、内在气质和工艺技法三者的和谐统一,具有很高的观赏价值,对今天旅游工艺品的开发具有颇高的借鉴意义。

三、民间工艺美术品及其类别

丰富多彩的中国民间工艺美术散发着乡土气息,反映着质朴的审美观念,是民族文化的重要组成部分。中国少数民族的工艺美术,有着与汉民族不完全相同的风格与情趣,反映了各民族独具特色的审美文化特征。

中国民间工艺品大体可分为如下几类:①

美化日常生活的工艺品——如民间首饰、服饰鞋帽、床上用品、工艺性的器皿家具、伞、扇、帐帘等。汉族地区的蓝印花布,苗族与瑶族的蜡染,壮族的织锦,维吾尔族的地毯,土家族的雕花床,苗族、景颇族、蒙古族与满族的刺绣,各少数民族的服装以及各地的草编,江南各地的竹编,新疆各少数民族和藏族的银、铜工艺器皿,各地的民间陶器等,都是这方面的优秀品种。

装饰环境的工艺品——这方面有代表性的是苏州桃花坞、天津杨柳青、山东潍坊、四川绵竹、广东佛山的民间木版年画,河北、陕西、山西、福建、浙江、广东等地与新疆维吾尔族、回族、锡克族、哈萨克族各有风情的剪纸,西藏以"唐卡"(布质佛教装饰画)为代表的装饰画,各地的门帘挂饰与炕头画,新中国成立后兴起并发展的农民画(以陕西户县、安塞为其代表)等。

体现节令风俗的工艺品——如春节的年画、门神,元宵的彩灯,端午节的绣香包、剪"五毒"和钟馗像等。这些用于风俗节气的工艺品年复一年地出现,具有明显的承传性。

表达情谊和用作纪念的工艺品——多为青年男女定情的信物与结婚的纪念品,如绣荷包、绣扇袋、"扎花香包"与西南少数民族的绣球等。

玩具类工艺品——在民间美术中,这类工艺品占有很大比重,材料有泥、陶、木、草、棕、竹、布、纸等,品种颇多。泥塑与陶制玩具最普遍,分为"耍货"和"响货"。这些玩具形象夸张简练,色彩或艳丽或沉着,有的还有简单的机械动作,活泼生动,富有朝气,并显现出各地的地域特色。

用于民俗礼仪的工艺品——如结婚用的双喜剪纸、喜花,龙凤红烛等,幼儿生日用的"长命锁"、虎头鞋等,祝寿时用的百寿图、百福图、猫蝶图(谐耄耋之音)。

---

① 张道一,廉晓春.美在民间.北京:北京工艺美术出版社,1987:3-7.

用于文体活动的工艺品——如皮影戏的皮影、木偶戏的木偶以及贵州、广西、湖南西南部的傩舞面具以及各种脸谱、道具等,都是有着鲜明的民族艺术特征和较高审美价值的工艺品。另外还有各种造型美观、装饰华美的民族乐器,用于龙灯舞与狮子舞的龙形和狮形,用于文娱兼体育活动的风筝与龙船等,均属于此列。就风筝而言,北京、天津、山东潍坊和江苏南通的风筝具有代表性。

工具类工艺品——民间有许多将工具加以装饰美化、使之成为既有审美价值又有实用价值的工艺品,如木工的工艺性墨斗,缝纫的针插、针线盒,少数民族的弓箭、腰刀等。

中国民间工艺美术是在现实生活中发展起来的,与生活需要紧密相连,直接反映着民间的爱好与趣味,绝大多数作品显现了广大人民群众积极向上的精神追求。另外,民间工艺品所用的物质材料都比较普通,其中有很多是就地取材,生产制作工艺一般也不甚复杂,在艺术造型上往往表现出刚健清新和质朴纯真的格调。再则,由于民间工艺品的文化地域性十分显著,具有突出的纪念性,因而对来访的旅游者具有很大的吸引力。随着旅游事业的不断发展,各旅游区的民间工艺品和少数民族工艺品得到了较大的发展,从而极大地丰富了旅游工艺品的品类,构成了特有的旅游文化景观内容。

第三节 旅游工艺品的开发与创新

旅游工艺品是旅游商品的重要组成部分,在旅游经济中有着突出的地位。为满足旅游者的不同需要,开发和创造具有当地文化特色和较高审美价值的旅游工艺品,对塑造旅游区的良好形象、促进旅游区经济的发展都会起到积极的作用。

一、旅游工艺品的开发策略

从实际效益出发,旅游工艺品的开发策略主要应注意以下几个方面:

其一,以旅游市场为导向,突出旅游工艺品民族与地域的审美文化特色。任何一项产品的开发都必须以市场为导向,旅游工艺品的开发也一样。旅游工艺品市场是旅游购物市场的一个部分,需要具备较强的地域审美文化特性。旅游者购买旅游工艺品,其目的主要是为了带回自己所体验到的文化的象征物,买到能够引起美好回忆的纪念品。因此,突出旅游工艺品的民族与地域审美文化特色,是旅游工艺品开发的基本原则。由于旅游者来自不同的国家、地区,年龄、阶层、文化层次各不相同,审美爱好各不一样,对旅游区文化的接受与欣赏各有侧重,因此,开展旅游工艺品消费市场的调查研究、对市场进行细分和定位就显得非常必要。每一个旅游工艺品生产、销售企业都应当在对市场进行调研之后,根据企业自身情况,选择适合自己的目标市场,开发相应的产品,有的放矢,避免盲目性。各个企业的内部条件各不相同,选择适应自身的目标市场也有所不同,这就需要重视产品开发的多样化局面,避免在市场中相互效仿、设计雷同的"一阵风"的开发弊端。

其二,保护、继承和发展代表民族与地域文化特征及工艺水平的传统工艺品。中国各名胜旅游区几乎都有在漫长的历史进程中发展起来的具有个性特色的传统工艺品。相关的制作工艺是一代又一代的工艺匠师们创造积累的文化财富。譬如北京的景泰蓝、玉器、料器与地毯,苏州的刺绣与缂丝,杭州的丝织,福州的脱胎漆,无锡的泥人,肇庆的端砚,芜湖的铁画,宜兴的紫砂陶,等等,这些工艺品都具有鲜明的地域文化特征,是珍贵的历史文化遗产,同时也是重要的旅游文化资源。要维护这些工艺精品的历史地位和市场地位,就必须制定保护名品(名牌)与名师的严格措施,加强对名师、名品的介绍和宣传,对名师、名品的工艺品实行限产并限定最低价格,与一般性的同类产品加以区别。同时,要鼓励和帮助身怀绝技的工艺美术大师和著名匠师将自己的高超技术传授给后人,努力使精巧的制作工艺能够延续并不断发展和创新。

在对传统工艺品精品进行保护与传承的同时,还应当对传统工艺品进行现代开发,保持其富有民族、民间、地域特色的艺术形态和工艺特色,必要时还可融入现代文化观念和现代消费观念,使之更适应现代旅游者的生活消费方式,成为既有传统工艺品的艺术特征又遵从现代消费模式的新型工艺产品。例如,传统蜡染布用于现代时装,传统陶瓷、藤编、竹编用于旅游商品包装,景泰蓝小件用于旅游纪念商品,等等。在这方面,传统工艺品有着相当广阔的开发与利用的空间。

其三,引进先进技术与先进生产方式,提高旅游工艺品的科技含量与品质,提高生产效益,并应用先进的科学技术开发新的旅游工艺品。先进的科学技术有助于提高传统工艺品的质量和效益,有利于开发和生产新的旅游工艺品,也有益于适应旅游者的审美文化需求及其消费需求。

其四,重视旅游区的特色工艺品和纪念品的开发,同时也重视日用工艺品的开发。日用工艺品适应当代人日常生活消费的需要,有着广泛的市场潜力。在提高日用工艺品的实用质量的同时,改进其外形设计与包装设计,充实其旅游审美文化的内涵,使之成为既有很强的实用性又具有较高的审美价值的产品。

其五,发挥多种所有制的旅游工艺品的开发潜力,建立起较完善的旅游工艺品的生产销售体系。旅游工艺品的消费需求有着多样化的特点,因此应该发挥国营、集体、个体等多种所有制的开发生产潜力,开发生产出丰富多样的旅游工艺品,以适应不同类型、阶层、年龄的旅游者的消费需要。另外,对于具有浓郁的文化特色和较高观赏价值的工艺品,开放生产过程供旅游者观赏或参与制作,将有利于加深旅游者的文化体验,同时也有益于促进销售。为此,还可以在旅游区建立相关工艺品的生产与销售的连锁体系,完善市场管理制度,制止不公平竞争。

二、旅游工艺品的创新

旅游工艺品开发的成败,最终取决于设计的创新与制作的精良。创新的目的主要是创造并生产出适应旅游商品市场需要、满足旅游者的需求、具有旅游区特色的新型旅游工艺品。这方面应当考虑下述几个主要环节。

1. 创新的依据与必须注意的问题

旅游工艺品的创新,首先要依据对旅游者审美消费趋势和消费心理变化的调查与预测结果。旅游者购买旅游工艺品,不是为了单纯的实用目的或生理需要,而是为了带回自己在旅游区所体验到的审美文化的象征物。一般说来,不同的旅游者对旅游区审美文化象征的认识与选择是不一样的,其相关感受所寄托的工艺品类型也不一样。譬如,到北京的旅游者对首都文化象征的选择就不尽相同,有的选择天安门,有的选择天坛,有的选择故宫,也有的选择八达岭长城……在购买北京旅游工艺品时,有的会将其旅游情感寄托于景泰蓝,有的则寄托于玉器或其他料器。因此,追踪了解旅游者的审美消费趋势和消费心理的变化,才能使旅游工艺品的创新做到有的放矢,使创新有明确的市场定位。

其次,创新还应当依据对旅游区民族与地域的审美文化的充分了解,发现和选择易于为旅游者所接受、所喜欢的内容与形式。中国各地有着丰富多样的传统工艺品,这都是进行旅游工艺品开发创新的宝贵资源。

第三,创新还必须依据新科技、新工艺和新材料等生产制作因素来策划与构思,这不仅可以提高和改善旅游工艺品的功能效用,而且关系到旅游工艺品的审美价值与成本费用。

最后,在旅游工艺品的创新中还必须考虑消费流行和产品的象征问题。所谓"消费流行,说到底是一个消费的审美需求和审美心理问题,其实质是审美心理的同质,是审美情趣的趋同一致"。① 消费流行作为一种客观的社会、经济现象,对市场有着重大的影响。流行的时间有长有短,流行的商品各不相同,新的流行不断代替老的流行。因此,旅游工艺品的创新应研究市场流行的过程与规律,按照消费者对流行的认知与追随过程,因势利导地开发和创新自己的产品。商品的象征主要是指商品的某种形象所寄寓的某种意义。在我国,鸳鸯象征爱情,蝙蝠象征幸福,紫罗兰象征恋情(而在欧洲则象征高雅),豆蔻花象征金色年华(而在欧洲却象征离别之情)……可见,象征代表着一种社会习俗与审美心理倾向,其中的确存在着文化的差异。因此,了解不同民族和地域的有关象征符号的内涵,对旅游工艺品的创新具有借鉴意义。

---

① 黄河涛.现代市场的美学冲击.北京:人民出版社,1996:36.

2. 创新的内容

旅游工艺品创新的内容与生活消费品创新的内容相一致,既包括功能效用、材质、制作工艺和外在形式(造型、色彩、包装)的创新,又涉及品牌的创新。功能效用的创新主要是满足旅游消费者的实用需要。譬如,仿古唐三彩一般只作为陈设摆件,如果将其处理成浮雕式的挂件,就能适应一部分旅游消费者选择挂件的需要。材质和制作工艺的创新,主要关系到工艺品的品质。无论是形象的创造、色彩的选择或包装式样与装潢的改变,都直接关系到旅游工艺品的观赏效果,因此是创新的关键内容之一。品牌和商标是商品的象征与标志,是区别于其他同类产品和确立市场形象的重要因素,这在创新过程中也是不可忽视的内容。

3. 创新产品的开发过程

旅游工艺品创新产品的开发与其他新产品的开发一样,主要分为以下几个阶段:

(1)设想阶段:根据旅游消费者的需要、市场的调查和预测结果,从科研成果和艺术成果中得到启发,借鉴竞争者的产品,从对经营过程中的难题的思考中产生创立新产品的设想方案。

(2)选择阶段:对众多设想和方案进行比较研究,通过仔细慎重的筛选,选择一种比较可行的设想或综合几种设想的长处,形成创新产品的具体理念。

(3)小批量试制和小批量试销阶段:通过小批量试制和小批量试销、掌握创新产品在生产技术、质量、成本、市场、经济效益等方面的情况,为批量生产和投入市场做好准备。

(4)市场综合和市场检验阶段:根据上一阶段的情况制定产品策略、价格策略、广告和营销策略、销售渠道策略等,并对市场进行调查和预测,确立试销的市场目标,通过试销及早发现问题并采取改进措施,进行调整。

(5)全面、正式投入市场阶段:在完成试销和对产品的分析、检验与调整改进取得成功之后,进入全面、正式地投入市场的阶段。

创新产品开发的关键要素是一方面要适应市场发展的需要,另一方面又要在同类产品中标新立异。因此,具有独特的创意是至关重要的。

4. 激发创意的方法与途径

新旅游工艺品的创意是以旅游消费者不断变化的需要为基础的。创意的形成过程在本质上是把消费者的需求与一种新产品的理想目标互相联系在一起的过程。前面所谈到的创新依据,都是在创意过程中应当考虑的问题。在实践中,为了激发创意或创造性思路,人们总结出如下可供参考的方法和途径:[1]

(1)时空跨越法——运用接近联想的方法,从思想上进行时间、空间的大幅度

---

[1] 黄河涛.现代市场的美学冲击.北京:人民出版社,1996:231-233.

跨越,把握事物相互之间的联系,作出突破性的联想。曾经热销的秦池古酒、孔府家酒的开发创意就是采用这一方法。在旅游工艺品的创新中,更应当跨越时空,寻找古代文化、古代工艺精品与旅游区当代文化及当代产品之间的有机联系,开发出别具魅力的新产品。

(2)因果连接法——运用关系联想,把握事物的因果,分析其演变规律来预见某一现象的出现,开启新的思路。近年来旅游新产品,就是根据旅游业发展需要的因果关系而出现的。

(3)逆向分析法——在了解多种设计思路之后,采取换一方向进行分析或突破的方法,以期创造出不同于大多数产品的新产品。这样的方法适应了一部分求新求异型消费者的需要,往往会收到意想不到的效果。

(4)限制反突法——每样产品的生产都是在限制条件下进行的,多数人是在限定条件下行事。而创造者则要努力突破限制,实现了突破就是创新。

(5)失误审理法——从创造的失败中寻找原因,并努力寻找解决的办法而获取成功;或分析失败的原因,联系另一种新的构想,以便转败为胜。

(6)缺点分析法——从缺点分析中找到解决的办法,克服了缺点的产品就等于创造了一种新的产品。

(7)交叉突破法——将不同的需求与不同类型的产品进行交叉联系,产生具有突破性的新的边缘产品。拐杖和椅子是两种完全不同的日用品,而老年旅游者对这两者都很需要。进行交叉突破,就产生了"拐杖椅"这种旅游用品。

(8)类推延伸法——主要通过对事物的相互比较来进行创造。在寻找事物之间的共同点时,从这一事物联想到另一事物,在彼此的启发中构思新的产品。仿生学就是按照类推延伸法进行创造实践的。

毋庸讳言,旅游工艺品的开发是一个复杂的系统工程,既涉及旅游消费需求与市场定位,又涉及科技发明与创新设计。质而论之,创新设计是当代大众审美文化创造的一个重要方面。因此,设计者对市场与设计等方面的信息不仅要灵通,而且要集思广益,发挥团队合作精神,唯此努力方可创造出体现时代精神特征和反映大众审美文化理想的优秀作品来。

思考与练习

1. 为什么说文物是历史发展最为可靠的证据?
2. 文物鉴赏的意义何在?
3. 简述文物鉴定的四种方法。
4. 应当从哪几个方面去欣赏文物?
5. 旅游工艺品的审美特征是什么?
6. 举一你所熟悉的民间工艺品,并简要阐述它的审美特点。

7. 旅游工艺品的开发为什么必须以市场为导向,突出民族与地域的审美文化特色?

8. 旅游工艺品的创新包括哪些方面的内容?你有何看法?

9. 你如何理解创新产品的开发过程?

10. 激发创意的主要方法有哪些?你认为哪一种最有效?为什么?

第十七章

旅游过程中的审美消费

在今日商品社会,一切都会魔术般地被转化为消费的时尚,旅游观光也不例外。面对现实,当代美学的任务之一就在于切入生活,对具体情况作具体的分析,对形形色色的消费活动进行剥离,以便昭示其中的审美因素,使人们在物质消费的形式(the form of material consumption)中窥察出审美消费的内容(the content of aesthetic consumption)。也就是说,通过这种个体的参与和实际的体验,使人们能够在普遍的物质性与功利性生活层面中体察和感悟到一定的精神性与审美性价值意味。这实质上也是构筑新感知(new perception)、新感受力(new sensibility)[①]或新审美意识(new aesthetic awareness)等过程中的重要一环。

就旅游活动而论,我们在前文中将其界说为一种集自然美、艺术美、社会生活美之大成的综合性审美实践活动。之所以得出这样的结论,是因为构成旅游全过程的"行、游、住、食、购、娱"等六大部分不仅涉及各种不同的社会生活与文化领域,而且充满丰富多彩的审美鉴赏活动。故此,从旅游审美文化的角度看,旅游观光过程也是一个与现实生活联系密切的审美消费过程。那么,该审美消费过程中的主导形式是什么呢?其基本特性又是怎样呢?另外,这其中有没有可供参考、因借或适用的方法原理呢?所有这些正是本章所要探讨的问题。

第一节 旅游审美消费的形式

如果说,众广人多的业余艺术爱好者"之所以喜欢赏绘画、听音乐、读诗歌、观芭蕾,等等,是因为他们委实从中得到了审美感受或审美享受"[②]的话,那么,我们有同样充足的理由断言:普天之下的旅游者之所以外出旅游,是因为他们委实在观光过程中得到了审美的感受或享受,委实成了地地道道的审美消费者(aesthetic consumers)。

---

① 马尔库塞.新的感受力.见:马尔库塞等著.现代美学析疑(中译本).北京:文化艺术出版社,1987:47-69.

② 杜卡斯.艺术哲学新论(中译本).北京:光明日报出版社,1988:9.

作为审美消费者,旅游者正是凭借主观的审美敏感性或感受力,在诸多旅游审美消费的活动过程中,即在审视、观照、评品和鉴赏相关的审美对象的过程中,得到了相应的审美感受或享受。这审美对象(aesthetic object)按照杜卡斯的自由主义美学观,一般是指以审美态度凝神观照的任何对象或客体。据此,任何事物如果进入主体的审美视界,便在特定的时空背景中成为审美对象。这无疑大大拓宽了审美的领域。

依据旅游业的"六大"构成要素——"行、游、住、食、购、娱",旅游审美消费过程中的主导性活动形式通常可以分为以下六类:名胜游览活动、艺术欣赏活动、环境评品活动、饮食宴乐活动、旅游购物活动与文化娱乐活动。

一、名胜游览活动

在旅游观光过程中,游览目的地的名胜古迹是最为重要的组成部分。这名胜古迹既包括以自然旅游资源为主体的名山胜景与以人文旅游资源为主体的文化名城,又包括历代王朝遗留下来的建筑古迹与历史文物。

中国地域辽阔,素有"南秀北雄"的自然风光;历史悠久,享有上下五千年的历史遗迹与众多文物。就前者言,有"五岳"、黄山、长江黄河、南沙北海等,更不用说峨眉的金顶与漓江的山水了。就后者论,有半坡遗址、炎黄古陵、长城故宫等,更不用说江南的园林与塞北的山庄了。总之,中国丰富多彩的山水名胜与历史古迹为旅游观光提供了用之不竭的资源,给旅游审美注入了常游常新的活力。

二、艺术欣赏活动

在旅游目的地,美术馆、音乐厅和歌剧院也是旅游者经常光顾的地方。其中,不同历史时期、不同流派与不同风格的绘画、雕塑、书法、音乐与歌舞等经典作品必然成为旅游者直接的审美对象。

在中国,除了上列地方之外,各种画廊、画店与古董店也都有绘画与书法等精品展出,从而为大众化的审美鉴赏活动打开了方便之门。此外,敦煌、龙门与云冈等著名石窟和秦始皇陵兵马俑等博物馆也为广大旅游者欣赏中国古代雕塑艺术提供了诸多的机会。

三、环境评品活动

旅游者所到之处,必然下榻于宾馆酒店或民间客栈。置身异地他乡,他们对所居住的环境格外敏感。实际的情况是,他们会把周围的环境视为旅游观光的有机组成部分,会自觉或不自觉地依据个人的审美趣味,或从以往的审美经验出发,或受新奇感的驱使,对自己的居室环境与就餐环境进行一番评品:评品其中的陈设布置、装饰风格与情调色彩,等等。

另外,旅游观光者还会步出居所,对外部的建筑环境与社会环境进行相应的审视和判断。也就是说,他们会从形式美学与伦理美学的观点出发,对四周建筑的外形、城市的景观、社会的风尚与生活的方式等进行多方位的评价。

四、饮食宴乐活动

总体而论,人类文明的脚步在很大程度上是伴随着饮食文化的发展而前进的。古人言:食必常饱,后求其美。从茹毛饮血的原始生活到美酒佳肴的现代生活,人类的饮食活动一方面持续着满足人类生理需要的实(食)用职能,另一方面也附带着满足人类精神需要的审美职能。诚如卢那察尔斯基所言:"我们并没有根据可将舒适的给人极大快乐的东西排除于美学的领域之外。一切有美味的和香味的,一切平滑的像天鹅绒似的,一切在我冷的时候它给我以温暖的、在我热的时候它给我以凉快的东西,我们都有完全的权利可以说它是美的。"

在具有民以食为天与"羊大为美"之传统的中国,饮食文化的典型特征就在于兼备实(食)用与审美这两种职能。而且从古至今,中国人在追求饮食与宴乐合一的综合形式中走的是一条实(食)用品艺术化的道路。因此,在食品与饮品的制作、造型与命名等方面十分讲究艺术性与文学性,在请客宴会活动中也十分讲究接人待物的礼节观念与乐舞安排的协调原理。于此,毫不夸张地说,就连举世推崇的法兰西饮食文化也难以比肩。数年来,一批批来自法国与其他国家及地区的美食访华团交口称赞中国饮食之美便是明证。

实际上,在物质生活不断富裕的今天,饮食宴乐活动特别是对旅游观光者来讲不再是简单的"吃"与"喝",而更重要的是"品"(味)、"观"(形)与"赏"(乐),等等,因此成了旅游审美消费过程中最基本、最直观的活动形式之一。

五、旅游购物活动

旅游购物是一种特殊的消费活动。在旅游目的地的主要景点,旅游者一般要选购一定的旅游纪念品或其他形式的旅游商品。在狭义上,前者通常是指具有地方特色和文化内涵的工艺品(如小型的景观壁挂或微型的兵马俑),而后者则指具有民族特色与传统工艺的实用品(如杭州的丝绸与云贵的蜡染)。

与其他形态的旅游审美消费对象相比,这类物品不仅具有纪念意义与实用功能,而且具有陈设价值与观赏情趣,与人们的日常生活联系更为紧密、更为广泛。旅游者在选购一只花瓶、一件漆器、一柄画扇、一段丝绸、一台端砚或一匹唐三彩奔马时,必将对其造型、图案、色彩、装饰、质料、款式、纹样与功能等因素进行全方位的评品与审视。这种具有普遍性的旅游购物过程决定了旅游商品审美消费的特有规律。我们在本章最后一节将对此进行专门的论述。[①]

六、文化娱乐活动

不同形式的文化娱乐活动是构成旅游观光过程的重要内容。这类活动一方面涉及有组织的专业演出,另一方面则更多地表现为一种参与型的和群众性的自娱自乐形式,可从历史、文化与传统等不同维度反映出当地的风俗民情与生活方式。

在中国这个多民族的大家庭里,人们在一年四季不同的时间以不同的方式欢庆不同的节日。驰名海内、影响巨大的有汉族的端午节、春节和元宵节,傣族的泼水节、苗族的芦笙会、藏族的赛马会,蒙古族的那达慕大会,回族的开斋节与维吾尔族的肉孜节及其古尔邦节,等等。这些节会历史悠久,内容丰富,已经成为人们一年一度的文化娱乐活动。届时,人们身着节日的盛装,载歌载舞,欢声笑语,普天同乐。特别是在少数民族地区,旅游者不仅能够欣赏而且能够参与反映当地民族风情的歌舞庆典活动,譬如壮族的对歌、侗族的踩堂舞、瑶族的长鼓舞、苗族的接龙舞或土家族的摆手舞,等等。这类活动具有深厚的文化意味和久远的民俗传统,除了给人以直接而动人的文化体验和历史感受之外,还能给人以丰富而多样的审美享受。[②] 为了便利旅游者,各地都以不同的规模建立了民族文化园之类的旅游点。其中组织的那些模拟性的节庆表演虽然不能给人以原汁原味的真切感受,但也多少可以窥其一斑,使人获得初步的感性认识与审美体验。

第二节 旅游审美消费的导向

不消说,构成旅游过程的上述六类活动形式一旦被纳入旅游审美消费的范畴,那自然具有一定的审美属性。但要看到,由于它们的具体内容与功能各有侧重,因此显现出不同的导向与特征。依据上述六类活动的主要表现形态,我们把旅游审美消费的基本导向分为以下三种:直接功利性、精神愉悦性与文化历史感。

一、直接功利性

要而言之,直接功利性与满足人的实际生活需要(如生理与物质需要)密切相关,主要涉及实用价值判断。旅游观光过程中的饮食宴乐活动、环境评品活动与购物活动尽管不乏可观的审美因素,但它们毕竟是以直接的功利性为主要导向的。因此,其中相关的鉴赏活动或审美体验是否能够发生,首先是以对象的实(食)用价值及其质量为先决条件的。

---

① 安旭.旅游文物艺术.天津:南开大学出版社,1991.
② 全国民族院校文艺理论研究会主编.民族风情与审美.北京:红旗出版社,1987.

譬如,饮食是供人果腹的,客房是供人居住的,物品是供人使用的。这样,食品饮品首先必须符合卫生标准并且富有营养,房间布置首先必须符合安全要求并且清静舒适,旅游商品首先必须符合实用目的并且便于携带。至于那些为美而美的、但却中看不中吃或中看不中用的东西,肯定会使消费者望而却步,遑论激发他们的审美情趣了。

二、精神愉悦性

相形之下,精神愉悦性与满足人们的精神生活需要(如情感与审美需要)密切相关,主要涉及审美价值判断。显而易见,旅游观光过程中的名胜游览活动与艺术欣赏活动是以精神愉悦性为基本特征的,两者通常表现出一种为美而美的超功利性。这期间,旅游者所追求的是"悦耳悦目"、"悦心悦意"和"悦志悦神"等不同层次的审美体验,最终渴望获得来去无碍的精神自由,达到超然物表的人生艺术化境界。

三、文化历史感

所谓文化历史感,主要是指人们在旅游观光过程中所经历到的各种特殊形态的文化体验与历史感受。这是一种既有别于实用价值判断又有别于审美价值判断的文化或历史价值判断。这在异质文化的氛围中表现得尤为突出。

譬如,旅游者在文化娱乐过程中,通过参与和观看不同民族与不同风格的节庆活动,会在自娱自乐和开阔眼界的同时,从中了解到当地的风俗民情,发现异质文化的魅力,进而理解或接纳文化多元论的价值观念,等等。另外,还会从传统的庆典活动与淳朴的民俗民风中回顾过去,比照现在,由此而感发意志,唤起诸多思旧怀古之情。

在前文中,我们已经用相当的篇幅论述了以精神愉悦性为导向的名胜游览活动与艺术欣赏活动,以及以文化历史感为主要特征的文化娱乐活动。这里,我们将从旅游审美消费的角度出发,重点考察和揭示以直接功利性为基本导向的、但富有特殊审美因素的饮食宴乐活动与旅游购物活动。

第三节 饮食宴乐中的审美因素

中国烹饪作为一门实(食)用艺术,在满足人的直接功利需要的同时,能给人以多方面的美感享受。所有那些讲究"色、香、味、形、意(趣)"的美味佳肴不仅给人以形式美感(色、形)、嗅觉美感(香)和味觉美感(味),而且还能给人以精神美感(意趣)。此外,舒适优雅的饮食环境、造型别致的饮食器具、轻松悦耳的音乐配置也会给人一种综合性的审美体验或文化体验。

一、饮食环境的装饰美

人们出于生理—心理需要,总希望饮食环境洁静、舒适,有益于松弛肌体,解除疲劳,进而惬意悠然地品尝美味佳肴;同时也希望饮食环境优美、雅致,有益于在赏心悦目之中诱发明净欢畅的情趣,创造刺激食欲和令人陶醉的氛围,等等。因此,举凡旅游宾馆、饭店或有名的菜馆、酒楼常常通过因地制宜或人工装饰等艺术手法,使其内外环境在舒适优雅方面达到有机的统一,以便丰富饮食活动的审美内容。

1. 外部环境

饮食的外部环境主要包括饭店或酒楼的建筑外观与周围的自然(或人文)外景。在临湖而建的杭州"楼外楼"用餐,凭窗远眺,近处的水色与以孤山为背景的白堤相映成趣;稍远处有苏堤的柳浪,天尽头是缥缈的峰影,放眼望去,宛如一幅层次丰富的湖光山色图。在南京金陵饭店顶层的旋转餐厅做客,临窗俯瞰,南京市容历历在目,旋转中一览城市风光,得其全景,是一种静中有动的欣赏过程。概括说来,这两者均采用了巧借外景的手法,达到了美化饮食环境的目的。特别是前者,手法类似框景,在各个酒楼餐厅应用十分普遍。后者的手法类似电影艺术中的摇镜头,引导现代高级饭店建筑新潮流。

建筑外观设计也是外部环境美的重要组成部分。在实际生活中,相对庞大的建筑实体以其宏丽、精巧与堂皇等艺术风格和庞大、壮观的空间形象给人一种强制性的审美体验。目前流行的饭店与酒楼样式主要有园林式、民族式、西洋式与综合式等四类。

园林式主要采用斗拱、飞檐、漏窗等古典建筑形式,并配以亭台、水榭、长廊、假山、悬泉、鱼池、花木与修竹等物,构成曲径通幽、浑然一体、富有诗情画意的优美环境。杭州的"天香楼",扬州个园的"宜雨轩",北京的"竹园宾馆"、颐和园内的"听鹂馆"、昌平的"回龙山庄"等均属此列,其中有的原本是皇家园林或文人园林的组成部分。

民族式是指狭义上的各民族的特殊建筑形式,如维吾尔族那种外表装饰华丽、富有穆斯林建筑艺术韵味的清真菜馆,傣族那种造型风格简朴、富有边塞自然情调的竹楼餐厅,等等。由于旅游业广泛而深入的发展,以及游客自身热衷于追新猎奇的审美心理,各地民族式餐厅与风味作为特殊的旅游吸引物将会拥有更大的市场。

西洋式以线条纵横、块面平直的几何形体为基本特征,以象征性的表现手法和宏大挺拔的空间构景给人以赫然亢奋之感,如北京国际饭店、京广新世界饭店、南京金陵饭店、广州白天鹅宾馆和上海华亭宾馆等。这类饭店的造型与气派对追求大而洋和现代豪华生活的人们吸引力较大。

综合式是一种融园林式、民族式和西洋式为一体的混合建筑形式。鉴于广大游人追求异国情调的心理趋向,建筑师们往往选胜布局,移花接木,在高楼大厦之中置以中国式的庭园,设有假山、亭台、鱼池、画廊,借以调节建筑气氛,创造一种自然的情趣。实际上,这两种建筑风格对比鲜明,交相辉映,妙趣横生,给人一种特殊的欢悦之感。比较典型的例证有广州东方宾馆、中山温泉宾馆、北京香山饭店,上海龙柏饭店与金山宾馆和桂林榕城饭店,等等。

2. 内部环境

内部环境美是由诸多装饰因素融会而成,譬如墙面上的书画、天花板上的吊灯、窗帘上的图案、地毯上的花纹、屏风上的浮雕彩绘、风格多样的家具、形态古雅的陈设、柔和的光照和悦目的色彩,等等。

就墙面装饰、窗帘图案、屏风彩绘和地毯花纹而言,应以主题轻松明快、形色和谐素雅为宜。这样有益于创造清静舒适的氛围、安然悠闲的情调,对促成畅快的饮食心境颇有帮助。如果内容惊心动魄,形色杂乱耀眼,会给人一种紧张不安、头昏目眩之感。这不仅有碍观赏,而且影响食欲。有的餐厅在墙面上饰以壁画,以神话故事(如金陵饭店旋转餐厅)、田园山水(如北京饭店东餐厅)或民俗风情(如北京国际机场餐厅)为主题内容,对烘托整个饮食气氛和美化内部环境有着明显的效果。但这一般适用于那些空间大而且豁亮的餐厅。对于空间小而且幽暗的餐厅,通常宜以尺度相应的字画饰之。

就吊灯来看,一般要视餐厅的功能而定。西餐厅宜用晶莹透亮的玻璃或水晶石吊灯,中餐厅宜用古色古香的中式宫灯。前者构成富丽堂皇的形式美感,后者化出典雅逸然的闲适氛围。

谈到家具,也同样涉及与餐厅功能协调配套的问题。通常,西餐厅用方桌、长背靠椅,材料大多取自钢木,风格富有时代气息,以几何形对角排列为特征。中餐厅用圆桌、矮背靠椅,材料大多取自纯木(如楠木、红木或椴木等),风格趋于古雅,以众星拱月般的团圆格局为特征。但无论怎样,家具应讲究成套组合,尽量与饮食环境形成统一和谐的审美形式或风格,切忌桌椅板凳随意拼凑,搞成非中非西、不伦不类的景象。

从陈设艺术角度考虑,举凡仿古文物、瓷瓶、插花、挂毯、字画、摄影作品以及盆景等工艺品,对丰富和深化餐饮的内部环境美具有不可低估的作用。但在选择与摆设时,要从餐厅整体空间出发,讲究尺度相宜,位置适当,要少而精,素而雅,要起锦上添花的点缀作用,而非琳琅满目的炫耀或推销功能。

餐厅光照以柔和、清朗与折射为宜,切忌炫目、刺眼与直射灯具。采用自然光时须顺应季节变化。冬季可拉开窗帘,让外光透窗而入,给人以温暖之感;夏季可挂上淡绿色窗帘,缓冲遮挡外光强度,给人以凉爽之感。至于色彩,一般以四季咸宜的中性色为主,亦可随季节调换冷暖色。事实上,餐厅内部的光色往往合二而一,直接影响就餐客人的食欲。国外心理学家曾做过下述实验:在某个餐厅开宴时,先打开黄色灯光,菜肴立即呈现出鲜嫩可爱的色相,宾客食欲大振;随之熄灭黄色灯,打开蓝色灯,满桌菜肴则呈现出腐朽、霉烂与变质的样态,宾客几乎没有食欲;最后换上正常灯光,食欲恢复正常,但逊于黄色光。可见,饮食行业应特别注意色彩的效应,要研究用色的规律,以便达到美化饮食环境、招徕顾客的目的。

二、饮食器具的造型美

自不待言,饮食活动中所需的餐具、酒具、茶具等,像所有其他物品一样,兼实用目的与审美价值于一身,始终伴随着不同历史时期的技术水平和审美趣味在不断地演变、改进、提高和完善。

1. 中国饮食器具的历史沿革

纵观中国饮食器具的发展,大致历经五个主要时期。

首先是原始陶器时期。该时期以新石器时代为盛,流行盆、碗、钵、杯、豆等饮食器具。若按装饰手法和表面色彩,可分为彩陶、黑陶、红陶、灰陶和印纹陶等。譬如,仰韶文化的彩陶(以半坡村、庙底沟和马家窑类型为代表)纹饰多采用墨色绘成,动物型花纹较多,具有古朴单纯、形象生动、手法简练和笔触粗放等特点。其装饰美主要表现在造型丰满、色彩鲜明和匀称均衡等方面。代表作品有半坡村型人面纹盆、鱼纹盆与纹饰陶钵,庙底沟型勾叶纹饰陶盆,马家窑型同心圆陶钵等。后期的马家窑型彩陶或以制作精细、节奏分明、体态雍容清秀、红黑两色相映见长,或以纹饰繁复、柔和多变、线条纵横斜折、风格粗犷朴实著称。再后来到了龙山文化时期,黑陶工艺取得了长足的进步,与前期的彩陶竞相媲美。其中碗、盆、高足杯等食用器具色黑光亮,厚薄均匀,装饰简朴,造型规整,风格单纯精巧,更加适用和美观。山东东安景芝镇出土的黑陶高足杯与河南出土的黑陶盆等堪称其代表作。总之,原始陶器兼有实用和美观的双重价值。其装饰图案,不论是采自人物、动物、植物,还是源自树叶、水波、漩涡的叶脉纹、水波纹和云雷纹,都反映出原始先民淳厚的情感和质朴的趣味,积淀着一定的社会内容和思想观念,是为实用之外还要求美观的目的性需要而生产出的"有意味的形式"。

其次是青铜器时期。中国的青铜工艺历史悠久,堪称人类文化宝库中的珍品、世界艺术园地中的奇葩。从以往收藏和新近出土的文物来看,青铜器一反陶器的单纯与明丽之风,转化为狞厉与神秘之美。这不仅表现出"如火烈烈"的时代风尚,积淀着一股浑沉与崇高的历史力量,而且还保持着原先那种天真与拙朴的稚气,"荡漾出一种不可复现和不可企及的童年气派的美丽"。[①] 譬如,"商枭尊"上所凸显出的风格化造型与幻想化形象使人感受到一种神秘的内涵与威力的象征。"兽面纹鼎"上所刻饰的饕餮纹样及其雄健的线条更能体现出上述风格与精神,同时还

---

① 李泽厚. 美的历程. 北京:文物出版社,1981:39.

"恰到好处地体现了一种无限的、原始的、还不能用概念语言来表达的原始宗教的情感、观念和理想……"①

再则是漆器时期。漆器工艺起源甚早,于战国成型,其图案取材广泛(如传统的龙凤、鸟兽和各种几何纹),用笔自由挥洒,纹样飞动流畅,色泽光润平滑。从长沙出土的"狩猎奁"和信阳出土的"人物瑟"残片来看,漆绘的艺术已经发展到相当高的阶段。其中所表现的那种张弓待发、挺矛突刺、攀扶流云、腾龙飞凤等富于幻想和体态优美的生动图景反映了战国时期楚文化的浪漫主义美学风格,使人不由联想起屈原的诗句:"吾令凤鸟飞腾兮,继之以日夜,飘风屯其相离兮,帅云霓而来御。纷总总其离合兮,斑陆离其上下。"②

由于漆器兼有轻便耐用、装饰典雅、色彩绮丽和防腐蚀等特点,因此继战国之后开始流行于世,其工艺水平在西汉达到高峰。从长沙马王堆西汉墓发掘出的数百件漆器中计有勺、盘、奁、卮、耳、杯、盆等器具,其巧妙的造型和精美的图案令人叹为观止。

最后是瓷器时期。瓷器是中国劳动人民的伟大创造,具有胎质洁白坚硬、表面光润明亮、轻便精美和卫生易洗等特点。故瓷器问世以来,便在餐具中取得了统治地位,成为中国饮食活动中的主要器具。瓷器于商周时代已具雏形(原始瓷),随后发展为汉代六朝的青瓷、隋朝的白瓷、唐朝的三彩瓷等不同品类。宋瓷集先朝各代瓷器工艺之大成,不仅造型秀雅灵动、质地韵致隽永、装饰耐人寻味,而且达到了实用与审美的高度统一。闻名域内甚至海外的有灿烂如霞的钧瓷、莹润如脂的汝窑瓷、色质如玉的景德镇白瓷、翠绿晶润的龙泉瓷、布满断纹的哥窑瓷……从元、明、清至现当代,要数景德镇青花瓷成就最高,其以青色钴料于瓷器上绘制出各种图案,清新典雅,具有水墨画般的装饰效果。

需要补充说明的是,在中国饮食器具中还有造型精美的玉石器和质地豪华的金银器。前者出现于战国,后两者兴盛于唐代。但因它们造价昂贵,大多供奉宫廷享用。目前除了夜光杯仍付之实用外,其余仅供陈设观赏。

宏观上,目前中国饮食器具属于融合发展时期。由于中外文化的交流融合、国内国际旅游业的不断发展,我国现代饮食器具为了满足人们的不同需要,虽然仍以瓷器为主,但在造型和装饰手法上吸取了西方餐具的许多特长,形成简洁明快和富有现代精神的工艺美学风格。另外,取材更为广泛,如玻璃、不锈钢、搪瓷、陶瓷以及塑料等,不仅制造全套中餐具,而且配置全套西餐具。总之,为了满足人们的实用与审美需要,中国饮食器具工艺走上了一条中西结合、百花齐放的综合发展道路。

---

① 李泽厚.美的历程.北京:文物出版社,1981:37.
② 屈原.离骚.见:楚辞鉴赏集.北京:人民文学出版社,1988:3.

2. 饮食器具的美学原则

不言而喻，饮食器具有着明显的实用目的，必须便于进餐、饮酒、品茗或喝咖啡等。因此，它们首先应当符合目的性，即讲究实用或适用，讲究操作得心应手，尽实惠便利之能事。与此同时，也应当讲究造型美观，装饰雅丽，看上去赏心悦目，有益于增进美食之情趣、美饮之逸兴，这是人们普遍的审美需求使然。于是，实（适）用与美观的有机统一便成为饮食器具造型和装饰方面的指令性原则。

从功能角度考察，饮食器具可分为餐具、酒具、茶具和咖啡具。餐具一般包括碗、碟、盘、勺、盆、筷、刀、叉、夹等。其尺寸大小、造型图案、质地高低通常要视菜肴档次和宴席规格而定，以便取得相辅相成的整体效果。从适用方面看，餐具要求清洁卫生，成龙配套，形体完整，质地优良，装饰简明，色彩淡雅，能够给人一种实用、适宜、整洁与雅致之感，切忌五花八门的胡乱拼凑。

清代袁牧曾言："美食不如美器，斯语是也。"其意显然旨在强调餐具的审美价值及其重要性。推而论之，美酒只有配上美的酒具方能相得益彰，相映成趣。一般说来，酒具造型讲究精美玲珑，装饰注重自然流畅，质料要求纯净优良，使用时务必清洁卫生。

我国是茶的故乡。相应地，茶具历史悠久，工艺精湛，品类繁多。目前流行的有景德镇白瓷茶具、浙江青瓷茶具和宜兴紫砂陶茶具等。白瓷茶具造型婉秀，色泽润亮，饰以金边，给人以恬静高雅之感。青瓷茶具造型古朴，质地细腻，色泽青莹，给人以清逸幽雅之感。紫砂陶茶具造型简朴，色泽古雅，风格淳厚，富有民族和地方特色。海内外宾客享用这些茶具之时，定会从中得到不同程度的民俗文化体验。

咖啡具自西方引进，近几年发展甚快。一般来讲，咖啡具造型讲究简练中求大方，灵秀中见端庄，装饰纹样要求鲜明而忌繁缛，色调偏于热烈（如紫红或橙红等暖色调）而非冷淡（如蓝或绿等冷色调）。

三、美味佳肴的审美属性

中国烹饪作为一门实（食）用艺术，不仅讲究"色、香、味、形、意（趣）"，而且风味各异，菜系多样。宏观而论，有四大地方风味（四川、齐鲁、淮扬与粤闽风味），八大菜系（鲁、川、苏、浙、粤、闽、湘与徽菜系）或五大菜系（以粤菜为中心的华南菜系、以淮扬菜为中心的长江中下游菜系、以川菜为中心的西南菜系、以鲁菜为中心的中原菜系、以蒙古菜为中心的北国少数民族菜系）之说。有的研究工作者还将地方菜系风味与地区文学风格予以比较，以期说明两者之间的互动作用或相互关系，如下表所示：[①]

---

① 高桂喜. 饮食与文学. 见：江苏商专学报. 1987(2)：69-70.

地区	菜系	原料	烹饪	文学	风格
华南	粤菜	猛兽异禽	华丽奇特	粤风	热烈明丽
江南	扬菜	水鲜果蔬	清淡平和	吴声歌	温婉清幽
西南	川菜	山珍土产	灵巧多样	竹枝词	新巧灵秀
中原	鲁菜	海味家畜	壮观排场	拟民歌	浑厚深沉
北方	蒙菜	牛马羊驼	质朴浓烈	折杨柳	坦荡粗犷

总的来说,中国烹饪是一个包容各种风味或菜系的整体性实(食)用艺术。从审美角度看,其艺术特征主要表现在材料美、技术美、形态美、味道美和意趣美等五个方面。

1. 材料美

材料或食品原料是食品造型艺术的物质基础。材料美泛指食品原料之美,通常包括色泽美、质地美和原形美三者。首先,就色泽美而言,食品原料固有的色彩与光泽若充分而合理地加以利用或加工,会构成菜点的形式美。如红色原料(像樱桃、胡萝卜、西红柿、山楂、红辣椒等)明艳夺目,具有点缀作用;绿色原料(像菠菜、芹菜、油菜、黄瓜等)生气勃勃,给人以清爽明媚舒适之感;白色原料(像豆腐、莲子、山药、干贝、鸡胸脯肉等)如雪如玉如脂,给人以晶莹软嫩之感;黑色原料(像海参、黑木耳、紫菜等)若与白色和绿色原料搭配使用,亦可以产生调和色与特殊魅力。当然,原料经烹饪加工之后,原色会发生变化。譬如,虾与蟹等水产品加热后会由灰变红,鲜艳美观;而单纯的生肉片做熟后则由红变为灰白……凡此种种,需要厨师掌握规律,综合利用,必要时还可借助食用色素等来装点菜肴。其次,就质地美而论,食品原料的优良质地是构成精美食品造型的重要因素。譬如,葡萄如珠似玉,樱桃如红色宝石,木耳发得犹如片片花瓣,鸡蛋白质地近似洁净细腻的白瓷,等等,所有这些原料若利用得当,会对食品形式产生积极的点缀或美化作用。最后,就原形美来看,食品原料的固有形状(如整鱼、整虾、整蟹、整龟、整鸡、整鸭、整乳猪、鹌鹑蛋、鸽子蛋和一些鲜果等)会给人以不同的印象,或威严,或灵秀,或玲珑,或诡秘,或憨直,或滑稽……若能巧妙因借,艺术加工,可保持自然形态,益于调节饮食情趣。

2. 技术美

据说,2 500多年前的孔老夫子有"食不厌精"的饮食习惯。依《论语》所载,他本人也提出过"割不正不食"的饮食要求。

同西方烹饪文化相比,中国烹饪文化在技术要求上更为精细微妙,这主要落实在刀工与火候两个方面。举凡食品造型,务必依赖刀工,将原料切削成块、片、丁、丝和各种其他花样,随后在盘中加以形式上的组合,从而构成不同的图案。娴熟的刀工可将一只猪耳朵切成23片之多,再将其切成细丝,几乎达到"透明发亮薄如纸,穿针引线细如丝"的程度。著名的"水磨丝"就是典型的刀工菜。关于火候,有口皆碑的北京烤鸭便是佐证。此鸭素以外脆里嫩、色泽鲜艳著称,这全靠火候所为。在实践中,有的高级厨师在掌握火候、温度和颠翻技术方面达到了出神入化的境界,常用"飞火"炒菜,使白者更白,绿者更绿,色泽更艳,味道更美。

不消说,烹饪艺术要求刀工与火候技巧的有机统一。通常,切削之物务必厚薄一致,便于烹调,避免夹生;另外,还要大小适度,便于入口,容易嚼咽。两者相辅相成,对品尝佳肴具有直接的影响。

3. 形态美

在世界烹饪艺术园地里,中国食品的形态美独树一帜,久负盛名。许多艺术拼盘灵秀精巧,造型优美,具有很高的观赏价值。因此,摆上宴席后,常使海内外宾客惊叹不已,不忍动筷。

食品形态美除上面提到的自然形态(如整鱼、整鸭等)外,主要有几何形态和象形形态。前者属于有规律的组合排列,根据餐盘与菜点的形状和色泽,采取均衡或点缀等表现手法,拼成方、圆、梯、锥、扇、椭圆、半圆等多种形式,呈现出一定的序列、节奏与图案之美。后者则以模拟手法为主,附之以绘画构图和雕刻装饰手法,拼成鸡、鸭、鱼、蟹、荷花、蝴蝶、凤凰、孔雀、宫灯、亭台或楼阁,等等。这些形状往往妙在"似与不似之间",追求美观、大方、吉祥、夸张和天趣,有益于创造宴会的欢快气氛和文化品位。

4. 味道美

如前所述,中国的审美意识与"味"字有关(参阅第三章第一节中的"羊大为美"说)。如此一来,中国艺术讲究"味"(韵味),中国饮食更讲究"味"(味道)。孔子提出"臭恶不食",显然是从另一角度对味美做了积极的肯定。

同材料、技术和形态这三种诉诸视觉的食品形式之美相比,味道则是诉诸味觉的、关乎食品内容之美的要素。对多数人来讲,中看不中吃的事物是断然不美的。令人称奇的是,中国食品具有五味(咸、甜、苦、辣、酸)俱全的多样性调和特征。这种以调和之法追求"味外之味"的中国食品同以含蓄的手法追求"象外之象"的中国艺术似乎具有共通和因借之处。另外,味道作为一种以生理快感为主要特征的、融合自然性与社会性内容的初级审美快感,在特定情况下对审美敏感性或感受力较强的人来说,有时会演变或升华为比较高级的精神愉悦与比较深刻的文化体验。譬如,著名宋史专家邓广铭于杭州八卦楼品尝过仿宋宫廷名菜之后,兴奋之余,即席题诗曰:"我读南宋史,不知南宋'味';如今八卦楼,方知宋菜美。"可见,美味给他的感受远远超过了生理范畴中的一般快感。

实际上,按照味美四原则(本味、调味、适口、合时),品尝美味佳肴也诚如曹植所言,不仅"可以娱肠",而且"可以和神",即调谐人的精神情绪,使人感到舒畅愉快,"悦心悦意"。另外,还可以使人产生一种审美的联想。如吃武昌鱼,会使人想起毛泽东的"才饮长沙水,又食武昌鱼"与范成大的"却笑鲈乡垂钓手,武昌鱼好便淹留"等诗句。①

5. 意趣美

我们说中国园林讲究诗情画意美,殊不知中国饮食亦然。只因受时空与物质表现手段的限制,我们姑且把中国饮食所追求的艺术境界谓为意趣美或意趣情理美。

据说古时有位秀才,持两个鸡蛋和一撮韭菜,请一位名厨以此为原料做两盘菜,且各冠以诗名雅号。厨师思索稍许,将鸡蛋煮熟,剥出两个蛋黄,分摆在白瓷盘上,并饰以绿色韭菜,名曰"两个黄鹂鸣翠柳";随后,又将蛋白切成大小块,按顺序排列在一只蓝瓷盘上,谓之"一行白鹭上青天"。如此精巧构思,诗化命名,使两道平常不过的菜幻化出不同寻常的诗情意趣。再如现在流行的地方风味"半月沉江",原名"当归面筋汤",后来郭沫若按"半月沉江底,千峰入眼窝"诗句易名,不仅形象生动地描绘出形圆色黄的面筋半沉半浮的状态,而且注入了诗的意境,增添了雅的情趣,可谓以意趣之美取胜的范例。从上述两例中可以看出,中国食品的意趣美突出地表现和包容在菜肴形态美与命名美的交互作用之中。特别是命名,异常讲究风雅含蓄,富有文学意味,如同中国散文与诗的题目或西方音乐的标题,起着提示和美化的作用。

从审美形态角度分析,中国菜肴名称所给人的感受是丰富多样的。譬如,"孔雀开屏"和"桃花香扇"等艺术拼盘可给人以阴柔婉秀之美,"龙虎斗"和"红烧狮子头"可给人以阳刚崇高之美,"霸王(龟)别姬(鸡)"等可给人以悲壮之感,"佛跳墙"等可给人以喜剧之感,"报财鸡"等可给人以欢悦或幽默之感……凡此种种,不一而足,均显示出中国烹饪艺术的独特美学风貌。

四、宴乐配置的基本原则

古往今来,中国人很看重"饮食的亲和作用",②习惯于在饮食活动中谐和人际关系。为了达到这一目的,人们十分讲究饮食时的气氛,认为只有在欢悦热烈的、伴有音乐歌舞的宴会上才能乐和尽兴,才能变得洒脱起来,才能解决某些在其他社交场合难以解决的问题,或者达到那种"今日良宴会,欢乐难具陈。弹筝奋逸响,新声妙入神"的诗化境界。这种趋向可以追溯到礼乐文化鼎盛的周朝。《诗经》中所描写的那种"宾之初筵"上的气氛与状况——"宾之初筵,左右秩秩……酒既和旨,饮酒孔偕。钟鼓既设,举酬逸逸……籥舞笙鼓,乐既和奏……百礼既至,有壬有林

---

① 郑奇,陈孝信. 烹饪美学. 昆明:云南人民出版社,1989.
② 王学泰. 华夏饮食文化. 北京:中华书局,1993:87.

……"①作为有力的佐证,使现代人可以从中窥知一斑。

总之,无论是从礼乐文化的视界看,还是从实践经验的角度看,欢宴离不开音乐的调配辅助作用。这是因为音乐对人的情感或身心的影响来得最快,最直接,最强烈。"尤其当我们很激动或忧郁的时候,我们特别强烈地感到音乐对我们心情的特殊力量。"②音乐借助和声、旋律,突然袭击我们,使我们在变化无穷的优美形式和色彩中进入到比万花筒高超万倍的理想境界。

历史上,中外的思想家、美学家和音乐家等对音乐的情感作用和审美效应均有过高度的评价。譬如,孔子就有过下述体验:"子在齐闻《韶》,三月不知肉味,曰:'不图为乐之至于斯也!'"③在《乐记》中,音乐的功能得到了理论上的高度总结。其中有"乐者,天地之和也","乐至则无怨","故听其雅之声,志意得广也","故乐者,天地之命,中和之纪,人情之所不免也"等说法,十分看重音乐的陶情怡性的心理作用与和谐人伦的社会价值。

黑格尔把音乐视为"道地的浪漫型艺术",认为"音乐的独特任务就在于它把任何内容提供心灵体会",借此来打动主体最深刻的内心生活,使心灵获得解放。因此,"音乐是心情的艺术,它直接针对着心情",直接诉诸人的精神与灵魂,致使"声音的余韵只在灵魂最深处荡漾,灵魂在它的观念性的主体地位被乐声掌握住,也转入运动的状态"。在此意义上,"音乐就是精神,就是灵魂,直接为自己而发出声响,在听到自己的声响中感到满足"。从艺术效应上看,音乐,特别是美的音乐,旨在满足人们精神方面的需求。它"在使情绪和想象流露于音调之中却仍然应使沉浸在这种情感中的灵魂超出这种情感之上,即不受内容的约束而回翔自如,这样就替灵魂辟出一个境界,使它可以从沉浸于情感的状态中恢复过来,不受干扰地单纯地感觉到它自己"。结果,人在音乐中获得单纯的感官享受的同时,其精神被引导到一个更高的领域,"其中像在自然界一样,基调是徜徉自得的幸福感"。④ 李斯特深知音乐的奥妙,他曾热情洋溢地告诉人们:音乐像朝露和大气一样,渗入我们的内心。"感情借着音乐中腾空直上的音浪,把我们带到超凌尘世之外的高处,在那里,一片朦胧景色,在众星闪烁之下漂着几许小岛,宛如天鹅般地在太空中遨游、歌唱。感情借着万古常新的艺术之翼,把我们带进一个只有它可以进入的奥妙境界……从而在我们面前展开一望无际的广阔天地,使我们啜饮极乐的清泉,使我们因幸福而感到心弦颤抖,使我们浸润于爱情的慵困之中……带我们穿过无法描绘的过去的、围绕在我们的摇篮周围的情景……远离尘世,引渡到极乐世界。"⑤

---

① 参阅《宾之初筵》,见《诗经·小雅》。
② 汉斯立克.论音乐的美(中译本).北京:人民音乐出版社,1980:74.
③ 北京大学哲学系美学教研室编.中国美学史资料选编.北京:中华书局,1980:16;另见《论语·述而》。
④ 黑格尔.美学(中译本).第3卷上册.北京:商务印书馆,1979:328-390.
⑤ 李斯特.论柏辽兹与舒曼(中译本).北京:人民音乐出版社,1979:26-28.

鉴于音乐对情绪、精神或身心所具有的特种调节作用,现代旅游饭店内部均装有音响设备。无论走进大厅、餐厅、酒吧、舞厅还是客房,可随时随地听到不同风格的音乐,感受到不同的气氛,产生不同的体验或感受。在举办宴会的过程中,音乐更是必不可少的内容之一。从宴乐配置上看,一般把轻松悦耳奉为指令性原则。这便要求所选用和播放的音乐必须具备旋律典雅欢畅、节奏明朗轻快与音量控制适当等特点,以期创造一种宜人惬意的宴会气氛,调节宾主的心理情趣。通常,古典音乐、轻音乐、圆舞曲以及某些描写田园风光的乡村音乐等均在选用之列。至于那种音响杂乱且富有刺激性的迪斯科或摇滚乐等,仅适用于某些舞厅晚会,而非餐厅宴会。

当然,宴乐配置还应当讲究协调原则。也就是说,要依据宴会的主题与程序来配置相宜的、有利于创造融洽气氛的音乐。一般说来,大型宴会要求庄重而热烈,入席时播放《迎宾曲》或《欢迎曲》等,既欢畅又明朗,颇能烘托气氛;上菜时,可伴以《进行曲》,给人以轻快流动之感。至于朋友聚宴,则配上《友谊地久天长》或《祝酒歌》等轻音乐,借此增进听觉环境和心理情态的趣致,引发人们对往事的快乐回忆。如果品尝中国宫廷风味,宜用中国古典乐曲,如《春江花月夜》等,这样,食品与曲调在风格上相得益彰,会使人们享受到一种富有思旧怀古之情的、特殊形式的审美文化体验。

第四节 旅游购物中的审美因素

广义上的美,是到处都有的。对于我们的眼睛,只是缺少发现而已。[①] 在当今时代,追求美感已成为物质与精神生活的主旋律。人们不再囿于传统之见,仅在诗歌、散文、绘画、雕塑、音乐或舞蹈等艺术作品中去探寻审美价值,而是大大拓展了观赏对象的范围,也开始在千姿百态的商品中寻求兼容实用功能的美感。

关于美感,大可不必将其过于复杂化。按照杜卡斯的话说:"任何于审美观照中获得的感受皆为审美感受。"而"审美观照作为一种状态,非但毫不神奇莫测,相反,就连普通人也十分熟悉,且有无数次亲身体验(即便只有片刻工夫)⋯⋯例如,要判断一条特定领带的颜色是否与西装的颜色'谐调',就等于判断从色彩组合的审美观照中所得到的感受是否是快感一样"。[②] 需要强调的是,杜卡斯作为一名哲学家与美学家,像托马斯·门罗[③]一样,素来重视日常经验的审美内涵,并且提出"审美消费者"(aesthetic consumers)这一概念,对我们从审美角度来研究旅游者与

[①] 罗丹.罗丹论艺术(中译本).北京:人民美术出版社,1989:62.
[②] 杜卡斯.艺术哲学新论(中译本).北京:光明日报出版社,1988:114-152.
[③] 门罗.走向科学的美学(中译本).北京:中国文艺联合出版社,1984.

旅游商品的互动关系颇有借鉴意义。

一、包装艺术的诱惑

俗话说:"货卖一张皮。"这在很大程度上是指商品包装设计在销售中的实际效应。无数事实表明,实用、美观、精巧和新颖的包装如同给商品穿上漂亮的新衣,可使消费者受到形式美的感染,引发其购买的欲望。

历史地看,原始先民们以兽皮包肉,用陶罐盛水,可谓最初的包装形态。日后演变为以荷叶包肉或用葫芦装酒,等等,仍然是以实用性为目的。现代人由于物质与精神文明的发展,追求美感的愿望强烈,要求包装既有实用性(主要体现在保护商品和便于携带搬运等方面),亦有审美性(体现在图案美、色彩美、编排美和质料美等方面),或者是两者的有机统一。

包装有简易和精致之分。包装有的是商品的附属物(如包装纸),有的是商品的组成部分(如酒瓶、砚盒)。但从基本形态上看,包装均涉及商标设计、图案调配、用色选料等要素。

商标设计一般包括命名和形式编排。其形式是否实用,其形象是否美,或者说,其整个设计是否符合目的性(即实用与审美的二重性),必将关系到产品的推销和企业的成败。通常,商标作为一种识别符号,有其独特的艺术语言,既讲究简明的视觉形象美,又讲究吉祥的情趣美。就像其他符号一样,具有点化或渲染的特殊效果,能在刹那间引起人们的注意,而且好认、好记、好看、好听。中国商标设计的形式一般有汉字型、字母型、几何型、具象型和综合型等五种。无论采取任何一种形式,都应遵循形式美法则,进行必要的艺术加工,使其直观形象,醒目美观,耐人寻味。在风格上,若用汉字篆书与金石形式,应力求古朴浑厚;若用行书或草书形式,应追求潇洒流畅;若用字母形式,应讲究变化飘逸(如"Coca Cola"之类的商标);若用几何造型,应突出时代精神;若用具象形式,应强调象征意味……总之,要结合商品自身的内容、功能、造型、尺度、质料等,在删繁就简的基本原则指导下,尽量创造出具有形象美和个体美(不雷同)的商标来。

图案调配是商标设计的重要组成部分。一般来讲,图案以商标名称为构思的基础,以点缀商标、美化包装为主要目的。图案取材范围十分广泛,常见的有动物、植物、人物、风景、建筑、象形文字与几何造型,等等。值得指出的是,图案设计既要考虑民族性,又要兼顾国际性,应有避讳不同文化禁忌的意识,以求装潢设计对路,令人乐于接受。因为,各个民族由于文化的差异,或者说,各个民族的文化常常由于宗教、历史或风俗等方面的原因,均构成各自的个性或差异性,其中有些因素突出地表现在相关的禁忌、清规或戒律上。譬如,伊斯兰地区忌猪,北非忌狗,英国忌大象,瑞士忌猫头鹰,印度忌猫,意大利忌菊花,法国忌核桃,日本忌荷花,中国忌蜗牛,澳洲忌兔子……相反,东南亚地区则喜欢大象,中国喜欢菊花,日本喜欢樱花,伊朗喜欢狮子，新加坡喜欢双喜字……设计者需要参照商品的目标市场，结合民族与区域的文化习俗，随机应变，灵活掌握，避免顾此失彼。

关于商标图案设计的用色，一般要求和谐、明快和典雅，在突出商标形象的同时，应讲究整体装饰的形式美感。选料则要求与商品的实际功能和质地协调统一。有的材料在装潢时要设法合理利用原有的纹样和质地(如制作砚盒的红木)，以保持天然之美。

在我国，随着文化教育和物质生活水平的不断提高，商品经济、外贸和旅游事业的迅速发展，包装艺术也有了长足的进步。1980年、1981年先后成立了中国包装技术协会与中国包装总公司，而且自1982年以来又多次举办了规模不同的包装展览会，这对包装设计、生产、工艺、科研和教学均起到了很大的推动作用。另外，从总体来看，现代商品包装更注意造型和结构的立体形式，更多地表现为色彩绘画和几何图案等装饰形象，这种趋向是值得广大设计者参考借鉴的。

毋庸讳言，包装艺术也同样涉及设计伦理学的问题。简单地说，作为塑造商品外形美的包装艺术应当真实而准确地反映商品的实际内容、功能和品质，应当讲究、外在美和内在美的对应性或有机统一性。任何华而不实的浮夸与虚饰只能得计于一时。不可能真正树立自己的市场形象。这需要生产厂家与商标设计者从长远发展计议，从消费者的利益出发，密切合作，解决这种自欺欺人的问题。

二、购物的美感过程

囿于传统的审美观念，有些人认为消费者对商品的评品和感受过程仅限于生理快感范畴，上升不到精神性美感的高度，这在笔者看来委实是一种误解。

我们知道，人的快感和美感尽管存在明显的差异(一般认为前者主要属于生理反应形式，后者主要属于心理或精神反应形式)，但不乏内在的联系。也就是说，两者之间没有不可逾越的鸿沟。这是因为：(1)人的快感不同于纯生理性的动物快感，就像人的感官不同于动物的感官一样。在漫长的社会实践活动中，特别是审美实践活动中，人的各种感官在不断的"人化"(humanized)和"社会化"(socialized)，积淀了相当丰厚的文化心理等方面的内容，从而在很大程度上演进为具有一定敏感程度的审美感官。相应地，当客观对象的性质与形象诸因素符合人的目的性，并激活人的"感觉阈限"(sensitive threshold)而引起人的感觉快适时，其中必然隐含着潜在的审美动因。(2)在日常生活中，超生理机制的纯精神性美感几乎是不存在的。美感过程作为一种以形象思维为主的思维过程和以身心体验为主的感受过程，总以形象为目标，以感觉为基础，以快感为条件，在深刻理解对象本质、联系以往经验或"内在图式"的同时，体验到一种情感或精神愉悦。因此可以说，人的美感是其生理机能和心理机能交互作用而生的结果，是一种始终伴随着快感的高级精神活动。①

　　基于上述分析,人对商品的审美感受过程就比较容易理解了。譬如,杭州的丝绸织锦质地柔软细腻,手感光滑舒适,色彩明丽悦目,图案雅致精巧,首先给人以视觉与触觉的快感。随着对"游龙戏珠"、"龙凤呈祥"、"百子贺寿"、"松鹤延年"等图案内容与形式组合美的领悟,必然使人产生欢悦的情趣,得到心理的满足,获得文化的体验,这恐怕就是常言所说的"审美效应"(aesthetic effect)。另外,从劳动美学的观点来看,人们在选购象牙或青田石雕刻《举杯邀明月》等工艺品时,除了从形式美角度来审视其玲珑剔透的造型与精湛巧妙的工艺外,还将从中观照到人的本质力量、人的想象与创造力量,以及人通过物质对象而"外化"或"客观化"(objectified)了的审美理想,从而在对人类本身的自我肯定中产生精神上的愉悦感或审美感。

　　总之,人对商品的审美,从本质上说与人对纯粹艺术作品的审美大致相同,均经由快感而达美感的基本过程。但比较说来,实用艺术产品所给人的美感,一般以快感为先导,美感随后,趋于平和恬淡,浅显短暂,更为随意;而纯粹艺术作品给人的美感与快感几乎同步发生,趋于强烈激奋,深刻持久,定向性突出。两者在感受效应上有着量度与程度方面的差异。

三、功利性与审美性

　　从人类审美意识的起源和审美实践的发展来看,任何形式的美总是具有某种合目的性(purposefulness)。普列汉诺夫曾用历史唯物主义和人类社会学方法考察研究了大量原始艺术和自然现象,列举出许多原始民族所使用的梳子图形、装饰和器具上的几何纹样等,充分印证了艺术中原本存在的功利性,并且断言:"劳动于艺术,总之,人最初是从功利观点来观察事物和现象,只是后来才站在审美点上来看待它们。"②迄今,人类按照"美的规律"已经制作和创造出更为丰富的艺术产品。这些产品由于各自相异的价值特征和表现形态,尽管被宏观为实用艺术与纯粹艺术两大类别,但均未超越功利的范畴。一般来讲,实用品体现着物质的直接功利目的或实用功能,纯粹艺术产品虽已摆脱了直接功能,虚化为精神产品,但依然具有间接的功利目的,即审美意义、情感教育意义上的间接功利性。

　　实际上,在当今实用品艺术化、艺术品实用化的商品社会里,功利性与审美性(或艺术性)的趋同互补现象在商品生产中表现得尤为

---

① 王柯平. 旅游审美活动论. 台北:地景企业股份有限公司,1993:288-289.
② 普列汉诺夫. 没有地址的信. 见:普列汉诺夫美学论文集(中译本). 第一卷. 395.

品就是典型的例子。我们知道,旅游纪念品的种类十分繁多。除字画雕刻属于纯粹艺术品外,大多属于实用艺术范畴。这样,对于旅游纪念品的生产者与消费者(旅游者)来说,其功利性与审美性的有机统一必然成为影响双方行为(生产与消费)的主导性原则。

1. 功利性

这里所谓的功利性,首先是指特种旅游商品的纪念性。譬如游览黄山、泰山、桂林、西湖、八达岭长城或洛阳龙门石窟,若能在旅游地选购到饰有当地风光奇景或文物古迹的挂盘、花瓶、织锦、明信片、茶具、文具或其他形式的手工艺品,一方面有益于诱发和强化游兴,另一方面可以聊作此地一游的纪念,一箭双雕。其次是适用性。其材料、结构、形状、功能和包装等皆符合设计要求和质量标准,有利于实用或陈设,便于携带或寄送。再就是珍藏性。有的纪念品设计新颖,材料贵重,工艺精湛,或者历史悠久(如古瓷、玉器、象牙雕刻、青田石雕等),具有很高的收藏价值,深得旅游者(也许是收藏家)的青睐。

2. 审美性

旅游商品的审美性突出地表现在三个不同层面。首先是外在装饰美。这主要体现在美观大方、色彩明丽和风格独特的包装艺术上。其次是商品造型美,即按照形式美的法则创造出比例和谐、线条流畅、节奏明快、光泽诱人、图案别致的令人赏心悦目的物品。再就是商品表现形态的意趣美,即从现实生活中抽取有意味的片断,或利用风物传奇中的神话故事情节,以物态形式和典型手法予以表现,给商品灌注以象征意义或哲理情趣,以便引发人的联想,使人得到某种启迪,最终达到陶情冶性的审美目的。

当然,对设计者来讲,要使作品达到品格突出、生动传神、动静结合的艺术境界,在处理情节的艺术手法上务必讲究典型性和含蓄性,也就是工艺美术家刘传所说的创作原则——"宜起不宜止,宜藏不宜露。"[1]前者是说要把握好情节的发展,着重描写情节发展的高峰,切忌表现情节发展的终局。这样会使情节变活,且耐人寻味。后者是说要含蓄地表现情节发展到高潮时的状态,以期深化作品情趣,增强艺术感染力。譬如,刘传本人在处理雕刻工艺品中有关武松与蒋门神两者之间的关系时,充分利用了上述原则。从造型结果上看,这两个冤家对头处在将打而未打的状态,犹如箭在弦上,一触即发,从而引导观者顺应故事情节的发展逻辑而张开联想飞翼,且在联想中内省英雄痛打恶棍的畅快心境,享受艺术形象所启动的审美

须指出,旅游商品(特别是旅游纪念品)虽然在总体上讲求功利性与审美性统一,但有的侧重直接的功利性(如茶具、丝绸等),有的偏重造型的审美性

---

[1] 源自生活,贵在传神. 见:中国工艺美术. 1982(1):12-13.

(如石刻、玉雕等),而有的则使两者处于平分秋色、相辅相成的均衡状态(如地毯、台布等)。因此,设计者与制作者应当首先从实际功能和市场需求出发,为产品恰当定位,随后在设计和生产中因需置宜,切忌为实用而实用、为美观而美观等顾此失彼或机械拘泥的做法。

值得提醒的是,旅游者在一系列消费活动中会遇到形形色色的诱惑与忽悠。这就需要根据自己的情趣、爱好和具体情况把握好一个度,在保障主体自由性的前提下,使自己成为一个主动而理智的消费者,使自己的合理需求得到相应满足,使自己的旅游观光生活艺术化或审美化乃至合理化。

思考与练习

1. 依据杜卡斯的自由主义美学观,审美对象一般指什么?
2. 旅游审美消费的主要形式有哪些?
3. 旅游审美消费的一般导向是什么?简要叙述各自的基本内容。
4. 试论饮食与环境的相互作用。
5. 试论美食与美器的相互关系。
6. 中国烹饪艺术的基本特征是什么?其中哪一种特征更具有中国特色?
7. 宴与乐的关系如何?宴乐配置的基本原则是什么?
8. 试论包装艺术的审美效应与经济效应。
9. 旅游商品的功利性与审美性主要意味着什么?你如何看待两者的关系?

主要参考文献

[1] 阿恩海姆. 艺术与视知觉(中译本). 北京:中国社会科学出版社,1985.
[2] 安旭. 旅游文物艺术. 天津:南开大学出版社,1991.
[3] 奥夫相尼科夫. 美学(中译本). 上海:上海译文出版社,1982.
[4] 鲍姆加通. 美学(中译本). 北京:文化艺术出版社,1987.
[5] 鲍桑葵. 美学史(中译本). 北京:商务印书馆,1985.
[6] 北京大学哲学系美学教研室. 西方美学家论美和美感. 北京:商务印书馆,1980.
[7] 北京大学哲学系美学教研室. 中国美学史资料选编(上、下册). 北京:中华书局,1981.
[8] 卞宗舜,等. 中国工艺美术史. 北京:中国轻工业出版社,1993.
[9] 博克. 崇高与美(中译本). 上海:上海三联书店,1990.
[10] 布劳. 作为艺术因素与审美原则的"心理距离说". 美学译文(2). 北京:中国社会科学出版社,1982.
[11] 曹日昌. 普通心理学(下册). 北京:人民教育出版社,1980.
[12] 曹玲泉. 中国旅游奇景. 上海:上海远东出版社,1992.
[13] 陈鼓应. 老庄新论. 上海:上海古籍出版社,1992.
[14] 陈从周. 说园. 北京:书目文献出版社,1984.
[15] 陈兆复. 中国画研究. 昆明:云南人民出版社,1980.
[16] 陈志学. 导游员业务知识与技能. 北京:中国旅游出版社,1994.
[17] 陈志华. 外国建筑史:19世纪末叶以前. 北京:中国建筑工业出版社,1987.
[18] 池泽康郎. 人体美学(中译本). 昆明:云南人民出版社,1989.
[19] 丁文魁. 风景名胜研究. 上海:同济大学出版社,1988.
[20] 杜卡斯. 艺术哲学新论(中译本). 北京:光明日报出版社,1988.
[21] 冯友兰. 新原人. 见:贞元六书. 上海:华东师范大学出版社,1996.
[22] 冯乃康. 中国旅游文学论稿. 北京:旅游教育出版社,1995.
[23] 弗洛伊德. 弗洛伊德论美文选(中译本). 上海:知识出版社,1987.
[24] 高等艺术院校《艺术概论》编著组. 艺术概论. 北京:文化艺术出版社,1994.

[25] 葛路. 中国绘画美学范畴体系. 桂林:漓江出版社,1989.
[26] 葛兆光. 禅宗与中国文化. 上海:上海人民出版社,1986.
[27] 葛晓音. 中国名胜与历史文化. 北京:北京大学出版社,1989.
[28] 哈姆林. 建筑形式美的原则(中译本). 北京:中国建筑工业出版社,1987.
[29] 海德格尔. 诗·语言·思(中译本). 北京:文化艺术出版社,1991.
[30] 荷加斯. 美的分析(中译本). 北京:人民美术出版社,1986.
[31] 何楚雄. 中国画论研究. 北京:中国社会科学出版社,1996.
[32] 湖北省美学学会. 中西美学艺术比较. 武汉:湖北人民出版社,1986.
[33] 胡文仲. 文化与交际. 北京:外语教学与研究出版社,1994.
[34] 胡文仲. 跨文化交际学选读. 长沙:湖南教育出版社,1990.
[35] 韩林德. 境生象外. 北京:三联书店,1995.
[36] 汉斯立克. 论音乐的美(中译本). 北京:人民音乐出版社,1980.
[37] 黑格尔. 美学(中译本). 北京:人民文学出版社,1979.
[38] 侯宝林等. 曲艺概论. 北京:人民文学出版社,1980.
[39] 胡经之. 中国古典美学丛编(上、中、下册). 北京:中华书局,1988.
[40] 黄河涛. 现代市场的美学冲击. 北京:人民出版社,1996.
[41] 吉尔伯特,库恩. 美学史(中译本). 上海:上海译文出版社,1989.
[42] 江月启. 巧布神州游——中国旅游景观地理学. 北京:中国社会科学出版社,1992.
[43] 蒋彝. 中国书法. 上海:上海书画出版社,1989.
[44] 江溶. 艺术欣赏指要. 北京:文化艺术出版社,1986.
[45] 今道友信. 东方的美学(中译本). 北京:三联书店,1991.
[46] 今道友信. 关于美(中译本). 哈尔滨:黑龙江人民出版社,1983.
[47] 金受申. 北京的传说. 北京:北京出版社,1981.
[48] 卡西尔. 语言与神话(中译本). 北京:三联书店,1988.
[49] 康德. 判断力批判(中译本). 北京:商务印书馆,1987.
[50] 克伦. 导游的成功秘诀(中译本). 北京:旅游教育出版社,1989.
[51] 克雷默. 世界古代神话(中译本). 北京:华夏出版社,1989.
[52] 孔子. 论语(杨伯峻译注). 北京:中华书局,1980.
[53] 孔寿山. 愿您的服装更美——服装美学与穿着艺术. 上海:上海人民出版社,1985.
[54] 老子. 道德经(陈鼓应注译). 北京:中华书局,1992.
[55] 李泽厚. 华夏美学. 北京:中国文化出版公司,1989.
[56] 李泽厚. 美的历程. 北京:文物出版社,1981.
[57] 李泽厚,刘纲纪. 中国美学史(1、2卷). 北京:中国社会科学出版社,

1984/1987.
- [58] 李泽厚. 走我自己的路. 北京:三联书店,1986.
- [59] 李晨. 中国名胜古迹掌故与传说. 北京:中国展望出版社,1983.
- [60] 笠原仲二. 古代中国人的美意识(中译本). 北京:三联书店,1988.
- [61] 李普曼. 当代美学(中译本). 北京:光明日报出版社,1986.
- [62] 李斯托威尔. 近代美学评述(中译本). 上海:上海译文出版社,1980.
- [63] 梁白泉. 国宝大观. 上海:上海文化出版社,1990.
- [64] 刘纲纪. 书法美学简论. 武汉:湖北教育出版社,1985.
- [65] 刘敦桢. 中国古代建筑史. 北京:中国建筑工业出版社,1984.
- [66] 刘操南,平慧善选注. 古代游记选注. 上海:上海古籍出版社,1982.
- [67] 柳莘. 中国山川掌故与传说. 北京:中国展望出版社,1984.
- [68] 陆一帆. 人的美学. 广州:中山大学出版社,1986.
- [69] 里德. 艺术的真谛(中译本). 沈阳:辽宁人民出版社,1987.
- [70] 李遵进,沈松勤. 风景美欣赏——旅游美学. 上海:上海人民出版社,1987.
- [71] 刘传. 源自生活,贵在传神. 中国工艺美术,1982(1).
- [72] 刘天华. 生活中的旅游审美. 济南:山东科学技术出版社,1987.
- [73] 刘天华. 画境文心——中国古典园林之美. 北京:三联书店,1994.
- [74] 《旅行家》杂志编. 旅游工作指南. 北京:中国青年出版社,1986.
- [75] 陆永庆,吴宝华. 旅游服务礼貌礼节. 昆明:云南人民出版社,1993.
- [76] 马克思. 1844年经济学哲学手稿. 北京:人民出版社,1985.
- [77] 马斯洛. 动机与人格. 北京:华夏出版社,1987.
- [78] 马斯洛. 存在心理学探索(中译本). 昆明:云南人民出版社,1987.
- [79] 麦金托什,格波茨. 旅游学(中译本). 上海:上海文化出版社,1985.
- [80] 梅蓉. 人体美学观絮语. 健与美,1985(3).
- [81] 孟子. 孟子(杨伯峻译注). 北京:中华书局,1988.
- [82] 敏泽. 中国美学思想史(1~3卷). 济南:齐鲁书社,1987.
- [83] 民族院校文艺理论研究会. 民族风情与审美. 北京:红旗出版社,1987.
- [84] 倪其心,等. 中国古代游记选. 北京:中国旅游出版社,1985.
- [85] 查普林,克拉威克. 心理学体系和理论(下册). 北京:商务印书馆,1984.
- [86] 钱钟书. 谈艺录. 北京:中华书局,1993.
- [87] 钱今昔. 中国旅游景观欣赏. 合肥:黄山书社,1993.
- [88] 钱学森,等. 文艺学,美学与现代科学. 北京:中国社会科学出版社,1987.
- [89] 任仲伦. 中国山水审美文化. 上海:同济大学出版社,1991.
- [90] 任晓红. 禅与中国园林. 北京:商务印书馆,1994.
- [91] 荣格. 心理学与文学(中译本). 北京:三联书店,1987.

[92] 茹桂. 书法十讲. 西安:陕西美术出版社,1980.
[93] 史岩. 中国雕塑史图录. 上海:上海人民美术出版社,1983.
[94] 陶君起. 京剧剧目初探. 北京:中国戏剧出版社,1980.
[95] 唐文标. 中国古代戏剧史. 北京:中国戏剧出版社,1958.
[96] 滕守尧. 审美心理描述. 北京:中国社会科学出版社,1985.
[97] 王朝闻. 美学概论. 北京:人民出版社,1981.
[98] 王海林. 佛教美学. 合肥:安徽文艺出版社,1992.
[99] 王柯平. 旅游美学纲要. 北京:旅游教育出版社,1997.
[100] 王柯平. 旅游审美活动论. 北京:旅游教育出版社,1990.
[101] 王连义. 导游翻译二十讲. 北京:旅游教育出版社,1990.
[102] 王可平. 华夏审美文化的集结——中国的雕塑艺术. 杭州:浙江美术学院出版社,1992.
[103] 汪流,等. 艺术特征论. 北京:文化艺术出版社,1984.
[104] 王鲁湘等译. 西方学者眼中的西方现代美学. 北京:北京大学出版社,1987.
[105] 王生平. 李泽厚美学思想研究. 沈阳:辽宁人民出版社,1987.
[106] 王学泰. 华夏饮食文化. 北京:中华书局,1993.
[107] 王毅. 园林与中国文化. 上海:上海人民出版社,1990.
[108] 王山峡,等. 历代花卉诗选. 昆明:云南人民出版社,1984.
[109] 席勒. 美育书简. 北京:中国文联出版公司,1984.
[110] 徐邦达,等. 珍宝鉴别指南. 上海:上海文化出版社,1992.
[111] 杨辛,甘霖. 美学原理. 北京:北京大学出版社,1996.
[112] 杨辛. 青年美育手册. 石家庄:河北人民出版社,1987.
[113] 杨恩寰,等. 美学教程. 北京:中国社会科学出版社,1987.
[114] 杨春时. 审美意识系统. 广州:花城出版社,1987.
[115] 叶朗. 中国美学大纲. 上海:上海文艺出版社,1985.
[116] 於贤德. 中国桥梁. 广州:广东旅游出版社,1996.
[117] 云告. 古代旅游诗抄. 长沙:岳麓书社,1985.
[118] 藏维熙. 中国山水的艺术精神. 上海:学林出版社,1994.
[119] 张庚,郭汉城. 中国戏曲通论. 上海:上海文艺出版社,1989.
[120] 张文勋. 儒道佛美学思想探索. 北京:中国社会科学出版社,1988.
[121] 张道一,廉晓春. 美在民间. 北京:北京工艺美术出版社,1987.
[122] 赵今光,王玉彩. 风景对联三千副. 北京:金盾出版社,1995.
[123] 郑奇,陈孝信. 烹饪美学. 昆明:云南人民出版社,1989.
[124] 周青青. 中国民歌. 北京:人民音乐出版社,1993.

[125] 庄子. 庄子(陈鼓应注译). 北京:中华书局,1983.

[126] 朱光潜. 西方美学史(上卷). 北京:人民文学出版社,1979.

[127] 朱狄. 当代西方美学. 北京:人民出版社,1984.

[128] 宗白华. 美学与意境. 北京:人民出版社,1987.

[129] 宗白华. 美学散步. 上海:上海人民出版社,1981.

[130] Emerson, R. W. *The Collected Works of Ralph Waldo Emerson*. Oxford:Oxford University Press, 1971.

[131] Junichi Mizuno. *Japanese Liking for Circles*. Tokyo:Kenkyusha Printing Co., 1984.

[132] Sparshott, F. E. *Structure of Aesthetics*. Toronto:University of Toronto Press, 1963.